U0481574

浙江文叢

浙中會計見聞録

〔上册〕

〔清〕佚名輯

浙江古籍出版社

圖書在版編目（CIP）數據

浙中會計見聞録 / （清）佚名輯. -- 杭州 : 浙江古籍出版社, 2024. 9. -- （浙江文叢）. -- ISBN 978-7-5540-3091-2

Ⅰ. F812.2; F812.423

中國國家版本館CIP數據核字第2024G79H89號

浙江文叢

浙中會計見聞録

（全三册）

〔清〕佚　名　輯

出版發行　浙江古籍出版社

（杭州市環城北路177號　郵編：310006）

網　　址　http://zjgj.zjcbcm.com

責任編輯　姚　露

文字編輯　韓　辰

封面設計　吴思璐

責任校對　吴穎胤

責任印務　樓浩凱

照　　排　浙江大千時代文化傳媒有限公司

印　　刷　浙江新華數碼印務有限公司

開　　本　710 mm × 1000 mm　1/16

印　　張　71

字　　數　289千

版　　次　2024年9月第1版

印　　次　2024年9月第1次印刷

書　　號　ISBN 978-7-5540-3091-2

定　　價　520.00圓（精裝）

浙江省文化研究工程指導委員會

浙江文化研究工程成果文庫總序

習近平

有人將文化比作一條來自老祖宗而又流向未來的河，這是説文化的傳統，通過縱向傳承和横向傳遞，生生不息地影響和引領着人們的生存與發展；有人説文化是人類的思想、智慧、信仰、情感和生活的載體、方式和方法，這是將文化作爲人們代代相傳的生活方式的整體。我們説，文化爲群體生活提供規範、方式與環境，文化通過傳承爲社會進步發揮基礎作用，文化會促進或制約經濟乃至整個社會的發展。文化的力量，已經深深熔鑄在民族的生命力、創造力和凝聚力之中。

在人類文化演化的進程中，各種文化都在其内部生成衆多的元素、層次與類型，由此決定了文化的多樣性與複雜性。

中國文化的博大精深，來源於其内部生成的多姿多彩；中國文化的歷久彌新，取決於其變遷過程中各種元素、層次、類型在内容和結構上通過碰撞、解構、融合而産生的革故鼎新的强大動力。

中國土地廣袤、疆域遼闊，不同區域間因自然環境、經濟環境、社會環境等諸多方面的差異，建構了不同的區域文化。區域文化如同百川歸海，共同匯聚成中國文化的大傳統，這種大傳統如同春風化雨，滲透於各種區域文化之中。在這個過程中，區域文化如同清溪山泉潺潺不息，在中國文化的共同價值取向下，以自己的獨特個性支撑着、引領着本地經濟社會的發展。

從區域文化入手，對一地文化的歷史與現狀展開全面、系統、扎實、有序的研究，一方面可以藉此梳理和弘揚當地的歷史傳統和文化資源，繁榮和豐富當代的先進文化建設活動，規劃和指導未來的文化發展藍圖，增强文化軟實力，爲全面建設小康社會、加快推進社會主義現代化提供思想保證、精神動力、智力支持和輿論力量；另一方面，這也是深入瞭解中國文化、研究中國文化、發展中國文化、創新中國文化的重要途徑之一。如今，區域文化研究日益受到各地重視，成爲我國文化研究走向深入的一個重要標誌。我們今天實施浙江文化研究工程，其目的和意義也在於此。

千百年來，浙江人民積澱和傳承了一個底藴深厚的文化傳統。這種文化傳統的獨特性，正在於它令人驚歎的富於創造力的智慧和力量。

浙江文化中富於創造力的基因，早早地出現在其歷史的源頭。在浙江新石器時代最爲著名的跨湖橋、河姆渡、馬家浜和良渚的考古文化中，浙江先民們都以不同凡響的作爲，在中華民族的文明之源留下了創造和進步的印記。

浙江人民在與時俱進的歷史軌跡上一路走來，秉承富於創造力的文化傳統，這深深地融匯在一代代浙江人民的血液中，體現在浙江人民的行爲上，也在浙江歷史上衆多傑出人物身上得到充分展示。從大禹的因勢利導、敬業治水，到勾踐的卧薪嘗膽、勵精圖治；從錢氏的保境安民、納土歸宋，到胡則的爲官一任、造福一方；從岳飛、于謙的精忠報國、清白一生，到方孝孺、張蒼水的剛正不阿、以身殉國；從沈括的博學多識、精研深究，到竺可楨的科學救國、求是一生；無論是陳亮、葉適的經世致用，還是黄宗羲的工商皆本；無論是王充、王陽明的批判、自覺，還是龔自珍、蔡元培的開明、開放，等等，都展示了浙江深厚的文化底藴，凝聚了浙江人民求真務實的創造精神。

代代相傳的文化創造的作爲和精神，從觀念、態度、行爲方式和價值取向上，孕育、形成和發展了淵源有自的浙江地域文化傳統和與時俱進的浙江文化精神，她滋育着浙江的生命力、催生着浙江的凝聚力、激發着浙江的創造力、培植着浙江的競争力，激勵着浙江人民永不自滿、永不停息，在各個不同的歷史時期不斷地超越自我、創業奮進。

悠久深厚、意韻豐富的浙江文化傳統，是歷史賜予我們的寶貴財富，也是我們開拓未來的豐富資源和不竭動力。黨的十六大以來推進浙江新發展的實踐，使我們越來越深刻地認識到，與國家實施改革開放大政方針相伴隨的浙江經濟社會持續快速健康發展的深層原因，就在於浙江深厚的文化底藴和文化傳統與當今時代精神的有機結合，就在於發展先進生産力與發展先進文化的有機結合。今後一個時期浙江能否在全面建設小康社會、加快社會主義現代化建設進程中繼續走在前列，很大程度上取決於我們對文化力量的深刻認識、對發展先進文化的高度自覺和對加快建設文化大省的工作力度。我們應該看到，文化的力量最終可以轉化爲物質的力量，文化的軟實力最終可以轉化爲經濟的硬實力。文化要素是綜合競争力的核心要素，文化資源是經濟社會發展的重要資源，文化素質是領導者和勞動者的首要素質。因此，研究浙江文化的歷史與現狀，增强文化軟實力，爲浙江的現代化建設服務，是浙江人民的共同事業，也是浙江各級黨委、政府的重要使命和責任。

二〇〇五年七月召開的中共浙江省委十一届八次全會，作出《關於加快建設文化大省的决定》，提出要從增强先進文化凝聚力、解放和發展生産力、增强社會公共服務能力入手，大力實施文明素質工程、文化精品工程、文化研究工程、文化保護工程、文化産業促進工程、文化陣地工程、文化傳播工程、文化人才工程等『八項工程』，實施科教興國和人才强國戰略，加快建設教育、科技、衛生、體育等『四個强省』。作爲文化建設『八項工程』之一的文化研究工程，其任務就是系統研究浙江文化的歷史成就和當代發展，深入挖掘浙江文化底蘊、研究浙江現象、總結浙江經驗、指導浙江未來的發展。

浙江文化研究工程將重點研究『今、古、人、文』四個方面，即圍繞浙江當代發展問題研究、浙江歷史文化專題研究、浙江名人研究、浙江歷史文獻整理四大板塊，開展系統研究，出版系列叢書。在研究内容上，深入挖掘浙江文化底藴，系統梳理和分析浙江歷史文化的内部結構、變化規律和地域特色，堅持和發展浙江精神；研究浙江文化與其他地域文化的異同，釐清浙江文化在中國文化中的地位和相互影響的關係；圍繞浙江生動的當代實踐，深入解讀浙江現象，總結浙江經驗，指導浙江發展。在研究力量上，通過課題組織、出版資助、重點研究基地建設、加强省内外大院名校合作、整合各地各部門力量等途徑，形成上下聯動、學界互動的整體合力。在成果運用上，注重研究成果的學術價值和應用價值，充分發揮其認識世界、傳承文明、創新理論、諮政育人、服務社會的重要作用。

我們希望通過實施浙江文化研究工程，努力用浙江歷史教育浙江人民、用浙江文化薰陶浙江人民、用浙江精神鼓舞浙江人民、用浙江經驗引領浙江人民，進一步激發浙江人民的無窮智慧和偉大創造能力，推動浙江實現又快又好發展。

今天，我們踏着來自歷史的河流，受着一方百姓的期許，理應負起使命，至誠奉獻，讓我們的文化綿延不絕，讓我們的創造生生不息。

二〇〇六年五月三十日於杭州

浙江文化研究工程成果文庫序言

易煉紅

浙江是中國古代文明的發祥地之一，是中國革命紅船啓航的地方。從萬年上山、五千年良渚到千年宋韻、百年紅船，歷史文化的風骨神韻、革命精神的剛健激越與現代文明的繁榮興盛，在這裏交相輝映、融爲一體，浙江成爲了揭示中華文明起源的「一把鑰匙」，展現偉大民族精神的「一方重鎮」。

習近平總書記在浙江工作期間作出「八八戰略」這一省域發展全面規劃和頂層設計，把加快建設文化大省作爲「八八戰略」的重要内容，親自推動實施文化建設「八項工程」，構築起了浙江文化建設的「四梁八柱」，推動浙江從文化大省向文化强省跨越發展，率先找到了一條放大人文優勢、推進省域現代化先行的科學路徑。習近平總書記還親自倡導設立「文化研究工程」並擔任指導委員會主任，親自定方向、出題目、提要求、作總序，彰顯了深沉的文化情懷和强烈的歷史擔當。這些年來，浙江始終牢記習近平總書記殷殷囑托，以守護「文獻大邦」、賡續文化根脈的高度自覺，持續推進浙江文化研究工程，接續描繪更加雄渾壯闊、精美絶倫的浙江文化畫卷。堅持激發精神動力，圍繞「今、古、人、文」四大板塊，系統梳理浙江歷史的傳承脈絡，挖掘浙江文化的深厚底藴，研究浙江現象、總結浙江經驗、豐富浙江精神，實施「八八戰略」理論與實踐研究』等專題，爲浙江幹在實處、走在前列、勇立潮頭提供源源不斷的價值引導力、文化凝聚力、精神推動力。堅持打造精品力作，目前一期、二期工程已經完結，三期工程正在進行中，出版學術著作超過一千七百部，推出了『中國歷代繪畫大系』等一大批有重大影響的成果，持續擦亮陽明文化、和合文化、宋韻文化等金名片，豐富了中華文化寶庫。堅持礪煉精兵强將，鍛造了一支老中青梯次配備、傳承有序、學養深厚的哲學社會科學人才隊伍，培養了一批高水平學科帶頭人，爲擦亮新時代浙江學術品牌提供了堅實智力人才支撑。

文化是民族的靈魂，是維繫國家統一和民族團結的精神紐帶，是民族生命力、創造力和凝聚力的集中體現。在以中國式現代化全面推進强國建設、民族復興偉業的新征程上，習近平文化思想在堅持『兩個結合』中，以『體用貫通、明體達用』的鮮明特質，茹古涵今明大道、博大精深言大義、萃菁取華集大成，鮮明提出我們黨在新時代新的文化使命，推動中華文脈綿延繁盛、中華文明歷久彌新，推動全黨全國各族人民文化自信明顯增强、精神面貌更加奮發昂揚。特别是今年九月，習近平總書記親臨浙江考察，賦予我們『中國式現代化的先行者』的新定位和『奮力譜寫中國式現代化浙江新篇章』的新使命，提出『在建設中華民族現代文明上積極探索』的重要要求，進一步明確了浙江文化建設的時代方位和發展定位。

文明薪火在我們手中傳承，自信力量在我們心中升騰。縱深推進文化研究工程，持續打造一批反映時代特徵、體現浙江特色的精品佳作和扛鼎力作，是浙江學習貫徹習近平文化思想和習近平總書記考察浙江重要講話精神的題中之義，也是浙江一張藍圖繪到底、積極探索闖新路、守正創新强擔當的具體行動。我們將在加快建設高水平文化强省、奮力打造新時代文化高地中，以文化研究工程爲牽引抓手，深耕浙江文化沃土、厚植浙江創新活力，爲創造屬於我們這個時代的新文化貢獻浙江力量。要在循迹溯源中打造鑄魂工程，充分發揮習近平新時代中國特色社會主義思想重要萌發地的資源優勢，深入研究闡釋『八八戰略』的理論意義、實踐意義和時代價值，助力夯實堅定擁護『兩個確立』、堅決做到『兩個維護』的思想根基。要在賡續厚積中打造傳世工程，深入系統梳理浙江文脈的歷史淵源、發展脈絡和基本走向，扎實做好保護傳承利用工作，持續推動優秀傳統文化創造性轉化、創新性發展，讓悠久深厚的文化傳統、源頭活水暢流於當代浙江文化建設實踐。要在開放融通中打造品牌工程，進一步凝煉提升『浙學』品牌，放大杭州亞運會亞殘運會、世界互聯網大會烏鎮峰會、良渚論壇等溢出效應，以更有影響力感染力傳播力的文化標識，展示『詩畫江南、活力浙江』的獨特韻味和萬千氣象。要在引領風尚中打造育德工程，秉持浙江文化精神中藴含的澄懷觀道、現實關切的審美情操，加快培育現代文明素養，讓陽光的、美好的、高尚的思想和行爲在浙江大地化風成俗、蔚然成風。

我們堅信，文化研究工程的縱深推進，必將更好傳承悠久深厚、意蘊豐富的浙江文化傳統，進一步弘揚特色鮮明、與時俱進的浙江文化精神，不斷滋育浙江的生命力、催生浙江的凝聚力、激發浙江的創造力、培植浙江的競争力，真正讓文化成爲中國式現代化浙江新篇章中最富魅力、最吸引人、最具辨識度的閃亮標識，在鑄就社會主義文化新輝煌中展現浙江擔當，爲建設中華民族現代文明作出浙江貢獻！

二〇二三年十二月

出版説明

財政是國家治理的基礎和重要支柱。歷朝歷代爲保障國家正常運行而開展的徵發、分配等財政事務，始終是國家的頭等大事，并由此産生了大量文獻記載和典籍文書。其中，從内容來看，有反映財政收支狀況的專門政書，也有各類數據統計匯總文書。從數據涵蓋的地域範圍來看，可以分爲中央政府和府、州、縣等不同的地方行政層級。

浙江古籍出版社引進上海圖書館藏清代抄本《浙中會計見聞録》（以下簡稱《浙中》），擬影印出版。《浙中》共六册，抄本，文中無作者或其他收藏信息，原書目録與正文稍有出入，正文缺卷一第五十三葉，卷二第四十六葉、第六十九葉。粗略披覽，約二十餘萬字，收録順治至嘉慶年間浙省錢糧相關各類資料、數據，是對當時浙省財政會計現狀的報告及分析。原書各卷目録詳見附表。

誠如書名所見，前代會計録是《浙中會計見聞録》編纂的淵源之一。中國古代財政會計典籍，兩漢有『上計簿』，唐代有《國計簿》，宋代有《會計録》，可惜都僅見記載，没有實物傳世。會計録作爲書名，始于宋代，是記載國家財政收支狀況的專書。自《景德會計録》開始，一直到南宋滅亡，幾乎每個皇帝在位期間都編撰《會計録》。《會計録》以年報資料（包括户籍和記賬報告在内）爲基礎，按照國家規定的財政體制和財政收支項目歸類整理，并加以會計分析。其編訂主要基于『量入爲出』，裁減浮費，保證財政的收支平衡。北宋後期至南宋，地方也逐漸開始編撰《會計録》。

明代《萬曆會計録》則是現存歷代會計録中最完整的一部，共四十三卷（現存四十二卷），約一百萬字，範圍廣泛，全面、集中、精確地概括了當時財政收支中的一切賬目，對研究明代社會經濟及明代中後期田賦制度改革均有重要的史料價值。〔一〕

清代沿襲了萬曆年間財政結構，但没有國家編的《會計録》，官方編纂的是明代改革後形成的《賦役全書》。

《浙中》以會計録爲名，詳列浙省財政收支匯總的一切賬目，每一條目列明産生淵源，沿革事例，現額數目，徵收過程及相關機構、人員，以及針對徵收結果的相關奬懲措施。這種編撰方式沿襲了《萬曆會計録》的做法。然而，《浙中》有其獨特之處，卷一先列交代、考成，暗示了該書的另一個淵源——幕友手册。

清代從省到州縣，都由中央政府供給經費、任命官員、指導和監督其活動，皇權不下縣，在縣級以下没有任何類型的正式政府存在。因此州和縣也成爲一省之内的最小行政單元。

州縣官的首要職責是徵税和司法，這兩方面的實績是評估其政績的主要依據。新任職時的財税交接盤查——交代，是否能照額徵足賦税——考成，是官員們格外重視的事務。州縣政府的所有職能都由州縣官一人負責，同時有書吏、衙役、長隨和幕友四類人輔助州縣官施政，他們直接向州縣官負責。其中『幕友是州縣官的私人秘書或顧問，幹的是腦力方面的活』〔二〕。

幕友手册又稱官幕手册，集官方檔案、記録、函牘及官員、幕友或别的練達于行政事務的人寫下的述録、筆記或心得于一體，是爲州縣官本人或他們的幕友、長隨們撰寫的手册或指導書，對實踐具有重要的指導意義。幕友手册中錢糧相關的内容，是州縣官和錢糧幕友手頭常備的一份本地各項財政收支的詳細數據，爲日常處理錢糧政務提供方便，今天看來則勾勒了地方政府在財政税收方面的運作。

許同莘在《公牘學史》中描述了幕友手册形成的過程。『幕友之嫻習者，不外刑名、錢穀二端。……特例案隨時頒行，刻本改修不易。故爲幕友者，于通行成案、新定章程，必隨時抄録，以備省覽。其門徒傳習者，就抄本照録一通，隨時增補。……其錢穀事例亦大致類此……其經驗有得著書行世者，則刑名無過于汪龍莊之《佐治藥言》，錢穀無過于王又槐之《錢穀備要》，以余所見，如是而已。』〔三〕

許同莘論及的乾隆時期浙江錢塘名幕王又槐的《錢穀備要》，收集了安徽、江蘇、浙江、湖南等省幾十年間頒發的賑灾、賦税、交盤及治蝗等種種地方規條。把《浙中》和《錢穀備要》各卷目録做一比較，可見所收内容高度重合，但是排序不一，《錢穀》更爲概括，《浙中》類目更細。（見附表）

幕友手册是一個或多個幕友豐富閲歷和數十年研究、實踐的心得總結，因其巨大的實用價值而被人争相傳抄，各類手抄本普遍存在。但是，這些幕友手册往往被人視爲奇貨可居，輕易不外傳，加之没有署名，導致其傳播過程錯綜複雜。錢穀類的幕學著作大致也存在這樣一種情况。浙江從事幕學人員數量巨大，涌現了一批名幕。同時也是官幕手册編著和出版的重鎮。《浙中》雖然暫時無法明晰作者和流布過程，但無疑是這一環境背景的反映。

最後，談一談下一步可以推進的研究。

首先，結合其他資料，有可能釐清作者和成書年代的問題。全書所引資料最晚年份在嘉慶年間，是其中尤其值得重視的一個指徵。

其次，後續可運用計量史學的方法，對清代順治至嘉慶之間浙省大量財政收支數據進行定量分析，推算財政收支中各種類目分别占比，對清代早中期浙省財政總數、規模、結構形成較爲準確的認識，突破目前大部分研究衹是利用實録、會典、方志等方面資料的限制。

再次，將該書與《萬曆會計録》中涉及浙江的内容做深入比較，可以形成張居正一條鞭法改革前後地方財政收支變化的個案研究。一條鞭法改革推動中國從古代賦役國家向近代賦税國家轉變，是中國古代兩千年未有之巨變。在此背景下的地方個案研究，自然有其重要價值。

最後，結合其他材料，可以看到清代地方官員們的理財觀念和管理知識。他們如何理解會計録上記載的數據并在行政中運用，是評估這些數字的意義及具體探討清代財政結構所必不可缺的。

附：《浙中》和《錢穀備要》比較表

	《浙中會計見聞録》	《錢穀備要》
卷一	交代、考成、盤查、地丁、沙地餘租、司存留、府縣存留、添兑水脚、漕項、漕糧、白糧	錢糧約説、錢糧綱領、錢糧利弊、清查交盤、交代例、交代案
卷二	漕船、屯餉、餘租、南秋米、南秋等米解支各款、河工銀、驛站、科舉迎宴、程費馬械、鄉飲、牙税、季鈔、牛税、當税、學租、契税、馬税、雜税、祭祀米、軍孤吹手米、囚糧米、孤貧、軍流口糧、學俸廪糧、缺俸餘俸缺馬、積穀	核查正項錢糧、核查雜款錢糧、清理漕南米款、清理常平鹽義等穀、清理社耤穀石、清查各租
卷三	鹽義倉、社倉、耤田、義田餘租、牧租、灾賑舊説、勘灾事宜、查賑事宜、撫卹事宜、辦灾條例、灾案附紀	驛站例案、交代詞訟案卷、交代摺奏書籍、雜務交代、工程器具例案、清查捐墊例案、稽核人犯、交存雜件、交代應查大略、經管錢糧經承結式、交代結册式、親查糧户親填彙欠單式、武職交代

續表

	《浙中會計見聞録》	《錢穀備要》
卷四	耗羨養廉章程、食俸章程、兵餉總額、朋銀、寡婦兵口糧、賞兵生息、京撥兵丁、戰船、鹽法、茶引	盤查
卷五	銅觔、鼓鑄、硝磺、架木荆薰竹、物料、雜款公費、應銷備公款項、科場經費、裁設各款、勸農、老民老婦、書院、育嬰堂、滸員回籍路費、江海塘工、救火器具、錢江馬船、救生巡船、錢江總略、西湖租息、海關、織造支款、南北二關、撫卹難番、旌表等款	承追例、承追案、承變例、承變案、分賠、坐扣
卷六	承追、承變、開墾、陞科、收成分數、詞訟、捐監事宜、捐納條例、雜紀、兵差章程	催徵、解支、豁免
卷七		賑灾總例

續表

卷八	《浙中會計見聞録》	《錢穀備要》
		灾賑總論、蘇撫院辦灾條約、兩江總督辦灾辦賑規條、江蘇藩司詳定勘灾事宜、被灾撫恤事宜、查賑事宜、蘇撫院續頒查賑規條、安徽藩司詳定辦灾條約、安省賑恤條約、勘灾事宜

中國財税博物館　陳陽

注

〔一〕萬明、徐英凱著：《明代〈萬曆會計録〉整理和研究》，北京：中國社會科學院出版社，二〇一五年。

〔二〕瞿同祖著：《清代地方政府》，北京：法律出版社，二〇〇三年，第八頁。

〔三〕許同莘著：《公牘學史》，北京：檔案出版社，一九八九年，第二三四—二三五頁。

目録

一二十九

其六册

浙中會計見聞錄

浙中會計見聞録卷一

交代
考成
盤查
池丁
沙地餘租
司存留
府縣存留
添兑水脚
漕項
漕糧
白糧

交代

凡清查交代到任後即諭户粮倉庫税塩兵工各房各將經管
吏實開造欵目細冊併賦役全書檢同近五年奏銷及盤查冊
稿先行送署逐一查閱將要緊者摘録一帙庶胸中畧有所知
以後獨欵引伸一俟前官造送任内錢粮四柱清冊並各項冊
籍到日先將正欵後雜欵次第查核也四柱者舊管新收開除實
在也正項者地丁漕項驛站鹽課及倉穀消耗南秋米之欵雜
項者牙牛馬契當税之欵是也冊内首造舊管即昔日之實
在蓋前官之舊管即前之官之實在次第查前任與上手交盤
底冊若一年錢粮有三四官經手者須將三四官交盤底冊吊
齊參核若一官而在任数年者除初到任之年舊管以上年實
在為準外以後数年則以額徵為舊管其額徵以賦役全書為

交代 一

主而衆以歷年奏銷案據方為確切並須查詢近年有無陞科坍荒及退灾蠲免之案次查新收之數則吊流水揭報核對足矣至開除不過解支二項解者須有批迴批未掣到必有庫收或係批解未久并庫收亦無者則核節滙並必具詳請示方為妥當即有收之無者亦可詳明立案以昭核實領者須核領狀如係應則係印領役食等項白領亦必粘共鈐印並須查明每年通欵係工食項若干有無浮冒之處其實在之數係將舊管新收併計如以欵征者則不可併舊開除解支之項即是矣一年如是年年如是一欵如是欵欵如是庫庫如是倉倉如是則應交之數仍失怡整欵一條殊費商量即可領可追可變之項亦應詳細查派並不必先行嚴駁況無可領無可追無可變者豈可冒昧稜狀致貽口實耶並必須細繹情理和平聲叙使人無可答

々相須詰並捐怨尤庶臻妥洽此交代之大規矩也至神明於規矩之外則在乎人者權變不能殫述哉倉庫正款之外如前任有沿革備建工程賑放災賑即緩征及出借口糧籽種之類亦是一切有關報銷之案或尚未報銷或已銷而不准及有核減應交之項併派捐公費與之私賬欠備墨銀兩均須逐細確查如移交冊內遺漏即行移明補交仍造入監盤接冊至貯倉米穀必須盤量不可丈量核算或穀色稍陳應須礱試者每於倉底四也各取一石和勻礱試得米五十（併穀頭粞米亦算）即應核收史夫一錢墊苫費者交有新任舊任料理不同及公理之案查照向例辦理可也再前任有應承追承變事件亦應查明以到任後即有核催限期不可忽略也

二

交代應造各冊

交代

地丁　粮米　倉穀　驛站　塩課
学租　書院義渡租息　贖鍰　敉産銀穀　贓罰
軍器　庫貯流捐銀兩　城垣　倉廒　先農壇並祭器
農具　文廟　社稷山川風雲雷雨城隍各壇廟　養濟
院　監獄　契當牛牙雜稅
上諭書籍　耤田　魚鱗冊　清嬰堂　衙署　營房墩臺
救火器具　糶價　盈餘　囚糧　軍流口粮　廒口
以上各冊皆交代所必有者此外或另有款項不能盡載要在
隨時隨地仔細查詢再各款冊外有照盤揔冊一本凡應交之
銀錢米穀及罰抵之項均皆臚列查照揔冊各款先將一切案
卷之檔籍司單飭印造後挨順次序逐款將散冊查辦明一款
其應交數目与揔冊脗合即盖用圖書有應移駁者即粘簽註

以駁語宜簡明和平不可冗長激烈致相牴牾從首至尾俱精
細了覈送後飭外照繕清稿一本再加研究庶無舛錯遺漏仍
令户糧倉庫凡經手銀米各書出具如有遺漏願甘賠補結眾
切結送署備案其留抵款項可准者造於應交結總後以便開
陳仍以註寔之應交總數惟不准者附造於末以備前任登答將
來盤盤核議存有准者方改入前次此交代之通例也
摘錄照盤總冊應准與否及駁註數語一一條呈舉一反三又
不可拘泥則得之矣

一應交借欠府庫備公銀二千兩（此亦冊移交之數）查此項銀兩
現奉府憲飭提係四千零三十七兩三錢七分七厘又
某任未完銀五百六十一兩七錢八分又司扣府養廉銀
一百八十三兩九錢二分六厘通共計銀四千七百八十二

交代　三

兩九錢八分三厘，准請照數補交（此前任移交未遺漏者也）

一、准墊未領應支驛站銀一百三兩七錢七分一厘（此前任移交抵款，係將先年額支驛站銀兩除去小建飯食等項按日計算應支之數也）查出項銀兩應降領解苐費，請以八折作抵，計銀八十二兩一分七厘（此應准留抵之款也）

一、各年民欠地漕銀七十八兩一錢八分四厘，查出項銀兩，係征熟民尾積欠，難以催追，未便列抵，應請刪降（後任監盤又明將此年者作收列抵，其遠年概行刪降之，先不准而後有改准之項也）

再，前任內即須查明鑄糧倉穀應否展限，先行具詳，如倉穀已詳，依限鑄糧不准再展，須擇其可以多展日期者核入，至倉穀額數雖有五萬石，而現有平糶生借等項，不足五萬石者，只可照二萬五千石以上詳展，惟卸事到任同在一時，雖倉穀鑄糧

之任展限而一官有二任交代仍同併展文須查明交出與接

收兩處何處繁雜註明於繁雜之處詳明加展方爲妥洽也

一州縣官離任交代該管於先將接任正署各官到任日期報

明戶部乾隆十八年酌歸簡易案内戶部覆准明按冤羅雅題毋庸先咨扣限仍委員監盤將

倉庫錢糧依限交代查無虧缺出具印結將到任出結日期

於文内註明送該管府州核明並無舛錯申送該管道覓移

司覆核詳報督撫并監盤官職名一併咨部存查

一州縣交代之限兩個月出結申府舊任官造冊限二十日新任官核結送限四十日

若倉穀二萬五千石以上者准展限五日五萬石以上者

展限一個月錢糧五萬兩以上者准展限十五日十萬兩以

上者展限一個月十五萬兩以上者展限四十五日或一人

而有兩任交代者許展限一個月如有遲延該管上司將何

交代

四

任遲延查明開參如係舊任官遲延罰俸一年新任官免議係新任官遲延亦罰俸一年舊任官免議如舊任官遲至例限將届始將冊籍造送新任官又不上緊查核以致遲延者將舊任官罰俸一年新任官罰俸六個月督催不力之府州罰俸六個月道員罰俸三個月如冊結到在限外而出結尚在限内者仍免議

一官員盤查交代正限内不能完結照例查參議處再照原限再寬限一個月完結如逾限不能該督撫題參革職並將查明有無虧空於疏内聲明如止以遲延題參不將有無虧缺聲明者將由詳之司道府州降三級調用督撫降一級留任此二參限期即於限滿初參之日接算不准按奉到部文日起扣係乾隆十五年酌減限期案內部議改定

一各省州縣交代限内將正項錢糧交代清楚再限一個月將

社倉穀石查核交代嘉慶六年十一月二十七日准戶部咨開

議覆晉撫咨署介休縣孫耀揆收交代案內聲明社義二倉歸民經理冊結毋庸造報一案內開查加慶四年八月內欽奉上諭令將各省社倉仍聽本地殷實富戶擇其謹厚者自行辦理不必官吏經手以杜弊竇而裕民食等因嗣經本部核議陝西巡撫咨社倉案內令社長每年歲底將入貯欠數目造冊結報地方官轉報上司查考仍行造冊咨部又本部核議晉撫咨請停止社穀奏銷案內令該莊將社倉息穀照乾隆四十年及四十八年之例生鞠亞集銀兩區育地方農田水利必需之霉奏明動支亦不必以十萬二為限又本部核奏面省社倉息穀業內積至五萬石以上亦例查辦一次等因各在案今批該撫造送署介休縣接收倉庫錢糧等項清楚冊結並聲明該縣社義二倉穀石遵照欽奉諭旨不必吏官經手[小字]民自便以而緣庸造報等語查社義二倉係民間貯穀以[小字]估放令社穀既已奉旨歸民經理所有義倉亦應一律[小字]辦以歸畫一貫季盤交代結報該管各官年後出具丨木陰冊彙報本部及息穀積至五萬石以上照例查辦一次之霉應令該撫查照社倉之案一律辦理

一錢糧倉穀交代案件凡查捕蝗蝻鄰封相驗勘災監賑勘河防險會審會勘等事公出不准扣限其入闈辦事者准將入

開日期扣展

一官員交代各項錢粮冊籍等項未清謊稱已清或假揑印信申詳者革職該管上司通同狥隱降三級調用

一官員交代上司有藉端勒掯以致遲延者降二級調用失察之督撫降一級留任如係府州勒掯司道照督撫例議處 如係督撫勒掯即照府州例議處 核任官勒掯不接亦降二級調用

一官員未任交代以前錢粮冊籍等件擅行增改者革職被衙役燬毀挪移藏匿者降一級調用有衙役乘機作弊侵匿銀兩者照失察衙役侵盜錢粮例處分例載書役門

一官員交代之案定限已逾按其程途日限已屆仍遲冊結傲回該督撫即行指參照例議處若該督撫不行查參降三級調用

一州縣交代錢粮虧缺而監盤之員意存偏袒勒令接收者革
職倍罰上司不行揭參降三級調用
一驛站馬匹於一月內交代清楚如有虧缺遲延勒揹者情俱
照錢粮交代之例議處
一各部則例內開凡分駐地方經管錢粮之同知通判縣丞及
營衛等官交代均照州縣例又運同運判提舉大使等官交
代並照州縣例限兩個月清楚由管鹽道於鹽政取具冊結
咨部又定例直隸州交代限兩個月責令該管道員將一切
正雜錢粮並各項倉穀照例盤查加結移司詳咨
一各部則例內開一各學教官離任除本學之正副官接署及
訓導新舊接卸尚有專管之正教官去任均令庸造冊交代
外如新任委署正學教官到任限一個月令舊任教官將崇

前事到

須將存貯書籍器物併一切任手学田租數等項造冊交与接任之員查明接收造冊由該府州縣核明詳司轉送督撫学政各衙門存案仍將交明緣由报部倘離任之員有心隱匿者查明題參革職缺失者責令賠補若於任之員不行查明混行接收即着接受之員暨轉申之府州縣賠償府学教授責成知府分賠州縣教官交代既有知州督催毋庸再令知府分賠州逾限交代不清照州縣之例咨參議又此運交代期內有因送考赴省赴府赴州不能回署交代者准其預行申报候試竣回署之日仍扣限一月交代

一鹽課錢糧之代遇有虧欠鹽政照督撫例運司鹽道照藩司例議覆之

一塩臬運司道府交代均定限一个月旧任官造冊限十日新任官查核轉送限二十

日

有存倉米石交代者亦照例請展限

一錢糧倉穀交代凡例限兩個月內者舊任交造冊以二十日爲限新任以查核轉送以四十日爲限例限一月內者舊任官造冊以十日爲限新任官以二十日爲限其例得展參者亦照扣展限日月遲算分扣倘有逾違照例分別開參

一交代錢糧清楚申送冊結將到任與出結各日期於文內註明送該管府州加結各按程途日期扣算出冊雖到在限外而出結實在限內免其參處倘將出結之期報部查核備案限已逾按其程途日期扣算已屆仍未出結係司該督撫即行指參或州縣捏報出結日期及該管府州通同徇隱該督撫即據實報參

一州縣交代款冊隨結依限呈詳由司核轉咨部如限內祇送

交代　七

揔佶不送欵冊印以交代遲延查考

一監守盜倉庫錢糧除審明入己者照四挪移本條律例定擬外其入己數在一百兩以下至四十兩者仍照本律問擬准徒五年貮自一百兩以上至三百三十兩杖一百流二千里至六百六十兩杖一百流二千五百里至一千兩杖一百流三千里一千兩以上者擬斬監候勒限一年追完如限内全完死罪減二等發落流徒以下免罪若不完再限一年勒追全完者死罪及流徒以下各減一等發落如不完流徒以下即行發配死罪人犯監禁再限一年著落犯人妻及未分家之子名下追賠三年限外不完死罪人犯永遠監禁全完者奏明請

旨照二年全完減罪一等之例辦理至本犯身死實系家產

可以完交者照例取結豁免其完贓減免之犯如再犯贓俱
在本罪上加一等治罪文武官犯侵盗者俱免刺字

一凡那移庫銀五千兩以下者仍照律擬雜犯流總徒四年其
那移五千兩以上及一萬兩者擬實犯杖一百流三千里不
准折贖其那移一萬兩以上至二萬兩者發近邊充軍二萬
兩以上者雖屬那移亦照侵盗錢糧例擬斬監候統限一年
果能盡數全完俱免罪其未至二萬兩者仍照例准其開復
若不完再限一年追完減二等發落二年限滿不全完再限
一年追完減一等發落若三年限滿不能全完者除完過之
千之外照現在未完之數治罪

一州縣虧空倉穀以穀一石照銀五錢定罪豆麥高粱青稞係等雜糧並同
侵蝕入己者照侵欺錢糧例擬斷係那移者照那移庫銀例

交代　八

擬將其倉穀令接任官於秋成穀賤之時申詳督撫藩司酌動
河項錢糧照時價先行買補該州縣具倉收道府加結報
部於虧空人員及妻子名下勒限一年將動用銀兩照數追
補完項如逾限不完亦照勒追庫銀例分別治罪其有倉廒
州縣備因怠玩於滲漏處既不粘補應至遭霉又不詳請以
致米穀霉爛者革職勒帮買補勒限一年照數追賠如限內
不完照損壞倉庫財物律治罪計所損壞之物價坐贓論罪止杖一百徒三年若有將倉
穀假盜入己捏稱霉爛虧空者仍照侵蝕律治罪
一凡侵盜應追之贓著落犯人妻及未分家之子名下追賠如
果家產全無不能賠補在京佐領驍騎校在外地方官取
具甘結申報都統督撫保題豁免結案倘結案後別有田產
人口發覺者盡行入官將承追申報各官革職所欠贓銀米

穀着落賠補督催該官照例议处内外承追督催武职俱照
文职例議处再一應贓私察果家產全無力不能完者概予
豁免不得以遠親族偽濫行着落親族追賠將承追官革职
其該管上司以有逼迫申报取具甘結之事虜官不行出首
從重治罪

一凡侵貪之案如該員身故審明實係侵盜庫帑入己飽私橐者
即將伊子監追

一凡各府州縣倉廒俱造入盤驗項内新舊交代若有木植毀
爛傾圮係屬即行揭報將原任官交部議处狥情濫受接任
官亦交部議处其霉爛對空穀石着接任官勒限賠補不完
治罪

一收貯米穀因霖雨霉爛係無心所致者革职離任限一年之

交代　九

内賠完免罪復還原職如逾限一年賠完免罪不復原職二

年之内如賠不完仍照律治罪着落家屬追賠

考成

錢糧俱有參罰，考成不可不知。如州縣解司地丁錢糧自正月初一日起至四月底止，全閏之年分三百六十日算，有閏之年分三百九十日算。一歲一官者，未完總是一人。如任征甲年錢糧之官，于乙年正月卸事，距奏銷尚有五个月，接征之員雖不能完解，無處分也。而一歲數官者，按日扣算，所謂分征考成是也。其糧道項下考成款項，已於漕白項下分晰。其布司項下起運屯餉，照地丁之例扣算。準存留如有未完，凡一歲數官并從前造報奏銷之官，一同列揭報參，不以日計，不以分計。其司存留之類，若府州縣存留雜項以及顏料蠟茶等項，有一款未完，即有一款參處，不可以其數少而忽之。故雜項小款必須全完，而留起運未完，祇得一案參處也。所有處參以准到部覆之日起限，扣一年覆參。浙省現行成例以奏銷截數起限，如五月截數即於次

考成

月初一日起限州縣扣至次年五月底止司府扣至次年十一月止州縣俱不計閏亦不復作分數分六巡原參未完分數三百六十日扣算共司府扣限年亦亦不計閏以五百四十日扣算共巡揆限兩年亦不計閏以七百二十日扣算共雜項復參亦扣年限不計分數不計月日凡州縣當扣某項錢糧某日當考成若干該徵若干該解若干該給若干今將每日考成分數流法錄後按流法即乘法之類俱從末一位流起蓋各糧各數不俱多少總不外一至九數如三百六十日考成起遇數內有九即改作二於下位加五遇一即將一降去于下位加二及挨次各加七七七也餘倣此不用歸除而用流法者取其便捷也又遇退項下一位者即算法內所謂逢如隔位之法也

歌訣

考成三百六十日

一退二七七七七　二退五五五五五

二退八生生不息　四作一一一一一　五一三八八八立

六一六六六六六　七一九四四四及　八二二二二二二

九作二五數恰畢
有閏三百九十日
三匝七六六二三
六一五三八四六
九二三零七六九
年半五百四十法
三匝五五五不盈
六一一一一一一
九一六六六六六
兩年七百二十日
一
三匝四一六六六
六匝八三三三三

考成

一匝二五六四一
四一零二五六四
七一七九四八七
一匝一八五一八
四匝七四零七四
七一二九六二九
一匝一三八八八
四匝五五五五五
七匝九七二二二

二匝五一二八二
五一二八二零五
八二零五一二八
二匝三七零三七
五匝九二五九二
八一四八一四八
二匝二七七七七
五匝六九四四四
八一一一一一一

十一

九一二五數之畢

浙省成例如該年被水旱之災在於秋者則八月初一日停征至次年五月初一日起麥熟開征其考成題年七个月次年八个月共四百五十日分算而督催之司府原將通年額征算十分內除去不被災之州縣錢粮一年該考成若干災區若干未完若干未完考成若干再將被災之州縣除去停征計催征若干未完若干未完考成若干与不被災之州縣督催未完考成若干併算共未完若干隔年三月內另冊报參其奏銷案內事俟麥熟參案內以揭參又帶征地粮從前成例如已酉年帶征旧限年未完者以成年帶征乙巳年未完亦扣一年照現年地粮而計自雍正四年撫軍李公奏照江南之例將康熙五十四年起至雍正二年止十年地粮分作七年帶征自五年起限亦以

三月初一日起至年終止作三百六十日考成如州縣原年未完銀三萬兩分作七年每年應完一限銀四千二百八十五兩零以三萬作十分考成每年應完考成一分四厘二毫九絲加倍溢完例得議敘如有未完加入次年應完銀兩一併催完倘二限已完而初限仍未完亦作未完根究按每限之逾欠也限倘初限完有溢完流作二限之數又經征帶征錢糧遇

恩赦參罰則未完考成應分赦前若干赦後若干赦前者免議赦後者處分州縣以一邑之額扣算經征分數當以赦前應完若干已完若干赦後應完若干已完若干未完若干知府照一府之額扣算院司以通省之額扣算雖有此縣完多彼縣完少而督催總以應催之數統計也

一南米從前入地丁合算考成雍正四年浙藩許公詳明題定

考成

十二

另行造冊照漕白例議覆亦作十分扣算內統湖加湖紹
衛六府春征四分冬征六分夏秋停征以半年內分作十分
其寧台溫嚴處五府仍以統年兩分十分冬征係本年冬共春征則次年春也
一征收錢糧扣算限期如奏銷部文到在前即以本官到任日
扣限起若奏銷部文到在本官蒞任之後又尚以部文到日
扣限起但部文到日起限外以憲檄下院之日爲始乃以咨
文到日爲始其限內止扣降旨即日期不扣咨生倘有查究
欺賦及入闈應按日扣除如使初參後部文咨出再限一年
無論係征本年分任錢糧即帶征積欠外委署者不及
一月免議其題与及[实]接肯未滿年限之內或陞遷離任造至
年滿題參未完仍照各在任按各分數處分但已離任者不
過照離任官例罰俸一年內造換　負將未在任若干日期

爲身任以三百六十日爲法假如揔額三萬六千兩應完分數是三分而用三因筭見應完細數其未完細數亦從此見矣再將本任完解銀數爲身以本款項額揔爲法用歸筭除見已完分數又將本任未完解銀數爲身以本款額揔爲法用歸除筭分數上見將已未完兩分數合見應完揔分數方信爲準如亦後一員本任應徵分數之外尚有帶多止可作抵上手之缺數或再有帶方准抵補上上手不可逾越狥情如上手摘印後任一時未到所有空缺日期仍要查後官身上補完分數并不扣除小建凡錢糧初參未完一分以上于年限內完至八九釐是未完不及一分止降級留任應再限一年如全不能全完照罷降罰若原參六七分今僅完四至六七釐仍應照原參未完二分之數降調故奏銷以前須以此

考成

十三

當心趕奏也還有示罰歇覓抵銷必本年有錢粮代録可准作抵如代録一次抵銷罰俸六个月此其大略如此也

一漁課門攤木左鋪鈔等俱另項征收解司統入地丁款內計算分數一併奏銷如遇赦之年獨項奏銷

一牙稅典稅牛稅猪稅羊稅房地稅商稅魚稅季鈔湯稅花布烟包鹽稅蘆課等項係解司造冊奏銷如有未完照雜項年粮例議處

一分別停征 如富陽昌化嘉善平湖安吉孝豐等州寧波紹興台州金華衢州嚴州溫州處州各府屬俱二月開征六月停征八月接征 只仁和錢塘海寧餘杭臨安新城於潛加興秀水海鹽石門桐鄉烏程歸安長興德清武康十七州縣俱二月開征清明後停征名曰蚕忙 五六月補征故曰夏征 七月停征八月

接征旧欠米粮五月初旬催征中旬解司凡遇闰如在春夏者開征之期应早半月於七月望後開征立秋後者仍照旧征收

一征收地丁米粮二月開征（雲南貴州二省限九月開征）四月完半（陝西四川二省竟至六月）五月停征八月接征（福建省七月接征山東河南二省暨安徽之廬州鳳陽穎州泗州等屬六七兩月設柜征收听民輸納）十一月全完（雲南貴州二省次年三月全完）米粮在一兩以下届完半之期完不足數者准緩至八月接征後全完若州縣於應征所屬米粮私加私派以及隔年預征者分别參處

一州縣征存正雜米粮必係解到司庫方准以實完奏銷如止報征存未經解司者奏銷冊内不得列作實完冀免處分其奏銷後續行解到者仍照例報部分别扣降免議考成

十四

一直省奏銷錢糧直隷山東山西河南陝西甘肅限次年四月奏天安徽浙江江西湖北湖南江南之蘇州藩司限次年五月近來浙江司中五月內始行截數蒙在五月內解到尚不至誤福建四川廣東廣西雲南貴州江南之江寧藩司限次年六月山西之大同朔平二府氣候較遲徑征米豆於年底另冊奏銷凡奏銷限期該督撫因公不能依限准其具題請展至故逾限者議處其奏銷冊籍令隨本送部其司道府州縣衛所有遲延不申或已申而督撫不即送部者悉予議處

一各省每年奏銷地丁錢糧各該督撫繕造黄冊式長一尺寬六寸隨本進呈

一各省支存耗羨次年兩均於次年隨同地丁錢糧奏報並造送四柱款冊聽部查核彙奏如地丁奏銷展限其耗羨銀兩款

冊仍按限造送逾限不送者題參議處

一、各省額征各款耗羨均隨正項地糧統計分數一疏具題以定考成如正耗全完方准議敘正耗欠數相符合計分數議處其參處仍出完解者歸於正項年限案內報參倘正耗完欠報解數目不符嚴參查辦

一、各項耗羨除已完未完考成分數另冊造報外仍一面將動存各款聲明有無侵挪虧空專摺奏報一面分晰造具四柱款冊送部戶部於年終彙核具奏

一、各省額征耗羨銀兩按同正項地糧隨時征收其應支各官養廉吏役工食准其在於征收銀兩內坐支其餘仍隨正項地糧併數解司遇有地方急需如數在三百兩上下准其咨部核明動用數逾五百兩以上即令專摺請

考成　十五

吉如有扣行動用者不准請銷外仍着者賠補照例查參每屆
歲底令將查明一年之內欵徵完若干及動用存留確數并
前年積存數目年清年欵造冊報部由部彙稽考

閏 嘉慶七年備纂

一徵解耗羨如有上解正項不解耗羨即係官吏侵挪藩司一
面勒追一面參究並該司聽掯容隱徑部查出一併參處欠
項着落分賠仍將是否隨正完解之處該督撫於報部冊內
聲明以憑稽核

一直省奏銷一切本標各列舊管新收開除實在四柱蹤內具
說冊內列徵被册不得互異其本年舊管數目即載上年實
存數目如上年已經全撥仍列明欵項數目登註已用完存
字樣

直省題奏錢糧疏內及銷算達部清冊凡遇奇零數目俱核
總款下核實歸減厘數以厘爲斷糧數以勺爲斷錢數以文
爲斷由撒合總銀數在五毫以上者歸作一厘糧數在五抄
以上者歸作一勺不及五毫五抄之零尾並剔除一文下之
絲毫虛數均從刪減其辦解銅觔顏料等物以觔兩計者照
厘數一例減併凡內外一切征支厘米有零星撒數者均於
總數下歸併其賦役全書魚鱗征冊易知由單內細款與一
切分款開銷應有撒數者照舊　開列
一府州縣官員造報奏銷錢糧冊內有數目舛錯遺漏者將該
府州縣官罰俸一年督撫及轉報之司道各罰俸六個月如
督撫司道所造之冊內有數目舛錯遺漏者亦各罰俸六個
月

考成

十六

一凡奏銷錢糧全完冊結磨對必須隨冬案一併送部如司道府州縣官員將冊結遲延不送或限內卸事及違限不及一月者罰俸三個月違限一月以上者罰俸六個月違限二月以上者罰俸九個月違限三月以上者罰俸一年違限四五月以上者降一級留任違限六月以上者降二級調用違限一年以上者革職如司道府州縣官員將冊結申送督撫而督撫遲延違限五月以內者亦照司道府州縣官員例處分如違限六月以上者降二級留任違限一年以上者降三級調用

一地丁錢糧該征州縣官欠不及一分者停其升轉罰俸一年欠一分者降職一級欠二分者降職二級欠三分者降職三級欠四分者降職四級俱令戴罪征收欠五分以上者革職

直隸州知州經征本年州縣錢糧初參亦照此例處分

一布政使知府經管錢糧道員直隸知州所屬欠不及一分者停其升轉罰俸半年欠一分者罰俸一年欠二分者降職一級欠三分者降職二級欠四分者降職三級欠五分者降職四級俱令戴罪征收欠六分以上者革職

一巡撫欠不及一分者停其升轉罰俸三个月欠一分者罰俸一年欠二分者降俸二級欠三分者降職一級欠四分者降職二級欠五分者降職三級欠六分者降職四級俱令戴罪督催欠七分以上者革職其直隸四川撫督無屬州縣巡撫之陝甘總督順天府奉天府尹督催未完俱照巡撫例查議

一地丁錢糧被參後州縣官再限一年征收年限內不完不復作分數照原參分數處分原欠不及一分年限內不能完者

考成

十七

降一級留任再限一年催征如又不能完照所降之級調用
欠原一分年限内不全完者降三級調用於年限内果能上
緊催征未完僅止一二分者降三級留任再限一年催征如
仍不全完者照所降之級調用原欠二分年限内不全完者
降四級調用原欠三分年限内不全完者降五級調用原欠
四分以上年限内不全完者革職直隸州知州經征本州本年
粮本度未完亦照此例處分
一 四川槿被本度再限二年催征布政司經管本粮道府知府直
隸州知州被本度亦限一年半催征原欠不及一分限内不完
降一級戴罪督催再限内不全完降二級戴罪督催三限内
仍不全完者降三級調用原欠一分至四分以上限内不全
完者均照州縣例處分

一巡按司道府州所屬衛所官員原欠不及一分錢粮限滿不
全完者降一級戴罪催征再限內仍不全完者降一級調用
一屯田錢粮本係在衛征收者其俸租律賠部兩印由衛隨正
徵收如裁衛歸併州縣征收者即由州縣隨正征收如有隨
征拖欠將該州縣照正項錢粮未完分數分別議處
一巡按等官催征錢粮二次年限已滿該按不將自欠原參分
數併布政司等官分數查參者察出照原參分數加等議處
一各省州縣衛有沒縣民人置買他縣地畝者名為寄莊令該
征州縣於每年開征之限將寄莊花户逐一查明開造村庄
户名錢粮數目清冊移交住居之州縣代行催征如至奏銷
未完即將代征之員開參議處
一地丁錢粮并糟漕白二粮隨漕輕賫等項錢粮未完漕官催

考成　十八

征督催處分俱照正官例議處署印不及一月者免議

一凡分數錢糧初參限內接征接催官員將已完分數扣除照現在未完分數處分二參限內接征官員以到任之日照原欠分數限一年催征接征之布政司道官府州(縣)限一年半督征接催之巡撫限二年督征如有完照初參例處分不須段作分數比原參未完四分以上不完仍照四分以上議處惟至二參不完則按原欠分數降等

一州縣官經征一應起運本年有分數錢糧不及三百兩者毋庸議敘其三百兩以上不及一萬兩於奏銷前全完者紀錄一次一萬兩以上全完者紀錄二次三萬兩以上全完者紀錄三次五萬兩以上全完者加一級十萬兩以上全完者加二級果能三載全完無論錢糧多寡於每年照例議敘之外再准加一級督催知府直隸州知州及管錢糧道官不及五

萬兩全完者紀錄一次五萬兩以上全完者紀錄二次十萬兩以上全完者紀錄三次二十萬兩以上全完者加一級督催布政司不及五十萬兩全完者紀錄一次五十萬兩以上全完者紀錄二次一百萬兩以上全完者加一級其監屯同知通判督催衛所屯糧全完照督催知府例議叙經歷經征衛所屯糧全完照經征州縣官例議叙（如地丁錢糧已完而本色顏料併一切起解雜項等銀未完者不准議叙）

一署印官一年内錢糧全完者照例議叙

一積年拖欠錢糧州縣官帶征二年内全完不及一萬兩者紀錄一次一萬兩以上者紀錄三次二萬兩以上者不論俸滿即升其知府直隸州知州督催錢糧道官帶征全完不及二萬兩者紀錄一次二萬兩以上者紀錄二次四萬兩以上者紀錄三次六萬兩以上者不論俸滿即升布政司帶征全完十萬兩以下

考成

十九

者紀録一次二十萬兩以上者紀録二次三十萬兩以上者不論倖滿即升如常征全完而經征之糧不完仍不准議叙

一經征官主奏銷以後完解上司所屬有一受主奏銷後完解者均不准議叙

一地丁漕項鹽課等項各糧奏銷案内未完各官參後有續報征完經戶部議覆奉

旨該省撫准部文者該督撫將該員議覆之案題 開復並未經題覆該督撫以參後續完咨部者戶部即於本案奏銷內扣除免議并該省續報參後全完到部而部議已經奉

旨者未行文者戶部即摘咨改議題本請

旨開復如續報全完各官已另案革職以及佐雜徽負該督撫毋庸概行具題止用咨文報明戶部核明轉咨吏部分別扣

降開復

一凡拖欠正民屯糧草職降級官員未經離任之先如能將拖欠屯糧全完者准其開復仍留本任如該督撫將離任官員題請留任之时其員缺另撥有人而未經奉旨者將原官仍准留任如員缺所補之人已經奉旨將新官令其赴任原官准其留省另補

嘉慶四年十二月初三日吏部議覆直督胡 查得現奉新例民欠屯糧催征官降革後續報全完開復毋庸送部引見留於本省補用今曲陽知縣前任知縣五中枚未完嘉慶元年地糧正耗已而四級征完原奉部議降四級調用之案已奉准部咨准其開復該員五中枚核與毋庸送部引見留於本省補用之新例相符但該員係例前降調人員應否准其留省補用抑或仍應給咨送部引見自應咨請部示准其留於該省補用仍通行各該督撫飭後有似此因征屯糧未完開參降革送部引見之員續經已完者即予題請開復考成

二十

舉内將該員毋庸送部並於該省…之處聽請　旨以

省案牘而昭核實浙省五年正月十四日准咨

一有司未完本糧除後續解全完者各該經管衙門題請開復

不列續完各官職名者罰俸六个月

一條限内奉

旨寬免本糧分數者限滿止照現在未完分數處分（如二條限内寬免本年糧五分將已征完四分者即照原欠一分限滿不全完例議處餘倣此）

一二條限内奉

旨於本年帶征本糧原參各官以欽奉

恩旨之日為始另起二限催征如年限内完解不足所分之數

仍照例分別參處

限滿未完本糧大小各官初參所欠分數係　赦前一半

赦後一半如再限内將　赦前所欠分數已經前完止照

赦後未完分數變分如年限內將　赦前所欠分數未經
全完仍合　赦前　赦後照初參原欠分數一併變分如
初參分數俱在　赦前年限內未經全完仍照初參分數
以初參例變分如限滿未完本糧與官限內又經遇　赦
者扣除　赦前月日止以　赦後計算年限滿日查明題
參照例變分如甘結題內未經分晰　赦前　赦後者照
該督撫所開分數議處
加慶十二年吏部咨開一催追本糧欽奉　恩旨停征帶
征并本糧未完限內離任各員其原參處分應分别議結
以昭覈實也查例載二參限內奉　旨分年帶征本糧原
參各員以欽奉　恩旨之日為始另起二限催征如年限
內完解不足所分之數仍照例分别參處　例載治官任
考成　廿一

內有承督未完案件或因陞調升遷及終養丁憂等項限
內離任者俱以罰俸一年完結又註云展參限內離任者
前項限滿已將變價統俟完解降罰即兩知照到日準其
查銷等語查交員本糧復參變價應照初參所欠未完分
數核議荒業經奉　旨緩征帶征即應於欽奉　恩旨後
另行起限催征如年限內完解不足所分之數係照現在
未完分數另加初參並不仍照原欠分數設變所有該員
等原參降職級停升征催之案自應先行議結以免牽混
應請嗣後本糧未完之員欽奉　恩旨於二參限內緩征
或分年帶征其原參變分應照案犯被隣境擊獲之例議減
等議結見降罰門鄰境獲犯減議條仍於欽奉　恩旨後另行起限催征
如限滿不完照例分别參變再本糧未完之員有該督撫

題參到部已經離任未經聲明卸事日期者臣部即將該員照例議處行令該督撫於復參案內聲明卸事日期再行議結乃該督撫復參到部僅將現在未完之員按其分數分別核參其從前被議離任之員往往並不聲明卸事日期以致部中無憑核議案懸莫結應請該員既經離任已無催征之責其原議停升戴罪催征之案竟屬有名無實應請嗣後參罰未完各官限內離任如本案已經聲明卸事日期者應即照離任官例議結原議停升戴罪征催之案查銷其有已經離任未經聲明日期者應令該督撫於復參本內扣明參限并卸事日期聲請議結或隨時專咨報部將參限分晰扣明并聲明卸事日期以憑分別查銷改議完結其　已離原省而該督撫並未聲明卸事報部議

考成　廿二

結者如該員已經離任別省亦准隨時聲請該省督撫专
咨報部由部查核原案相符分別議結將原參停其征催
之案即日查銷以省案牘其從前已經降罰處分應俟完
解降罰之處兩咨報到日再行查銷

一各州縣經征耗羨之處兩歸於地丁正項隨同起解若有未完
照正項錢糧之例按其未完分數核參議處

一州縣如有私加火耗及私派加征者革職拏問其司道府所
屬有隱匿不報亦革職拏問若已經申報督撫不行題參者
將督撫革職如系上司不知情者照不揭報屬員例分別議
處例載辛勅门 如被旁人首告經司道府發審出者免其議處

一州縣有預征次年錢糧者革職拏問司道府各官明知不報
者革職已經詳報督撫不行題參者將該督撫降五級調用

其頂征本糧即准為次年正項上司不知情由者照不揭報之員例議處（例載考成門）

一輸納本糧小民自封投櫃照數填寫給與印票為憑如州縣勒令不許填數及不給印票者將州縣官革職掌問司道府州官明知不報者革職已經詳報督撫不行題參者將督撫降五級調用不知情者照不揭報考覈例議處（例載考成門）

一州縣官員如將已征本糧作為民欠或挪用謊稱民欠者該管司道府州官明知朦隱不報者革職如已經申報督撫不行題參者降五級調用失於覺察者照頭先不行查出例司道府降一級調用督撫罰俸一年

一各州縣起解本糧將銀批責送巡撫衙門驗明銀數發司兌交五月內布政司出具庫收粘連原批送巡撫衙門銷號咸

考成　廿三

巡撫因公他出委按察司代驗報部 如州縣以空批掩解者

降二級調用布政司不依定限銷號者罰俸一年

一經徵州縣官將未完之年糧捏以全完特報或二三官徵完

之年糧捏作一官徵完申報者州縣官革職司道府並官各

降二級調用巡撫降一級調用如州縣官申報未完司道府

作完申報者司道府革職州縣官免議如司道府申報未完

巡撫作完題報者巡撫革職司道府免議

一官員將不應起解之年糧違例起解者罰俸一年或應解本

色年糧解送折色者降一級調用

一銅匠揑銅兩攙和鉛砂官員不行詳查遽行起解者降三級

調用巡撫罰俸一年如解送不足色之銅並無攙和情弊者

降一級調用巡撫罰俸六个月

一州縣有征收錢糧隨征隨解如有遲延不即解司者該管府州道員查報督撫參奏分別逾延月日照奏銷錢糧造冊逾延例議處如不行催解至藩司行提者將府州罰俸六個月道員罰俸三個月

一各州縣征收田房稅羨下兩隨收隨解如有遲緩不解該督撫查參將該州縣官罰俸一年督催不力之上司罰俸六個月

一起解錢糧並未起解申報起解或庫內無銀申報有銀者各降二級調用但經罰俸一年者一應迴護未經詳揭已經未發詳揭已發者各罰俸一年

一省員正項錢糧未經解送先給官役俸銀工食或不按季給發或不全給或重支或違例給發錢多銀少者俱降一級調

考成　冊

用特详方罚俸一年督抚罚俸六个月

一各省耗羡遇有地方公事方许提解动支照动支数目令经管该司核准任时造册交与接管官查核如有不关地方公事擅自动支者该司即据实报部题参如该司不报後经查出将该司与支给官员俱照违例支给例议处见前

起解本粮各款填用批文

一各年地丁及带征地丁　本折颜料蜡茶熟铁　廪粮　囚粮衙　祈匾　茅茶　契牙牛马当税碓铁坑竹木等税抵课公署门子皂隶禁卒仵作　祭祀　厉坛米折　司院座船水手　摊荒　以上各款应用盈字批文

一南米　漕米　文升米　匠粮米　军贮米

以上各款应用庚字批文

一學租　宗人府孳生本利　咨追　缺罰俸核減工程　馬乾
共氏遞領綿內　錢本　截曠　田房價　入官贓　連曠
三款生息　變價　捐變　咨追減核一切物料價見典
息　兵息　本省各案名賠一切核減穀價　繳完備公戰
船　蘇江楚本省各米價　米價　糶價　火藥價　各色
扶貸　官基佃租耗羨餉銀役食色書部　鹽賦抵款　文
武本水手　監生捐變　外輸運動飯食　搬駝　外料
解貴充公　府解戶部茶油絲綿銅斤料　鉛價　紙價
收贖　寄本工食　以上各款應用藩字批文
乾隆十九年七月十三日奉藩司周　檄行
新領起解各款米糧填用批歸
池丁　司存留　抵課　孤貧小建　契牙牛當馬稅　缺俸
考成　廿五

缺馬　自攤荒缺　歲貢旂匾　鄉飲賓禮　彩料蠟茶

茅茶　罰俸　俸　鉄税　雜税　季鈔

以上應挨解填用盈字大批

坐充兵餉　應填用豐字大批。

解省南米　應填用省字大批

耗羨　鈔耗　米折耗　以上應填用經字大批

学租　馬械　餉餘　陪退　架木　一切捐款各項物料

絲觔飯食　油茶　以上應挨解填用藩字單批

乾隆五十四年司行　債領起解各項錢粮填用批解

地丁　存留　抵課　孤建　缺康　缺俸　缺馬　攤荒

歲貢　鄉飲　沙地　屯餉　課鈔　漁租　刑具　鈔

内粮　河工　茅茶　彩料　藥材　蠟茶　罰俸　榜

南屠坛　商税　禁空　仵空　戰船　門子　斗級

宗祀　公祖　季鈔　契税　牙税　牛税　當税　馬税

碓税　坑税　爐税　鉄税　礁税　解户　南廵　社

廵　熟鐵　前件應援歸分别填用盈字歸眹批

派撥兵米　南秋零户等米折　上件應援歸分别填用廣

字歸眹批

坐兑夕餉　上件應援歸分别填用豐字歸眹批

解省南米匠粃　上件應援歸分别填用省字歸眹批

地漕米折季鈔公祖等各項祀義　上件應援歸分别填用

經字歸眹批

学租　餉好　馬械　啓追　馬船　贓贖　抄案　核減

曠廩　充公　桀木　佃租　穀價　祖息　米價　借庫

考成　廿六

油茶　廷飭飯食　節省解費　一切捐款　各項物料

加屬各邑和解下滿營米本等項

前件應扶釋分別填用藩字釋批

彙解地耗文式

某府某縣為詳征米糧事今將征收某年分某項正銀若干

應隨完錢分耗羨若干並奉　部文隨正彙文報解除分填

盈經字釋批迴送掛外理合備文申解為此云云

今申解

欽征某項銀若干應征錢分耗羨下若干內除解費偏

餘若干另款報解外實該隨完耗羨下若干今第幾次

解某項下若干又隨完耗羨下若干

地丁各款批式

今申解某年分

額征某項銀若干應隨完耗羨若干

今第幾次解某項銀若干　所有隨完耗羨銀若干

另填經字號批迴請掛理合註明

尚未完某項銀若干耗羨銀若干

耗羨批示

今申解某年分

額征幾分耗羨銀若干内除解費餉餘若干另款報解

外實該解銀若干

今第幾次解銀若干

尚未完銀若干

考成

廿七

盤查

盤查倉庫錢糧每年二次上半年爲奏銷盤查其各數均截至三月底止亦有截至四月底者下半年爲歲底盤查其各數均截至九月底止上届之實在即此次之舊管造具清冊由府結報又或因督撫藩憲新蒞及大計年分亦應造盤查冊結與年例盤查同再以上三項盤查届期如值州縣到任交代者亦出結即詳明歸入交代案內結報不必另造盤查矣

一直省布政司庫錢糧每值奏銷交代均責成巡撫及同城之總督親赴盤查具結保題督撫新任受事亦一例盤查所盤錢糧無論正項雜項已入奏銷未入奏銷統行察核倘有虧挪而扶同徇隱者分別議處賠其不同城之總督於題明巡查地方之便会同巡撫盤查凡巡撫及同城之總督升調

雖任將舊庫藩司庫項无虧之處兼查詳之便附摺以

聞新任照撫及同城之總督亦具摺附奏仍照例盤查具題

一直省按察司庫貯驛站錢糧每逢交代造具冊結会同藩司查核詳請題揭粮鹽道庫錢糧每值奏銷交代照盤查布政司庫之例責成同城督撫及鹽政盤查出結具疏題報督撫鹽政新任受事亦一例盤查其糧道庫錢糧收放數目仍由藩司按盤查之先核明具結詳送督撫如詳內聲明並無虧空督撫親盤後覺者將布政司查參議處責令分賠凡督撫新任盤查道庫照奏報藩庫錢糧之例另摺奏

聞兩廣提督所轄廣西鹽道錢糧屆盤查之期就近交廣西巡撫盤查結報

一布政司鹽道庫貯錢糧該司道倘有侵挪詐庫官徑行揭報該督撫鹽政盤查得實將庫官題請議叙若庫官通同狗隱

事發一併治罪庫官已經捐報而督撫藍改不行題參者照狥庇例議處

一府州縣庫貯米糧每年奏銷時責成該管道員知府盤查結報其已征錢文未入奏銷各款亦一併盤查凡届盤查若該管官不行親盤委查取結雖係親盤而預示日期縱令挪飾者別經查出將該管官照不應公罪律處分如　查有虧空將該管官照通同狥隱例參革不得以同時捐報免參亦不得僅以盤查不實從輕詰議

一凡盤查倉庫米糧責成該管督撫於歲底具摺彙奏

一各屬倉庫米糧如清查後乾隆四十七年九月通飭清查再有虧缺除本員照例治罪賠補外將盤查出結之督撫藩臬從重議處並將虧缺米糧按數分賠一倍

盤查

先

一州縣倉庫米糓责成知府嚴行盤查於每年奏銷時出具所
屬州縣倉庫實貯無虧印结造册申詳保题仍令不時盤查
一有虧空立即列揭請參免其治罪分賠如知府通同狥隱
别經發覺將知府革職離任先於本犯名下着追勒限三年
如果家產盡絶無力完交將未完銀米等項無論侵挪俱着
落知府独賠如止盤查不實不行揭报審係州縣侵欺將知
府照失察侵盗本例议處免其分賠審係州縣挪移亦先於
本犯名下着追勒限三年如果家產盡絶無力完交將未完
銀米等項責令知府分賠一半如知府查出虧空揭報司道
司道不即特揭及司道已經特揭督撫不即題參許知府竟
揭部將不轉不參之督撫司道议處着令分賠如督撫司道
明知州縣虧空不即报參反為設法彌補於本犯勒追限满

之月着督撫司道分賠仍照例交部議處

一各府倉庫米粮於每年奏銷責成各該道盤查直隷於米粮責成分巡道盤查粮驛道米粮責成布政司盤查藩庫米粮該省有提督者督撫會同盤查無提督省巡撫盤查無巡撫者提督盤查其提督有管轄兩三省者或隔二三年或隔三四年極題明巡查地方事情之便會同盤查出具印信於奏銷本內一併保題倘有扶同狥隱及盤查不實不行揭報俱照州縣倉庫例行如有抑勒那借濫動以致虧空者詳據實通詳揭送各部院奏

聞嚴加議處責令賠補

一州縣那移虧空審明係知府不行揭報應着落分賠之項將知府革職其虧空米粮仍依那移虧空年限先於本犯名下

盤查

僅數着落嚴追一年限內全完將本犯及不行揭報之知府俱照例准其開復二限三限補完本犯照例發落若三年限滿不能完足本犯仍照原擬治罪查明實係家產全無無力完帑將未完銀米等項着落不行揭報之知府分賠一半其餘一半入於無着項下完結其知府分賠一半銀兩勒限一年補完限內全完准其開復不完再限一年完補若能於二限內全完者准其開復於補完日罰俸一年如二限內完不足數再限一年完補若能於三限內全完者照依原職降一級調用如三次限滿不完不准開復未完銀兩仍着落追賠

一各省屬官虧空上司明知故縱者令狗隱之上司分賠一分

一各省虧空案件審係侵貪入己者本犯無力完交令該上司等分賠其那移及倉穀　變等項祇將該員擬罪着追不必

概令上司攤賠

一州縣常平等倉米石不於每年春借出秋償征收務於十月内歸款完納造具冊报送部令知府直隸知州親往盤查其府州倉米責令該管道員盤查出具印結申报如州縣以借糶爲名捏飾虧空即行揭参嚴審是侵是挪分别定罪追賠該管道府直隸知州如有徇隱失察等情照州縣侵挪年限知府徇隱失察例分别辦理如道府直隸知州已經揭报而督撫不行題参將督撫降三級調用着落分賠

一藩司到任委員盤查倉米定限三个月盤清結报督撫具題内除廣東甘肃二省福建台湾一府准其扣限餘限餘皆定限三个月不准扣除惟奉天一省未經設有藩司責令該管官按照倉貯多寡程途遠近或一月或兩月核查結报府尹

具題

一直省州縣倉穀由該管道府州盤查結報督撫覈實加結於歲底造冊保題至督撫適值離任將冊籍交代新任督撫限三个月盤查題報如有猶隱照例議處分賠

一藩司到任交與督撫同時或值督撫年例盤查之期均歸督撫委員備案查覈

一督撫藩司到任盤查甫畢即奉外調計與新任相隔在三月以內者毋庸再盤新任如係藩司取結詳報督撫具咨報部

一官員造報各項錢糧文冊遲延或限內卸事並違限不及一月及一月以上者俱罰俸三个月違限二月以上者罰俸六个月違限三月以上者罰俸九个月違限四五月以上者罰俸一年違限半年以上者降一級留任違限一年以上

者降二級留任違限二年以上者降三級潤用其文冊遺漏重開數目舛錯或多開少造遺漏職名者俱罰俸三个月該管各官未經查出據冊轉報罰俸一个月因舛錯以至遲延三月以上者照遲延例議處該管各官仍照據冊轉報例議處未平轉者免議惟正雜錢糧款項繁多例內未經詳晰聲明咨查戶部於據咨處各項錢糧按照分數考核者係屬正項其不作分數考核者均係雜項若謂是造冊遲延自應以按照分數考核入奏者照奏銷冊籍遲延例核議其不作分數考核咨部核銷之案均應照各項錢糧文冊例辦理相應移咨戶部飭後造報錢糧冊籍遲延於咨送本部議處文內將此項錢糧是否按計分數奏銷抑係咨部核銷不作分數考核之處隨案聲明以便核辦並通行各直省督撫府尹一體查照可也

盤查

卅二

一凡應行完結之年糧造冊不分晰明白者府州縣官降一級
調用率行駁報之司道罰俸一年不行詳參之督撫罰俸六
个月
一司道官應行造冊不分晰明白者降一級留任
一州縣承追一切錢糧冊結到司有不合式例仍由司道校正
彙造者即行造駁將底冊發換送存如不照遵延者量為記
過統入年終彙報功過冊內若部查核差照該州縣另造隨
同送部之案因件錯遺漏以致遲延者該督撫隨案聲明分
別議處
一司道銀庫匙鑰自行掌管庫司祇令看守書識遇有錢糧出
入庫時布政司鹽道不許擅自開庫其藩司鹽道有侵用挪
移抑勒庫官者許庫官徑行揭報如果查報得實該督撫將鹽

以題請議叙以應升之缺即用并或通同狥隱事發一體治

罪如庫官已據實捐報督撫鹽政狥隱不行題參降三級調

用

盤查

卅三

地丁

地者田地山蕩也丁者人丁也田地科則名物不同即一物之中亦有名色輕重之別所謂三等九則是也彙名之曰地其丁粮亦有衛市及男子成丁不成丁食鹽鈔丁課口之數總而名之曰丁浙省丁粮有照人照田照粮起征者惟照人一項里蠹作奸飛洒賣富栽貧而独者会有赤脚光丁產去丁存之累雍正四年撫軍李公檄令均攤照粮起征從此民困得甦至於地丁項下所征之銀有起運有存留起運者解部解司解道解准之類是也存留者襍支及役俸一切項也。

國朝初年分款征解參罰甚多且書役需以從中侵漁皆緣頭緒紛繁自康熙初年浙藩教公議詳統征分解謂之一條鞭所以征收糸粮名曰条鞭又曰地丁者由此而起也今奏銷冊內名

地丁　卌

目尚存計將省舊額田地山蕩塘坦河灘溪湖潭坎　屏桑桕茶樹人丁等項除坍沒荒棄加歷年升科並灘匠四年共派只二百九十萬三千八十九兩零連加征之額料碳茶斤折新加漁課折色并孤貧驛户口糧吹鼓手積餘等米改折之數在內又外賦不入地丁者匠班銀七千四百九十三兩零丁項業內匠班缺額之征等事業內加入地丁每年帶征又漁課米折蘇缺係漁户生息而河泊所課鈔亦歸起運征解其他城河佃租官地河棚俱有佃户生息而仁邑之改征黃蔴又係里户生息悉歸地丁項下二百九十三萬一千七百一十八兩五錢之

內

會項下三十六萬九千四百五十六兩零

驛站銀六萬六千一百一十七兩零

買漕米銀四千一百三十兩
鹽課銀二萬四千二百五十九兩零
河工銀一萬五百五十九兩零所例內載一萬五百二十五
兩有奇
北庫解銀二千六十六兩零
顏料銀四千二百四十六兩零
黄蠟茶本色銀一千一百六十七兩零
黄蠟茶折色銀五千六百九兩零
芽茶銀二百三十三兩零
黄白蠟銀六十三兩零
藥材銀五百二十七兩零
桐油本色銀一千二十一兩零
地丁

三十五

江寧神帛並合羅絲銀三千三百六十兩零
司存留銀八千六百四十九兩零
府縣存留銀一百十六萬九千一百三十八兩零則例内裁一
十六萬九千零五十九兩二錢八厘有奇
解司起運銀二百二十五萬六千五百三十六兩零則例内
裁二百一十四萬五千八十三兩二錢八分九厘有奇
杉板稅銀四千七百八十二兩五錢此項係蒲関征解藩司充餉
浙省田地丁科則惟嘉湖独重其故因明初蘇松嘉湖四府之
民爲往士誠固守所以洪武征科加重後亦稍減我
朝雍正五年奉
特旨減免十分之一永爲例計共減征銀八萬七千弍百八十八
兩零但漕項鹽駅存留等欵有関支給是以僅於解司起運項

下扣除今解司者止有二百一十七萬餘兩又云貳百十一四萬五千八十三兩二錢八分九厘清奇此外尚有裁汰部司項下屯糧起存並將學租俱歸藩司催征而考成之內又加此二項矣

浙省額征地丁銀貳百一十八萬九千九百六十兩五錢五分零爲本省滿漢綠旗官兵餉銀及織造假瓦錢支之用餘聽部撥京協各餉　額征府物存留銀一十八萬二千八十四兩零爲官俸役食祭祀及一切経費又司存留銀八千七百二十餘兩爲學院衙門藩司首領等官俸役食之需。　額征物料照前項銀貳萬一千三百九十五兩陆錢零解部充餉　額征鹽驛銀八萬九千三百五兩五錢五分零鹽驛道衙門経理　歸臬司　額征河工銀一萬五百五十九兩一錢零解㨿河庫経理

地丁

卅六

脩理工程之用由浙物經解　額征漕項银四十八万三千三百二
十餘兩零所糧道經理　額征耗羨银一十八万九千九百二十，
五兩八錢零為通省各官養廉及供銷火工運費　契牙牛當
雜稅等银向無正額仍五万餘兩解部充餉出行簡錄
浙省設立現年糧　銀米分為四款完納民多未便雍正六年
革除圖甲改偏順莊等糧按照烟户滚單付催乾隆二年地漕
正耗等银一条鞭漕南米石亦一例統征領發户額由單使民
易知嘉靖烏程　迪知由工部郎中署開浙里甲若一切供應
請立一条鞭法後廵御史尚於浙海中丞瑞用於吴嘗以為便
下條鞭法自此始出行簡錄
雍正九年例降陝西四川等糧六月完半十一月全完貴州等
糧九月開征至次年三月全完山西大同朔平寧武三處地受

邊塞物穰較遠七月完半俱遵舊例毋庸更議外其餘直省上
户之糧五月完半十月全完如有不完查明分數定為三限嚴
比每限十五日期限歲內全完中下之户八月完半歲底全完
如有不清查明分數定為三限嚴比每限十五日中户期限開
歲二月全完下户期限四月全完如初限二限不完提比家屬
一限不完即行詳褫褫後全完仍予開復著妻係赤貧無力而
尾欠僅屬分厘者暫免詳革准於秋收八月并入現年完半數
內帶征完足其守分不待限期先行完納申詳學政量予獎賞
如本名下糧多立户名花分詭寄查出照欺隱田糧律治罪
此条专指紳士而言直隸湖北山西十五兩以上為富户五兩以下為貧户安慶百畝以上為富户五
畝以下為貧户江蘇三十兩以上為上户二十兩以下為中户十兩以下為下户浙江河南三兩以上為上户二
兩以下為下户福建下游之福泉興漳福寧台灣等府八兩以上為富户五兩以下為

地丁

廿七

中户上游之延建邵汀四府十兩以上為上户六兩以上為中户二兩以下為下户湖南六十畝以上為上户四十畝以下為下户江西五十畝為上户不及五十畝為下户甘肅本折額只三石以上為上户二石為中户不及一石為下户奉天廣東雲南俱不設富户負户惟按限征催通飭串錢每張止取一文推收過户一畝取錢十文地山池蕩每畝取錢五文傾銷火工每兩給火工一分一兩以上打半給五厘

一浙江省原額各項田共弍十七萬九千五百五十四頃一十二畝有奇地六萬一千八十一頃二十三畝有奇山一十二萬七千四百六十九頃四十三畝有奇蕩塘灘河池漊湖潭水漾一萬七百七十一頃一十一畝有奇屯田地園弍百六十五頃八十六畝有奇民賦田每畝科銀一分五厘三絲至二錢五分五厘不等米三撮至一斗九升有奇不等地每畝科

銀弍厘四毛至弍糸一分三厘弍毛不等米八抄至一斗九升三合五勺有奇不等山每畝科銀五絲至一糸九分六厘三毛不等米六抄至五升三合七勺不等蕩每畝科銀四毛至七分三厘不等米一勺至七升五合不等塘每畝科銀二毛至一糸弍分四厘五毛不等米七撮至一升六合八勺不等湖地每畝科銀三分七毛米九勺五抄衛所田地每畝科銀五厘七毛二絲至一糸四分九厘有奇不等米一斗五升七合五勺至弍斗四升有奇不等

一直省人丁欽遵康熙五十二年

恩詔以康熙五十年丁冊糸糧之數爲定常額續生人丁永不加賦（人丁額數以編審之年爲斷）停止浙江省計共弍百七十一萬三百六十四丁每丁征銀二厘至五糸七分二厘有差另科米二合

地丁　卅八

二勺五抄三撮三合有差共民丁税二十三萬六千九百九十一兩七分有奇屯丁税五百二十七兩六錢二分三釐遇閏不加征（盛世滋生人丁於每年十一月同穀數一併造冊奏報較上年果有增添將滋民數另數冊也）

一凡征收錢糧照依賦役全書內編定款額分别存留起運二項如應充本地之官俸役食驛站河工祭祀各項經費者照數存留支給應起解司道庫者如期分别運解（道餉尤宜早完如淺貢將給脩漕船之用月糧須先期給發以便冬兑冬開也）遲者參處

一直省酌留布政司庫銀兩該督撫公同封貯每年造冊附同撥冊送部聽核如有急需題明動支於撥餉時請部照數撥補遲者將該督撫布政司照擅動錢糧例治罪（貴州封貯銀兩遇有急需准一面變通一面題請撥補○擅動錢糧照違例支給降一級調用）各省藩庫封貯數目直隸三萬一千四百兩山東二十五萬兩山西三十一萬兩河南三十五萬

兩江寧四十八萬両蘇州四十八萬両安徽四十萬両江西三十七萬両福建四十萬両浙江三十萬六千両湖北四十萬両湖南三十弍萬三千両陝西三十一萬両甘肅三十八萬両四川一百五萬両廣東二十萬両廣西三十八萬四千両雲南四十八萬五千三百四十弍両貴州四十五萬九千両

一府庫分貯銀兩所屬各州縣遇有急需具文請領該府於文到日即行給發其有離府窵遠而所需不能刻緩者准一面撥用本州縣庫銀一面詳报該府該府亦一面動發還項一面詳报藩司暫撥仍令各州縣將支銷銀數隨案具詳聽核實冒者題參凡分貯銀兩一切動存數目於歲底造册咨部

浙江各府庫共分貯銀九萬四千両內加興府一萬弍千両

地丁　艽

湖州府八千两寧波府一萬貳千两紹興府八千两台州府一萬二千两嚴州府六千两衢州府一萬两金華府八千两溫州府一萬貳千两處州府六千两 杭州府全

一浙江司庫每歲奉撥額解春秋二撥京餉銀（歲無定額）茶引紙價銀四百六十二两銅觔水脚銀七千三百五十两又節省銅觔水脚銀三千六百七十五两浙關每歲奉撥額解商稅正銀三萬二千一百五十八两二錢三分（盈餘銀两歲無定數另批隨解）北新關每歲奉撥額解商稅正銀十萬七千六百六十九两（盈餘銀两歲無定數另批隨解）又南新關解造船料銀一萬四千四百四十两鹽政每歲奉撥額解鹽引紙硃銀貳千四百一十六两一錢八分八厘餘引紙硃銀歲無定數

一直省每歲應造撥餉清冊春季限二月二十日以前到部秋季

限八月二十日以前到部冬季限十月內到部逾限參處

一凡起解京餉以接到部文日爲抵即委員扣限起解浙江限八十日到部仍先將奉文起解日期及解員姓名預行咨部逾限題參若該省故爲藉端遲延以至逾限者查參嚴加議處

一官員解送米糧若須沿途停擱日期者罰俸一年

一官員將不應起解之米糧違例起解者罰俸一年或應解本色米糧解送折色者降一級調用

一銅匠於銅內攙和鉛砂官員不行詳查遽行起解者降三級調用巡撫罰俸一年如解送紙劄不足色之下並無攙和情弊者降一級調用巡撫罰俸六个月

浙江省起解京餉協餉不論水陸程站 地丁 自省至京計四十七站 至福建省二十三 四十

至四川省九十站
至貴州省六十六站所解餉銀數在五萬兩以下者每萬兩每站給水
每站給水腳銀五分數在十萬兩以下者每萬兩每站給水
腳銀四分數在十萬兩以上至二十萬者每萬兩每
腳銀三分凡解餉時值冬春不論所解多少者按每萬兩每
站照給水腳銀五分每解餉銀千兩給傾鎔鞘搨銀六分如
不需傾鎔祗給鞘搨銀三分

一解員等由部給領回任限四個月即解員於引
見後填給佐襍解員於差竣後填給浙江省限五十五日所
領限照於回任後繳部查銷差解員中途患病報明所在地
方官查驗信報咨部扣算無故逾限者該督撫查明月日咨
部轉行吏部照赴任違限例議處

一委解赴別省人員復任遲延者照赴任違限例查參逾限十

日以外即照違限一月例议處如有患病等情仍照例查核
辦理赴任違限一月以上罰俸三个月兩月以上罰俸六个
月三月以上降一級調用四月以上降二級調用五月
以上降三級調用
半年以上革職

一赴任各官中途患病已有文結違限至兩月以外止准其扣
除兩月之限風水阻滯違限至三月以外止准其扣除三月
之限其餘仍按其違限月日分别查议

一中途患病違限止一月及風水阻滯違限止一二月不及报
明地方官者該員呈明任所督撫查明確实移咨部科免
其參處

沙地餘租

沙地租銀起於雍正五年而征於六年也其故因丁銀攤於粮
額以除赤脚光丁之累但省會仁和錢塘丁粮多而田地之糧
少按仁邑条銀每一兩加丁銀弍錢九分七厘本邑則有三錢
六分之外民地未免拮据制軍李公憫其獨重籌劃抵補適有
錢江漲沙為許村場灶戶馮高沈三姓爭奪訐訟已歷多年案
不能結而制軍懲其巨懸即將沙地給帖令民佃種所納租銀
照私租五六折上納為殺除省會丁粮等事題委杭同知征收
除蕩課銀五百三兩零外餘銀三千五百二十五兩零抵補二
縣布下銀五千三百一十七兩零所餘所補零星坍沒歸賠係
原也此外又詳明抵補雲林寺田基錢糧債因海潮坍沒其之
租銀二百六兩零於其銷科內附題請豁所以雲林寺之粮不

解抵補丞所征銀兩該丞徑解司庫每年造冊隨同地丁題銷

達部

一海防同知征收米江沙地租銀抵補仁錢二縣地丁米糧其考成亦以一年作十分考成如算吉註請照康熙三十年戶部議覆直隸郭丞題請順承保河等處撥補地畝租銀代征之官照征催分數是從輕減之例

一直隸順承保河等處撥補地畝租銀經征催征官員欠不及一分者停升督催欠一分者罰俸三個月欠二分者罰俸六個月欠三分者罰俸一年欠四分者降俸一級欠五分者降俸二級欠六分者降職一級欠七分者降職二級欠八分者降職三級欠九分者降職四級俱令戴罪督催俟其完日開復欠十分者革職

一布政司道府欠不及一分者免議欠一分者罰俸兩个月欠二分者罰俸三个月欠三分者罰俸六个月欠四分者罰俸一年欠五分者降俸一級欠六分者降俸二級欠七分者降職一級欠八分者降職二級欠九分者降職三級欠十分者降職四級俱令戴罪督催停其升轉完日開復

一撫按欠不及一分者免議欠一分二分者罰俸兩个月欠三分者罰俸三个月欠四分者罰俸六个月欠五分者罰俸一年欠六分者降俸一級欠七分者降俸二級欠八分者降職一級欠九分以上者降職二級俱令戴罪督催停其升轉完日開復

一署印官欠不及一分者免議欠一分二分者罰俸兩个月欠三分四分者罰俸三个月欠五分六分者罰俸六个月欠七

沙地餘租

四十三

分八分者罰俸九个月欠九分者罰俸一年欠十分者降一級調用署印不及一月者免議

一州縣有被參後限一年全完如原欠不及一分一年內不全完者罰俸九个月欠一分二分一年內不全完者降二級調用欠三分四分一年內不全完者降三級調用欠五分六分一年內不全完者降四級調用欠七分八分一年內不全完者降五級調用欠九分十分一年內不全完者革職

一摠督限兩年全完布政司道府限年半全完如原欠不及一分年限內不全完者罰俸六个月欠一分二分年限內不全完者降一級調用欠三分四分年限內不全完者降二級調用欠五分六分年限內不全完者降三級調用欠七分八分年限內不全完者降四級調用欠九分十分年限內不全完

者降五級調用

一原州縣官不行文代征州縣催征及不申报上司者如有拖

欠租已歸入正項米粮分數内將原州縣官要分正申报開

催者免议

沙地餘租

四十四

司存留

司存留者各府解司爲巡捕巡鹽織造觀風南北兩関布政等衙門官役俸工及拜表解户役板枋戰船學宫脩理并藩鹽二驛座船水手夫時憲書紙料之用向額銀一萬有奇雍正二年奉文裁去憲書紙料銀一千八十九兩零歸入起運而時憲書則先動閑款置辦發賣歸價故解司存留止有九千四百餘兩矣行簡録載裁存八千七百二十三兩零

一各省刊刻時憲書淛江省裁額支銀一千兩

一兩淛鹽務鹽門並所屬役食門子每名裁給工食銀六兩皂隸浦東場每名裁給工食銀七兩四錢穿山場每名裁給工食銀七兩二錢袁浦場青村場下砂場每名裁給工食銀六兩四錢六分有奇大嵩場每名裁給工食銀五兩九錢一分餘俱每名裁給銀六兩聽事吏快手庫丁轎傘夫馬夫燈籠夫鋪兵鋪丁每名裁給工食銀六兩

司存留

四十五

一浙海関役食書吏稿工每月給工食銀三兩弍錢[?]飯食銀一
食銀一兩二錢飯兩八錢摇書書識貼寫算書每名月給工
食銀一兩八錢門子皂隷承差聽事軍牢把役鑼夫牌夫
吹手炮手轎夫吏夫庫丁鋪兵舵工水手每名每月給工食銀六錢
一北新関役食書吏任劄書每名月給工食十弍兩稿房每名
月給工食銀十兩僕高貼寫每名月給工
食銀弍兩四錢造冊摇書船柜書每名月給工食銀四兩六
單廠書算書每名月給工食銀弍兩五錢船書船單廠書拨
羊便民單書每名月給工食銀一兩五錢茶引書每名月給
工食銀一兩查驗書每名月給工食銀八錢季單書每名月給
工食銀五錢門子每名食銀一兩月給工皂隷每名月給工食銀大関每名八錢北関每名背給工食銀六兩軍
穿把役每名食銀六錢月給工吹手每名食銀八錢月給工炮手每名一兩月給工食銀二錢
庫子每名銀一兩八錢月給工食吏夫每名銀三錢月給五錢工食卜殳每名食銀七錢月給五
分巡散頭役每名月給工食銀八錢巡捕每名食銀六錢月給工食銀七錢捴
甲小甲每名食銀六錢月給工防兵每名月給工食銀五錢茶夫每名月給工食銀六錢廚
子每名月給工食銀一兩水火夫每名月給工食銀六錢

一浙江織造衙門役食聽事吏門子皂隸轎傘扇夫傳報舍人
庫子馬夫每名歲給工食銀六兩局寫字每名月支米六斗所管每名月支米一石
工提織局織染局每名月支米五六斗管數提織局每名月支米五斗織染局十二名每名月支
米六斗又一名月支米四斗提高手挽花高手剔綵高手每名月支錦料米八斗
挽花匠織繡匠每名月支米五斗倒花匠稀配匠每名月支米六斗機匠紡
絡匠烘焙匠每名月支米四斗摺紙匠箴匠板箱油漆銅匠圬工每名
月支米三斗染匠每名月支米二斗裱匠每名月支米六斗庫役每名月支米四斗門役
看局門役每名月支米五斗西府門役一名月支米四斗又二名月支米二斗跟役更夫打掃支泥
水匠巡夫每名月支米四斗陰陽生織染局提織局每名月支米二四斗

司存留

府州存留

存縣解者道府廳之俸工并廩

糧孤貧囚糧祭祀迎春歲貢祈扁花紅卹餉恩禮節項之數例

以銀七分三搭放其俸廩按日計算如有事故例扣缺俸照

大小品級俸銀多寡而計至廩生餼糧如有荒缺之缺每名每

日實給銀八厘八毛八絲八忽八微八塵零（州縣例內載浙江府州學廩生每名每歲給自閏銀三兩二錢）廩糧向不計閏如丁憂事故亦按日扣解其卹餉恩

禮之銀有奉動支之則解充餉用而因糧一項有額米者每口

給米一升如額銀者每日給銀一分其因則解充餉（近來定例每日給米八合三勺鹽菜銀五文）再藩司之經理鹽道之經歷及兩司之經照與各

府之經知照校及各縣之巡檢典史等衙各有馬夫一名如遇

空缺扣俸銀則馬夫亦扣空缺充餉其俸無閏而馬夫則有閏

府縣存留

四十一

并也每名主荒蕪之縣每年徭銀六兩閏月加增三年計每日一分六厘六毫六絲六微零又民壯一次浙前額設每縣五十名六年奉文分派司道府所及縣佐各衙門議撤於七年五月奉部覆廣東布政司五十後裁將司道府廳民壯名數應解工部解充衙門雜於本地召募

一浙江省各衙門役食門子（各學門子每名發支銀七兩二錢餘俱六兩省守公署門子景寧每）名發支銀一兩新城於潛昌化海鹽武康孝豐太平仙居江山分水瑞安松陽遂昌雲和龍泉慶元宣平等縣每名發支銀式兩開化縣每名發支銀式兩二錢五分加興縣每名發支銀二兩二錢二分青田平湖等縣每名發支銀二兩四錢泰順加善等縣每名發支銀二兩五錢樂清縣每名發支銀二兩六錢鎮海縣每名發支銀二兩六錢二分浦江縣每名發支銀二兩七錢五分麗水縣每名發支銀二兩八錢二分永加縣每名發支銀式兩八錢四分寧海縣每名發支銀式兩九錢武義縣每名發支銀三兩一錢六卜鄞縣秀水肖山

等縣每名發支銀三兩二錢龍游縣每名發支銀六兩三錢
七分歸安烏程長興上虞新昌金華蘭溪東陽義烏永康西
安陽溪桐廬等縣每名發支銀三兩六錢嵊縣每名發支銀
三兩七錢六分餘姚縣每名發支銀四兩仁和縣每名發支
銀四兩貳錢四分淳安縣每名發支銀四兩三錢遂安壽昌
等縣每名發支銀四兩七錢海鹽縣每名發支銀四兩八錢
建德平陽等縣每名發支銀七兩二錢餘縣俱每名三兩
聽事吏傳報舍人皂隸馬快步快快手民壯庫子斗級禁卒
轎傘扇夫馬夫每名發支弓兵慶元縣赫蘭公館每名發支
銀六兩銀式兩五錢孝豐縣每名發
支銀式兩七錢五卜景寧縣每名發支銀三兩肖山縣每名
發支銀三兩一錢六卜慈溪縣每名發支銀三兩二錢七卜
會稽縣加善縣并岑港沈恩等巡檢衙門公用家火夫每户
每名發支銀七兩二錢餘俱三兩六錢發支
銀十二更夫每名發支堠夫餘杭縣每名發支銀二兩慈谿
兩二錢銀三兩縣每名發支銀三兩九錢鄞縣
每名發支銀八兩九卜三尺閘夫樂清縣每名發支銀一兩
餘姚縣每名發支銀十兩一錢鎮海縣每名發支銀
一兩五錢永加縣每名發支銀一兩六錢平陽縣太平縣每
心發支銀二兩慈谿縣每名發支銀式兩四錢四卜瑞安縣
府縣存留 四十八

每名歲支銀二兩五錢會稽縣每名歲支銀三為江陰縣每名歲支銀三兩六錢武康縣每名歲支銀三兩六錢五分山陰縣每名歲支銀三兩九錢五分

官船艙夫

於潛縣每名歲支銀七錢五分新城縣每名歲支銀一兩五錢昌化縣每名歲支銀一兩七錢九分

渡夫

永加縣每名歲支銀五錢開化縣每名歲支銀八錢五分雲和縣每名歲支銀九錢四分縉雲東陽諸暨天台淳安壽昌遂安江山桐廬平陽等縣每名歲支銀一兩一錢蘭溪縣每名歲支銀一兩四分順縣每名歲支銀一兩一錢二分五厘分水縣每名歲支銀一兩一錢六分瑞安縣每名歲支銀一兩二錢九分松陽縣每名歲支銀一兩三錢七分歸安縣每名歲支銀一兩四錢一分孝化縣每名歲支銀一兩四錢二分常山縣每名歲支銀一兩四錢四分景寧縣每名歲支銀一兩四錢九分寧海縣每名歲支銀一兩五錢六分臨海縣每名歲支銀一兩六錢八分西安縣每名歲支銀一兩七錢五分龍游縣每名歲支銀一兩九錢二分鄞縣太平縣每名歲支銀貳兩上虞縣每名歲支銀貳兩貳分青田縣每名歲支銀貳兩壹錢壹分麗水縣每名歲支銀五兩六錢六分遂昌縣每名歲支銀八兩六錢其餘州縣每名俱歲支銀一兩五錢

水手

浙江水手每名歲支銀七兩貳錢餘俱六兩

鋪司

布政

按察二司撥鋪司每名歲支銀十兩八錢府縣鋪兵每名歲支銀九兩餘俱六兩〇衝要鋪司永康縣每名歲支銀一兩八分武義縣每名歲支銀一兩貳錢六分遂安縣每名歲支銀三兩五錢雲和縣每名歲支銀四兩五錢江山縣每名歲支銀五兩九錢象山樂清松陽龍泉等縣每名歲支銀六兩開化縣每名歲支銀六兩二分孝豐縣每名歲支銀六兩六錢三分長興縣每名歲支銀六兩七錢二分桐廬縣每名歲支銀六兩六錢五分西安縣每名歲支銀六兩七錢八分湯溪縣每名歲支銀七兩三錢六分仙居縣每名歲支銀七兩五錢六分鄞縣每名歲支銀七兩七錢七分永加縣每名歲支銀七兩八錢七分烏程縣每名歲支銀七兩八錢九厘縉雲縣每名歲支銀八兩〇錢會稽縣每名歲支銀八兩〇六分義烏縣每名歲支銀八兩五錢二分餘姚縣每名歲支銀八兩五錢〇分新昌縣每名歲支銀八兩五錢九分平陽縣每名歲支銀八兩六錢黃岩縣每名歲支銀八兩六錢二分青田縣每名歲支銀八兩七錢〇分山陰縣每名歲支銀八兩八錢一分仁和錢[illegible]縣金華[illegible]縣每名歲支銀九兩太平縣每名歲支銀九兩一錢七分蘭溪天台二縣每名歲

府縣存留

添兑水脚

浙省起解京餉從前未有添兑雍正元年京庫因補對空缺是以有添兑之項而解員未免從中取利所以藩司佟吉圖酌定每千給銀三十兩如有餘剩繳還准其記功倘有缺少惟該員是問至桂飯銀每千仍解五兩并水脚及地丁京餉從前例給一分今裁二厘止有八厘而糧道京餉向給九厘今止給七厘矣

添兑水脚

漕項

漕項者起運漕粮之任費也例解糧道衙門於地丁内統征分解每兩應征耗羨除全支一分解費外其餘內係解司令俱隨正解道矣其中款項波此糾纏務須溯委窮源方知頭緒如地丁項下所開漕項銀三十六萬九千四百五十六兩零之內有温衢湖荒歸安減免共銀一百五十六兩零止有三十六萬九千三百兩 内

漕粮項下

淺貢銀三萬五千四百四十八兩零 每年造船不過二萬五千餘兩

永福銀九千兩

永減備料銀四千四百二十九兩零

庫工銀四千九百九十一兩六錢

漕項

二分五厘蘆蓆銀七百七十兩零 此項給丁
改折五厘蘆蓆銀一百五十四兩
三分給丁楞木松板銀四百五兩零
灰石蓆木銀二十八兩零
赤福貼費銀六十二兩零
搬駝腳價銀一千二百一十九兩 此項給臨新於昌四縣
輕賫蓆木易耗銀一十一萬一千四百七十一兩
註賫貼費銀六百四十六兩零
進倉腳價銀五兩五錢
折色行糧銀四萬七百六十九兩零
折色月糧銀八萬三千二百九兩零
白糧項下

丁字沽雇剥船銀七千九百四十四兩零

減省官役薪工銀三千八百五兩零

車夫銀六萬四千九百四十一兩零

以上共將前數又臨清、昌三縣買漕米銀四千一百三十兩摺在漕糧八十八萬弍千石之內三縣自行買米兑軍交兑又漕項下奉免月糧內寧紹台金衢嚴温處八府原額米五萬九百七十三石零每石折征銀一兩二錢共銀六萬一千一百六十七兩零又改折灰石正耗米一萬八千六百五十三石零每二石折銀一兩弍錢共銀二萬二千三百八十二兩零又奉款項下漕截銀五千七百七十九兩零灰石腳費銀二百五十三兩零又白糧項下改折經費正米四千三百二十石零每石折銀一兩五錢共銀六千四百八十兩零又奉定支剩米石心以一銀

漕項

二年折征解道或退截留漕粮以及缘事未能開復致并不應支領者亦係折征解道所以盈缩不一又漕粮旧額二十七萬三千二百六十二两五年除改折灰石項下截留五千　百九十一两零該征給丁銀二十六萬七千三百七十两零如退留漕之年存留若干扣截銀若干解交備用其漕折項下年粮系年三月造報漕院奏銷為察核通庫等事往據彼雍正三年年粮至五年三月造報即云四年起運三年分共名催征月日應行款項以輕賫席木進倉脚價折色行粮三款自三年正月初一日起至歲底為一考成缘溢地丁統征之解故也以本色行粮本色月折色月粮廪工銀貢漕截六款自三年十月初一日隨漕併征起至四年九月終止為一年計算考成又漕粮改折灰石并項下漕截餘费及買漕米搬駝脚價等款為

一冊六限十月開征又永福路費是為一冊舒祖六另為一冊
史胥催考成四條六有任為但十月開征者為之提征在道報
之冊雖云四年起運三年以史隨漕濟運所以三年十月開征
之款即係四年米糧而在此辦將行月灰石銀兩每於十月預
征四之一下名曰提征是案銷將兩年米糧糾纏考核究不知
始於何時互易相沿至今特誌之以存轉為至白糧項下之車夫丁
字沾減眉甘役庫工並經費米於四款歸於院具題其註語係
銷算雍正某年米糧為如三年米糧以三年正月初一日起以
年終止至五年十弍月兆行具題所謂隔二年奏銷是也
漕項者起運漕糧之經費如輕賫於色行月糧灰石等以支地
丁次年內就征分解三分解道七分解司因漕糧委員兌糧是
以糧道衙門墊給幫丁濟運次年二月開征即應解回歸款五

漕項

十六

月全完今因司餉急迫餉緩延之十月解為未清之欵也以此
案在察核通庫年糧等因案内隔年奏銷如乙年起叫甲年分
漕項年糧應於乙丑年十一月預造奏冊送道轉呈漕憲於丙
寅二月奏銷其白粮項下車夫經費丁字估色米折四欵最遲
於丙寅年十一月奏銷察核通庫等因乙丑年起運甲子年分
漕項正耗米若干内改折灰石米改正耗米若干每石折銀一
两二分解道
漕截銀若干内併入地丁徵收九八折實銀若干内兌運正粮
若干每石加二五耗該米若干共正耗若干每石征折實徵銀
三分四分六厘該正兌漕截銀若干給軍改兌正銀若干每石
加一七耗該米若干共正耗若干給軍
接經 征起止年月日

額征輕賫銀

易米銀

蘆席銀隨倉丁一分七厘蘆席米折銀

號費銀

以上共銀若干解道臨新於昌四縣有搬駝脚費銀

折色行糧解道

本色行糧給軍　減存米每石折銀一兩二錢解道

折色月糧解道

本色月糧給軍　改折支剩月本庚石米若干每石折銀一

兩二錢解道

庫貢銀

派減銀

漕項

淺貢銀

額征永福銀　俱解道　以漕項奏銷之款

漕截銀除改折灰石芦運正耗米每石折銀一兩二錢外道則該給丁銀二十六萬七千三百七十兩向例每畝征銀三分三釐九八色改征銀三十全耗今併入地丁統征九八折每石給軍三兩四分零餘則解道是有裁漕米石漕截銀亦解道充餉添賠解費　旂軍開兑有力乏者每向道庫借支次年漕截銀兩以年征漕季道另補漕截銀兩盈千累萬寅支卯抵諸弊

缺陷

本色行糧每船十五石　如有餘每石一兩二錢解道

漕糧係年征年款月糧則甲年提征乙年

本色月糧每船四十八兩閏月加四兩

行月粮船來到次三日內放給遲延參究打色月粮銀兩嚴飭詳解道道將一半給該丁開船一半粮道歉帶先期到淮於過淮时總漕衙門給丁收領

原定漕白南粮正耗統征額米每石收銀十五文以給漕行月倉米每石剥船肩駝笆斛巡邏鋪墊等錢各就本地向例開銷如嘉善剥運八文肩駝二文巡邏夫一文笆斛夫二文參差不同小异

白粮每石剥船脚費等錢文白粮口袋銀五十文

應征漕白行月倉米每石錢三十文今照漕白南粮正耗統征除南粮正耗白粮春耗不准收銀外均派每石收銀二十五文內粮道提取一文二毫以作吏書飯食銀兩為剥運肩駝笆斛巡邏鋪墊等費又給各幫領兑每石肩駝銀十文又白粮幫食

漕項

米口袋二十五文漕費各文各縣不同

另本漕項一門稍與此異而更詳故備錄之

杭屬等十一府額征漕項以為起運漕糧之經費各州縣俱解司從地丁內統征分解每兩應征耗不降至支一分解費外近亦隨之解道矣例解糧道衙門報銷　漕項考成各分款項以輕賫席木本折行糧為一冊灰石櫥駝腳價一冊漕截一冊本折月糧廩工永減淺貢一冊永福一冊白糧四款一冊於前三年二月造報漕院奏銷仍彙造各冊送部核銷其考成分數于各款題案內歸併白糧各款造送撫院具題二參年限以奉准部文之日起扣其檢征檢催等項皆與地丁同每年約共銀四十七萬三千三百餘兩內

一額征輕賫席木等銀一十萬三千四百八十貳兩零係杭嘉

湖三府房編征内

軽賫銀一十萬八千両　查浙省原額每正兑正米一石加征耗米三斗六升李文每斗折銀五分共折銀一錢八分觧道故名三六軽賫以其易銀賫觧軽便也他省有一六二六之名

易米折銀三百両　每改兑正米一石加征耗米四斗二升以四斗隨正交兑餘米二升折銀一分名爲易米銀

楞木松板銀一千三百八十兩　按正兑正米二千石征楞木一根長一丈四尺九寸圍二尺五分每根折征銀五錢及五錢五分不等松板九片每片長六尺五寸濶一尺二寸五分厚五寸五分每片折征銀四錢及四錢五分不些々隨漕觧通濟庫交收需用本色時倉場計算請旨撥運

漕項

蘆席銀三千一百五十兩 均正改是正米每二石派征方席一領長四尺八寸濶四尺八寸每領折銀一分五厘一毫有奇 凡正兑席片作十分算以八分三厘征收折色以解以一分七厘征收本色起運本省仍征銀解道給丁辦買交納計銀五百二十二兩零

進倉脚價銀五兩五錢 係杭府各縣編征爲收漕進倉之用

路費銀六百四十六兩零 係輕賫項下每兩征銀六厘爲起解輕賫路費之款後因統動行糧銀兩此款解部充餉

以上等款皆附輕賫解共銀一十一萬三千四百八十二兩五分七厘名爲輕賫席木内除脚價一款在縣給發外餘統爲輕賫解道内給丁支領一分七厘蘆席銀五百

二十二两七钱九厘餘银一十一萬二千九百五十三两零内除路费及難免漕粮扣存席木等银六百七十八两四钱八分九厘解部充餉外餘银十一萬二千二百七十五两三钱三分九厘轉解倉場為兑漕之用　此款例應本年十月全完先漕起解為京通二倉支用　至遲次年正月搃須完解二月漕院奏銷

一折色行粮银四萬七百餘两係杭加湖三府屬編征查漕船每隻除給本色行粮米一十五石銀隨幫每負一石五斗外尚應給折色行粮米每船十五石銀隨幫每負一石五斗故名行折每石折銀一两二钱計每船應給折色银一十八两銀隨幇每負一两八钱每年除撥船支給外及出運船每隻給驗銀七两五钱外餘银報部撥解　此款同行粮一

漕項

欵俱照白粮例變分例應以完足六分如完不足數罰俸六个月再限三个月如仍不完罰俸一年如至第一年二月初參按所欠分數咨參照地丁一律設變再限一年全完毋可再展
道庫每年給領隨漕行粮漕幫共銀六十八兩四分行
折欵內支銷白幫共銀七兩式分車夫等欵內支消

一本色行粮銀一萬式千餘兩係杭加湖三府奏編征查本色行粮即係本色米欵緣向有老減船隻每屬給丁支米每石折銀一兩式分折征解道故有此欵每年詳給解發路費犒價之外餘銀報部撥解　又查每漕船一隻例給本色行粮米十五石發貝一石五斗所支剩本色米及或遇裁留漕粮以及緣召不足開復發貝不應支給者亦係折征解道所以各糧每年應解銀數盈縮不一　例限同上

一灰石銀式萬八千餘兩運閏加增銀五百五十餘兩係杭加

湖三府屬編征

查此款民兩原係漕米項下扣出按正兑改兑每正米一石長年扣灰石米弍升一合一勺八撮六圭六粟六粒閏月加征四勺五抄加四耗米均照此數扣每石以一兩弍分改折詳交為起造窑雲城灰石之用故名灰石又有月粮內減出月粮米四百九十二石一併折作灰石起解嗣令均解道全數報部充餉　此款例應歲內完解六分如不足數照從先行諮參罰俸六个月再限三个月如仍不完罰俸一年扣至弟三年二月初參按未完分數照地丁例議處

一搬駝腳價銀一千二百餘兩係杭州府屬之臨安於潛昌化四縣編征

查搬駝銀兩因各縣地居山僻不通舟楫全書刊載每石折

漕項

銀五分每為民買免軍差以消征搬駝銀另給發該丁應酒潤蒔颱搬駝腳價之用內臨於昌三縣每石征銀一分零新城每石征銀一錢二分零每年存縣隨糧給發解提之盈餘三分解道充公外又解道銀二十九兩一錢係漕糧改折灰石及顏免全征漕米項下扣解糧道撥部充餉　例限同上

一漕截銀除改折灰石兌運正耗米每石折銀一兩或分解道外應給丁銀二十六萬一千餘兩係杭嘉湖三府屬徧征運漕截銀兩起自從前軍民對兌貼費多寡爭競不一復經定為截定併入地丁征輸故名漕截每漕糧正米一石加耗四斗止按隨正交兌二斗五升科算每石征給漕截銀三錢四分六絲總計正米一石色耗征給截銀四錢二分五厘每年糧道發給撥牌幫丁自行赴縣按米支領為長途挽運盤

剥支倉晒颺等項之用　此款並加慶八年新例应於第二年三月底銷核照分款照地丁例題案其復案即於四月初一併扣至三年三月底止造册復案（漕項復案皆以本年准部咨文之一起扣独此款不同）此款不給解費所有隨正耗米以二分解司給耗（解）加入漕截可給解

一扣解改兑漕截米七萬九十八石零

查漕截每正米一石加耗二斗五升総計色耗給截米每石四斗弍分五厘此改兑米石交兑耗米止係一斗七升共計每石色耗給截銀三分九分七厘八毛共八升耗米之漕截扣出解部充餉故有此款

一本色月粮米紤米五百餘两遇闰加征闰米五千　百餘石係宁绍等八府屬编征

漕項

查寧紹等十二幫每船例給本色月糧米四十八石及遇閏加給四石因該處地居上游不能征收本色照依部價八每石七一兩二錢折征解道給發幫丁支領除搭給每船本色米九石六斗五合外應找折色米三十八石二斗九升五合原係折銀給發嗣因嘉慶七年奏明改給本色除加與昔糧應知省倉南米截存六千三百石內撥給湖州所一千六百石外尚剩米四千七百石并截剩兵米八百石共米五千五百石設船自給原領折色價銀撥數扣存解交藩庫造報酌撥共餘不敷米二萬貳千九百餘石內一萬七千五百餘石杭州府等屬各縣零戶每石原征銀一兩六錢除去原銀一兩貳錢所餘四錢添給各幫以資買食尚不敷米五千四百八十九石零併遇閏加增共米七千九百五十一石有零仍

俟將来逕有餘米再行議詳等因道達在案　又查湖州府
應領孝豐縣一半本色月糧係每石一兩二錢徵給向以九
州縣應行變價米石侭數撥給該幫為本色之需即以該幫
應領孝邑米折銀兩按數報劃抵撥其不敷米石於南糧項下
每石隨徵耗米三升例以一升五合作為省倉折耗之用留
一升五合糶支公用此項米石本年動支款款即以湊足該
幫月糧其湊撥米石仍以孝邑徵給該幫米折銀兩按數劃
生解司充公造報今因變前當幫復給本色月糧以資造竣
而該幫仍支米一千九百石於南糧項下原給隨徵耗米內
撥給三百石其餘不敷米一千六百石在於南糧餘剩米內
照數支給其原領每石一兩貳錢折色價銀按年扣解藩庫
造報酌撥以上見戶部則例漕項　此款行限本年八月全完該司漕院

奏銷

一折色月粮銀八萬二千五百四十九兩零遇閏加征閏銀四千四百餘兩係杭嘉等十一府屬編征

查漕船每隻除給本色月粮米四十八石外尚應給折色月粮米四十八石故名月折每石照依部價折銀一兩撥三六解司充餉七年解道給軍除每船按給折色月粮銀三十三兩六錢遇閏加給二兩八錢又寧紹等十二幫本支加給月粮銀六十四兩四錢及支給負重毛竹等銀之外餘剩解部充餉

一廩工銀四千九百餘兩係杭嘉湖紹台金衢嚴溫處十府屬編征 惟寧波府不征

查此款銀兩係編征解道以爲漕幫出運備弁修廠之用守備出運三年每員共給修工銀一百五十兩七錢零 内惟寧紹處三

衛守備運年輪運戎一員戎二千，總每員給俸工銀九十兩員如二員每員七十五兩零

隨幫每員五十四兩，係按年支給外餘銀解部充餉

漕白領運丞倅員弁養廉銀內三押運丞倅每員例給養廉銀四百兩，武十一幫運弁每弁例給養廉銀二百四十兩向係折吹放給一半，例准給半文二十一幫隨幫每弁例給養廉銀四十兩，以上共七千八十兩，司庫移道支放

一　浙省銀三萬五千四百餘兩，係杭嘉湖十一府屬漏征

查此款銀兩從前運河未通之先作爲漕船起剝之費，今之支銷作爲給發旂丁戕造新船之用，每造新船一只給銀二百八兩七錢七分三厘，係按年支給外餘銀解部充餉　例限同上

一　永減備料銀三千七百餘兩，係杭寧紹台溫處六府屬裁衛　六之

漕項

徧征

查此係從前作為備料之用今全支銷全行解部充餉　例

限全工

一永福銀九千兩又隨正徑費銀六十弍兩零係杭加湖三府

屬徧征

查此係從前將撥永福倉米欵因運河未通漕船未能一直

到北談變有倉暫行起剝存貯故有應解之米今全支銷折

銀解部充餉　例限本年十月全完歲內漕院奏銷

一餘租銀一千九百餘兩係杭加湖寧紹溫衢嚴各衛所征解

查此項係各衛所派給津運屯田奏部照山東等省每船裁

減駕軍一名將每船屯田扣減十畝所輸租銀解部充餉

一每漕白船一隻給月粮銀三十三兩六錢遇閏加給二兩八

年解道支給　漕帮每年共給銀三萬六千八十六兩四錢，遇閏加給銀三千七兩零月折款內支銷　白帮每年共給銀四千貳百三十三兩遇閏加給銀三百五十一兩八錢，車文由款內支銷　又寧前後台前後溫前後處台前後金衢嚴所邦每船京文復加三錢月折銀十四兩四錢共銀一萬四百九十餘兩遇閏每船加給一兩貳錢月折款內支銷　另奉文除存外給丁銀二十六萬兩外道庫由支給銀十七萬餘兩共銀四十三萬餘兩又奉色米七萬七千餘石

一漕項銀四十餘萬每兩隨徵備公銀五厘共收銀貳千三百餘兩以爲撫漕養廉及漕督按各院書工食并糧道衙門經劄年賞役食及上淮催漕盤費由項一切公用入六數出每年照不敷之款於白糧春耗米內下提取解補於年底造冊呈

漕項　六之一

送撫院題銷

一漕糧項下本年前撫部院題明永存道庫銀一十一萬三千三百七十弍兩零遞年墊給各幫旗丁支領換運年墊〻還

一本漕院題明酌貯銀六萬兩備借溫台各幫借領每船三五六十兩不等按年六厘起息於新運漕截項下另補還款係一運清還造冊詳送漕院咨部所有本銀仍存道庫備借息銀入撥听解

一漕項如遇截留之年漕耗銀米照數徵收應給丁銀款如截留在未經先開之先照停運例給與減半月糧如有僱募苜中百行減船於減半之米支給已先未開之船於減半月糧外將三倩民兩全行給與若已先開行在途截留漕船除支三倩民兩以及一半月糧外每船酌給幫貼銀六十兩共存一半月糧以及行糧

脚耗等項銀米將路程與銀米內自作十分計算按程扣給還有長支照數着追

一給丁漕截如遇留三年存漕若干扣截銀若干解司充公

一道庫存有歷年浮收剩運充公搬駝溢餘等銀一千八九百兩並入報部遇有公needed可以詳明撫院動支

一催徵開兌定限十月初一日開征次內開行但回空到次遲早不同擬以船到即應修艙仍以半月修完即行開兌兌完亦限半月即應開行回空一到即應給以漕截修船修完即應給以漕截行月料理鋪墊并舵水身銀兌完報開即應截數給發並起解輕賚每於次年正二月先將征存銀兩儘數發解餘俱下年搭解全完其部餉則府部撥文到於八十日限內起解

漕項

一漕項本折立次年地丁内統徵分解三分解道七分解司因漕折各兑各開給丁月折本折各款向例於歳内六月提征追没改至次年二月隨同地丁征收恐各向各庫完薄不敷有誤給發題明將乾隆五年秋撥案内及雍正五年秋撥案内減存各款尽一十一萬三千三百七十二兩三錢式分零永存道庫以備通年墊給幫丁漕運次年征收解道歸款例應五月全完今每延至十月征解以立案在察核通庫等事案内請年奏銷如乙丑年起運甲子年漕項本折應於乙丑年十一月題報奏銷造冊呈送撫院於丙寅年二月内仍造具款冊呈漕院主政具題今查預報奏銷已於酌歸簡易事案内奉准删除其各款開徵年分計算考成如輕賫席木進倉脚價本折行折銀冊及行折米不分造輕賫款冊自甲年正

月初一日至戊年為一考成其本，折月料庫工永減淺費及
月料米石分造州縣道府月庫款冊自乙年正月初一日起
至戊辰為一考成又漕料改折灰石並項下漕截銀費及買
漕米民搬駁腳價給丁漕截改兑漕截分造灰石款冊其中
有漕米民一款已奉接憲題明該州等欠僅征收本色起運
本年准刪除訖自甲年正月初一日起至戊辰為一考成又永
稿及銀費另為一冊除租亦另為一冊俱自乙年正月初一
日起至年底止計算考成至白料項下車夫丁字沽減眉反
役庫工并經費米折四款歸接院衷銷其註語除銷算某年
某年如甲年分料直至丙年十二月具題如物如有未完别
考請崇所識隔年衷銷也
一道庫給發各款銀一十七萬六千六十餘兩　月折民行

漕項　六百三

折銀　月米銀　負重銀　淺工銀　漕船銀　造船銀

輕賫銀　餘剩起解銀三十萬八九千兩不等

一撥給各款　漕截銀　行糧米　月糧米　白糧項下

輕賫米

一各省漕白正糧及各倉糧銀並白糧輕賫漕項等糧未完既

征豁催收負俱各作十分考成其漕項等糧内輕賫行月各

項未完總作十分考成不必分算如漕糧改折之年未完另

作分數不入未完漕項分數内考成其或一省經管成數省

經管總作十分計算不必各作十分考成

嘉慶五年十一月十八日奉

上諭大學士九卿議駁費淳等奏請將江蘇浙江應征輕賫折色

銀兩改征本色一摺已依議行矣此事前經蔣兆奎奏請酌改

有淅江折丁他付遠去户部具呈俱經户部先後議駁昨復援
費　撫　岳　阮　聯銜具呈仍請將糧費之項以十成計算
將六成改征本色四成概予蠲免朕以此事前經户部議駁甚
未交户部議覆恐不免迴護前議是以令大學士九卿會同悉
心妥議今據大學士等逐層指駁至數加賦斷不可行費　昔
四人平日辦事尚屬認真不信所奏原係爲公起見但先經户
部議駁而獨准四人之奏乎況此項糧費每石原定折銀五錢
本係國家屢敷愛民之意行之百有餘年相安已久豈容輕議
更張若該督撫等所議改徵六成本色蠲免四成亦似不能
累民殊不知即以六成本色所值而論較之原定十成折色已
多至一倍有餘是以小民需受四成蠲免之恩轉受六成本色
之累與加賦何異甚至不肖胥吏積百姓交納時或將六成之
漕項　　六十六

數將本色照時價折收銀兩或於所交六成米石浮收斛面閭
閻並不更受其累且旂丁應得米石或私照時價折給復沿途
將正項漕米作爲輕賣米石任意變價沿其花用更何從分別
查察卽朕閲近日各省漕務名爲肅清其實州縣浮收之弊未
能盡除並嚴禁絕漕規自不至仍前收受餽送而州縣所
得盈餘轉可自肥囊橐並聞州縣皆於花戶交納時指作米色
勒令更換以致百姓守候稽時更多費用該督撫等雖潔己自
愛而於州縣收漕種種弊竇不能實力併察嚴參大法而小不
廉有清漕之名而無清漕之實司事者不思正本清源漸除積
重難返之弊動以辦理清漕旂丁運費即有不敷嘵嘵之請此
非真爲調劑漕務起見不過所不肖屬員從慂仍形疊蹈從前
浮收惡習耳試思自上年調劑旂丁各省如劃給榮颶米石撥

給漕貲百文並每船加帶土宜均須賠之所以加查旂丁者不
一而足實為不敷挽運即或各幫丁力般疲不一惟該督撫隨
時酌量調劑豈因三幫丁力稍疲概議加徵米石之理況本年
各省漕船屆期抵通並無遲誤其運丁之辦理並無竭蹶即此
可見乃該督等茲有以本年漕運係多方設法始能無誤意似
明年漕運實不易加籌畫恐致挽運維艱預為設腳地步伊等
乃折心自向所屬州縣等果能顆粒不多取於民必須公然加
賦始能津貼旂丁耶此實惟李伊等四人甚心籌畫認真辦理
總期於漕務有益而不至苦累小民方為正辦著明年漕運稍
有遲誤惟伊等四人是問將此諭令知之

漕項 六十七

漕粮

漕米係解通倉為畿内官兵口粮之需㳂額内米内先運撥浙
省田地山蕩人丁帶徵除荒棄孤貧帶米改徵外加歷年升科
及嚴州月粮并加征加湖二府經費倉米雍正四年共額一百
三十七萬五千七百式十石零以該年之漕白因粮軍孤帶米
而計則缺額六十餘石不知何年棄置未除亦難溯原而得雍
正六年十月内奉
旨自己酉年為始浙江漕米但擇乾圓潔淨不殺米色唯令紅白
兼收秈稉並納永著為例收今歉收州縣方許尖圓並納紅白兼
漕粮征改兑米折耗　漕粮昔年原運至京倉謂之正兑因路
遙所以每石正兑米粮加耗米四斗以防霉折改有改兑於徐
淮臨德四倉路稍近故正米一石止加耗米三斗所以正改兑

名色今則盡運京倉而改兑之名仍存改兑之耗不加盖正兑
米有八分餘改兑耗米不至二分故不能更及考漕運湖廣江
西浙江三省正改兑每石正米加耗四斗江南江安蘇松常
正兑耗每石加四斗改兑耗每石加三斗鳳淮揚正兑耗每石
加三斗改兑耗加二斗五升山東河南改兑每石二斗二升江
西省於四耗之外再貼付米一斗三升湖廣省於四耗之外再
貼付二斗徑倉揚習　於雍正五年題明耗剩俱要足兑本色
上船過淮盤驗查鳳淮揚較别處運江路近則折耗米數少故
徧兑數目與此不同每歲正兑米共四百萬有餘外折灰石米
九十三萬四千六百二十八石七斗八合浮耗積羨米三十五
萬八千五百九十六石一斗四升　淮揚積淹倍征米七萬七千
八百三十六石六斗一升　改折河南二十一萬丈增升科復

墊米三萬七千八百五十七石三斗六升外實運[征]正改米二百八十

七萬六千七百九十五石九斗

二升耗米　凡州縣具有改兌正米折耗四升儘足一分語〻

二升耗米查明季全書耗米原係二斗後復本部文戕米三升折足

四分所以改兌正加三耗係萬歷二十一年為始今仍旧一折

色　和漕項係征解江安折道給軍

以上各款俱至本年十月為全解除項如征不全完十月照新

例先解六分餘俟過年解足亦係隔年奏銷與本色并算造申

江折道遣送漕院奏銷其未完分數照漕項本折例覈分

一淮安徐倉壽州倉米麥折色銀從前原係解淮後奉改解糧

道覈按造冊奏銷如有未完照徐淮壽倉定例覈分

查鳳陽淮安徐州三府倉折色銀兩係　十得字註語應當

漕折

年奏銷督撫於六月題銷縣中並三月底造送
一遇閏之年漕正五米有改折減征忙全 前 輕賫應加忙後
灰石銀應增忙後 漕十銀應減忙半 軍貯銀米應加忙全 蓆木
應減後 地丁應加 扛銀應加後 工食應加 灰石應減
忙後 船械忙全 簡經費忙全 前全可緩至忙後 單三淺船
乾隆二年十一月大學士兼管浙江督撫 會同漕運總督補
奏為請均浙江南米之征收以廣
皇仁事浙省額征南秋等米各屬征輸不一其杭加湖三府南米
向係春征四分小民於冬季辦漕之後復加催輸未免完納惟
艱萬之漕南米石分款交倉更多跋涉莫如江南之例南漕統
征分辦實与小民有益漕運無誤請自乾隆戊午年為始將應征
南漕米石於十月起一並征收分別先運辦給又杭加湖三府

屬僅征完及並請照江南之例亦從十月初一日起至次年三
月底以六個月計算造冊具題分別考成等因奉
旨依議欽此
乾隆三年戶部咨開浙江布政司呈 摺奏漕截併入地丁一
案內開漕截一項折收紋銀照漕項輕賫之例併入地丁統征
分解原為便民起見事屬可行但徵收九八色銀以及每兩耗
羨二分之處從前並無咨題成案而耗羨銀兩俱係隨正交納
地丁與漕截耗羨多寡不一既經併入征收作何均攤自扣必
須斟酌盡善軍民兩便方可永遠遵行 會同總漕確查妥議
具題到日再議等因查漕截銀兩係里民貼贈給丁濟運之項
向收九八色銀舊例相沿原無咨題成案惟查隨征耗羨二分
係雍正八年正月內前督臣李衛於
漕糧

聖恩請被等事案内奏明抵給運弁養廉有筭至於作何均攤勻
扣之處查杭加湖三府屬地漕耗銀每兩自四分以至九分不
等而漕截銀兩色既八九耗銀又係通核二分正耗共止一兩
截耗數較地耗數多應就各該州縣地漕耗羨之多寡將漕截
正耗通扣攤羨揺以所征正耗一兩内以九錢八分給軍滴運
以二分解司為運弁養廉之用所有減徵數目造冊送部察核
每石徵九八色銀三錢四分七厘折筭實征紋銀三錢四分六
綜其漕粮項下之灰石白粮項下之食米折二項原係向同地
漕統徵分解之項仍照往例一並徵收其於乾隆四年為始奉
旨依議欽此
湖屬各縣折淨截銀數目　烏程三萬三百七十五兩之錢四
分一厘九毫　歸安二萬四千九百九兩三分八厘九毛　長

興一萬三千九百七十九兩六錢八分一釐四毛　德清一萬四千一百三十三兩六錢五分八釐六毛　武康三千一百四十三兩七錢一分七釐八毛　安吉貳千三百二十七兩二錢三分四釐九毛

漕運加耗兑米　粤稽宋元以來天下粮税之所謂截銀者有之自明季兑行於浙江加湖等府之截銀亦惟烏程歸安德清三縣爲最重請得而陳其源委焉按前明正統十年准兑運粮米每正米一石加耗米六斗六升又加兩尖米一斗共加耗米七斗六升内除四斗隨舡作耗謂之加四裝扛以備盤剥篩颺等費餘米三斗六升折銀一錢八分謂之三六輕賫以爲起剥僱夫等用是爲安貼而更有蓆木銀淺貢銀車夫銀經費銀輕賫路費銀行粮折色銀月粮折色銀本色月粮行粮銀色米

漕粮

七六一

折銀摠名之曰漕項歸入条鞭加耗可謂重矣至於截銀一項起自萬曆中年春雨連綿仁和斗庫粮米浥爛每正耗米百石外再加四石免其晒乾又加四石免其篩颺又百石之中七十石平斛三十石加尖每尖三升六十斛摠加尖米一石八斗共加米九石八斗是謂私貼耗外加耗前所未有至崇禎十四年偶因水災米價騰貴郡守陸自嚴酌價每石一兩八錢以於九石八斗之色名曰截貼以其為運軍私勒浮加之米而截出另算故邑志謂之截費前此所未有而他省之所無所以不載全書不入奏銷

本朝順治八年撫院杜 題定截米九石八斗改征銀一十七兩六錢四分又加津盤運銀一十八兩綱司銀二兩給軍兑運每漕一百石征銀三十七兩六錢四分康熙十年又奉督院劉題

麒撫院范承謨會題裁米九石八斗每石減價三分共裁銀三十四兩七分又屢經科道劉如漢柯聳陳可畏周宸藻等疏請裁減皆以為浙帮之陋規而直省之通例故可請減請裁也夫旂軍兌米一百四十石到京只交一百石安家則有月糧鹽菜則有行糧起剝雇夫則有輕賷以至倉船有銀四空有銀蘆席楞板有銀皆編在漕項之内費糧三石而僅得收一石之用又許其附載貨物為沿途服飾之資所以推恤旂丁者至矣而每米百石又加以三十餘兩之裁銀實為糧戶重累康熙十五年議裁裁銀一兩四分七厘充餉康熙十七年又裁裁銀八分充餉止以每石一兩二分給軍是以知私貼之太過矣私貼尤正項本糧而外之充餉蓋軍需方亟未暇詳其所自而取給於一時不知其為耗外之耗也按江南巡撫秦世禎於順治六年，

漕粮

七十二

題定江南等府每漕米一石加銀五分米五石後禮科朱紹凤
入題于五升五米外再加銀五分共成五米十銀現在蓋於
浙江与江蘇接壤隣省相去不過一二百里均之運米到京而
程安路三斗之加耗截貼過倍於江蘇折因重困此一方也而且
旂軍需索視為固有加四之耗將則安軍苦完糧之法曰正粮
夫私貼之說將則截銀按柜厘毫必較加蒸矣原其弊皆因相
沿日久民不知其故則民不敢与牧役論官不知其故則官不
敢与軍丁論即軍丁亦不知其故仍以東（米）色為辭篩之又篩颺
之又颺實不知米色篩颺已在裝扛截貼之内此漕耗之所以
重累也

漕粮項下

起運京徐二倉正米六十一（一作）萬六千六百七十六石零

加口耗米二十四萬六千六百七十石零

運丁行粮米二萬六千二十五石零　此項每年例有支剩米八千五百六石每石折征銀一两五解通〔一作解道〕實支不過一萬六千餘石如遇留漕之年而行月米石亦減照例折征

給丁月粮米七六〔一作萬〕五千一百一十二石　此項除浙东八府米二萬六千二百二石折征外其杭嘉湖三府減存支剩之米亦改折民兩每年實給不過二萬三千七百石又改折厫石正耗米一萬八千六百五十五石零及支有存剩之米亦照上折征民兩　以上漕行月米九十八萬三千一百三十餘石

一凡有漕糈運京倉者為正兑運通倉者為改兑浙江省征收粳米和米糯米俱按額起運遇有陞科荒缺隨時增減〔如州縣原額漕糈荒缺還有報墾升科米石即補六正耗米內兑運如無荒缺漕粮足額升科米石解司充餉〕

漕糈

七十三

一全省起運漕糧每年除蠲緩拔無一定今以起運乾隆三十八年分漕糧計之浙江省正兑正米五十八萬五千五百九十六石四斗五升二合八勺改兑正米弍萬九千三百五十三石二斗又白粮改漕正米叁萬五千五百三十七石九斗五升二合二勺按各省正〻改兑漕粮原額撥漕運例纂內開浙江省正兑正米六十萬石改兑正米三萬石謹照附註備考今以嘉慶四年分起運計之正兑正米五十八萬五千四百八十六石六斗七升九合改兑正米二萬九千三百六十五石五斗白粇粳糯正米二萬九千九百七十五石乾隆十一年戶部奏准起運白糯改征漕米本省五百餘石

一全省漕粮俱按每石加收耗米以為來通各倉並沿途打耗之用浙江省正改兑米每石加耗四斗內正兑米以二斗五升隨正起交一斗五升隨船作耗改兑米以一斗七升隨正起交二斗三升隨船作耗另本云仍于二三之內改給旂丁三升八合為回空飯食之需每石折銀七錢如有風水事故准買三升八合餘米抵補改兑正兑內

一行粮米二萬五千九百餘石係杭加湖三府處編征 查漕船每隻給行粮米三十石領運官每員給行粮米三石例應一半本色一半折色除每撥船每隻給行粮米十五石領運官每員一石五斗支剩外餘米每石折銀一兩二錢解道充餉嘉慶七年奉文各幫旂丁應支本色行月二粮仍令州縣官向百姓徵收本色按晃給旂丁时州縣代為變價每石一兩九錢作為定數不許增減等因遵辦在案 領運官漕幫每年共給米五十七石行粮米款内支銷白幫每年共給米六石下米款内支銷并記於此

一月粮米七萬四千三十六石零内除處寧紹八府處編征折色米五萬四百七十餘石及杭加湖三府改折灰石米四百九十二石零此係因減船等項所減存之米改折灰石者每石一兩二錢折征解漕粮支用

道外實徵本色米二萬三千五百六十餘石係杭加湖三府
屬編徵遇閏加增米二千餘石　查漕船每歲月外米九十
六石應給一半本色米四十八石內杭加湖等帮全支本色
寧紹等十二帮折銀給發每年除杭所等帮撥船支給外餘
米搭給寧紹等帮每船九十石不等　查杭所等帮內惟湖
州所應領孝豐縣月外向係折色今指南米等内改撥本色
另詳月本銀款内
一額徵白粮粳糯正米二萬九千九百七十五石係加湖二府
屬編徵　查白粮每正米一石加徵耗米四斗五升內以支与
供應庫者每石加耗米五升以支酒醋庫及光祿寺者每石
加耗三升具餘作為旗丁沿途撥運到倉篩揚斛面之用緣
宿朴係支經紀交倉白朴係旗丁自運進倉即以此耗米抵

作貴用致与漕糧不同又每正米一石加收舂耗米三斗官
代民舂交兑運船所有餘剩耗米糠粞造册報道听候飭變
批解．嘉慶五年提漕鐵　以白幫運費不敷請於州縣加
三舂耗內米內撥出六升給丁津

奇先准在案

一經費食米一萬五百二十餘石係加湖二府屬編徵　查
白糧及改漕船每只照漕幫例給行糧米十五石月糧米四
十八石除支剩外餘米每石折銀一兩五錢解道充餉有閏
之年每船加給米四石係道庫折給銀四兩八錢

一白糧改徵米三萬六千二百九十二石四斗六合九勺　查
各省白糧原係六萬餘石後乾隆二年將王公官員俸米及內
務府太監食米等項俱減半給粳所裁減之米即改為漕糧

起運每年仍由白粮幫兌運餘与漕粮前例相同

以上共起運漕白正耗米一百零一萬一千餘石外加給

本色行月食米六萬石零

一糧徵漕粮每石收漕費錢二十文內以八分七毛解道為道

書飯食及解費添平併幫貼備公不專之用餘係州縣作為

倉收用費今加發五年奉文全數撥出給丁在案

一嘉屬地處海濱米色不純每石又收滞飄錢十文給幫丁為

滞飄之用

一又兌米上船每石在縣例收搬駁剝運等錢文係按照水次

之遠近歷來一定章程給丁照應收數目開明

一又起運白粮例用口袋裝運每袋一隻給丁錢五十文自行

辦綑因不敷辦理詳奉增給錢十文共六十文

一各州縣應收漕費等項錢文　仁和錢塘二縣漕費二十文
肩脚笆斛十文共收錢三十文　海寧州漕費二十文剥運
三文肩挖三文笆斛三文巡匝一文鋪墊一文共錢三十一
文除南米攤算外實收錢二十六文　富陽縣漕費二十文
肩脚等錢八文共錢二十八文除南米攤算外實收錢二十
五文　餘杭縣漕費二十文剥運八文肩挖三文笆斛二文鋪
墊二文巡　一文共三十六文除南米攤算外實收錢三十
文又口袋錢六十文　秀水縣漕費二十文剥運八文肩挖
五文笆斛二文鋪墊二文巡　一文押隨十文共四十八文除
南米攤算外實收錢四十三文又收口袋錢六十文　加善
縣漕費二十文剥費八文肩挖三文笆斛二文鋪墊二文巡
一文押隨十文共四十六文除南米攤算外實收錢四十

漕米　七十六

一文又收口袋錢六十文　海鹽縣漕費二十文剥運八文肩拕三文芭斛二文鋪墊二文止　一文篩颺十文共收錢四十六文除角朴攤羨外實收錢四十文又口袋錢六十文　平湖縣漕費廿文剥運八文肩拕三文芭斛二文鋪墊二文止　一文篩颺十文共四十六文除角朴攤羨外實收錢四十文又口袋錢六十文　石門縣漕費廿文剥運十文肩拕四文芭斛二文鋪墊三文止　一文篩颺十文共五十文除角朴攤羨外實收錢四十五文又口袋錢六十文　桐鄉縣漕費二十文剥運十文肩拕三文芭斛二文鋪墊二文止　一文篩颺十文共四十八文除角朴攤羨外實收錢四十四文又口袋錢六十文　安吉縣漕費二十文剥運十文肩拕三文芭斛二文鋪墊二文止　一文共錢三十八文除角朴

攤籌外實收錢卅七文又收口袋錢六十文　歸安縣漕費錢二十文剥運三文肩挖三文芭解三文鋪墊一文〻一文袋錢三文共三十四文除南糈攤㸔外實收錢三十三文又收口袋錢六十文　烏程縣漕費二十文剥運三文肩挖三文芭解三文鋪墊一文〻〻一文袋錢四文共三十五文除南糈攤籌外實收錢卅二文又收口袋錢六十文　長興縣漕費二十文剥運四文肩挖二文芭解二文鋪墊二文袋錢一文共三十一文除南糈攤籌外實收錢二十文又收口袋錢六十文　德清縣漕費錢二十文剥運八文肩挖三文芭解二文鋪墊二文〻一文共三十六文除南糈攤㸔外實收錢卅六文又口袋錢六十文　武康縣漕費錢廿文剥運三文肩挖二文芭解二文鋪墊二文〻〻一文共收錢卅六文除南糈攤

漕糧　七十七

羨外實收錢三十六文又口袋錢六十文

一各省漕糧隨漕徵收贈貼銀米江南謂之漕贈浙江謂之漕截山東河南謂之潤耗江西湖廣謂之貼運以爲運糧官長途挽運盤剝交倉晒颺等項之用浙江省每石徵銀三錢四分七厘

一各省漕糧徵收漕耗另米給發官軍爲兌漕雜費辦公之用浙江省杭州加興湖州三府每正糧一石收漕費錢八文至二十一文不等又杭州湖州二府屬仁和錢塘海寧富陽餘杭安吉歸安烏程長興德清武康等十一州縣每正糧一石加收錢二十文加興府屬加興秀水嘉善海鹽平湖石門桐鄉七縣每正糧一石加收錢三十文

一各省漕糧改運截留之年漕耗另米照數徵收分別支解安徽江蘇二省以一半給州縣爲倉廒鋪墊之用其給丁一半耗米費錢如截留在未經兌運之前照數提解充公若已兌上

船按程分別給丁如折征之年亦照舊征收以資辦公安徽省每正粎一石只收飯銀一分錢二文江蘇省每正粎十石收費銀一分費米自三十文至四十文不苛餘概免征行月米石統征耗米費錢一半留存州縣為收倉鋪墊其上江一半耗米變價充公下江一半費錢尚充公用

一改折灰石米價銀浙江省正改兑正米一萬三千三百二十三石七斗加四耗米五千三百二十九石四斗八升俱每石折艮一兩平

一漕粮折征之年該督撫照各省定額臨時題明辦理山東河南二省粟米每石折征艮八錢江南浙江二省粳米每石折征艮一兩粟米每石折征艮七錢五分隨漕應徵輕賫蓆木贈耗等款艮兩俱照數征解地方官將應征改折米數價值款項刊示曉諭照數征收如糧戶有先期寬納本色者准抵下年漕米仍于下年應征本色內照數扣征折色

一浙江省於潛昌化富陽新城四縣零星小戶漕粎該縣每年按照十月時價詳明核易知單內分晰開列征收折色每石

漕粮　七十八

船運

一各省隨漕輕賫米折（於隨漕正耗之外餘耗米折銀兩正兑漕之輕賫改米漕之易米折銀隨漕正耗另詳前條）每正米一石浙江省另征輕賫耗米三斗六升每斗折銀五分每改兑米一石浙江省另征米二升征銀一分俱隨漕征收（按江南各州縣每兑正米一石出脚米二斗六升每斗五分算折艮一分三分謂之二六輕賫隨漕征解蘇粮道彙解通州抵替倉場具艮坐扑所收納落倉場脚夫工食之項例應在漕前起解）

一各省隨漕板木按正兑米弍千石征楞木一根松板九片楞木每根（長一丈四寸九寸圍二尺五寸）折征艮五分弍五分五分不等松板每片（長六尺五寸濶一尺三寸五分厚五寸五分）折征艮四分弍四分五分不等隨漕解通濟庫交收俟需用本色时倉場計美請

吉船運

一州縣征收漕粮时預將各里各甲花户欸數的名填寫聯三

三版串一給納户執照一給經承銷冊一存州縣查對業户已經完納者即將串票截給如未經截給即係欠户該府按摘提追比或有糧無票或有票無糧即係胥吏侵蝕立即嚴禁嚴追

一有漕州縣糧隔歲年底刊刻易知由單將該户田地若干應完地丁若干漕截漕白米若干白糧地丁加耗若干漕截加耗若干於單內逐一注明分給各户照單完納如有不按定例勒索加派私行改折及縱容胥吏舞弊侵蝕該道府即行揭報嚴參治罪倘有狥隱一併題參究治

一各省征收漕糧米色顆粒務須一律乾圓潔淨不准紅白兼收倘實在水旱歉收之年米色不能一例圓潔者該督撫預行題明請

漕糧

七十九

旨辦理

一征收漕糧工部鑄造小口鐵斛存户部一併發交倉場漕運總督及有漕各省糧道各一併永遠遵用其各府州縣收漕斛口該管官員每季較擊如有參差互异浮收病民即行查參

一州縣收漕驗明米色隨到隨收倘有淋尖踢斛或刻去斛裏或改換斛面或斛外别取樣米或斛面餘下之米作爲席墊不准業户取回或藉米色爲詞私自外加以及蠹役刁難留雜色攙代完使飽私囊等弊督撫糧道嚴參究治如有徇隱一併議處如糧道臨倉盤驗計丁兑外米有盈餘核明數目面爲備倉照倚之用如該道扶同徇隱一併題參治罪

一州縣收漕或藉米色爲詞或　倉有餘米私收折色者查出

嚴參治罪或書役將應上米石私相折銀以致米石虧缺者其侵虧米石着落役名下追補糧戶業已給有印串不得扳指私折再為追完如糧戶私向折銀經官覺獲銀者通詳究治將銀入官仍追應完米石交倉

一凡省正耗漕糧及贈耗行月各米監兌官逐一驗明交兌官丁不許私折顆粒兌糧完日監兌官同州縣出具並無折乾扶同情弊印結申報開行時糧道親行查驗倘有州縣串通弁丁私自折給監兌等官狥隱不究漕運總督一併查明劾參

一州縣收兌漕糧同知通判等官於漕糧開倉收兌時上司衙門不得以別項公事差委令其親身坐守水次專理漕務將正耗行月搭運等米逐船兌足到淮駐揚漕盤驗倘有糧數

八十

漕粮

不足米色不純總漕盤驗察出即將監兑官題參

一浙江省杭州府屬糧通判監兑本府漕糧並加與府石門漕糧加與府通判監兑本府漕白二糧湖州府同知監兑本府漕白二糧並安吉州漕

一漕米未兑以前責在州縣既兑以後責在弁丁交兑時監兑官暴為查驗兑竣運弁即將通關文結出給該州縣隨送該管衙門查核倘遇州縣衛弁以米色爭執者即將驗過米樣眼同封固加用印戳馳送漕臣并委查之道員親往比驗果有潮濕攙雜監兑官將松祖庇一併通揭請參如係弁丁揑報即押令受兑出結仍將弁丁分別參處受兑開行以後盤驗有潮濕霉變攙雜者押運領運官弁參處米石立限賠補

一各漕州縣開倉收糧時僉派收糧書吏擇老成殷實者承充

該州縣仍親身到倉查察如因公他出即督委本州知佐貳官輪流監收如書役有包攬浮收等弊監收官即揭報究處扶同隱匿一併參究

一各省漕項本折錢糧道每年造具清冊分晰已未完各數呈送總督於隔年三月奏銷

一漕白二糧令總督倉場於次年五月造冊具題

一各省漕白正耗及各倉耗米并白糧經費漕項本糧未完經征督催官員俱各作十分考成其漕項本糧內經費行月各項未完總作十分考成不必分算如漕糧及折之年未完另作分數不入未完漕項內考成其或一官經征或數官經沒總作十分計算不必各作十分考成

漕糧

一各省每年出運糧船數目運丁姓名糧道於幫船起運時即

八十一

造冊送巡撫衙門於題報開幫日期案內揭送户部户科倉
場換替衙門俟糧船到通投驗全單後按冊稽查糧道仍另
造一冊送總漕衙門備案

一各省水次交兑漕糧州縣將樣米送糧道驗看每船每艙先
米一石裝於布袋鈐印加封仍放原艙到淮日總漕抽驗加
封抵通總督倉場帶領坐糧所對驗其樣米仍作正起卸如
有攙和糠秕等弊照例題參

一押運通判所押幫船於尾幫船糧起卸完日坐糧所印給批
迴印發呈送户部查驗令其押空南下如通判隨幫副丁托
故不親身押回空以致水手生事者照規避例議處坐糧所
勒掯不發批迴者亦一併議處

一各省輕賫銀兩每年令巡撫督催先漕解送如有遲欠聽倉

坊侍郎題參其山東河南江西浙江湖廣江安等六省共額征銀二十四萬六千九百二十六兩有奇解交通濟庫備用

一其江蘇蘇松糧道所屬額征十三萬七千九十四兩有奇內銀五萬兩解通濟庫備用餘銀八萬七千九十四兩有奇解交戶部其通濟庫貯銀兩造冊所於年終時將收支總數目造報倉場報部餘剩銀兩仍交戶部如有不敷具題于部請旨

一江省有漕九州縣將每年應征行月米糧於十月內按六分之數完解道庫給丁濟運如解不足六分之數有誤支放者即行詳參將催征之州縣罰俸六個月再限三個月完解如仍不完罰俸六個月淞江省加與湖州二府催征白糧項下車夫等款米糧亦照此例查參議處

漕糧

八十二

一漕白二糧州縣衛所直隸州知州知府糧道各官未完分數

俱照地丁錢糧例議處二參限滿不完再照地丁錢糧限滿例議處布政司全催漕之責免其參處起運漕糧正兑運交倉加四耗米其改兑運交通倉加三耗米每年冬季征兑冬季開行江南正月内過淮遲則題參罰俸違限不及一月者免議倘征時因天雨雪綿民間不能舂米大縣遲誤收兑不足漕船開行題參白糧霉分如經征州縣欠一分者免議一分以上罰俸六个月二分以上者住俸三分以上者降二級留任四分以上者降三級五分以上六分以上者革職俱令戴罪督催完日開復參限不完加倍議處如應罰俸者住俸應住俸者降二級應降二級者降四級應降三級者革職俱令戴罪督催完日開復應革職戴罪者實降二級調用此例久行雍正四年江蘇州縣因天時遲誤經巡院陳即此例具題若一州一縣遲誤題參即照溺職例革職

一照挂欠一二分者罰俸三個月欠三分者罰俸六個月欠四分者罰俸一年欠五分者降俸一級欠六分者降俸二級欠七分者降職一級欠八分者降職二級以上俱令戴罪督催

一參限滿不完再照地丁錢糧限滿例議處

一隨漕輕賫等項錢糧俱照漕白二糧之例處分
一地丁錢糧并漕白二糧隨漕輕賫等項錢糧未完署官催征
督催處分俱照正官例議處署印不及一月者免議
一白糧改折銀兩限文到六個月內全完如有不完者督催巡
撫布政司糧道及府州縣等官俱照地丁錢糧考成例議處
將未完錢糧再限六个月完結如限內又不全完者亦照地
丁錢糧限滿例議處
戶部咨查浙江省應屬未完繕丁漕截銀兩前據浙江巡撫題
報照地丁扣滿一年初參其復參年限亦照地丁復參辦理惟
奏銷題報月分是否仍照漕項本款三月為期抑係改照地丁
於五月奏銷等因經本部院以漕截銀兩向於次年三月咨參今
改為題參仍令查照原限辦理在案本據該糧道稱此案於加
八十三
漕糧

菱九年七月奉文，其加菱七年分乏屆未完給丁漕截銀兩，初
奏之案，先於八年五月詳題，至復奏年限，亦自八年六月初一起
扣至九年五月底止，州縣二參一年限滿，詳請核參，其道府二
參，仍請自八年六月初一日起扣限，年半造報。所有加菱八年
分漕截米折，已於九年五月查造，其復參年限，並照三月咨參
原限自九年四月初一日起至十年三月底止，扣限一年，後參
等語。查乏屆未完給丁漕截銀兩，次年三月開參之處，既據該
糧道稱，七八兩年初參并七年二參，已照五月造報，於先奉文
之段，應毋庸議。至八年二參，應令自九年四月初一日起限，以
後俱照此辦理，并先移咨吏部查照。所有薪水等項續完開復
加菱六年分給丁漕截銀四萬二千六百二十五兩四錢八分
九厘，既據聲稱，業同臨安等縣續完，扣除免議，并題參案內原

捐已完只両造入嘉慶八年秋撥及九年春撥冊内间查本部

核对相符應毋庸议可也嘉慶九年十二月初九日准咨

漕粮

八十四

白粮

白粮乃漕粮春熟解京房及供光禄寺造醖酒之用所有以白粳白糯之分大約每畝白粳一升白粳三合向係听民自春于完漕後另行交納雍正六年浙江粮道秦任船係奏請照江南例准其加三收耗隨漕統征官代為春白先運民甚便之乾隆七年粮道程光鉅以兵餉加平無出提白粮春耗加一解道至粮道五雲銘復行詳明停止粮道常又復提解至今因之

白粮正米五萬一千石加四五耗米二萬二千九百五十石　白粳正米一萬五千弍百石加四五耗米六千八百四十石　以上白粮正耗米九萬五千九百九十石　又春折糙米四千六百弍十石　經費食米一萬弍千弍百五十八石零每年食實給米七千九百三十八石支剩米四千三百一十石零折征

以上共糙平米一十一萬弍千八百六十八石零額編加湖二府房查經費食米一款係康熙三年朱撫軍題准加征給白粮

八十五

白粮

幫下换運之項内加賠餘耗米三千八百九十八石零，以加征米八千三百六十一石零，並浚奉裁歸公，于為㕘閣了案。因奉文照價例支給行月米石，是以将船修費以有七千九百餘石而支剩者，以一斗五升折征歸入白粮項下，年粮彙造奏銷。按白粮額編加賠，式府屬是以二郡粮額繁重，而民間分款輸納亦苦。雍正六年陞任粮道蔡公條奏，将白米一項令民納糙加三輸耗，友代為民舂，其白粳亦令漕米州縣動支耗羨銀兩，買糙糯舂白起運，即以前米易銀歸款。自七年為始。現在遵行。

一 起運白粮浙江省正米三萬五百五十三石（該有起運白粮遇有荒缺於州縣現征南米內通融辦足起運。○乾隆四十年戶部奏准，每歲江浙二省運到粳米，核計支需尚有多餘，請于乾隆四十一年起，将該二省應運粳米共改征漕米一千石

一白粳耗米浙江省每正米一石加耗四斗五升又正耗米每石加舂耗米三斗

一車夫由閘銀五萬八千餘兩係加湖二府屬編征　查此款因從前運河未通查于中途永福倉起貯白粳米石於丁自運進倉需用車夫故有此款　由閘即在車夫款內係白粳抵通每石解由閘銀八分為石壩等五閘至大通橋進京倉各項人役腳價之用今仍委解倉場支用　白粳及改漕每石給漕截銀三錢四分七厘在糧支給每年共銀貳萬八千六百九十一兩零又改漕每石給一分七厘蘆蓆銀八毛五絲每年共三十兩俱此款支銷

一經費銀一萬七百兩零係加湖二府屬編征　查此款因運河未通係給旗丁自南至北沿途一切公用故名經費

白糧　八十六

一丁字沽銀七千九百餘兩係加湖二府屬編徵　查此款同
從前運河未通白粮運至丁家集地方為備交剥運之費故
名丁字沽

以上三款係原按款支給迄後奉文照漕例支給是以俱照
漕幫支給之例每米一石給漕截銀三分四分七厘按船
一隻給引折銀十八両月折銀三十三両六分及負重毛
竹蘆席廩工苫銀并扣觧倉場由閘改濬輕賫二款并粮
及給解及踩費銀外餘報部充餉　車夫経費丁字沽銀
米折四款歸撫院奏銷例應本年完足六分如完不足數
罰俸六个月再限三个月如仍不完罰俸一年扣至第三
年二月初參按所欠分數照地丁例議處

一白米折銀三千八百餘兩　查此款即係加湖二府編征白

郡食米隨撥船支給行月本色米外餘米本部每石折銀一兩五分改入部款解道故有此款每年隨撥白糧船每只給發任貨色米折銀四十一兩一錢六分外餘銀報部充餉道庫每年共給銀貳千五百九十兩零

以上額征漕白共銀七十三萬六千九百餘兩內隨存給丁蘆席搬抱漕截等項銀二十六萬三千五百餘兩實解道庫四十七萬三千三百餘兩

一白米改折銀兩限文到六個月全完如有不完詳催巡按司道及府州縣等官俱照地丁本糧例議處將未完本糧再限六個月完納如限內又不完者亦照地丁本糧限滿例議處又漕糧改折以准到部文日起扣限一年報參照未完輕重等郡之例議處而督催之院道府不行查揭也

白糧

八十七

一漕白正耗及兑倉耗米並白糧輕賫漕項各款未完經征并催征官俱各作十分考成其漕項各款内輕賫行月在項未完者作十分考成不必分併如漕糧項下之年未完另作分數不入未完漕項分數内考成其或一官經管或數官經管據作十分計算不必各作十分考成

一漕糧折征之年該督撫照各省定價臨時酌定題明辦理浙江每石折征銀一兩隨漕應征輕賫蓆木等項俱照數征解地方官將應徵折米數價值款項刊示曉諭照數征收如糧户有先期完納本色者准抵下年漕米仍於下年應征本色内照數扣征折色

一白糧米亦浙江所產係各縣先動耗羨銀兩赴外江採買糙粳以舂白兑運即以民間所完漕米易銀歸款上有照鄉民

節納全須採買

一白粮舂耗項下節省每石提銀四分八厘解道每年約共弍千八十餘兩爲本道添補備公不敷之用

白粮

八十八

二十九

二十九

浙中會計見聞録卷二

季鈔
牛税
當税
學租
契税
馬税
樵税
祭祀米
軍孤吹手米
因粮米
孤貧
軍流口粆

漕船

浙有漕白共二十一幫船隻除歷年減存外現運計一千一百一十一隻每幫領運官一員隨幫官一員每隻運丁一名捆頭一名舵工一名水手六名其各幫船隻多寡不一

或云舊設漕船十九幫出運船一千一十七隻又寧前溫前杭二紹後五幫洒減船二十五只又寧前後金衢紹前後五幫輸減船改永減船三十弍只奉文一例支給共船一千零七十四隻

漕船一十九幫　杭州前衛後前幫　杭州右衛後前幫　嘉興衛幫　寧波衛後前幫　紹興衛後前幫　台州衛後前幫　湖州所幫

金衢所幫　嚴州衛幫　溫州衛後前幫　處州衛後前幫　海寧所幫

白糧二幫　加興白糧幫　湖州白糧幫　加浙二白幫於

係各衛查選爲抽漕運白

一每船給本色行粮米一十五石（存縣支給）漕幫共給米一萬六千一百一十石行粮米款內支銷白幫共給米一千八百九十石月粮米內支銷

一每船給行粮銀一十八兩（觧道支給）漕幫共給銀一萬九千三百三十二兩行粮銀款內支銷白幫共給銀一千二百六十八兩車夫等款內支銷

一每船給本色月粮米四十八石遇閏加給四石（杭嘉湖三府征本色在縣支給寧紹等八府每石折征銀一兩弍分解道支給）漕幫共給米五萬一千五百弍石遇閏加給米四千二百九十六石月粮米款內支銷（寧紹等幫折給另詳）白幫共給米六千四十八石月粮米款內支銷遇閏加給米五百零四石係道庫折給銀每船四兩八錢

一每船給折色月粮銀卅三兩六錢運閏加給銀二兩八錢（解道支給）

一每船例載正米四百石外多裝正米一石給負重銀五分（糧道支給）

一除新船外每隻舊船歲給脩船銀七兩五錢（糧道支給）如僱募買補賠造等船例不支給漕白幫每年約共給銀七千五百餘兩同在漕項約折銀內支銷

一每正米一石給漕截銀三分四釐七毫（除加耗石外凡起運正米俱在縣支給二五耗截銀）

一每正米一石給二分五厘蘆蓆銀一厘二毫五絲（除加耗石之外在縣支給）

一每幫給運官廩工銀守備一百五十兩七錢六厘千總九十兩（俱解道支給）

一加湖白朴領運千總每員俸工銀七十九兩二錢隨幫千總每員三十八兩六錢（解道支給）每年共給銀二百卅五兩零東夫等欵內支銷

漕船 二

一每幫給隨幫書庫工銀五十四兩（解道支給）連前條領運書手、
共給銀二千七百九十六兩零庫工數內支銷
一漕粮每石加耗四斗
一白粮每石加耗四斗五升　白粮每正米一石應於舂耗米
內撥出給丁米六升（在縣支給）每年共給米一千七百餘石並於
舂耗米內支銷
一兌運正米長年每石扣厫石米二升一合一勺四抄八撮六
圭六粟六粒（耗米照此扣）
一兌運正米閏年每石扣厫石米二升一合五勺六抄（耗米照此扣）
一京倉運兌正米每千石給楞木五根每根五錢五分松板四
片每片四錢五分（三分給軍四分聽解）一云漕粮每正兌正米二千石
解楞木銀五錢五分松板銀四兩零五分粮道給發幫丁帶

通府庫支收每年共銀一千三百餘兩原款支銷
一徐州廣運倉改兑正米不給楞木松板只給蘆席銀兩
一臨桂新三縣漕米每石徵銀五分自行買米交兑
一温潤滸颶搬挖脚價銀臨桂昌三縣每石八分九釐新城每
石一分七分七釐二毛三絲一忽零在縣支給俱應扣出厫
石解道
一新造船隻每隻給工料銀二百八兩七分七分三釐從前船
政同知給發今歸道給 漕白兩幫每年約加一成造新船
一百十餘只約銀弍萬二千餘兩在漕項淺貢款內漕白同支
一白粮船每只俱照漕船例給發外每船加給經費米三十四
石三斗湖白幫有歸安減免一石一斗五升一合零
一白粮每年出運一百廿八隻向不加減其脩船銀兩在漕項支

漕船　三

一粮船帶解毛竹除山東河南二省外凡有漕省分每船帶大毛竹一
中毛竹三根解交各倉成造氣通其採辦價銀江西省於道
庫裁兵米折餘剩項下動支湖北省在南粮抵充節省水脚
銀內動支其餘各省俱在減存銀內動支各省粮道將所帶
毛竹驗明是否合式造冊咨送坐粮廳先期移倉按照冊開
長徑丈尺查收粮後彙冊咨送查核　道庫每年共給各船
竹價三百三十二兩零月折款內支銷又改漕船每年共給
竹價一十九兩零車夫苗款支銷

一毛竹價值浙江省大毛竹杭州加興二府屬長二丈二尺徑
四寸杭州府屬之新城縣徑三寸五分湖州府屬徑四寸七
分中毛竹杭州加湖二府屬長二丈二尺中徑三寸四分杭
州府屬之新城縣徑三寸湖州府屬長二丈徑四寸小毛竹

長俱一丈八尺徑三寸惟新城縣徑二寸五分每枝價銀新城縣大毛竹七分中毛竹六分小毛竹五分加輿府屬秀水加善海鹽平湖石門桐鄉湖州府屬歸安烏程長興德清縣大毛竹九分六厘中毛竹七分五厘小毛竹五分三厘安吉武康二縣大毛竹九分中毛竹七分小毛竹五分富陽縣大毛竹一錢五厘中毛竹七分小毛竹四分三厘七毛零仁和錢塘海寧昌化等縣大毛竹一錢二分中毛竹八分小毛竹五分臨安縣大毛竹一錢三分中毛竹九分小毛竹五分五厘於潛縣大毛竹一錢三卜中毛竹一錢小毛竹八卜餘杭縣大毛竹一錢三分五厘中毛竹八分九厘小毛竹五分六厘

漕船 四

一各省漕船帶徵蘆席片隨船交解以為鋪墊苫蓋之用所係

每正米弍石派征方蓆一條長四尺八寸闊四尺八寸以茶蓆二領抵一
斜蓆方蓆一領凡應交蓆片作十分算以一分七厘征收本色
色起運以八分三厘征收折色附解交館折價一分至一分
有奇細數詳見漕運全書應征本色浙江省征民給丁辦買交納
一浙江省杭嚴衛頭幫兑運仁和錢塘等二縣漕糧　二幫兑
運錢塘仁和海寧餘杭新城昌化於潛臨安等八縣漕糧
　三幫兑運秀水加善等二縣漕糧　四幫兑運富陽石門
海寧等三州縣漕糧　寧波衛前幫兑運加興縣漕糧　後
幫兑運秀水加興等二縣漕糧　紹興衛前幫兑運加善縣
漕糧　後幫兑運平湖加善等二縣漕糧　溫州衛前幫兑
運長興烏程等二縣漕糧　後幫兑運歸安烏程等二縣漕
糧　台州衛前幫兑運長興烏程歸安等三縣漕糧　後幫

兑運歸安烏程等二船漕糧　處州衛前幫兑運桐鄉石門等二船漕糧　後幫兑運安吉武康德清等三船漕糧　海寧所兑運海寧州漕糧　嘉興衛幫兑運嘉興秀水平湖海鹽等四船漕糧　湖州所兑運歸安船漕糧　金衢所兑運長興歸安等二船漕糧　嚴州所兑運海鹽平湖石門等三船漕糧　嘉興府白糧幫兑運嘉興秀水嘉善海鹽平湖石門桐鄉等七船漕糧　湖州府白糧幫兑運歸安烏程長興德清武康等五船漕糧

押運衛所官及幫船總兑米銀解給九數

一杭嘉湖押運官三員押運漕白二十一幫內　杭押運分押杭嚴衛頭幫杭嚴衛二幫杭嚴衛四幫海寧所幫共四幫　嘉押運分押寧波衛前幫寧波衛後幫處州衛前幫杭嚴衛三

漕船　五

幫　紹興衛前幫　紹興衛後幫　嚴州所幫　加興衛幫　白糧、麦共
九幫　湖押運分押台州衛前幫　台州衛後幫　溫州衛前幫、
溫州衛後幫　處州衛後幫　金鄉所幫　海門所幫　白粮幫共八
幫

一所轄衛所　杭嚴衛守備一員征屯　加興衛守備一員征
屯　寧波衛守備一員一年催運一年征屯　紹興衛守備
一員一年領運一年征屯　台州衛守備一員征屯　溫州衛
守備一員征屯　衢州守禦千總一員征屯　海寧守禦所
千總一員一年催運一年征屯

一杭州府屬　仁和縣額運漕米四萬六千八百七十石　在船
給軍行月米六千九百十五石零　漕截畫席等銀一萬四千
二百九兩零　空解道貝一萬六千八百一兩零　錢塘縣額

運漕米二萬二百九十餘石在縣給軍行月米二千五百八十五石零漕截蘆蓆等銀六千一百五十二兩實解道銀五千八百七十四兩零　海寧縣額運漕米四萬九千三百八十餘石在縣給軍行月米三千九百八十二石零漕截蘆蓆等銀一萬四千九百七十四兩零實解道銀一萬五千式百九十七兩零　富陽縣額運漕米五千一百九十餘石在縣給軍行月米一千八十三石零漕截蘆蓆等銀一千五百六十九兩零實解道銀式千四兩零　餘杭縣額運漕米一萬九百五十餘石在縣給軍行月米六百九十一石零漕截蘆蓆等銀三千三百二十九兩零實解道銀三千三百二十九兩零臨安縣額運漕米四千三百七十石零在縣給軍行月米二千四百二十七石零漕截蘆蓆等銀一千三百二十九兩零

漕船

城縣兌運漕米式千六百七十餘石　在縣給軍行月米一千
四百九十七石零漕截蘆席等銀八百八（二）十二兩零實解道
銀八百四十九兩零　於潛縣兌運漕米二千一百七十石
零存縣給軍行月米九百八十九石零漕截蘆席等六百六
十兩零實解道銀九百三十四兩零　昌化縣兌運漕米一
千五百餘石在縣給軍行月米六百七十三石零漕截蘆席
等銀四百五十七兩零實解道銀五百八十九兩零
一嘉興府屬　加興縣兌運漕米八萬四千三百六十餘石白
粳米五千六百八十六石改漕米六千四百五石零存縣給
軍行月經費米四千八百二石零漕截蘆席等銀二萬五千
五百八十六兩零實解道銀三萬式千七百九十四兩零
秀水縣兌運漕米七萬三千六百一十餘石白粳米四千七

百五十二石零改徵米五千三百五十三石零存縣給軍行糧經費米貳千一百四十五石零徵截蘆席苫艮二萬二千三百二十五兩零實解道艮二萬七千二百四十一兩零　加善縣額運漕米八萬二千四百四十餘石白糧米五千五百一十四石零改徵米六千二百一十一石零存縣給軍行月糧經費米三千四百七十四石零漕截蘆席苫艮貳萬四千九百九十八兩零實解道艮三萬三百五十貳兩零　海鹽縣額運漕米四萬六千六百餘石白糧米三千六十一石零改漕米三千四百四十九石零存縣給軍行糧經費米一千四百四十三石零漕截蘆席苫艮一萬七千九百二兩零實解道艮一萬七千九百二兩零　平湖縣額運漕米四萬八千五百一十餘石白糧米三千二百三十六石零改徵米三……

漕船

七

六百四十三石零在外給軍行糧經費米一千四百九十七石零漕截蘆席等銀一萬四千七百一十五兩實解道銀一萬六千九百八十六兩零　石門縣兌運漕米四萬四千五百四十石零白粳米貳千七百七十九石零改漕米三千一百三十石零在外給軍行糧經費米一千貳百五十七石漕截蘆席等銀一萬三千五百一十兩零實解道銀一萬五千九百五十四兩零　桐鄉縣兌運漕米三萬七千六百八十餘石白粳米二千四百二十石改漕米貳千七百三十七石零在外給軍行糧經費米一千一百一石漕截蘆席等銀一萬一千四百三十二兩零

一湖州府屬　安吉縣兌運漕米八千三十餘石在外給軍行月米五百四石零漕截蘆席等銀貳千四百三十六兩零實

解道银弍千五百五十二两零　归安县派运漕米八万四千七百四十馀石白粳米五千五十馀石改漕米五千六百三十五石零在县给军行月经费米二千六百一十八石零漕截芦席共银弍万五千六百九十三两零实解道银三万八百六十一两零　乌程县派运漕米九万九千五十馀石白粳米六千一百五十弍石零改漕米六千八百三十四石在县给军行月经费米弍千九百二十四石零漕截芦席共银弍万九千九百三十四两零实解道银三万五千五百八十一两零　长兴县派运漕米四万八千弍百五十馀石白粳米弍千三百八十一石零改漕米弍千六百八十三石零在县给军行月经费米一千五百八十三石零漕截芦席共银一万四千六百八十二两零实解道银一万七千六百八

八

漕船

十一兩零　海寧縣額運漕米四萬八千七百九十餘石白
粳米貳千七百三十八石零改漕米三千八十四石零在縣
給軍行月經費米一千四百八十貳石零漕截蘆席折銀一
萬四千八百兩零實解道銀一萬七千四百一十六兩零
武康縣額運漕米一萬八百五十餘石白粳米五百一十七
石零改漕米五百八十三石零在縣給軍行月經費米三百
四十五石零漕截蘆席折銀三千三百九十一兩零實解道
銀四千三十八兩零　孝豐縣額給月粳米一千七百二十
二石實解道銀貳千五百九十三兩零
一寧波衛前幫出運船五十八隻又洒減船六隻輪減船六隻
領幫守備一員千總一員隨年輪運隨幫千總一員領兑加
與縣漕粳米四萬六千八百六十石零改兑米四千一百五

十石零左斛應給行月米一千八百餘石漕截蘆席等銀一萬
五千四百卅餘兩道庫應給行月負重等銀八千九百四十餘兩
一寧波衛後幫生運船五十四只又輪減船六隻領幫千揔二
員隨年輪運隨幫千揔一員領兌加耗二斛漕粳四萬五千
四百三十六石改兌米三千六百二十石零左斛應給行月
米一千五百二十餘石漕截蘆席等銀七千七百七十餘兩
道庫應給行月負重等銀七千七百七十餘兩
一台州衛前幫生運船五十六只領幫千揔二員隨年輪運隨
幫千揔一員領兌烏長臨三斛漕粳米四萬七千四百三十
七石零左斛應給行月米一千三百七十餘石漕截蘆席等銀
一萬四千四百三十餘兩道庫應給行月負重等銀七千三
百二十餘兩

漕船

九

一台州衛後幫生運船六十五只領幫千總貳員遞年輪運隨幫千總一員領兌歸馬二斛漕粳米四萬三千八百九十九石零改兌米五千八百二十七石零俱斛應給行月米一千六百五十餘石截漕蘆席等項一萬五千一十餘兩道庫應給行月負重等銀八千貳百九十餘兩

一温州衛前幫生運船五十二只又洒減船三只領幫千總二員遞年輪運隨幫千總一員領兌馬長二斛漕粳米四萬五千五百卅八石零在斛應給行月米一千三百九十餘石漕截蘆席等銀一萬三千八百五十餘兩道庫應給行月負重等銀七千一百四十餘兩

一温州衛後幫生運船五十隻領幫千總二員遞年輪運隨幫千總一員領兌烏隘二斛漕粳米三萬八千九百六十八石

零陸兑米弍千弍百四十五石零本折應給行月米一千二百六十餘石漕截蘆席苫卩六千四百九十餘兩道庫應給行月負重苫卩六千四百九十餘兩

一處州衛前幫出運船五十只欽部守備一員運年輪運隨幫千揔一員領兑石糧二斛漕耗米三萬七千一百四十石零陸兑米一千七百九十七石零本折應給行月米一千二百六十餘石漕截蘆席苫卩一萬一千八百一十餘兩道庫應給行月負重苫卩六千四百餘兩

一處州衛後幫出運船五十七隻領幫千揔弍員運年輪運隨幫千揔一員領兑正安弍漕耗米四萬一千六百六十六石零陸兑米二千五石零本折應給行月米一千四百四十餘石漕截蘆席苫卩一萬弍千九百六十餘兩道庫應給行月

漕船

十

負重等艮七千二百四十餘兩

一金衢所幫生運船五十四隻內金衢九卅七隻洒減船三隻欽帮千揔二員匯年輪運隨帮千揔一員衢所代兌歸安縣漕粮米一萬五千九百七十九石改兌米四千六百二十石金所領兌長興縣漕粮米二萬一千二百七十七石零本縣應給行月米一千四百四十餘石漕截蘆席等艮一萬二千六百四十餘兩道庫應給行月負重等艮七千二百一十餘兩

一杭嚴衛所幫生運船五十隻欽兌千揔二員匯年輪運隨帮千揔一員欽兌仁和二縣漕粮米四萬四千八百六十九石零本縣應給行月米三千三百五十石漕截蘆席等艮一萬三千六百五十餘兩道庫應給行月負重等艮三千三百三十餘兩

一杭嚴衛二幫生運船五十四隻又洒減船二隻領幫千揔二

員匯年輪運隨幫千拯一員領兑海於仁錢臨新餘昌八縣漕糧米四萬三千三百四十石改兑米三千七百六十四石零本縣應給行月米三千七百五十二石零漕截蘆席等銀一萬四千二百五十餘兩道庫應給行月負重等銀三千六百二十餘兩

一杭嚴衛三幫出運船五十四隻領幫千拯弍員匯年輪運隨幫千拯一員領兑秀善二縣漕糧米四萬九千一百五十弍石零本縣應給行月米三千六百一十八石漕截蘆席等銀一萬四千九百五十餘兩道庫應給行月負重等銀三千六百三十餘兩

一杭嚴衛四幫出運船六十隻領幫千拯二員匯年輪運隨幫千拯一員領兑海富石三縣漕糧米四萬八千三百六十

漕船 十一

八石零改兌米五千一百六十一石零六升應給行月正
千弍十石漕截蘆席等項一萬六千一百八十餘兩道庫應給
行月負重等銀三千九百九十餘兩

一紹興衛前幫出運船六十四隻又洒減船七只輪減船八隻
領幫守備一員千總一員僉年輪運隨幫千總一員領兌加
善原粃米五萬二千五百六十六石零改兌米四千三百六
十石零六升應給行月粃二千餘石漕截蘆席等銀一萬七
千弍百三十餘兩道庫應給行月負重等銀九千九百五十
餘兩

一紹興衛後幫出運船六十三隻又洒減船七隻輪減船八隻
領幫千總二員僉年輪運隨幫千總一員領兌善平二縣漕
粃米五萬一千七百九十石零改兌米二千三百一十九石零

本縣應給行月米一千九百八十餘石隨截芦席等銀一萬六千四百一十餘兩道庫應給行月負重等銀九千七百五十餘兩

一嚴州所郡出運船五十一隻領運千總二員匯年輪運隨幫千總一員領兑海平石三縣州隨粮米四萬五百九十二石零及兑米貳千二百二十三石零本州縣應給行月米一千二百九十餘石隨截芦席等銀一萬二千九百六十餘兩道庫應給行月負重等銀六千六百四十餘兩

一湖州所郡出運船三十九隻領運千總二員匯年輪運隨幫千總一員領兑歸安縣隨粮米三萬一千二百七十八石零本縣應給行月米二千六百一十三石隨截芦席等銀九千五百一十餘兩道庫應給行月負重等銀貳千四百七十餘

兩

一海寧所幫出運船四十二只領運守備千總一員千總一員
隨年輪運隨幫千總一員領運海寧州漕糧米三萬四千三
百二十二石壹在斛應給行月米貳千三百九十四石漕截蘆
席苫尺一萬四百四十餘兩道庫應給行月負重苫尺二千
六百九十餘兩

一加興衛幫出運船四十四隻內加所二十九隻又海衛一十
五隻領運千總二員隨年輪運隨幫千總一員加所領運加
秀海平四縣漕糧米二萬五千六百五十七石海衛領兵加
海二縣漕糧米一萬三千七百六十七石在斛應給行月米
二千九百四十八石漕截蘆席苫尺一萬一千九百九十餘
兩道庫應給行月負重苫尺二千九百三十餘兩

一加與白粮幫出運船七十六隻内白粮漕粮船各三十八隻
隨幫千揔二員運年輪運隨幫千揔一員俱免加属七縣白
粮米二萬七千四百六十石零改漕米三萬九百三十二石
零在糧應給漕贈行糧米四千七百八十八石零道庫應給行
月負重漕截共庫貯銀二萬二千八百四十餘兩
一湖州白粮幫出運船五十五只内白粮船三十三只漕粮船
二十二只又白粮酒減船二只漕粮酒減三隻隨幫千揔二
員運年輪運隨幫千揔一員俱免湖属程安長武德五縣白
粮米一萬六千八百四十石零改漕米一萬八千八百七十
石零在糧應給漕贈行糧米三千一百四十餘石道庫應給行
月負重共銀一萬四千七百四十餘兩
一各省漕粮俱徵收糧十月開倉十二月兑完開行如有遲誤

漕船　十三

俟積存即題參議變其監兑漕糧未經完報及實濟漕
未經開行摧拔開行者運丁責懲糧道並押運等官均分別
議處

一　支丁行月浙江省旗丁每員名行糧三石一半本色一半折色
折色每石折銀一兩二錢旗丁每名月糧九石六斗一半本
色一半折色其應支本色内寧波等八府支給其每石改
折銀一兩二錢杭嘉湖三府支給者仍給本色其折色每
石折銀七錢新修則例内開浙江省官丁每員名行糧三石一半本色一半折色折色每石折銀一兩二錢旗丁每名月糧九石六斗半本半折折色每石折銀一兩

一　運軍閏月行糧江西湖北湖南三省并浙江省白糧幫船
俱不支給其山東河南江南及浙江省漕糧各幫運閏加增
行月行糧按照本折均平支給

一旗丁行月糧遇究僉徵缺額隨補者均先行撥補歸入現運項下支給

一浙江省白糧幫船支給行月糧外每石另給贈銀三錢四分七厘又每船給飯食米三十四石三斗每石折銀一兩二錢均在道庫減存銀內支給

一浙江省每運白船一隻照例裝正米四百石外餘加裝正米一石給負重銀五分解道支給漕幫給用銀九千二百餘兩月糧折款內支銷白幫給銀七百八十餘兩半支款內支銷

一浙江省白糧幫船均令長運永免抽調

一運船每船給運皮紙劄銀二兩於輕賫銀內動支

一各省運軍行月二糧降本色米麥於丁船到次三日後各州縣照定額給發外其折色銀兩解送糧道聽將一半扣留

漕船　　十四

到淮放給一半給丁開船令該幫本衛守備出具[illegible]文与本衛千總加具職記赴道投遞該道驗明即行給發[illegible]仍取具該衛並無預行印給造總漕查核其到淮放給一半折色行月等糧浙江省令糧道封交押運千總解淮呈送總漕驗明散給

一丁船到次三日內即將行月等項折色銀兩解送糧道驗明將一半給發該丁開船一半同幫到淮於各幫過淮時總漕同該道面給該丁收領如給發愆期解送遲延或短少扣剋總漕即行題參其短少扣剋者照侵軍銀兩例議處其給發愆期解送遲延者照違例支給例議處例載解支門

一各省裁留漕糧如未經開兌之船照舊運例給与減半月糧已兌未開之船於減半月糧外將三修銀兩全行給与其已

吳閘行走途截留漕船除支給三脩銀兩以及一半月糧外浙江省每船酌減銀六十兩其餘一半月糧以及行糧贈耗等項銀米照程與銀米俱匀作十分計算按程核給遇有長支照數着追

一 各省截留及停運軍船支給月糧浙江省照出運糧船應支本折各數減半給發買補雇募民船核減半予中再行減半支給

一 浙江省漕白船一千一百一十一隻身長七丈一尺寬一丈四尺四寸新修則例內開漕白船一千一百五隻○江浙兩省更定漕船身長八丈寬一丈五尺底長五丈九尺兩厫兩棧共深六尺天篷高二尺八寸其每船大桅頭桅艄樓俱令按船式收低天篷上安設九牌樓樣橋欄杆等項一概除去

漕船 十五

一 成造漕船定有查驗九法一驗木毋朽質毋間舊料二驗

板厚五寸　浪底板厚二寸　拖泥脚栈栈板厚一寸七
分　下　時查驗鋸縫解板下鋸如比較分寸不合式即行究
换三艙底底長不足五丈二尺中間闊不足九尺五寸鋪底驗
量尺寸少差即勒改造四艙樑淺船龍口樑闊不足九尺高
不足一丈四寸使風樑闊不足一丈四尺斵水樑闊不足九
尺高不足五尺一不合式即勒减削　五艙棧淺船棧長七丈
一尺係三尺六寸　六驗釘用釘之法一尺四釘逐眼稽查内
外審視如有匿釘不用及虚派釘眼而眼内無釘者立即究
治　七驗縫合板時查驗板邊俱淨縫口細合不留稍有滲漏
八驗艌法以斧入艷以鏨入麻縫滿然後用以油灰如有麻
少縫闊不能受灰及油少灰生旋上旋落者立即究處　九驗
頭稍鐵葉扒鋦攀護頭稍並不許短少銷頭鋪稍　料不許

濫冒充數監造之吏均照戍法詳加審驗

一各省造船設廠委派浙江各衛所在仁和本庄二廠各運丁由糧道衛門支領價銀自行備料赴廠成造並飭衛弁監工督造詳報糧道驗看烙印

一漕船十年滿號除驗明可以加修出運者准其加修出運外其應行改造之船糧道先期詳請領備物料原船到廠烙印刻與工以副先限若未經滿限号遽請成造及將已滿号之船留次易雇民船出運者均查參議處

一浙江省杭州頭幫二幫三幫加與幫委前委後台前寧後嘉衢湖州所海寧所加白昔幫滿号船數過多每幫每年加一輪減存滿號之船存留在次以待配造不給三修銀兩其應裝米石於現運船內分派加裝裁漕銀兩按糧分給各丁.

漕船

去八

一本省成造漕船先行咨部每船額給料價銀弍百八兩七錢七分有奇除動支額編軍三民七銀兩外不敷料價即於餘丁協濟及道庫減存銀内動支俱令糧道親身收發給發取具本弁丁並無需索剋減印甘各結送部倘有侵扣苛勒撓漕查照題參議處修造工料銀兩於漕項奏銷冊内題銷

一修艌銀兩除新造漕船初次出廠及有另請造之艘不准支給外其餘每船每運給三修銀七兩五錢於漕船到次之日即行給發修艌倘有虛任弁舵不即修艌致誤兌運者照漕將糧道監兌押運衛備等官題參議處銀兩着落該丁賠補至回空船隻如遇淺阻撓因未能進口准其即於停泊處所修艌在閘壩充換受兌

一本省漕船遇有灾傷及在本地截留將出運船隻減存在次

有其減存船數粁道造冊報部如有遺漏報部查議

一永減裁汰船隻每船追底板銀五十一兩報部

一重運粁船旂丁准帶土宜一百石頭舵二人每人准帶土宜三石水手每船人數多寡准帶土宜二十石共帶一百二十六石例不報稅嘉慶四年

加恩准旂丁多帶土宜二十四石每船共帶土宜一百五十石均分別貨物粗細酌量個束大小定數作石於過淮處所照依現定石數刊刻木榜通行曉諭如有逾例多帶及沿途攬載若貨物人及丁商從重治罪官弁俱嚴加議處查漕船負重以吃水四尺為度如帮丁多載土宜致有淺滯將帮丁究治帮官揭參責令帮丁自行剝運儻河水不敷四尺責令地方官僱𦨭剝運仍照不行挑濬運河例降三級住俸一年限內不挑濬深通降三級調用

一回空粁船每船准帶梨棗瓜豆四項食物並土宜共六十石

漕船　十七

仍准照重運多帶土宜二十四石每船共帶食物土宜八十四石免其逐關輸税如有多帶各關照例征税

一回空朴船浙江省每船准帶食米三十石燒煤二十五石自通州至宿遷淮安揚州等處逐關查驗扣除免税放行不得越數多帶

一失風之故漕船除山東省自備船隻照回雇募協運外其餘各省漕船運至五六年或未至五六年而有風火之故者均責令旗丁賠造如賠造不及准其暫雇民船兑運一次俟至次年賠造備運新漕已届賠造不及准其暫行酌帶於回次時賠造運至七八年而有之故者責令買補如買補船隻至九運而復有之故并軍船九運而有之故以及朽腐者均令雇募民船一次以足十運如七八運而有故朽腐者亦

責令賠造十運限滿准其估價配造該衙每年將應行雇募
買補船隻咨部查核倘有將賠造補運之船核算原船出廠
年分而減扣年分不行扣除混行詳請者將違例之道衛等
官查參議處

一江西湖廣二省衛船及江蘇浙江山東河南等省買補船隻
遇有失風事故失風處所地方官驗明如果不堪修補全論
已未滿號呈明該管准其就地拆板變賣其所變價及地方
官驗明封固交該幫運弁攜帶回次呈交糧道估變倘旂丁
捏報失風拆板變賣以及地方官扶同狥隱察出報參究處
其湖江等省軍船失風事故板片仍令帶回配造

一各省軍丁除向未歸運例不在僉派之列者一體倩其編審
外其餘應行僉運各丁責成糧道緊按四年一次遍審屆期

造具細冊彙送撫漕核實題報凡隸軍之丁遇應行僉補時除文學生員專攻舉業者准其優免外無論紳宦富户准令子姪家人代辦并貢監武生准令子弟承領出運武生遇歲試之年呈明學臣准俟運回補考以及大小衙門書吏皆承俱一律僉運

一旂丁不以正身出運使子弟代運者將正身及代運子弟俱發邊衛永遠充軍承攬押運任運各員并分別議處紳宦書吏等户不在此例

一各省僉補新丁由衛千總選家道殷實者呈報衛備知府縣者江西省由州縣僉報湖廣省徑由衛守備僉報加具印結詳解糧道定僉於開先期該衛將領運船隻丁名註明原甲更僉之丁於該丁名下摘另由按部開列彙冊送部如冊報之後再有更僉隨時具案報部倘該縣不實及貪富差貧致滋掛欠或藉端受

賄擾民等弊均分别查參

一各省僉選旗丁州縣與衛弁秉公僉派以奉文之日起限兩個月詳报道府查驗後发邦受運

一僉選運丁江蘇安徽浙江等三省專交糧道受理江西湖北湖南直隸山東等五省交該管道受理如有州縣衛備以疲报殷僉貧賣富及道府狥隱故縱情弊責成专管之糧道督撫嚴查究辦仍令糧道督撫互相稽察

一各省軍丁届四年編審之时即將各丁田地房産注於各丁户口之下造冊道貴存案如四年之内家產稍有消乏隨时另僉接運所有對欠查变完公

一編查屯丁户口及田地房産責成糧道同該管道府督率州縣衛所等官実力查察倘逾限兩月僉解不到者有意遲

漕船

十九

例從重議處

一清查軍民產業未實或侵運役產業脫逃脫及賣富僉貧重僉革丁等弊查實降二級例議處該管上司照失察例分別議處分

一編造屯丁户口如有故縱殷富軍户寬入他籍並將田產代為隱匿脫漏者將原查州縣衛所官弁參處革職發往新疆効力贖罪永不叙用失察之糧道知府一併革職不准捐復其營謀脫漏之本丁並黑龍江兵丁為奴該丁之本兄子孫仍編入軍僉派辦運

一原船出運每船僉正丁一名再於本丁兄弟子姪内添派副丁一名隨船僉駕如擬通掛欠留一丁此造一丁僉駕回空如重運到淮雜力令一丁駕運北上留一丁買米赶幫

漕船

一旂丁爭告去未見糧之先着糧道嚴查不許代運如有代運之後者俟完糧回南日審理不得擅准拘擊稽誤新漕

一糧船到通每船給羨餘銀四兩每起運通漕正米一石給盤費銀一分均按到通船隻於完糧後核明五日內交坐糧廳衙門唱名給發如有過扣低潮及違限情弊指名題參只有風火事故船不到通者按船扣除買補雇募民船傳費支給

一糧船每隻旂丁應交坐糧廳茶果銀十兩在於到通應給盤羨紅剝銀內照數扣抵如有餘剩仍行找給不敷銀兩於餘米折價銀內找足運有風火等故免其交納其加湖二府白糧幫應交茶果銀兩由糧道查於旂丁應領羨耗銀內按數扣留封交押運所員批解坐糧廳衙門查收

屯餉

屯餉係各衛所軍丁之田地順治九年爲興利除弊等事裁去各屯之臨山觀海定海磐石四衛有屯之昌國松門海門金鄉四衛歸象山臨海黃岩平湖四縣徵收統入地丁項下而現在者杭前杭右海寧寧波紹興台州温州處州等八衛海寧嘉興湖州金衢嚴五所其杭台温海四衛各有分征千總至寧波一衛向無額編而紹處二衛加海二所止有丁銀其餘各衛所原額田地山蕩溝灘塘共編本色米三萬五千有奇除温嘉嚴三所折編解藩司糧道項下米一萬三千二百餘石實該二萬二千一百餘石內本色一萬七千七百五十八石於順治六年因不敷支給官役俸工前全書李艷陽議改折征每石銀一兩共温衛者係四錢一石折征共計本折屯糧銀三萬餘兩除各案

屯餉　廿一

棄置并邊衛瘠苦已經昔事案內減徵外今實徵本折屯粮并
屯丁銀共一萬九千一百餘兩向屬守印都司催徵造報雍正
三年將都司並杭台溫海昔衛分徵裁汰其起存銀兩歸併屬
司合實解

起運銀一萬三千九百四十六兩零

存留銀五千貳百三十八兩零

存留項下應扣俸薪缺俸柴馬数目

杭前衛杭右衛乾隆庚午年裁併前衛台州衛溫州衛征屯守備一員前
後幫領運千總各二員分征千總二員裁
海寧衛征屯守備一員領運千總二員分征千總一員裁
寧波衛印運守備一員前後幫領運千總各一員
海寧所印運千總一員領運千總一員

屯餉

衢州所屯田千揔一員領運千揔一員

湖州所屯田千揔一員領運千揔一員

金華所領運千揔一員

一杭前衛杭右衛海寧衛紹興衛嘉興衛湖州衛所海寧所寧波衛嚴州衛衢州衛領運守備每年扣俸銀二十七兩三錢九分四厘俸薪銀三十二兩六錢八分八厘柴馬銀七十八兩　千揔每年扣俸銀一十八兩九[七]錢六厘俸薪同柴馬銀五十四兩

一台州衛杭右衛海寧衛處州衛海寧所　守備每年扣俸銀二十三兩[兩]六錢三分七厘四毛俸薪銀二十八兩二錢六厘柴馬銀六十七兩三錢四厘　千揔每年扣俸銀一十六兩一錢四分一厘俸薪同柴馬銀四十六兩五錢九分五厘

廿八

一金華所衢州所　千摠每年扣俸銀一十三兩八錢二分二釐俸薪同柴馬銀三十九兩八錢八分九釐

一溫州衛　守備每年扣俸銀二十六兩二錢四分三毫俸薪銀三十一兩三錢一分五毫柴馬銀七十四兩七錢二分二毫千摠每年扣俸銀十七兩九錢二分俸薪同柴馬銀五十一兩七錢三分一毫

一應扣缺俸柴馬料草數目　都司一員每年俸工銀四百八十七兩五錢七分二毫俸銀六十七兩七錢六毫薪銀一百四十四兩馬夫二名銀十二兩　經歷一員每年俸工銀九十兩俸銀六十兩馬夫銀六兩　衛經歷二員每員每年俸工銀八十兩俸銀四十兩馬夫銀六兩　以上俱裁充餉用

一原定品級守備每員每年俸工銀一百八十九兩三錢九分四毫俸

薪銀二十七兩三錢九分四厘每日七分六厘九絲四忽薪銀七十二兩每日二錢馬
夫銀六兩　守禦征屯領運千揔四十三員每員每年俸工
銀一百八兩七錢六厘守禦多心紅銀四兩俸銀一十八兩七錢六厘
每日五分一厘九毛薪銀四十八兩每日一錢三分三厘零
一新定品級守備與守禦千揔俸每員俸工銀一百五十六
兩七錢六厘俸銀一十八兩薪銀四十八兩馬夫銀六兩
屯運千揔與營千揔品級俸每員俸工銀九十兩俸銀一
十四兩九錢六分六厘每日四分一厘五毛七絲二忽薪銀三十三兩三錢
四厘每日九分一厘七毛六絲一忽馬夫銀六兩
每員裁減俸銀一十八兩七錢六厘每日五分一厘九毛六絲一忽
一浙江省各衛所運船每船修田一百二部八分六厘有奇附隸
杭州加湖衛所俱係運丁自行執業完餉收租外其寧波紹
屯餉　廿二

興衢州嚴州台州温州等處屯田有因窵遠歸佃完納摃津者內衢州屯田以一百畝六分九厘七丝為一单共派田一百一十六单六分每单征津艮九兩九錢五分又本所改則田一千七百餘畝加租穀四百石折艮二百六十两嚴所屯田每畝征津艮一錢五分九厘八毛屯地每畝征津艮六分九厘八毛台州衛上田每畝征津艮一錢中田每畝征津艮八分五厘下田每畝征津艮七分温州衛屯田并温州衛派給寧波紹興處州三衛屯田上田每畝征津艮七錢中田每畝征津艮五錢下田每畝征津艮四錢每年均令衛所印收征解通庫給幇濟運一說每漕白船一隻額給屯田一百十三畝零又加給從前減船屯田二三十畝不等共計屯田一十六萬三千四百畝零內杭加湖海等衛屯田係旂丁自行執業收租温台衛嚴屯田係征收津艮給丁濟運內各衛田有高下津有多寡計温衛每畝征津艮四五六分不等台衛嚴每畝不適數分及一分不等約征津貼租錢二萬一千餘兩俱係解道驗給漕白各幇文領

一屯田贍運田租佃欠不清俱令該衛一面報明司道一面移糧勒追其津貼銀兩令各衛查明造冊如屯田多糧本係在衛征收者此項津貼銀兩即由衛隨正征收如裁衛歸併州縣征收者即由州縣隨正征收批解道庫協幫給發如贍租津貼節年有情征拖欠查案共將該州縣照不征十分之議項下糧未完例議處　查杭嚴衛本屬贍杭各湖西白社等七莊屯田千餘畝於本年文書稱征解定於蠶畢後起征三分秋收後再征五分餘二分至次年三月全完如有未完將該縣照地丁例核計未成分數議處

一起運屯餉照兵協餉例議處而考成亦以三百六十日扣算

一各省旂丁將屯田私典與人及承典者均照典買官田律照畝治罪該丁革退田畝追出交與接運新丁原典價銀追出

乾隆三十七、三十八、三十九、四十等年清查屯田案內
入官奏准各省從前有典賣屯田因歷年久遠若斷田歸公
追價入官未免滋擾免其追價撤回或令本丁取贖歸屯或
議加津濟運至湖南省係隨粆當差內有別伍軍丁頂買着
承買此船之田即當此船之差其典賣在民者除歷年久遠
已造有房屋坟墓難以遷徙及軍堤地荒係民人自行出資
閘壅培成沃壞者免其回贖承照旧貼費當差其餘典賣田
畝築令照契回贖未經回贖以前仍令現業按粆貼費本軍
同伍均係無力並准別伍軍丁代贖承運若本丁有未贖之
田不許另置民產詭避差費如並無應贖屯田聽其置買嗣
後清出屯田永禁典賣違
者照例辦理等因在案

一民人租種屯田該丁或預支數年租艮立券長租仍歷當典
名目者察出仍照私典軍田例典受一體治罪租價入官

一各省軍衛有屯田典賣與民者許備價回贖由衛所移明州
縣飭令民人收價退田備地方官不即飭退照承查匯延例
按違限月日分別議處如該丁不即備價混控退地及捏報
混冒者將衛弁照例交部分衛門書役人等有隱佔屯田情

槩該管官均照失察衛役犯贜例分別議處例載書役門

一凡軍丁回贖屯田一年限内贖不及十分之二者將衛所之官弁罰俸二年回贖二分以上者免議回贖三分以上者將衛所官弁照例議叙倘有捏報回贖衛所官弁不行查出者降一級調用各該同知有清軍之責一併照例議處議處照本例議處議叙准其紀録一次

一旂丁須查家道殷實之人令千總保結報衛守備並報知府再行驗看加具印結保衛州縣查選者令州縣會同衛弁保結呈報知府驗看加結以奉文查派之日起限兩个月選解報驗並幫官運倘遲限兩个月全解不到將承查之員革職加結知府降二級調用

一各官選查旂丁時造具該丁田地房產細冊由該管道府加

結呈送撫院衙門存案仍於四年編查案內互行托查費送以備覈短掛欠查產變抵如清查產業未實者承查官降二級調用知府降一級調用糧道降一級留任若放富差貧以致誤公及故縱殷富軍丁竄入民籍并造冊時將田產故爲隱匿脫漏者承查官革職治罪知府糧道一併革職

一軍丁值當查點之年各該大小衙門書吏俱一併查點如本身蔭名不能出運令子弟承頂出運概不得藉詞托避至衙門亦不得曲爲庇護以致侵占以衛籍移民籍代爲規避查運者革職

一旂丁交倉掛欠將承查之員降一級調用一幫掛欠知府罰俸一年糧道罰俸六個月缺幫掛欠照此遞加

一凡旂丁潛逃運弁即報衛移縣以文到之日起限百日嚴獲

屯餉

如逾限不獲，將承緝之專管衙門皮罰俸一年，協緝之州縣

皮罰俸六个月。如該丁係由州縣僉選者，即以州縣為專管，

罰俸一年，該丁居住地方之州縣皮為協緝，罰俸六个月。

共

餘租

衛所餘租從前徵解関庫因七都司既裁分隸道每年隨漕項另為一冊奏銷計共銀弍百六兩零係杭前杭右海寧寧波台州溫州等六衛加湖衢嚴四所徧徵

南秋米

南米者留南支給使停兵糧之項也所以加湖二府從前本有南白南糙之分迨後抵解糙米加有舂折只將東各屬有南秋米者秋征之兵米也而台溫二府又有軍貯名目悉係軍貯之郡每兩折征米一石此外之丈量清出新陞等名撥給兵郡之項雍正四年實征二十七萬二千一百九十石零只後之加減陞科難以確計一說浙省額征南米本折共二十七萬五千八百六十六石杭加湖三府征收解省支給滿漢旂營兵糧一給兵糧米一還漕米一還穀碾米一存米備放兵糧大約每斛一升六合每米一石完納正糧九斗計耗一斗一升一合亦於漕斛內統征分解按南米從前併入地丁統籌考成係嘉湖台溫金等府南米夏秋有停征之例而兵糧計口授食刻難緩待先於康熙三十八年借存漕十萬石備放以俟米征還款所以有征南還漕之款也又因各州縣征解不前及對空參追未補不

數支應於雍正二年動借捐監補價銀兩買米六萬石放給是以有征無還項之款也乃各屬仍多惰悮雍正五年特飭清釐並高案內將軍李　題明又借存漕四萬石備放並將南米嚴定变價另為一冊題銷處各縣知徵不致因时情延故令南米未完此漕白耗之例議変奏有金台二府並富陽諸暨瑞安三縣從前解運維艱詳明折徵解司而未定價值採買故州縣有征至一兩八九錢一石者大為民累雍正十三年浙藩張若震此李將軍之請題定每石征民一兩四錢内一錢為解耗之費以一兩三錢解司雖採買年有豐歉不齊而以盈補拙未嘗不數至杭嘉湖三府屬南米項下有失船賠修米石此項隨正加征為船户部船腳之用不在額征之内者也

一省倉画題准銷折耗米三升省倉夫役腳米二升五合各縣

肩馱下河剥船運至大船給米五合稅袋每莫給米六合下
河船給米一升二合肩馱至壩并工河船抵倉給米八合運
米至倉雇人看守料理并解役債房飯食零星給米一升自
糧運省一路復撥拔袋并進倉斛踢給米一升五合共給米一斗一
升一合 此項耗米餘下浦者尚可節省解省倉者每届不敷
一 浙西各縣零星小户屋基坟地五升以下者照時價折收該
柜大重責納隨即買補完解不許赴省署櫃抵交至次年五
月間奏銷後因各届南糧不隨漕米並徵將大户概行折收
且以漕糧之餘米斛作南糧弊端百出近年嚴禁折收但小
户坟糧及桑地棉花地概不產米之處不便偏收亦急自宜
夏二季南糧尚未開徵之米可解每致詳請動款墊解[illegible]正
六年觀風整俗使許 奏請留漕米四萬石派撥杭嘉湖三
南秋米　　　　　　　　　　　　　先

府墊解兵糈于是有征兩還漕之款

一浙省舊有存漕米十萬石以備兵米支用後應移動缺額又以捐監銀六萬兩採買貯備故還漕米一款之外又有還次米一款

一浙東米穀早熟八月間開征故謂之秋米寧紹二府征收本色並給提標兵米金台溫等府折征採買運省每石正耗一兩六錢報部此金台米折也至于溫處黃巖等鎮并各標營兵米各糈仍征本色給惟春季尚未開征兵糈難以候待向借倉穀碾放秋收征還收倉再嚴屬各糈向不征米其後協兵米共三千五百二十五石八斗四升桐廬征解屯糈米一千五百石遂安征解陞科本色米五升七合壽昌征解陞科米四升六合共一千五百石一斗三合按季解府城河下

全同放給不敷米二千二十五石七斗八升七合係山會二
縣解給

一省城自乾隆二十八年裁汰漢軍每年節省米五萬三千一
百石有零將台溫二府及金華府屬之東陽永康武義浦江
湯溪等縣應徵解米一萬八千八百餘石折徵正耗銀解部
毋庸再行買運赴乍浦滿兵糧每年司庫於撥地丁銀派委
屬七縣採買米一萬九千二百石送乍浦存儲交採買又杭
屬之富陽紹屬之諸暨金屬之金華蘭溪義烏等五縣每年
額徵米九千五百六十一石零照舊例徵收折價解部

一浙省閏月兵米照部定每石一兩二錢折中之價屆期酌估
時價具題玉環營係於租穀內支給毋庸折價其餘惟嘉善
太平臨海寧海平陽黃岩象山估價最少仁和等二十七縣

南秋米　　三十

俱在一册以上但不得過一册二本

一遇閏之年無論閏在何季將閏月折色民兩按定於仲冬月支放即以仲冬月應支本色米石隨閏撥抵兵匠月糧仍滿閏大小建曉應支細數核實造報

一江南額征本色米豆於十月開征次年三月全完如有未完再與漕白糧議覆户部議定例以乾隆戊午年為始將杭嘉湖三府應征南米一項同漕米於十月内一併征收分别兑運解給催征各發照扣至次年三月底以六個月計算考成

一各省南秋等米每年額征共作十分核算另為一本題銷初參州縣官欠不及一分者罰俸三個月欠一分以上者罰俸六個月欠二分以上者住俸欠三分以上者降二級欠四分

以上者降三級欠五分六分以上者革職俱留任戴罪催征再限一年征完完日奏請開復其參後違限不完者加倍議處如應罰俸三個月者罰俸六個月應罰俸六個月者住俸應住俸者降二級應降二級者降四級應降三級者革職俱留任戴罪催征完日開復應革職留任戴罪者降二級調用三限不完照二參例再加倍議處署印官照准管官罪兵皮例處分欠一分二分者罰俸三个月欠三分四分者罰俸六个月欠五分六分者罰俸九个月欠七分八分者罰俸一年欠九分十分者降一級調用欠不及一分并署印不及一月者免議督催之巡撫藩司糧道知府等官員欠不及一分者免議欠一分以上者罰俸三个月欠二分以上罰俸六个月欠三分以上者住俸欠四分以上者降二級欠五分以上者降三級欠六分以上者革職俱留任戴罪督催完日開復其參後違限不完者加倍議

南秋米

三十一

處三限不完照二參例再加倍議處查浙省南秋等米處分現俱照湖廣南米之例故抄於後以備參考

一湖廣省應徵南秋等米奏銷時如有未完照地丁分數初參之例題參議處再定限三个月限滿仍有未完亦照地丁分數一年限滿不完之例按其未完分數予以實降離任即欠不及一分者亦照地丁一分之例議處

一凡催徵南秋等米州縣於一千石以上至五千石一年限滿全完者紀錄一次五千石以上至一萬石者紀錄二次一萬石以上紀錄三次督催糧道知府一萬石以下一年限內全完者紀錄一次一萬石以上者紀錄二次二萬石以上者紀錄三次布政司照地丁議敘不及五十萬兩全完者紀錄一次五十萬兩以上全完者紀錄二次一百萬兩以上全完者加一級

户部為遵
旨等事浙江司案呈該臣等會查得浙江巡撫玉　疏稱云云等
因前來查浙江省嘉慶元年分未完缺徵甬米先據該撫將督
催接催經徵接徵各員列揭
題參經户部會同吏部議處嗣因二參三參尚未全完復據該撫
先後題參又經户部會同吏部議處在案今據該撫疏稱據樂
清瑞安二縣續解全完米一千一百三十九石三斗二升四勺
均已照數通完造具清冊並請將原參二參三參督催接催經
徵接徵各員附請開復等語户部查樂清瑞安二縣續解全完
米一千一百三十九石三斗二升四勺核與原題未完數目相
符應令該撫將本色折價各數目在於該年南米奏銷案內分
晰造報查核吏部查定例內稱　奏銷案內未完各官如有參

南秋米

後倭報全完者該替接將該員原參處分之案題請開復等語應將倭報全完之署瑞安縣事試用知縣林鳴岡原參降職一級戴罪征收署樂清縣事金華縣縣丞林元原參降三級調用署溫州府西杭捕同知脩仁原參停其陞轉戴罪督催浙江布政使謝啟昆原參降三級調用奉

旨改爲革職從寬留任之案均照例開復等因嘉慶三年十月十九日奉

旨謝啟昆革職從寬留任之案准其開復餘依議欽此

南秋等米及存漕支解兵匠各款項

一浙省滿漢兵丁織造匠役共歲需米二十九萬有奇務本年額徵南　秋貯等米二十七萬餘石抵給外其不敷之數照折價值每石一兩二錢在地丁內動支

一歲徵南秋等米二十七萬有奇內存各給綠旗兵約一半解省給駐防滿兵搭標杭協兵約一半其寧嚴衢溫處五府之少兵多止供存糧支給杭嘉湖紹金台六府兵少米多除留糧外餘俱解交省倉

一南米每年春徵十之二分夏秋併征例得存糧存漕及雍正二年買米六萬石內借給兵糧俟冬徵補還名曰還漕還項

一各屬南米解交省倉夫頭每名收米三升為進倉之費倉書收米二升為滿營之費又二合為飯食之費共加二升為折

耗之費共七升二合又各屆運至省倉盤剥水脚需費一升
八合通共該九升係按軍米輕核定出示遵照
一綫造匠米例應省倉支放從前因各府之米撥給遲有欠
缺又請改撥解不及時又請借支永倉現米將各縣尾欠追
還抵算至多牽葛
一借動永倉米一石八升七合八撮例還南米一石緣永斛比
南斛每石小一升四合又南米加耗七升二合應再加斛頭
一合八撮照此扣算抵還
一各州縣原存倉米十萬石康熙三十八年仰體
皇仁事案[内]杭嘉湖三府南米夏秋信征將此米借給兵米俟冬
征時補還此還漕之名所由起也還漕一項原應存貯各倉
俟借時提取乃各屆注之處撥補還及至提取則又缺誤是

南秋等米解支各款

以近年俱預先提貯省倉以備來年夏秋借用設填抵補挪
者白融存

一雍正二年因夏秋兵糈缺乏存漕不敷借給於捐監補漕買米案內截出米六萬石留貯省倉爲借給兵糈之用亦係各標營各屬南米内解補還此項米石亦與永濟倉米一樣借出一石八升七合八撮還南米一石但永濟倉原係暫借此項係留常倉借用加米頭即於正數內動缺難令各屬解補原可扣還等隨正隨借此加米頭四千八百餘石給難歸足

一匠糈撥歸錢造自改此例雖難驟改但不准改撥不准借給總俟各屬解送錢造移明收明即於省倉作收作放如有未完奏銷時照例彙入南米未完報參另將省倉現米解給不可代報作完設有虧負對空難以歷落

一撥兵米向於省倉支給自雍正三年改歸各屬墊於留糧兵糧支給卻仍於省倉墊支俟各糧於留支內扣解到省補項又添一宗章程雍正四年以後仍循照改歸糧給或俟扣解到日支給不准預墊於府省司

一浙省兵米供係現征現給如春季需米三萬石各屬解不足數或於永濟倉或就夏季備借米內通融支給四五月間各屬趕解到省必提作春季月日收倉冬征亦然

一浙江省倉兵米有之儲十萬石買米六萬石以備借支直至不足乃至夏秋借給時補還不及六萬之數以至何有不敷且春征不足又須速墊因多掣肘

一金處溫三府并富陽諸暨二縣每年應解省米二萬五千四百七十二石零向係折征各縣買米交倉於雍正五年經李

制軍核定每石折價壹两貳錢外加耗米銀一錢解司委員
買米雍正十三年又經張藩司詳明將米折征正耗銀兩支
用實數另冊題銷在案征南米內將此項米石照數扣存買
倉夫脚米向係每石給二升五合屆時駁運之用亦經張藩司
核定每石扣銀三分四釐八毫零買脚米一項俱給復於乾
隆二年經胡署司詳請每石給脚費銀一分於買米節內動
融支給奉批允准
一永濟倉存貯米石每年有折耗從前俱將此項歸買近年並有
未補耗折米六千六百餘石詳動指監外耗銀兩買米補項
尚未見行

南秋等米解支各款

三十五

河工銀

河工銀歸偏杭加湖三属有漕州縣共只一萬五百餘兩每年州縣赴江南淮安府河庭衙门投收如三百兩以上全完者例得議敘紀録所以各州縣多於二三月起解全完乾隆二年改解河庫道收貯

驛站

置驛所以重皇華而恤使臣也故陸則驢馬水則船隻而夫役之名亦多因其所職曰縴曰水曰兜曰扛抬曰走遞曰小轎其名皆夫者庖廚之役也俱給工食長養以伺應差使又有供給錢糧以備往臨之所需近年率多侵冒以致裁減不一雍正四年祗存額銀六萬六千一百三十一兩零（則例內開額編銀六萬五千六百一十三兩有奇閏月加增銀四千三百四十八兩有奇）雍正六年裁去各驛皷夫並裁上江下河站船三十九隻共減水手工食並修船料銀一千九百八十餘兩實存

縴夫四千三百五十六名役銀三萬一千二百四十三兩零

驛馬七十匹馬夫三十四名共工料銀贰千九十三兩四分

差船銀五百九十九兩零　僱船銀二百兩

驛站　三十七

兜夫弍百六十八名役銀一千八百二十一兩零

驢十頭驢夫十名工料銀壹百七十八兩零

扛抬走遞公文運水等夫弍千一百二十七名役銀一萬五千四百八十

八兩零

小轎夫一百四十名役銀一千八兩

支應銀六千九百九十三兩零

驛馬三十匹馬夫十四名工料銀七百九十九兩弍錢

驛皂三十名役銀壹百七十四兩零

驛船修造銀六百九十三兩

站船水手工食銀一千九百二十七兩零

出江家伙銀五百一十八兩零

雍正六年李文潔置棚廠檣鐵銀一百四十弍兩每年於支應解

剩銀內動支具淅省從前旧設三十六驛後經裁減不一現存者

杭之武林　吳山　淅江　會江　嘉之西水　皂林　寧之四明　紹之蓬萊　西興　東關　姚江　金之双溪　衢之上航　守步　嚴之富春　桐江　處之括蒼

以上十七驛均有額載錢糧

歸併驛者

湖之苕溪歸烏程　紹之曹娥歸上虞　寧之車廐歸慈溪　台之赤城歸臨海　丹崖歸黃岩　白嶠歸寧海　處之丹峯歸青松二邑　金之瀫水歸蘭溪　華溪歸永康　溫之象浦歸永嘉　西皐歸樂清　以上各驛亦有錢糧

無驛糧而空有驛名者

台之來愚　衢之廣濟　溫之寧愚　嶺店　館頭　處之芝田

無驛糧而歸併驛者

寧〻連山歸化寧台〻桑洲

現在浙省各驛

杭州府武林仁和 吳山錢江 浙江城南 會江富陽 嘉興府西水府轄驛丞 有皂林石門 湖州府苕溪烏程 寧波府四明府轄驛丞 有車廐慈溪 連山奉化 紹興府蓬萊山陰 東關會稽 曹娥 西興蕭山驛丞 有姚江餘姚 曹娥上虞 台州府赤城臨海 丹崖黃岩 白嶠寧海 桑洲寧海天台作誤 朱家嶴天台寧海作誤 金華府雙溪金華 穀水蘭溪 華溪永康 衢州府上航西安 亭步龍游附 廣濟江山有驛丞 嚴州府富春建德 桐江桐廬 溫州府永嘉 崖店樂清 窑嶴樂清 西皋樂清 處州府栝蒼慶水 丹峰縉雲 芝田青田 以上共三十五驛內設驛丞四員

一浙省驛站動支經編鄉西支用細數題報兵部核銷 攤扯及支用不敷支司庫撥補解剩扣撥

該本司等會查得現奉
部議驛站事程內開額征驛站較多之州縣應需夫馬工
料徑行扣支餘剩銀兩提歸藩庫撥額征驛站不敷支
放及向無額征驛站之州縣准其在於地丁銀內坐支如
地丁不敷將所征地丁儘數扣支其餘徑赴藩庫請領其
有征無驛之州縣所征銀兩統入地丁儘數提歸藩庫木、
撥毋庸另立驛站名目其有驛無征之縣亦無典吏等
費在於藩庫正項銀內給發題銷等因奉司即核查浙江
有仁和錢塘富陽嘉興秀水石門歸安烏程鄞縣慈溪奉
化山陰會稽肖山餘姚上虞新昌嵊縣臨海寧海天台金
華蘭溪永康西安龍游江山常山建德桐廬樂清瑞安縉
雲等三十三縣皆係有驛之縣其額征驛站銀五萬一千

驛站　三十九

六百九十九兩七分七厘應請全行留辦坐支設有不敷
所經各該辦地丁銀內扣支各辦地丁並年不敷兩庫再
令赴司請領如有餘剩節省銀兩併入地丁解歸藩庫旋
撥海寧等三十州縣皆係看徵年額驛站共額徵驛站銀
一萬三千九百一十四兩四錢九分應請統入地丁提解
藩庫按撥兩屬另立驛站名目查吳山驛係杭州府江漲
務税課大使並管浙江驛係杭州府城南務税課大使並
管武林驛係會城曹娥以檢並管双溪驛係金華府經歷
兼管華陰驛係永康縣典史並管丹峰驛係縉雲縣典史
並管西水西興四明三驛專設驛丞均係有驛年額之員
無應領夫馬支應共銀一萬四千三百貳兩七錢四分四
厘應請在於藩庫正項銀內動支給發以資應用各驛歡

征下兩茶等
恩蠲普免年分無項坐支及水旱偏災應蠲應緩不敷下數
飭令各屬造報臬司核明確實徑赴藩司請領毋庸由臬
司移領給發其便民　船等項工料水手工食添夫以及
額外雇夫口糧州縣經理者除經行扣支外如有不敷
徑赴藩司請領若由臬司經辦者核實確數移咨藩司於
行給發不必由臬司提解抵撥亦毋庸移貯轉給均請以
嘉慶七年為始通飭各州縣驛站一應辦具州縣支領
存剩應扣公建節省細數並照新例於年底由臬司核明
會同藩司造冊核實
題銷再驛站項下尚有節省裁船水手工料等銀向係提存
臬庫抵給各州縣驛馬價棚廠脩造站船及閩浙二省總京
驛站　四十

餉船水脚年〻定数各項〻用今既宣用寔支節省某〻下
業已併入地丁造报臬庫已全項動給所有採買馹匹脩
造歸船棚廠及京餉水脚如有征〻料准其隨时詳明於
地丁正內扣支如〻征了馹於藩庫請於均照彙冊詳銷
具郵遞文报填發勘合採買馹馬脩造歸船仍由臬司隨
时稽察以專責成合將循例查辦緣由造具清冊會議具
詳伏乞察核咨部

一凡馹站馬匹不照額〻補足及不用心喂養以致缺額者將馹
官革職追賠管理馹傳〻按察使道员及該管府州不行查
报降二級調用督撫不行查參罰俸一年如道員府州於每
年查驗申报〻时有捏飾狗隱扶同出结者降三級調用

一馹馬瘦瘦者該督撫查明果係地當孔道山路崎嶇站頭丈

遠差使槃劃者將該驛官題參暫行留任仍以題參之日起
勒限一個月賠補其員缺委員署理限內賠補全完題請准
其復任限內不完即行題參革職究追
一府州縣官如有私令民間喂養驛馬及驛馬不敷派民馬幫
貼或科派分文者貼者降三級調用
一司驛官將奉
旨特差重大事務及要緊軍務該役閉門不容進城或不換驛
馬或毆打差員者俱革職提問不行稽查之同城該管上司
降一級調用差員送
上用物件驛遞應付稽遲者降二級調用失察之同城該管上
司降一級留任或不按驛接替彼此互越或違例多給或將
到驛馬匹充伊驛馬驅使者均降一級調用失察之同城該

驛站　四十一

管工罰俸六个月

一凡扣関公文必須開明日由守関官員即行移知報明該營拴如勒措不行移收及將報遲延該管查即題参將守関官員照遲誤奉章例降一級調用如系故匿遲延逾限三刻以上將驛站官員每降一級調用限行四五六百里者均照此例議處

一鋪兵傳遞緊隹尋常公文若有遲誤該管官每案罰俸一年五案以上降一級留任十案以上降一級調用限日行三百里者均照此例議處

一各省驛站遞送公文令應站發設立印信歸簿上站歸簿用下站官印於每月底彼此移明查考倘有沈匿即行詳報該管上司據實題参其沈匿平常公文者按其角數照馬夫罰

名減二等议處馬夫一角杖六十每一名事干軍情機密文書而沉匿者不拘角数司驲皮估革職如有規避者免從其罪重者論驲馬夫治罪見郵驲遞送公文條

一司驲皮申报应付過馬匹人数遺漏並失报事故例罰俸一年

一馬上飛遞公文如有遺失除將馬夫照例治罪外該地方官

一面詳报該管上司一面徑报原發衙门查核補給

科舉迎宴等銀

歲貢旗匾花紅有府學者有州學者按編在折糧存留項下遇有挨貢給發旗匾之用（此指歲貢而言非拔貢也）科舉迎宴等款係三年一辦充州縣動支地丁具科考考取之一二等生員例有花紅路費其迎宴新舉人花紅旗匾等銀有中式之縣方准動支如本縣無中式舉人則銀即解充餉用（浙省奏銷並不專列此款，于中式則于起運項下動支開銷，無則不必聲明）倘中式一名即動支銀數此中式有三五名者亦照以銀數分給（文武俱准同領）起送會試舉人路費亦照此例此項雖照八年運于州縣衙門給領將往狀送司以免守候至於本府迎宴之款不論本縣有無中式之人按將府款解府撥給同府之文武舉人之款也又新舉人之署花台盞文榜牌坊及修理貢院供應宴集等款統於第三年地丁項下支給隨後彙題銷矣

其謄録書手工食亦於御試之年動解文州縣如有新中武之
武文進士不論多寡亦以額定分給為旂匾之用並則解司充
餉亦照新舉人之式而分解給也会試水手銀兩係司庫請領
新旧皆有卅府縣所款祇給新舉人之款按浙省會試新旧文武舉人在縣有滑額設卷貲路費統領分給者如餘姚縣給會試舉人卷貲路費銀九十二兩之額有每名領給貲卷路費者如寧海之給會試舉人卷貲路費每名銀三兩零之額以上共額良四萬五千一百其水手良每名十兩均赴司請領
餉兩亦將舊案加墊遞年撙減
一科舉迎宴等項三年一次動支地丁科試考取之一二等生
員例有花紅旗費共迎宴新舉人有旂匾等項不論中式多
少概以額定分給如全中式舉人則解司充餉
一府学一年一貢州学三年兩貢縣学二年一貢坊仅定兩概
編州縣存留項下每年生貢給領額編多寡不拘直隸每名

銀四兩六錢五厘浙江每名口六兩三錢二分四厘九毛零皆按數均攤不能各省畫一乾隆十七年浙撫莊　條奏歲貢旗匾銀兩自三十七年至丁酉年彙算六年扣留編銀兩均派每名應給銀六兩三錢六分三厘零在于該年地丁內就近動給其留在坊仪銀兩照數解司充餉仍按年造入地丁冊內報銷其戊戌年以後歲貢名數屆期另派額征銀兩解司共派定留編之數查領存解司

一直省貢生坊仪銀兩河南陝西四川三省並不支給奉天省每名留給銀二十兩直隸山東山西江蘇安徽江西浙江湖北湖南甘肅廣西等省以編征銀兩按生貢名數勻派廣東博羅縣以編征銀兩按生貢名數勻派其餘各州縣不支貴州省天柱開泰二縣以編征銀兩按生貢名數勻給其餘各州縣每年動支地丁銀一百七十

科舉迎宴

四十四

四兩按名旬給

一直省文举人每給旅費銀二十兩於举子填寫親供之後不
拘多寡隨到隨給如有举子雷生偽狀朦混報結者題參議
處

一直省歲征文武举人會試盤費銀兩按年解司至會試之年
令各州縣於庫貯正項內先行支給取具各举人領狀申詳
布政司報部核銷布政司將所解盤費銀兩撥還歸款如举
人既領盤費會試來京者令原領銀各勒限本年追繳其在
中途患病及丁憂事故不能應試者令所在地方官驗明確
實申報督撫彙冊咨送禮兵二部轉咨戶部並本籍督撫至
已經到京有患病丁憂事故不能應試者取具同鄉六品以
上京官印結經報禮兵二部據結咨知照戶部咨本省督撫

科舉迎宴

俱免其追徵

一 直省會試文武舉人盤費以編征本款及起運地丁銀兩給發直隸奉天山東山西河南江蘇安徽福建湖北湖南陝西等省每科按名數分派江西省每名叡給銀一十七兩零浙江省每名叡給銀一兩（此即赴司請領水手銀兩之款近年由縣備文給該舉人自赴司庫請領者居）多甘肅省每名叡給銀五兩五分二分有奇四川省每名照給銀四兩一錢六分有奇廣東省每名照給銀二十兩零七分（瓊州府每名增給銀十兩）廣西省每名照給銀一十二兩七錢八分有奇雲南貴州二省每名照給銀三兩（往返給驛馬一匹不支庫給）

一 恩科會試盤費只給水手銀十兩

一 各省舉人領銀赴京會試如遇中途患病等事改具所在地方官印結咨部知照該本省查覈已經到京有丁憂患病等

四十五

程費馬械

程費係鹽驛道水程之費雍正五年奏明鹽商每年厰輸銀貳萬六千兩以充地方公用鹽道准支移解司庫酌充學院臬司杭巡道養廉并院司道各衙門書役工食看兵賞費及各衙門脩換執事文武作試經費捐助繳員路費賑恤被火災民等項之用州縣脩造監獄亦在内動支此款銀兩每年支用約貳萬兩從前不報部自乾隆七年咨部報銷支款漸少近年約需貳萬兩之數遞年造銷

馬械係府州馬快置械之款額銀七千貳百餘兩遇閏加銀六百三十八兩有奇又解戶部等項銀貳千餘兩經前撫李奏明那給各衙門書役鹽菜之需

程費馬械　四十七

鄉飲

順天府及直省府州縣每歲正月之望十月之朔舉行鄉飲地方官遍訪紳士之年高德劭者敦請一人為大賓士人中舉一人為介賓者庠中舉數人為眾賓務須訪察得實允協鄉評之人詳报督撫核實舉行仍將賓介造具姓名籍貫清冊送部存案所舉鄉飲之人通省彙冊报部本地有仕宦顯官偶居鄉里欲來觀禮者依古禮坐於東北順天府及直省會試一品席南嚮二三品西嚮之則鄉飲不在一僎二僎三僎之名不入舉報之內

鄉飲圖有大賓介賓一賓二賓三賓眾賓與大僎一僎二僎三僎卑僎之名儀禮曰遵者文遵為僎此鄉大夫來助主人樂賓主人所榮而尊居也儀禮註稱或有或無或來或不來是僎本之常設有則備無則缺可也

一鄉飲設有過犯按所犯輕重詳報仍革除卻除名地方官不舉
冒濫題參議處如所舉得人而不法之徒藉端需索嚴行究
治所開筵宴開銷地丁銀十五兩春冬每次動支銀七兩五錢
一鄉飲賓內貢監已經考職候選者准其照應選之職銜用頂
帶補服其餘監生用金雀頂青袍藍邊生員用銀頂藍袍青
邊至於耆民本無品級穿用鮮明常服不得濫用金頂補服
一直省舉行鄉飲酒禮動支額編銀兩如支用有餘及因是年飲賓
不得其人停止舉行者其銀報撥充餉 浙江省額征銀五百七十六兩有奇

牙税

牙税出之牙户，司須印帖，令州縣大約止須給縣帖，多列上中下輸納，各殊不同。自四年以至八年，不出通省約銀三千六百餘兩。雍正四年奉文俱令藩司給帖，倘州縣私行濫給者議處。

一　浙省額設牙帖八千九百六十二張，分别三則：上則每張征銀八分，惟分水縣三錢，泰順縣一錢七分，龍泉縣一錢貳分，景寧縣八分五釐至八分，烏程縣五分三釐；中則每張征銀六分，惟泰順縣一錢二分，龍泉縣九分，分水縣八分，雲和縣七分至六分，餘姚縣六分至四分四釐八毫，樂清縣六分至四分，烏程縣四分；下則每張征銀四分，惟泰順縣八分，龍泉縣六分六釐至六分五釐，縉雲縣六分，分水縣五分至四分，安吉縣四分至三分四釐，歸安縣四分至三分二釐，餘姚縣四分至一分四釐，烏程縣三分，樂清縣二分。

共征銀四千五百一十七兩九分。

一　直省牙帖著有定額，由布政司鈐印須發。廣東、廣西二省向無額設牙税。奉天省牙税由旗員征收，著盛京户部須發；由民員征收者，奉天府尹須發。地方官查係殷實良民

牙税　四十九

本身並非生監者取具鄰佑及同行互保各結准其充補倘
有頂替朋充霸開從行恃強倚勢巧立梟主包頭攬頭等項
名色勾結盤踞及各衙門吏胥更名捏姓並充牙行甚至誆
騙客貨者分別治罪地方官失察狥縱均分別議處凡本行
有把持爭奪抵累商民私立行規高抬時價等弊並追帖治
罪牙户鋪户拖欠客本分别勒限比追如係牙行罪商追繳牙帖限三个月請還
仍給還原帖如限內不完即行更換倘牙行誆騙商人者本牙並互保牙帖一同追繳勒限請還本牙更換互保行帖仍行給還逾限不完將迺保之人一併更換如係鋪户誆騙客商者將鋪户勒限比追不足數令牙行賠補其牙行侵吞客賬者將本牙勒限比追變產抵還不足之項令互保比攤賠凡欵內各牙有事故歇業及
消乏無力承充者官令追帖隨時另募頂補換給新帖京師牙行
五年編審一次通融抵補給帖輸稅挽不同於額外增添其有新開集場必行
設立牙行者確查情報轉詳核給地方官朦混請增及徑行

濫設并侵蝕税良等弊分别叅處

一各省牙帖悉由布政使鈐蓋印信頒發地方官務將爲人誠實穷有産業者取具保隣甘結方准給帖承充其素行無頼毫無産業者不許濫給仍將承充牙行經紀姓名按季造册申送布政使存案地方官如查察不実濫給牙帖以致吞騙者降一級調用如不用布政司頒發牙帖自己用印私給者亦降一級調用該上司不將所屬私給牙帖查參者知府罰俸一年布政使道府罰俸六个月

一凡各處牙行領帖開張照五年編審例清查换照若有光棍頂冒朋充巧立名色霸開總行逼勒商人不許别投拖欠客本久佔累商者該地方官嚴行查拏照律治罪失於查察者罰俸一年有意狗縱者降二級調用受賄故縱者計赃以枉

牙税

法論

一牙行經紀除税課定例應立牙行者照舊設立外其奸宄之輩捏稱牙行混行拿詐者責令該地方官嚴行查拿（在外責成州縣官在京責成順天府府尹通判大宛二縣五城兵馬司）照例治罪如該地方官不行嚴拿分別失察狥縱受賄故縱者照前例議處

一凡衿監書役更名捏姓混充牙行該地方官查實即行追贓勒令歇業如該地方官不行追贓分別失察狥縱受財故縱者照前例議處

一各省地方遇有蠹棍侵欠之案令經理之員按月開報道員稽查逾限不結者聽道員據開提比將經理之員照事件遲延例議處有意狥縱者降二級調用受財故縱者計贓以枉法論

一直隸省各牙經紀除病故照舊募補外其緣事退帖者須查明實係年老有疾及緣事不安分之人方准革退另募不得任其去留盈廢帖通融改補止許該局原有此等牙行名目准其易場易行改補其該局本無此等牙行名目者不准改補增添

牙稅

五十一

季鈔

按季鈔亦係牙人生雜征之州縣解之北關從前原係北關給票自催但以季之內有認全年者有認三季二季一季者出差必有一时故認亦必按季名曰季鈔停業則撤票另納洎同差權是以歸於縣征縣解此項与牙稅係兩項不同

北關志載明宏正以前未有牙行後於嘉靖初年迄五君廷幹脩志詳列鈔数為行五十旧志內載為行五十絲行綿行蚕行繭行綿布行棉花行苧麻行米行麦行豆行鴨蛋行菜豆餅行油行魚行鯗行魚鱥行魚花行黄魚行蟹魚行蝦魚行猪行乳猪行羊行肉行鷄鵝行黄鳥行苗鳥行菱米行青紅菱行烏菱行藕蔗行甘蔗行楊梅行白菜栗子山梨果行李子行笋行薑芋行薑種行薑行各色菜行青葉行靛青行綠子行紙行草帘行土硃行土硝行礶行襍貨行蔥貨行生漆行騣帽行鉄鍋行赴閩告帖首禁私充四季雜祠旧志開載行帖戶部為急缺錢鈔等事擾某縣某人告認四季或某季某季行錢鈔到閱查得各行認納鈔貫按季併入船料良兩內傾解令檽前情擬合給票着令收執生理鈔良務令按季貲赴上納不許過限不完及將

季鈔

五十二

票借人影射違者治罪計開該鈔若干如認四季者年終繳銷認一季者季終繳銷

本朝仍照之舊告認給帖追後貨物日壅貿易日東牙儈漁利影冒朋比紛紜為弊前榷使馬君如龍按冊清查行分四季鈔定二十八紐業分三百有奇額定三千五百五十三兩零馬志開載

查各府縣牙行例由本關認納鈔銀明季歲無定額而司榷間有豁免如溫處等遠府盡行開除而杭嘉湖金衢等府局皆北關領帖充行或內有一縣全無牙行者即有牙行而或納一季二季之鈔者或納三季四季之鈔者納四季之鈔自當令其年終應行若止納一季二季豈可任其年終應行甚有各州縣全不納鈔而胥充者或一人納鈔而數人朋充者假稱奉部而實壟斷滋弊凡此皆由本關与州縣相隔甚遠彼此無從稽查以致衙役光棍從中行奸也今本關查清某縣行無所有某人納鈔一季二季其人納鈔三季四季通行各府州縣以備稽察使不納之地方不得藉端累民即納之地方不得朋充影射也經前院王　行飭藩司覆稱各縣季鈔歷年　奏銷數目俱照定額歲輸八有定例可循自非令日科派等因詳覆奉前院王批如詳行照收仍移關嚴禁各役毋許滋累商民繳

扣實十二个月為一年遇閏加增共征收之例向係北關給票認納後因關役催征未便于康熙二

十九年間分縣經收牙帖税例入奏報定爲章程

今將各縣季鈔行數開後

春季例

春笋行　魚鰍行　尋秧行　蓑草行　猪毛行　鴨毛行

芥菜行　芋豆行　蟛蜞行　螺螄行　吐蚨行　韭菜行

河藤行　黄蜆行　殘蚀行　泥人行　春菜行　種蔗行

寸頭魚行　泥藕秤行

夏季例

茶行　蚕行　蘆行　蒲行　蘆行　綿行

綑行　蒜行　蝦行　鰻行　苗行　扇行

青葉行　絲秤行　麦草行　綠秤行　炭屑行　蜜蜂行

菜蒴行　種薑行　蚕豆行　霉豆行　青笋行　霉魚行

季鈔　五十三

笋干行　楊梅行　桃子行　李子行　櫻桃行　花紅行
藕秤行　枇杷行　烏梅行　西瓜行　冬瓜行　糸瓜行
菜瓜行　黄瓜行　葫芦行　茄子行　菜子行　海蛳行
菜餅行　糸油行　火麵行　小粉行　黄鱼行　海鱼行
白鱼行　鲥鱼行　鳗鱼行　菱白行　蝦皮行　水蚕行
水柴行　水鷄行　鱼花行　糸椿行　田崖行　苗油行
紬核手　紗核手　边笋行　夏布行　石榴行　老薑行
蓑衣行　葛布行　凉鞋行　過茶行　箬帽行　苗肥行
帽胎行　蝦鮝行　白菓行　火腿行　甲鱼行　鲒鱼行
苗柚行　醃蛋行　火麦行　花箬行　放米行　紅笋行
梅子行　蘆箬行　水门冬行　玫瑰花行　色茶帘行　色茶箬行
犁頭鉄行　黄草布行　水海蛰行　做絲業行　蚕生紙行　楊梅乾行

由丝秤行　蚕炭行　三楞草行　羊毛石花行

秋季例

菱白行　菱草行　蔑行　栗子行　梨行　南枣行

蟹行　青蔓行　芋艿行　橙子行　香橼行　百合行

柿子行　菊花行　烘豆行　青豆行　茱萸行　肥皂行

田螺行　黄麻行　螺草行　麦芋行　柳条行　薄秧行

树皮行　萌便行　菱缸行　蕨粉行　佛手行　橄榄行

冬季例

虾米行　桔叶行　羊毛行　水纱布行　攀帚行　皮屑行

烂盏行　桃核油行　冬笋行　樹根行　冬帽行　碎鱼秤行

糖行　榧子行　糖行　汤猪秤行　朴草行　甘蔗行

橘子行　車心木行　泥蟶行　冬笋行　米芋行　萝蔔菜行

季钞

五十四

瓜子行　風菱行　白果行　折花秤行　穀草行　新米行

煙草行　綿棉秤行　毡帽行　萝蔔行　穀　行　棉紗秤行

柚子行　柿餅行　蒲鞋行　柚子車行

春秋二季例

酒药行　剡嵩行　典衣行

夏秋二季例

丝　行　耕牛行　時果行　哺房行

秋冬二季例

鄉米行　土靛行　雄鱼行　湯猪行　絲麻行　帽皮行

棉花秤手　荚鸭行　瓦坛行　鸝鵝行　瓤坛行　乱髮行

宗子行　硝皮行　醃鱼行　醃猪行　麻布行　藕　行

煙葉秤手　腐乳行　麻草行　枣　行　土墙秤手　旧料行

桜桃行　弟子行　苗鵝行　柏油秤手　花餅行　土紬行

小猪秤手　紙行　皂柴行　蒲包行　石灰秤手　桒皮行

御布行　土药行

春秋冬三季例

小猪行　小菜行　烏菱行　茅柴行　鷄行　羊行

蛋鱼行　花树行

四季例

米行　柴行　油行　盖行　鱼行　糖行

鵝行　猪行　蛋行　竹行　瓦行　甎行

布行　皮行　砚行　缸行　漆行　炭行

棕行　席行　牛行　烟行　帋行　釘行

锅行　煤行　扇行　藤行　鴿行　铁行

季鈔　五十五

菜笋行　米葦行　水錫行　錫箔行　豆墳行　菱夫行
船埠　代買　僱辭　准寄　紫炭行　藥材行
頭髮行　豆餅行　海蜇行　白布行　竹帚行　阡陌行
色頭行　木炭行　紅花行　肩貨行　斛脚行　米料行
苧麻行　白土行　土肥行　干面行　銅錫行　石炭行
土鉢行　靛青行　筆管行　椿水行　氈貨行　鴨担
羊腸行　消蓮子行　火腿行　白蠟行　絨纓行　皮縧帶行
柏油行　扇骨行　鉛粉行　梳木極行　日　船　鱔魚行
芝麻行　廠木柩行　桐油行　筏簟行　灯籠行　牙刷柩行
石灰行　切帘行　好酒行　五連帘行　棉花行　松茗行
令增各行季鈔叙数開後
仁和一千十五兩七分　錢塘六百十七兩四分　餘杭二

百五十九两四钱　海寧三百六两贰钱四分　新城十五
两贰钱　富陽六十两　於潛二十八两八钱四分　臨安
八十两　昌化十四两七钱贰分　山陰七十两贰钱四分
会稽五十五两八钱四分　蕭山八十六两七钱二分
諸暨九十两二钱　建德十四两四钱　桐廬十七两六钱
分水十二两八钱　蘭溪二十九两八钱　嘉興一百十四
两　秀水八十三两八钱四分　加善五十四两六钱　平湖三十八两
一百九两六钱八分　海鹽三十八两八分　石门
八分　桐鄉一百十三两四钱四分　德清九十两六钱　武
康七十两六钱　歸安五十一两六钱八分　烏程八十五两
三钱六分
撫宣李公　備　飭司查议李钞　牌為飭行查议事照得倉扇李钞
李钞　五十八

一項向由北関給票課鈔後催征未便于康熙二十九
年歸縣征收自當照歎按季征解既不許侵隱誤課亦難空寄
常病牙豈期日久病[弊]生近來訪問各縣所發於此項多不留心
稽察一任奴書朦朧作弊或三四季應行而只納一二季之鈔
或全不納鈔而句通經胥老入橐或一人納鈔而數人朋充
以致歷年拖欠甚多更有本該只納一二季行鈔之牙户而欺
具懦弱无知反勒取三四季之鈔種種弊害不可枚舉而其中
仁和二縣更屬尤甚應仍歸北関經收又恐差役繁多更滋弊
端本部院斟酌立法欲令北関刊定一二三四季之票每年按
照各屬定額蓋印頒發凡牙户輸納某行之税填給某季之票
或牙行輸税者多剩票不敷即備文申請續發票內所需之税
即作盈餘报解仍令牙户各照應行季候將票繳縣彙送北関

查核另頒新票填給如無呈印票及將回票抗不繳銷仍行影
射者事發俱照私牙漏稅律治罪再令各縣將原開充丞各縣
數確查所以並現在縣外承認者亦查明姓氏備造清冊送閱
存案嗣後有情願認牙輸納之人陸續具報添入冊內其實在
並無故以及不能充認既經影業者亦即詳明開除并于每
年冬底各府查明能充者認開除現在各項姓名另造清冊申
閱備查但是否可行有無稗益及此外或另有良法可以杜弊
之處合飭查議行司轉飭各該府發吏查照來文票式分理各
持所見悉心斟酌其應否量定些須票本文數以爲收書紙筆
飯食之資及縣外需索作何查究治罪之法一并妥議詳覆以
憑核定咨會度閱俟造府查照牽行等因計發式單十張該本
司就印抄式轉行各府查議去後今據杭嘉湖紹金嚴六府詳

季鈔

五十七

處前未備查憲檄所議各条實爲杜弊祛謀良法詳考先進即
行據各府屬亦應稱別立置議應請詳行但北関季鈔額征收
杭屬之仁和海寧餘臨新於昌嘉屬之秀嘉海善平石桐湖屬
之程安武德屬之山会蕭諸金屬之蘭溪嚴屬之建桐分等
共二十八縣内額數大者惟仁和二邑今將加與金華嚴州三
府未有敷除應奉憲飭詳行毋庸置議外惟杭州府詳称每季
鈔下原止一千六分解関每兩庫平庫足之外又有加平四分
貼解四分核查每季共輸庫平庫足一千七分九厘二毛有零
照仁和二邑新議每季定以市平一千九分五厘四毛完納簡
請查催征季鈔各縣自應照徵照地丁之例一體加耗收解未使
稍吏以催收未多征累民之弊再仁和二縣季鈔應請分定各縣
委令各税務大使征收歸縣折解實爲有益伏乞憲裁再湖府

詳稱程安二邑季鈔各耗在于牙稅項下統征分解仍請照舊征解如臨武二邑向係分款征收應照飭歸造冊送閱請票征收苛於查了稅內統征分解仍有胥役從中舞弊之虞應請飭一例遵照憲飭華行並諭與府所稱應否照首邑所請用聯三印票之處應請憲裁鑒核示遵今因通飭各縣先將每年原冊定應額數及額外示諭者確查的名備造清冊分送院閱司府備案一面申閱請票開征如有事故影業並新增諭季稅之人務應陸續通報收除庶稅無遺征亦無漏匿是否允協伏候憲裁再此項鈔良應令縣設櫃征收每票給予三文庶足資紙書紙筆飯食之費倘有額外需索許牙戶即時赴縣控訴嚴加究革若有狥私可發計贓論罪即查以失察揭報緣奉飭查理合詳覆奉　撫憲批照議飭遵

乾隆三十九年議歸布政司催征解藩司轉解　五十八

季鈔

附長單

按税則年鈔既分其有土產零星牙貨出入各口繞以長單周
知日後戢土人以雜物直山林川澤月令有征漢與市籍各以
物自占此長單之所由昉也。並権長單始於故明萬曆之庚戌
年向至今猶仍其舊

蔣村諸墅　舊例各給腰牌對照輸認船戶年貌籍貫照驗
放行一船一牌毋許影射借照。心准出板橋、歡音二關運入
上河分賣，如經由影口式法下路等處俱照則征輸税科
山邀糧麵　旧例止准入大關進城分賣毋許出城下壩
臨平土烟　碑摹刊載凡運往蘇松下路者照其征輸税科
家經由關務并出江口等處俱本家自行報税碑記豎臨平地方
六埠鮮魚　旧例只祗長單不輸税科

四鄉鮮果　舊例只徵長單不摘稅料如外來西瓜風菱泥藕及青皮甘蔗時果等項仍照徵收稅料又泥菱入關只徵船料不摘稅

鮮笋　每逢春季差役徵摘北下三關者不徵笋稅仍摘船料

西興扇骨　係屬紹興土產俱西興飯歇認摘只許進望江清泰二門入城其餘概行禁止

乳腐食醬　凡認摘乳腐食醬長單者給與本店花押刊入本鋪發票內徑由關口照驗放行如無花押仍照例摘稅

餘杭香椿　係餘杭縣土產每年春季認摘北下三關仍摘船料

季鈔

五九

青薑　四鄉青薑只征吾單

寸頭魚　春季征収

蒲包　係草橋門外仮影認輸

閔前鴨蛋　只許入城發賣

烘豆　只許入城發賣如出閔運往下路蕪松等處仍照例

輸税科

牛稅

牛稅向無定額，每價銀壹兩納稅三分，通省約銀五百餘兩

據仁和、錢牛稅係會同肖山縣于蕭邑西關外設局公收

分解

牛稅

六十

當稅

當稅一項從前軍興之際每典有加至二十五兩者知之典厚取于民今之典每年捐稅五兩計浙省典鋪不至五百七十餘名計稅二千八百餘兩（行簡録載每年共征稅銀四千九百八十五兩藩司完納）

一各省民間開設典當呈明地方官轉詳布政司請帖按年納稅於本鋪時彙冊報部只有在力信上者繳帖免稅直隸江蘇安徽江西浙江福建湖北湖南山東山西陝西河南甘肅四川廣東廣西等省每年每座稅銀五兩雲南省每年每座稅銀四兩貴州省每年每座稅銀三兩奉天省每年每座稅銀貳兩五錢

按浙省有典鋪有大當書押之別其書押即曰小當須倍滲式分別取利及滿歸年限

當稅

附榜式

一衣飾當本在一兩以上合米一千以外者並照定例許以
二分起息三年為滿
一當本自數十文至數百文者准其三分起息週年為滿
一書押已改換大當招牌不許張當雜穢雨具零星襍貨等
物
一全書押榜式即係大當若取息仍敢三分期滿仍敢週年
許赴原人等呈控地方官究治
一遇提贓物只許取本毋得索利
一新開書押務查原定規則取結聲明書押二字呈請地方
官轉詳給領司帖榜式如遇歇業同帖並繳 以上係刊板
一該典湯吉祥號于加慶三年六月內請帖開張今于加慶

十二年九月初九日補請標式給發遵守 此條係添註

一凡典商收當貨物自行失火燒燬者以值十當五照原典價值十等分為準數隣火延燒者酌減十分之二按月扣除利息照數賠償其米麥豆石棉花等粗重之物典當一年為滿者統以貫之計算照原典價值給還十分之三隣火延燒者減去原典價值二分以減剩八分之數給還十分之三均不扣除利息倘將商店夥人等於失火時搶當不及五成重罷物貪利隱匿及乘機盜賣情弊照所隱之物按所值實數計贜准竊盜論治罪追出原物給主其未被焚燒及搬出之物仍聽當主照號取贖

當稅

六十二

學租

學田租銀從前有在府收者在縣收者在學收者俱解學政爲
接修文廟卯貢祭祀及賑給貧生之需而學政養廉亦藉于此
乃各屬積各學罰之款催征不前雍正四年學政王公咨請代
題歸解藩司匯地丁年報例一並催征完解并入考成歸案章
免征外實解司銀三千五十兩零移解學政轉發給貧生餘
剩銀一千餘兩另存司庫撥費項下支給養廉一千五百兩爲
學政養廉

學租

六十二

契稅

契稅銀亦以每正價一兩納稅三分原係每年之款從前雖有司報解而多要之蓋州縣每年所收銀兩報解不過十之二三雍正五年為請杜胥吏等事條奏務用部頒契尾一款奉

旨交河東田撫督查議凡民間典買田地俱用司頒契尾發給州縣轉發鋪戶民間售受成交印買其契填寫一月之內照例上稅從此銀粮較前增數十倍每年約有五六萬兩乾隆元年停用官契二年復設契尾

一凡州縣發征收田房稅契照征收銀糧例別設一櫃令業戶親自賫契投稅該州縣即粘司印契尾給發收執若業戶混交匪人代投致被假印誆騙者照不應重律杖八十責令換契重稅倘州縣不粘司印契尾侵稅入己照例參追該管

主道府直隸州知州分别失察將隱匿例議處

一凡民間活契典當田房一槩免其納稅其一切賣契無論是否杜絶俱令納契其有先典後賣者典契既不納稅按照賣契只丹實數納稅如有隱漏者照律治罪見田宅門典賣田宅條

一州縣給發契尾如田房契價在一千兩以下者由府申送道府查驗其契價在千兩以上者令知該州縣將所填契尾粘連業户原契按月申送知府直隸州查驗直隸州申送該管道員查驗相府印將契尾截裁兩半仍定限十日發還州縣

一給業户收執一存候彙送藩司稽核如州縣不按月申送查驗及道府直隸州不行給還逾限至十日以上者罰俸六个月二十日以上者罰俸一年一月以上者降一級留任或道府直隸州已按期給發該州縣不即給發業户收執亦照此

例議處仍令道府直隸州及該州縣於契尾上註明呈驗并承給發月日以備查核

一州縣有侵收契稅者革職治罪將該管知府直隸州一併查參係直隸州侵收者將該管道員一併查參如係有心徇隱降三級調用止於失察者降一級留任

一民間置買產業不得苛索擾累多收稅羨如有前項情弊該管及革職治罪該上司不題參者並不揭報者照例分別議處

一民間買賣田產將糧銀裁入印契即令買主賣主親身赴縣對冊推收隨時過割該州縣實力稽查倘有誑騙書吏私行下鄉違例滋擾等弊該管及上司即行揭報該督撫嚴參治罪

一民間田宅乾隆十八年定例以後係立典今於契內註明年限回贖字

契稅

六十五

樣係出賣令於契內註明絕賣永不回贖字樣賣而仍行找贖者承典契內載明依以典契論凡契載絕賣永不找贖之產不許妄復告找告贖其例前置買契載不明之產在三十年以內契內未註絕賣或載明聽贖字樣者聽其找贖若遠在三十年以外契內雖無杜絕等項字樣但未註明回贖者即以絕產論概不許找贖混行告爭者嚴加治罪例載均照不應重例治罪

一凡出典年滿及出賣仍以典契論之田宅原主取贖無力者許憑中公估令現業主找貼原主一次便可將典契換立賣契原係所贖之賣契換立絕契如典契而原主不願找賣賣契而現業主不願找貼均聽原主別售歸還典價至典契並原賣所贖之產現業主果有急需原主不能回贖而所

現業主轉典僞有冒稱原主之原主隔手告找告贖或原主於轉典未滿年限以前強行告贖及限滿而現業主勒贖者均治其罪至民人典房屋附契載物件至回贖時或有倒塌損壞照原價酌減凡民人典當田房契載年分統以三五年至十年爲率限滿聽贖如原主力不能贖聽典主投稅或行轉典悉從民便倘於典契内多載年分一經發覺追繳稅銀照例治罪

一已典賣與人田房重復典賣者照本律治罪以所得重典賣之價錢計贓准竊盜論免刺追價還後典買之主田宅從原典買主爲業其重複典買之人及牙保知情者與犯人同罪追價入官不知情者不坐

一凡盜賣官田及他人田宅依本律治罪律載田一畝屋一間以下笞五十每田五畝屋三間加一等罪止杖八十徒二年係官田宅者各加二等如軍民人等將爭競不明或已賣及民間開墾已經起科田地或僧道等寺觀之田地及

契說

六十八

子孫將公共祖墳山地朦混投獻王府及豪勢要之家私捏文契典賣者，分別參究治罪律載與者受者各杖一百徒三年。盜賣與投獻等項田產及盜賣過田價并歷年所得花利，各別還官給主。

一凡盜賣祖遺祀產義田宗祠等項，將盜賣與知情謀買者分別治罪例抄于後。房產收回給族長收管，賣價入官。

一凡子孫盜賣祖遺祀產至五十畝者，照投獻捏賣祖墳山地例發邊遠充軍前註杖一百徒三年是律其加重例未抄。不及前數及盜賣義田，應照盜賣官田律治罪前註見。其盜賣歷久宗祠，一間以下杖七十，每三間加一等，罪止杖一百徒三年。以上知情謀買之人各與犯人同罪，房產收回給族長收管，賣價入官。不知者不坐。其祀產義田，令勒石報官，或族房自立議單公據，方准按例治罪。如無公私確據，藉端生事者，照誣告律治罪。

一凡民人告爭坟山近年者以印契為憑如係遠年之業須將山地字號畝數及庫貯鱗冊並完粮印串逐一丈勘查对果相符合行斷令管業若查勘不符又無完糧印串只所執遠年旧契及碑譜等項均不得執為憑據即將濫控侵佔之人按例治罪

一凡祖屋失火例不賠償凡典產延燒其年限未滿者業主典主各出一半合起房屋加典三年年限滿足業主仍照原價取贖如年限未滿業主無力合起者典主自為起造加典三年年限滿足業主照依原價加四取贖如年限未滿而典主無力合起者業主照依原價減四取贖如年限已滿並無業主照依原價減半取贖如年限已滿而業主不能取贖典主自為起造加典三年年限滿足業主仍依原價加四取贖活契説

六十七

賣房屋与典產原屬兩別如遇火燬一例辦理其或被火延
燒原業兩主均无力起造所有地基價照同售價原主將地價
償還業主三股之一起造典屋其高寬丈尺工料裝修俱照
原屋以免爭執至租屋出有頂首銀兩如火係租户自起則
既累業主起造其頂首銀亦不應給還如延燒者業主起造
後或另租他人所有頂首銀母量償三股之一乾隆十二年例
嘉慶十年五月十五日奉
上諭據裘行簡奏審訊清豐縣已革武生于龍峰呈控回贖地
畝一案請將于龍峰祖遺地畝准令減價回贖等語此案于
龍峰因祖遺地畝安年賤價售賣与郝姓迭次呈控輒行回
贖該府佳體公以限滿三十年例不准贖詳斷惟因于龍峰
越控輒行斥革杖責辦理未免過當且買主轉賣田畝本許

契稅

處主照現價買回此項地畝郡姓原買之時價只值止一兩
內外追徑于姓找買遂增價至四兩八錢頗有故意指勒高
抬價直將來用限滿不准贖回適以啟富家乘災圖利之
漸所有于縣峪祖遺地二頃八畝零著准其令該家屬按照
每畝四兩八錢之數減半向郡姓贖回其餘折米價即令郡
姓照數償還以昭平允所有原審之知府性戳出并合同
審訊並不當堂公斷私向原告開導之知府不無照著照所
請照部分別議處于魏峪外生著照所請開復該部知道欽
此

雜稅

浙東有確稅分上中下戶上戶納銀二錢五分中戶納銀一錢五分下戶納銀一錢長興杭有煤稅開〻煤〻寧〻公落地稅惟天台縣報出歸解其餘如溫處二府向為道府公用今雖報出不入雜稅款內計同契牙牛稅造報前每年仍五百餘兩行簡録云溫處二府并設之照每年約征落地商稅銀一千七百餘兩

一浙江省溫州府屬每年額征落地稅銀二百七十六兩一錢七分四厘有奇盈餘仍征仍解溫州郡城關廂征收青靛紅塩酒醬米蔴紅花柏油釘鐵烟葉綢緞花布板木稅銀仍收仍解處州府屬額征落地稅銀一百一十二兩五錢七分有奇盈餘仍收仍解龍泉縣下河口額征銀四百兩滿格額征銀二百三十兩盈餘仍收仍解

一浙江省雲和松陽遂昌青田泰順永嘉平陽等縣鉄坑坑課

上則每戶歲征課銀一兩六錢中則一兩二錢下則八錢每戶另征濟河銀四錢爐餉上則征銀六錢下則三錢又每歲百觔另征公費銀一釐

一浙省鄞港定石台寧二府商民販買海運回籍福建商船購運回閩賣令鄞縣照定數填給司頒印票赴浙海關納稅

一浙省鄞港定石台溫二府商民海運回籍福建購買回閩鄞縣填給司頒印票並於船照內照裝定數目運回以憑貿易字樣按月造冊關會浙省經賣之縣并閩省進口處所稽查如有遲久不到及到口查驗並無定石者嚴行究追

一浙省台溫二府商民販買鄞港定石海運回籍責令鄞縣取具行牙互保甘結填給印票每票以一百石為率註明運回以憑貿易字樣守口員弁查驗蓋戳放行按永嘉遇外處客民在溫購運釘鐵

亦同此例辦理其由海口運往者並報明本道惟數目不拘月

一客商漏税照律治罪（見課程門）貨物一半入官其所漏之税為數
無多分別議罰免其究治此新例凡餉民報單零星應税
貨物税銀不足數分及一分有餘者令其補納照税或罰
一二倍閩海関照所漏之税以數分至一兩者倍罰其税
一兩以上至三兩者三倍其税三兩至五兩者五倍其税五
兩以上者照律辦理

一商貨須逕赴関口按例輸税陸路不許遠避别口水路不得
私走支河崇看船戶腳夫包送希圖漏税告弊均将奸商船戶
等分别究治地方官並行議處

一設爐開採鉄觔處所一切採砂鍾鍊人夫責令山主僱覓土
著良民協同保鄰戶首眼同填明實在人數并姓名年貌籍

襍税　　七十一

責任管轄各出具並無隱匿奸商匪類甘結報明地方官詳
責令各本業不許招集外來人民致生事端倘廠內人夫更
換增減亦如前查填報明仍飭令該管文武官弁巡捕各官
勤加查察如巡查員弁兵役人等有狗縱情弊該管文武官
弁盤查不實降二級調用兵役人等按律例治罪
一本省洋民商販並無產鐵處所收買轉運者俱令該商於收
買時將鐵斤包捆數目販賣地方逐一呈明該地方官查驗
相符詳明給予印照仍移明發賣地方官令該商到彼將
原給印照就近呈繳本地方官驗明鐵照相符移知給照地
方官銷繳至沿途經過關津隘口照例抽收驗照點鐵鈐記
放行如有照外夾帶私鐵盤出將沿途失察文武官弁降二
級調用狗私故縱者革職至稽查官弁如有勒措留難降二

級調用係胥役蒙混勒索將該管文武各官分別知情失察

查參照衙役犯贓例分別議處（例載吏分則書役門）

一沿海地方并沿江沿河等處如有匪運鐵斤交賣商漁船隻

及查失察賣放之文武官員俱照廣鐵出境例分別失察賣

放議處（例載吏分則海防門）

樵說

七十二

祭祀米

祭米額編止有五十六石零每歳俱于南米項下動支雍正四年奉文添給厲壇每年三祭二石此有祭米之縣而額不敷者於解司内動支每石一兩如原無米者統於地丁内動支

軍孫吹手米

軍孫米四十六石八斗吹手等米三百六十石錢塘仁和二縣

漕糧之內內本府應給操練軍孫等米共一百六十石四斗

囚粮米

囚犯者支給重囚之口粮也征米之縣止有杭之仁和富陽諸新於七邑紹之蕭諸新嵊四邑其臬司杭府二獄并偏仁和二縣以上共征米八百七十二石零內錢塘額征本縣獄囚米一百五十石臬司囚粮米五十石府司獄囚粮米九十石此外各縣俱編銀兩餘剩銀米即以撥補不敷之縣如無撥補社充餉用旧例每日每名給米一升或銀一分重囚之外其無家属人犯亦同一例支給嗣改爲每日每名給米八合三勺鹽菜錢五文通省一律矣

一直省司府州縣監犯按名計日給與口粮鹽菜錢文還同此支內浙江省每名日給口粮米八合三勺鹽菜錢五文省犯禁卒灯油自行捐給各省所需銀米或動鹽征獄田租息銀米或動存倉米穀及地丁存留款銀兩按照散給按年分

囚粮米

七年五

款造冊題銷註云浙江動支獄田租米租銀抵用外不敷米石均于常平倉穀動支錢文在耗羨存公銀內動支

一杭加湖寧紹五府每米一石定價一兩二錢五分金衢嚴三府每米一石定價一兩二錢溫台處三府每米一石定價一兩一錢五分錢每千文一兩平合算其囚糧冊結定于二月內造送用循例具題註語

一報銷囚糧並取所獄官印信囚糧用清冊囚糧各註語遲犯口糧用發除覆見各造報

一浙江省監犯冬月各給棉衣褲一付每棉衣一件報銷銀六錢每棉褲一條報銷銀三錢病給醫藥每藥一劑銷銀四分死給棺木處決者亦給每棺一口報銷銀一兩弍錢合計一歲所需彙冊報銷此項冊結務於每年開印後申送仍按季先行造報如春季之冊須於夏季首月上旬中送惟

冬季冊与报銷冊同送可也附囚粮提數互核法先將共米若干用八三歸得數再用五因一遍即見共々之數或將共米若干用五歸得數再八三因一遍即見共米之數如果与冊開提數相符即無舛錯除編征額項外餘俟奉准部覆赴司找領

囚粮米

一五省囚粮口粮棉衣药劑枷木等項按數支给核實报銷詳

倘有扣尅冒銷者革職提問

七十六

孤貧

孤貧口糧向不計閏不除小建乾隆三年奉文每年除去小建

遇閏加增又定例額外孤貧每名半給口糧銀一兩八分按餘姚縣額外孤貧止有一名給銀一兩六錢三分九厘故附記之於每年修剩耗羨銀內撥給造入耗

羨冊內報銷

一浙江省額內收養孤貧五千六百七十六名每名歲支口糧

銀三兩六錢共歲支折色口糧銀貳萬四百三十三兩六錢

遇閏每名加支銀三錢共加支口糧銀一千七百二兩八錢

每名歲支棉布銀六錢共歲支棉布銀三千四百五兩六錢

遇閏每名加支銀五分共加支棉布銀貳百八十三兩八錢

均在地丁項下支銷 額外收養孤貧共額支折色口糧銀

一千八百兩在耗羨項下開銷內杭州府仁和額內三百六十名外一百七十七

孤貧

八十七名
鐸户三十名
錢塘額內二百一十五名外一百五十二名
[illegible]户三十六名
海寧額內七十二名外二十名
富陽額內一十五名外八名
新城額內一十五名外三名
於潛
餘杭額內一十五名外一十名
昌化
臨安額內一十八名外一十名
加興府加興額內一百二十名外八十六名
海鹽額內五十五名外十一名
平湖額內八十二名外十名
秀水額內八十二名外十一名
石門額內九十三名外百名
加善額內四十五名外十八名
桐鄉額內四十名外十名
湖州府
烏程額內一百三十名外八十名
歸安額內八十三名外十名
長興額內五十七名外十名
德清額內七十二名外十名
武康
安吉額內七十二名外六十名
孝豐額內六十名外七十名
寧波府
鄞額內一百三十名外七十名
慈谿額內七十八名外六十名
奉化額內八十四名外十五名
鎮海額內六十五名外二十名
定海額內二十名外十名
紹興府山陰額內一百三十名外一百四十名
會稽額內二十四名外一百五十名
蕭山額內三十名外二十五名
諸暨額內一百名外八十名
餘姚額內一百五十名外一百六十名
上虞額內二十名外二十五名
新昌額內二十名外一名今止一十一名六名

額內六十名外嵊縣額內四十名外台州府臨海額內一百七十七名外六名黃岩額內八十名外寧海額內五十五名外七名太平額內三十六名外天台額內四十七名則例四十二名外十四名仙居額內四十五名外金華府金華額內一百名外十名蘭谿額內二十五名外東陽額內四十名外十九名義烏[illegible]五十名外七名永康額[illegible]名外武義額內四十名外二十六名浦江額內三十三名外十名湯溪額內二十七名外二名衢州府西安額內二十四名外十三名龍游額內三十名外九名江山額內三十五名外十名常山額內三十名外一名開化額內十六名外十一名嚴州府建德額內六十名外十二名淳安額內十五名外十名遂安額內二十名外四名壽昌額內十五名外桐廬額內十五名外分水額內十五名外八名溫州府永嘉額內一百三十八名外九名鐸戶二名樂清額內二十名外平陽額內十二名外八名鐸戶二名瑞安額內十七名外十一名鐸戶二名泰順額內八名外五名鐸戶二名處州府麗水額內一百二十名外縉雲額內六十名外青田額內三十六名外松陽額內六十名外

遂昌額內三十四名外二十名雲和額內十五名外十一名龍泉額內五十八名外五名慶元額內二十名外六名景寧額內十八名外十一名宣平額內二十名外

一直省州縣境內凡有鰥寡孤獨殘疾無靠之人無收養者寬收入養濟院給與養贍其未入養於額以外收養其銀米遇閏加給以建扣存按季由院員正印官散給印官因公無暇遴委佐貳官代散加給中原上司查核

一州縣收養孤貧寬所的實取具保鄰保狀收養入院人給印烙年貌腰牌於散口時查驗糧並編甲之法每十名編一甲長接次輪充互相覺察遇生事孤貧甲長查究治罪從重開除革糧另補孤貧或患疾病即為撥醫調治若病故給板棺埋所遺名糧並歲頂補其院內房間分別男女無使混雜養濟院房間一例造入交代

一州縣造報孤貧按實數分晰額內額外挨甲開列花名年貌疤痣註明鰥寡孤獨及何項殘疾並註原住村庄里圖食糧年月遇有斥革病故頂補新收隨時申報上司仍於年底開具舊管新收開除實在四柱冊聲明支過銀米有無分請冊上司查考該管道府逐細查對及踏勘出有之便隨帶該屬縣原報印冊赴院點驗如具印結轉報倘該報後查有虛開額粮孤貧不盡住院或住院之人年貌與腰牌不符冒濫給糧者將該管官照違例支給例處分（降一級調用）道府遽行結轉照違例支給之轉詳官例處分（罰俸一年）蒙混容留役丐頂侵冒口糧米將該管官照縱役犯贓例處分（革職）道府失察照事先不行查出例處分（降一級調用）或徇隱率結照徇庇例處分（降三級調用）凡有役丐頂侵冒孤貧口糧除于有役名下着追

孤貧　七十九

歸款外仍於該管印官名下照追完公

軍流口糧

軍流等犯除年逾六十不能食力者照例撥入養濟院按名給與孤貧口糧外或年未六十而已成篤疾不能謀生者亦照一體撥給其少壯軍流各犯實係貧窮又無手藝者初到配所該犯本身及其家口子女每名每日照孤貧給與口糧自到配日起以一年為止於各州縣存貯倉糧項下動用報銷各州縣有駉遞之處一切應用人夫酌派軍流少壯中無資財手藝之犯充當給與應得工食其駉遞之州縣無用支役場合一體充當逐日給與工價仍令該管稽查各照現行章程妥協辦理

按照舊有現行之例軍流人犯到配其携帶妻子多不詳給口糧止有本犯一名扣足一年仍除小建每日給米八合三勺按計其數以一米二穀支於常平倉積穀項下動支報銷

軍流口粮　八十

學俸廩糧

乾隆元年奉

上諭教職乃師儒之官有督課士子之責素蒙

皇考世宗憲皇帝加恩優待屢次訓勉且與有司一體升遷給與封

贈即位以來念伊等官秩卑微恐以冗散自居不思殫心盡職特

加品級以示鼓勵之查舊例教官兩員同食一俸未免不敷養廉

著從乾隆元年春季爲始照九員品級給與全俸永著爲例欽

此

府州縣學教官每員各食俸銀四十兩廿去任照各官扣俸之

例按日扣解又廩糧亦按所式生員告頂丁憂緣事病故之日

扣解（教官離任應扣解廩生出缺應扣解矣）此二項半糧解司融活節季畢坊之

用廩糧向不計閏每名日給銀八厘八毛零

學俸廩糧　八十一

一浙江省府州縣學廩生每名歲給自周廩糧銀三兩弍錢

一直省地丁項下編徵廩膳銀兩凡遇荒缺均應扣減所缺銀

數核明撥補

一直省歲支廩糧該州縣按額將實支名冊申報學政衙門由

學政查核確實移知藩司彙冊報銷如地方有騰混冒銷該

學政不駁飭更正者分別議處

缺俸餘俸缺馬

俸已扣日扣算元有缺俸例應扣解如升調者以離任日止丁
憂者除開缺日止併參者具題日止題參聽候部議及降調者
俱以奉
旨之日住支一應題參即委員署印者以離任日止而扣之已解
司充餉並理向經歷照磨知事照磨典史等官向有馬夫一名
如去任者扣算日缺俸則馬夫亦扣算日千下兩之缺馬也但
各官俸不加閏而馬夫有閏亦應併扣每名每日無叢窠之用銀
給銀一分六厘零餘俸者無照核向係副都三品之銜俸例查
都之銜則又四品矣所以有餘俸也　按查都銜已刪已無餘
俸存之以備舊典

缺俸餘俸缺馬

八十二

積穀

穀為民食積貯當籌每年春夏之際有存七糶三秋成買補之例從前倣行常平穀至靈變之界皆本朱子之法故其倉曰常平後人往效其名而奉行不善每多從中取利有常平之名而無常平之實按浙省州縣積穀從前共有三案一為欽奉

上諭寧紹台溫處四府按田派捐名曰田畝積穀計一萬七千三百二十三石零久經停止一曰各省州縣當年貢捐監自然接司道府廳州縣及所屬佐貳每年按捐自一二石至百石者以便災儲現在並行每年多寡不一現在有一萬餘石一曰請照江南昔年係生俊捐監米原存米六千四百餘石穀二十九萬貳千八百餘石內除元案對空並雍正三年奉文以米易穀存貯計現在共二十五萬三千七百石零此皆田賦之項也又浙

積穀　八十三

省屬糶賣米穀案內加增價銀兩業將移諮户部但五十一年
李部行追造入生監捐穀備帳但浙省生監日熾而貯備多
李將軍於雍正四年春欽奉
上諭各案內題明動支耗羨銀一萬七千五百六十兩地丁銀一
萬三十九兩零先發蘇鄭等縣銀五萬二千六百七十四石
又於秋間動支地丁銀十萬兩分發仁和等縣買穀一十八萬
九千三百六十三石零通計積穀有五十餘萬石可謂有備無
患矣而又檄令照例春糶秋糴設遇價平毋庸勸糶仍照米糧
放兵糧秋征兵米以一米二穀令民納穀補項雍正五年閩省
戕獄並將寧台温各穀七萬石運閩解價還浙買補而温一府
代買之項此中頗借須請追至本年文截漕十萬石易穀二
十萬石運閩而李將軍以杭嘉湖之民並不貯穀收穫即行糶

米且民間不請營結題明將買貯之穀運閩命以截備平糶價銀發全原運之外買足補從前以有買補運閩如石之數也此兩次之次清從海運而風恬浪靜並無遭溺查常平倉谷現有九款一平倉各省州縣

等事各官捐谷一請照江南等事生俊捐谷一仰侍爲事事俊秀捐谷一遵旨速議具奏爲俊秀捐谷一欽奉上諭爲生俊捐名一欽奉上諭劄存江西米倍谷一請旨事生俊捐谷一欽奉上諭爲撥運糶價賠買谷一遵旨議奏事撥運截留併糶米易谷其中各州縣或有或無不能盡知因不止舊貯數款名目數併附記于此

一常平倉額貯杭州府之仁和錢塘各六萬四千石海寧州六萬四千石富陽餘杭各四萬石臨安新城各二萬四千石於潛昌化各一萬六千石嘉興府之嘉興秀水嘉善海鹽石門平湖桐鄉俱六萬石湖州府之烏程歸安長興德清各六萬石武康之萬石安吉孝豐各二萬四千石寧波府之鄞縣慈谿各六萬石奉化鎮海各三萬石定海象山各四萬石紹興府之山陰會稽蕭山各四萬

積穀

八十四

石餘姚五萬石諸暨上虞各二萬四千石嵊縣新昌各一萬八千石台州府之臨海六萬石又府倉歸併米一萬石黃巖六萬石寧海太平各五萬石天台二萬石仙居一萬六千石金華府之金華蘭谿東陽義烏永康各三萬石武義浦江湯谿各二萬石衢州府之西安三萬石又府倉歸併米六千五百六十一石五斗龍游三萬石江山常山開化各二萬石嚴州府之建德淳安各三萬石桐廬遂安壽昌各三萬四千石分水二萬石溫州府之永嘉六萬石又府倉歸併米四萬六千石瑞安樂清平陽各五萬石泰順一萬六千石處州府之麗水四萬石又府倉歸併米一萬四千石青田松陽遂安慶元雲和宣平景寧各一萬六千石縉雲龍泉各二萬石　按常平額貯每年有減無增蓋每年到配軍流口糧定例于常平項下開銷而每年所增不過各官捐米數石故入不償出而各州縣現在實貯之數與原額微有不符矣

一存儲一項原以備緩急之需也省會建倉名曰永濟康熙五
十三年欽奉
上諭截留二十萬石內分貯金衢嚴三府五萬石餘存省倉康
熙五十九年起陸續動碾所存無幾六十一年屠撫軍恭仰
體
聖衷奏請照河工捐例之例開捐監生銀兩買米補儲自雍正
元年三月收捐起至七年七月補足陸續買補四十萬之數又買
備借兵米六萬石尚有餘銀陸續採買至金衢嚴三府之米今
已易出而省倉存儲米共無備每年具新出倉分東西二廠
東廠隸仁和分司西廠隸寧紹分司所收之米湖藩儲以詳
請核銷米以撥定存貯半年者准耗三升一年者准耗四
升五合年半者准耗六升二年者准耗七升五合如有存貯久

續設　　八十五

以致遲加從前因未定耗米是以於此項撥補採買雍正五年奉部覆准議每買到米石每石加收耗米四升五合統於雍正七年內核實報銷雍正六年爲請酌定直省倉儲之法等事題覆分貯案內定議省城貯米四十餘萬石按照大小水陸衝僻酌量分貯秋成將存銀預期給價三年之內次第買完每年存七糶三秋成補還庶少折耗而貯備有益至于平糶米石五十六年未經部覆准定每石准耗三升而進倉腳費于三年司院詳定每石八厘五毫如收貯仁和倉者每石六厘五毛近又有准銷耗米之例省城永濟倉專貯截漕本係廣豐倉之基雍正八年改漕房後改爲倉今存貯採買補漕等項米穀以備通省緩急撥各屬賑糶并省城平糶之需原額米二萬九千二百餘石谷八萬九千七百餘石

一浙省每年平糶向例統加收從重衝瀰七分於六七月間出

糶寧台温處四府於四五兩月出糶並無定例豐收地方每米一石減價五分歉收地方每米一石減價一錢因時酌量妥辦理

一直省常平倉米常年平糶原以存七糶三為率但地方凶歉不同隨時酌糶如存半糶半則浙省之仁和錢塘海寧平湖海鹽鎮海象山定海永嘉瑞安等十州縣並加松寧紹溫台用存六糶四則係浙江之烏程歸安淳安遂昌四縣均有造冊報部查核

一直省如遇米貴價昂准其通行平糶其減價平糶亦不必拘定存七糶三之例或酌糶十之一二或全行借出皆據飭查地方官隨時酌量報部 按平糶數或詳定之多後因市價平賤不能糶完即報明停止亦可又發糶之日每日糶米若干須詳細開報 續設

一年糶倉米價值豐收每石照市價減銀五分歉收減銀一錢至歉收米價過昂必應大加酌減者督撫確核實價減價若干一面奏

聞一面發糶總不得過三分如果有必須大加酌減情形該督撫臨時確切奏

聞請

旨遵行

一州縣出糶倉米先期將應糶數目樣米廠口價值呈報道府核准開糶糶後將價銀若干造冊送司報部其所糶價銀俱解司庫於秋成登場後即將原銀發還責成知府督催州縣採買補足數上倉盤驗結報仍由該管道府出具實在買補存倉印結送司查核其有未經詳明擅行開糶及捏報平

糶侵漁并務聽便民者閣延緩等弊分別參處

一倉在平糶凡遠鄉村鎮不能赴城廠糶買者除江蘇安徽福建陝西四省豐年毋庸分設並鄉各廠外由各省村寨崎嶇不便分運外其餘各省令上司遴委佐貳雜職等官擇道路適中之地分設各廠撥運糶賣其撥運腳費准于糶價盈餘銀內動支盈餘不敷或動支耗羨或動支正項乃該造冊報銷

一杭嘉湖三府例赴外江採買寧紹台金衢嚴溫處八府並于本地採買如地方歉收米價昂貴詳明遲至次年秋收價平買補還倉

一州縣赴鄰邑採買米石先將應買石數報明督撫行知採買地方道府照依價斛核算分別穀色三者確查價值結報如係隔省亦即詳明督撫咨查鄰省仍令該州縣將地方米數起

積穀　八十七

以月日內報查核本管道府核實结報如有情弊即行參處

一州縣常平倉平糶出石本年秋成後即如數買補（分別隣境本地，詳後條）其有本地鄰境出價昂貴而該處倉儲尚堪接濟者該府即將糶價存庫報部緩至下年買補如倉貯出石接濟不敷必須買補而本地隣境出價俱未能平減准詳明上司在于別州縣買補盈餘民內通融隣境價值買補足額該督撫務查明實在情形一面辦理一面奏聞仍令布政司明白届限買完買價緣由同現買價腳統于年底彙造清冊送部核銷倘有糶價盈餘不核實詳報及捏報價昂冀圖侵冒查出該管

一州縣常平倉遇有動用缺額出石即動支正項買補該州縣先將應動銀款按數題明俟秋成糧價稍平即令採買（分別隣境本地，詳後條）上司不時嚴查毋許浮冒買後令府局造具報日採買價

值情形該管上司加結申送揭揭保題如例有浮多由部駁減另
換冊結題报備准銷後復有侵冒즉發該上司一併參處
一、沿海採買常平倉平糶及動款出石如附近水次舟楫可
通地方即于隣境採買其不通水路者准其本地採買不必
遠赴隣封仍將因何穀賤應行採買地方先期報部備查該
督撫協屬出年採買倘有短發價值及勒派抑收等弊一經查
覺將該督撫等是問 以上三條嘉慶七年修纂
一、各省船運米穀凡在外洋遭風舵夫水手船隻漂沒無蹤及
舟行衝礁擊碎實有形跡可驗者取具切實供情即毋庸結
先行報部該督撫將漂失米穀核實保題豁免若船已入內
港因駕駛不慎致被損擱漂沒及外洋衝礁擊碎而無實在
情形可憑舵手生存捏出無失者其漂失米穀着落運員行

積穀 八十八

保船户等賠補還項 福建臺運兵米失水漂没無形跡可驗者著落行保船户賠補

一各省船運米石凡在内地江湖陰灘遭風漂没人力難施以致片板粒米無存或運員等出力搶救不致全失者地方官弁查明確實出具印甘各結呈報督撫核實將漂失米石保題豁免倘係内河小港因救護不力以致漂没捏稱江河陰灘朦混請免地方官扶同結報查出即嚴參究取漂没米石着落該運官弁名下賠補還項

一各省採買撥運米石經由江湖黄河但遭風浪猝被漂失者着令該運員弁立即報明所在地方文武勘明確實呈請查覈該州縣取具承勘不扶印結申詳督撫核同道核實分別題參照例豁免如遇漂失該運官並不報明地方官將該運員照例查參如有乘機侵盗等弊草率治罪其未經題豁之先不

將倉失情形並所勘明預報以及儹擬並不嚴查確實遂行題覆者將該管程分別議處

一各屬每年倉貯如遇災歉必須接濟之年准該廳州縣詳明上司借給仍查明借戶果係業民取具的保先麥隨秋後新按名年額面給不得委差遲誤致有胥役剋扣及吏胥冒領等弊嚴參治罪其無災年分除不准出借違者參處嚴參治罪如該管上司不行揭參照狗庇例議處

一直省因災出借籽種口糧應夏災借給者本年秋收後起征秋災借給者次年麥熟後起征均免加息扣限一年催完限滿不完將經征官議處如有浮收科索等弊嚴參治罪遇災仍照例借緩均於倉糧奏銷案內造報 以上二條嘉慶七年修纂附乾隆二十年簡易条款出借倉谷花名細冊准其刪除之彙報總數應令於出借時一面報部還倉後仍行咨報其出糶倉谷細數

積穀

八十九

免其備列　又民借籽種口糧將花户田畝户口細数止造冊一套送府備查其道司院止送鄉堡總冊年底彙咨毋庸送細冊

一州縣平糶倉穀有奸商勢豪串通牙囊捏名零買囤積射利者按律治罪地方官率行不力照例議處

一州縣買補倉穀遇本地有穀之家情願出售於官者准其議定價值見穀交銀官為挽運若有縱容胥役下鄉强行派買及勒令零户上倉交納者察出參處

一府州縣春間借出倉穀秋收後勒限征比務于十月終全完造具冊收送户部查核如有伸衿及牙行囊役將家人佃户姓名影射虛冒捏出入已積至二三十石者伸衿斥革牙行囊役枷號一个月責四十板倶照追入倉其代為造冊之鄉保地方有無受賍分别治罪該管上司不行揭參交部議處

一州縣常平等倉穀石於每年春間借出秋後征收務于十月

内有數完納造具冊報送部仍令知府直隸州知州親往盤查其府州倉米責令該管道員盤查出具印結申報如州縣以糶借名色捏飾虧空即行揭參嚴審是侵是挪分别定罪追賠該管道府直隸州知州如有狥隱失察等情照州縣侵挪狥隱失察例分别辦理如道府直隸州知州已經揭報而督撫不行題參將督撫降三級調用着落分賠

一各省屬員到任交盤倉米勒限三個月盤清結報如委員辦理稽延照交件遲延例議處（例見限期門）若有意遲延祇共那補降二級調用

一各省存倉米穀由知府盤查回道司會詳仍令督撫確實嚴查年底造冊具題至督撫升轉離任將冊籍交代新任督撫限三個月查核具題間如有虧空即行題參從新任督撫狥

積穀　九十

隱不行揭實參如將新舊時挂一併降三級調用分賠

一各直省各項倉米每年十月內該督撫將舊管新收開除實

在數目造冊報部由部核明於次年彙題奉

旨依移咨軍機處查照

一凡州縣所將倉米私自借給百姓者以監守自盜論其私

借之項該員情願一年內代民全完者准其復還原職其未

完米糧扣報全完及那移之項一年代民全完者亦照此例

一州縣不將倉廒粘補修理以致米石霉爛者革職並先勒帶

銀照數買補完貯仍勒限一年內照良數賠完限內不完俱

從參罪

一收貯米出因霖雨霉爛係無心所致者革職離任限一年之

內賠完免罪復還原職如逾限一年賠完免罪不復原職二

年之內如有不完例照律治罪著落家產追賠

一倉米出糶之時地方官不行嚴禁囤戶若輩將

一各省州縣存倉米石每年出陳易新之例各省不同如有於

勒派借者照勒派採買例降三級調用搀和糠粃土灰者照

搀和漕糧例革職交納時吏役需索者分別失察縱容照例

議處役例內載書或賒濟借動倉穀糧借出實借照侵盜例治罪還

出實完照分糧捏報全完例革職如上司所知不行查參降

三級調用若係失於覺察降一級留任

一各省常平倉米石初次採買遲延者不如期買補一年如再

不完將承辦官革職留任完日開復

一州縣買補常平倉米未完捏報全完者照未完分糧捏以全

完詳報例革職其該管各上司亦而狗隱降三級調用若已

精裁

九十一

失於覺察罰俸一年

一凡州縣應買穀石勒派花戶假價採買者降三級調用按台州各

府係詳明按條採買每條良一兩買谷一石故抄棠備考第界縣地處崇山不適舟楫並無外商販運米谷來台而昇縣亦難往他需採買是以在年春糶不石俟秋成之綫不得不向民間買補还倉歷係如此亦理乃近年以未冷零星小户向不採買其中平之家每嫌價平錢歷不出售即上等之之亦因同積居奇捏詞叏飾且有倚廿紳衿多方推誘甚至色庇農民抗不糴賣者現在設厥月餘買補察二今芝內为日去幾倘買不足數殊有未便且畀成接收前任依令短交常平倉谷九千數百餘石現奉各憲勒限照數弥補本全吏应柔此秋成之際一併採買以仰副憲台清釐爵空之至意但必須設法查办方可買補足額免致倉貯久懸伏查乾隆卅二年間蒙前本府憲牌內闹據臨海縣民蔡敘唐等呈稱嗣後首補倉谷各照田多大户分認分办等情按司批府查议真詳生因經前本府议詳嗣後買補倉谷應請飭名縣不照実征粮丹吊歸內署親自查办凡粮額在一兩以上者即大大户每額粮一毋買谷一石如在一毋一二年買谷一石一二斗以次遞加預期大張告示所各户自行赴縣當坐貝領價從並按程遠近給与腳費勒限支倉不假胥保之手其額糾在一毋以內者擧作小户不許混領各縣于办買之先將应買各大户開造花名糾額及經領數司造冊送府備

查如此明定規條務保無從剋扣刁徒可免推諉上下均有
考察而倉府不致延誤如蒙 允准即行通飭照办並立石垂
久等因詳奉前布政使司永 批允飭遵在案前縣令因從
前買補民情安貼即紳衿寺院亦各踴躍急公未經勒石垂
照今之今十有餘年人情迥殊今昔不同若仍照旧採買必
致公事時買補為難誠恐貽誤遵照憲定章程吊查總粮印
冊摘開大戶名單按莊傳知一面出示曉諭除料在一石以
下者棨允採買外其料在一石者無論紳衿士庶僧道人等
均照現在料額照數採買如在一石以上者以次遞加俱令
親自赴縣照依現在市價每干潔稻谷一石合庫平紋銀六
錢照例撙節購買每石給發庫平銀六錢五分剋期運倉並
不假手胥保以杜胥領剋扣等弊而紳士人等亦不得藉詞
推諉包攬滋事如此則料在一石以上者均屬有餘之家即
買谷石許為數甚微自足不致有妨民食且給與價民亦非
抑勒派買似屬因時制宜之一法而糶以倉谷並可及早買
足不致久事寔懸矣此乾隆四十年奉海援案詳定之文也

一官倉米石不准用粗私為食米該管上司亦不得以之價交買
致屬官暗以官米供應違者參處

一貯粮廒座該管官隨時粘補如原建年久木料朽爛牆壁倒
塌者報明動佐動項與修若州縣官平日因循玩視不隨時

積穀　九十二

粘補以致米出霉爛者照例變賣霉爛米石一面勒常買還
一面勒令原管官照數賠補一年全完照侵蝕倉糧例按未
完米石數目依律治罪還　數不省

一州縣捐買米石貯倉將所捐銀數據實申報上司查核捐
銀一百兩紀録一次二百兩紀録二次三百兩紀録三次四
百兩准加一級倘捐少報多或將現貯之米指作捐輸希圖
議叙後有虧空者發將原報銷之替捐照庫内空銀申報有
銀例罰俸一年

一凡州縣反春借常平倉糧與借給籽種口糧俱按年察促完
欠後月如有未完至一百石以上者即將經徵之員照補欠
米糧例諮參議處其該年應完倉後倉糧歸入應徵年分統
核完欠分別開參

一平糶倉出地方州縣皮不實力稽查致書役包買漁利勒措出入者降一級調用如州縣皮既已覺察而放爲容隱者將該州縣革職

一浙江省省城永濟倉米石貯存一年之後每石開耗一升次年每石開耗五合逾年照此開耗

一浙江省城永濟倉無額設笆斛等夫凡係運米出倉每石給笆夫銀一厘斛夫銀一厘挂繩夫銀貳毛五絲挑肩夫銀二毛五絲駁夫銀二厘八毛口袋傢俱銀五厘八毛以庫平紋銀扣折給

一浙江省凡甲年買收米石于乙年糶三糶四而有存七存六者每石開報氣頭三合廒底一合其存七存六米石于丙年又經糶三糶四祇存四存二者每石開報氣頭六合廒底二合存半糶半之州縣將存半米石每石開報氣頭三合廒底一合接浙

積穀

九十三

省近来從无開报
始首此以備查考
一浙江省採買撥運米炭陸路車運每石每里給艮七毛平坦
桃運每石每里給艮一厘四毛過
堤盤塘每石給艮五毛水路如係外江撥運每石每里給艮五
絲遇有剥淺放閘給夫者皮塘大河每石每里給艮一毛
百里之外仍照外省撥運例給發內河小港每石每里給艮
一毛五絲山徑肩運每石每里給艮一毛五絲一作二毛
附餘姚縣水
脚根銷成案一運漕鎮運至杭州得勝壩水路一十三點每
石每站船脚五厘税袋每隻三厘得勝頭船内卸谷貯袋催
笆斛張綌換肩苧夫每石辛力艮二厘五毛滑勝壩過壩每
石五毛 得勝壩運至猪圏壩小河淺窨五里每石船脚七
毛五絲 猪圏壩過壩每石五毛 猪圜壩運至江干閘過
塘每石五毛 閘口運至潭頭四十里每石每十里船脚一
屋潭頭過壩每石五毛 潭頭運至紹興府西郭門小河淺
窨一百十里每石每十里船脚一厘五毛 西郭門肩運過
船每石五毛 西郭門換雇剥船運至五祀門小河淺窨一
十六里每石每十里給艮一厘五毛 五祀門雇運過船每

五毛五祀门運至東閣小河淺窄九十五里每石每十里給艮一厄五毛　東閣鎮肩運過船每石五毛　東閣鎮另雇剝船運曹娥壩溪河淺窄一十里每石每十里給艮一厄五毛　曹娥過壩每石五毛　曹娥過渡計江面一里每石一毛　曹娥江干運至梁湖陸路一十三里每石每里肩力銀一厄　梁湖運至中壩溪河淺窄七十五里每石每十里給銀一厄五毛　中壩過壩每石五毛　中壩運至下壩溪河淺窄汁里每石每十里給艮一厄五毛　下壩過壩每石五毛　下壩從至餘姚縣水埠內河淺窄五十里每石每十里給艮一厄五毛　水埠運至縣倉三里每石每里給艮一厄

各州縣倉廒宜議每間貯米六百石者准銷銀二十兩杭加派三府未便援照貯米五百石者准銷銀二十兩分貯存漕不專隨時添建浙省常平收捐每米一石收建倉銀四分以備添建一云倉有常平預備南糧漕糧之倉兌收多寡不同而省倉則有五其廣積廣豐常平大有四倉俱貯南米以給兵糧災永隨一倉收貯五十四年存貯截漕而設本係廣豐之基先改爐房今仍為倉但廒間東西雖各有一百二十間而補收之米數較多

積穀

九十四

雍正七年李將軍題明將南北倉添建廒房移存赴乍
浦都統衙門署改為倉房存貯南米便于旗兵領米至北新倉
廒先于四年李文勳項建造任明萬許公議定貯米六百石者
准銷銀二十兩以上從減而梳加明三層則以五百石准銷銀
二十兩因其未便稍帶再今存貯存倉如有不敷須當添建至
於收捐之法俱有外捐銀兩建造可以無霉將見積貯多而民
生有賴矣

二十九

二十九

浙江文獻集成

浙江文叢

浙中會計見聞録

〔中册〕

〔清〕佚名 輯

浙江古籍出版社

浙中會計見聞録卷三

鹽義倉

浙之鹽義倉於雍正四年欽奉

恩旨加恤減費而各商倣照兩淮之例捐輸以備積貯故其請係由商裁汰芓爭但准商本大所以捐至三十萬之多兩浙雖以此論是以止捐銀十萬兩分作三年完納以初年所捐之銀為建倉之費其二三年所捐者購貯米穀倉在艮山門內以其近河港而易於出入也點董事商人二名鳩工起造委員採買米穀每年平糶以防霉變此請鹽政之專管而督撫俱得與聞若遇歲需賑借撥竟行題撥動支鹽政不過與聞而已

浙江省城鹽義倉額貯米八千一百七十五石一斗五升穀五千七百六十八石　鹽道庫貯銀一十萬三千四百五十兩四錢有奇係備採買賑濟缺額穀石

一兩淮浙江鹽義倉米石遇歉只應需賑濟者一面題請一面即
於倉貯內照數撥運動項買補還倉造冊報銷另該將本省
地丁鹽義課餉內撥原款
一浙江省平糶出借米石係發場糶借收鹽抵款社後令鹽商
赴鹽道庫領銀採買還倉凡糶價盈餘銀兩即以採買米石
另該造冊報銷
乾隆三十一年五月初三日准户部咨開查乾隆三十年五月
內據河南巡撫陳阿以知府管理府倉米石酌派屬員勢所不
免等請改歸首邑經管臣部覆准通行到各省道倉與府倉原
同一轍於上年十月內據山東巡撫崔咨請將糧道道倉改
同城之臨州管理當經臣部據咨具請准其歸於臨州管理並
請通行各省有如此者各就該地情形酌量道照辦理各在案

今查浙江省向有倉穀之溫州處州衢州台州四府倉穀業據該撫題奏改歸首邑經管外並復據奏稱省倉鹽運分司所管之永濟倉自康熙年間設立至今原貯米八萬貳百七十石零內除五年撥運賑糶借米五萬三千餘石未經徵買還倉外現在實存米二萬六千餘石撥其米少緣由蓋因在地方官以此項米石與鹽分司必存推卸而該分司又因地方民事非其所管不能通盤籌畫撥其情形催徵買補惟地方官呼應最靈則永濟倉米石自應照依府倉之例改歸仁和錢塘二縣將兩分司經管之數分飭承管如有賑撥糶借等事照常平事例統由該管知府核轉詳請其出示查出倘倉排原虧經久無弊而專司人員尤宜查一道行知者道府經管倉排照前勤派屬員買補情弊是以先後議令改歸首邑管理今該省分司所管

鹽義倉　二

之永濟倉糧石多同一轍並仍令寧波紹興嘉興松江之分司
經理在分司職司鹽務既不能通盤籌畫而地方官又以非己
專責心存推卸是以出借糶糴之後未能征買補還存貯多而
貯米少將來難免霉變缺數殊非慎重倉儲之道應如該撫所
奏將省城永濟倉糧石照依道府倉糧之例改歸仁和錢塘二
縣出而分司經管之數分縣承受以專責成至該撫奏稱該倉
現在應買應補并有借欠未完共米五萬三千餘石原係兩
分司經手未完之項仍令該管該分司勒限一年照數征買移
交縣倉收貯倘一年限內不能征買足數嚴參交分查前項米
石例應每年於秋收後買補之項歸經征部於倉糧奏銷案內
嚴催買補令既據該撫定以一年內買補足數應如所請辦理
其移交仁和錢塘二縣經管之後如有糶撥借糶動缺均交該

二縣於每年秋收之後照數征買還倉并令照常平之例統
由該管知府查核再查浙江省城永濟鹽義二倉俱係兩分司
承管於本年二月內據該撫咨稱與山東所道常平倉事不同
咨請照例辦理等因經臣部以鹽運分司亦有所屬各場鹽大
使分買補倉糧難免勒派所屬情弊飭令照原奏妥協辦理
在案今該撫於未接部駁之前奏請將永濟倉改歸仁和錢塘
二縣經理其鹽義倉應作何籌辦之處請一併行令該撫確核
情形妥協定議報部統候
命下之日臣部行文該撫遵照可也乾隆三十一年四月初六日
奉
旨依議欽此
嘉慶十年閏六月初十日准戶部咨開准浙江巡撫阮　咨稱
鹽義倉　三

據布政司詳稱查得常平永濟倉米出糶借出數應於年底造
冊報部所有嘉慶九年分春夏糶借動用米石及糶價易銀兌
撥兹據各屬冊報前來按合循例轉造司核請冊詳報咨送户
部等情相應咨送等因前來查冊開浙江省嘉慶九年分各屬
常平倉應存米貳百六十三萬一百九十二石一斗二升四合
四勺內除借放兵糈米四萬五千六百五十九石六斗八升應
令該撫轉飭催征完倉報部查核外其平糶出米貳十三萬貳千六
十九石七斗貳升七合共糶米二十八萬一千六百八十四千
五百七十二文共易存庫二十九萬三千五百二十一兩一錢
一分九厘本部查此項平糶米石先據該撫按送原案內開嘉
慶九年杭嘉湖等府屬低田被淹糈價騰貴而有杭府之仁和
錢塘海寧嘉府之嘉興秀水嘉善石門桐鄉湖府之烏程歸安

等共十州縣平糶價值比較六月內私米市價每石減銀三四
五分零至六分三四分不等實比零星赴糶口民有資但減價
已至三分以上例應專摺奏明等因奉
硃批覽欽此抄錄原奏咨部查案今查丹造各州縣出糶出碾米
石每米一升核稱糶錢二十四文不等但未將每錢一分折算
三千六出糶皆每錢一千易錢三千之變賣所存部查覽按照縣
價酌減核算至仁和等十州縣既係該撥奏明按照是年六月
分私米市價酌減出糶如錢稅海鹽平湖海寧武康等縣出糶
米石減價已適宜例因即該撥奏明其中既有限日不實
情弊自應令該撥速即查明聲覆到日再行核辦所有實存米
貳百三十五萬貳千四百六十貳石七斗一升七合四勺米三
千九石六斗七升四合五勺又平海鎮應存玉環租米三千石

鹽義倉　四

應令轉飭加謹收貯倘有動用報部查核又永濟倉應存出糶米七萬八千六百四十石八斗三升八合八勺內仁和縣平糶米貳千五百石每升糶錢二十五文共糶錢六千貳百五十千文易存銀六千五百一十兩五錢又錢塘縣平糶米貳千石每升糶錢貳十五文共糶錢五千串易存銀五千貳百八兩四錢應令該管將以錢易銀之細數聲覆到日再行核辦外共應實存米七萬四千一百四十石八斗三升八合八勺並令該管轉飭加謹收貯倘有動用報部查核可也

附振銷買補平糶穀石腳價只兩案

買補嘉慶九年永濟倉平糶穀四千石每八原存價銀一兩三錢二分一毛共銀五千二百八兩四錢動支十一年征存地丁銀兩先行採買理合登明

一赴江南合山等處採買浙斛穀四千石每石照該地時價實用正價庫平紋銀一兩式錢式分因須核有盈餘报部平縣甘于每石賠銀式分共用正價銀四千八百兩

一自江南合山庫船運至杭州德勝塤計程一十七站係官塘大河每石每站給水腳銀五厘每石共給銀八分五厘共給庫平紋銀三百四十兩

一

自德勝垻過垻價袋笆斛時纜肩駝內河屋船陸續駝運進倉
每石共給脚價良七厘弍毛九絲共給庫平紋良二十九刄一
乄六分 以上共用脚價庫平紋良五千一百六十九刄一乄
六分除將原存價良五千二百八刄四乄動支外計盈餘銀三
十九刄二乄四分 應行解存司庫報部
撥用理合登明 具常平倉銷冊同

盐義倉

五

社倉

社倉之法本乎常平朱子行之甚善其法每鄉擇身家殷實品行端方者二人為正副社長每年春間勸捐秋收交納其有青黄不接致年歲不登許其放借以加一起息請年之久遠定息之輕重俟有成數而後建倉拔以一鄉之捐備一鄉之賑其良法因稽察而不干預出納上司按捐存案其願捐者聽其多寡而不强捐勿强也故曰社倉雍正六年奉

旨社穀交在官而官吏侵蝕者著令追賠還民間處報數目不能完者不必催追聽從民便七年議覆御史吳其盛條奏貧民不遇荒歉借出者每石加息一斗（則例內作加息十升）稍歉免息

一存倉社穀州縣官新舊交代彙同常平穀石一律盤查造冊出結送部查核乾隆五十一年浙省署藩清飭令因社穀

社倉 六

生息遲延部議章程加費並令改歸社長經理交代毋庸出
結者例查處
一州縣交代限内將正項米糶交代清楚再限一個月將社倉
穀石查核交代
一凡民間每歲收穫時地方官勸諭紳衿士庶隨其所贏雖出
粟麥存貯務期歲有加增毋庸定額
一社倉穀石地方官於每歲收穫時功諭紳衿士庶不拘多寡
量力捐輸不得抑勒派擾令即設立印簿雖捐者自登姓
名穀石照所捐之數分别獎賞
一凡紳衿士庶有捐輸社倉之色穀糧按計數目與穀石價值
相同十石以上者地方官獎以花紅三十石以上者獎以匾
額五十石以上者申報有司應加獎勵若有好善不倦年久

數多捐至三四百石者，賞給八品頂戴。其各省有因時因地制宜與條目有裨益者，仍酌其循照辦理。

一、直省社倉，每社設正副長各一人，選擇品行端方家道殷實之人充當。一應出納，責成經管，三年更換。三年之內無弊，同社出保，再留三年。更換時，將經手倉糧，即同鄉保交代清報官。一年無過給以花紅，三年無過給以匾額，五年無過免一身差役。經理不善，即行革退，另補。虧挪者嚴行治罪，出石照數追交，著接收交代之人按同稽隱察，出即著賠補。

一、各省出借社穀，地方官預造挨門細冊，註明編戶姓名住址本業，凡不務農業、遊手好閑之人不准借給。其例得借給之農民願借者，先期報明社長，社長據報地方官，計口給發，交還時社長申報完納，出石出入照部頒斗斛較量，不得折勒多取。

一社倉米石每社設立印簿式二一交社長一存州縣春夏登
記出借數目秋冬登記還納數目州縣核實造冊詳報督撫
年終具題未完借米查明實欠在民力不能完及逃亡着
者州縣確查取結於年終題報案內聲明豁免其無着
因地制宜與條目有裒益者仍酌其循照無碍

一凡出借社倉米石徵還時每石收息米十升歉年只徵本米
免其收息一說收成五分以下者次年秋後徵還收成六分者本年先還一半次年徵還一半收成七分者本年秋後徵還俱免息收成八九十分者本年秋後照數加一收息還倉

一貯倉米石每年盤量折耗及看倉夫役工食各費除直隸奉
天首省向不詳銷外河南安徽福建浙江核每石所收十升
息米內准開銷貳升江蘇湖北開銷三升湖南開銷四升江
西開銷五升廣東每年每石准銷耗米一升其倉鋪墊造

冊紙筆墨費以及看倉人支工食均於息内酌量動支歲
底各省均造冊報銷
户部謹　奏爲核議具奏事查嘉慶四年八月内奉
上諭各省社倉係該本地殷實富户擇其謹厚者自行經理不必
官吏經手以杜弊竇而裕民食當因行文各省飭遵在案兹據
陝西巡撫台布咨稱以社倉既歸民間管理惟社長賢否不一
倘刁劣之徒藉此侵蝕粃石勢必弊竇與小民仍無實濟請嗣
後令社長於歲底將出入所欠數目造冊結報一次地方官將
報上司毋庸造冊報部仍嚴飭各屬毋許書役借查一切出借
聽民自便等語經臣部核與不必官吏經手之
諭旨相符惟歲底社長既結報地方官備案自應仍行造冊咨部
以便查核通行在案兹復據安徽巡撫荆道乾咨稱社倉出石

社倉　八

酌議春秋出納隨社長副經行該理倘出納有誤應將借出收還數目造冊呈送備案並年終保題以及季盤交代應否令其州縣按其收支存欠數目造冊結報並社長副應否三年一換由里民公舉州縣詳充之處統請部覆等因隨年底令各州縣按其春社出納收支存欠數目造冊結報之處臣部業經議覆陝撫臺本所請通行各省並毋出年終保題季盤交代毋庸造冊結報外並選擇社長副一節查例載直省社倉每社設立正副長各一人擇選品行端方家道殷實之人充當一應出納事宜責成經理三年一更換至弊許同社公保再留三年等語又例載江蘇省社長一年一換於社中擇殷實公正者數人輪流充當查以上社長副三年一年更換之處例載既有參差限期不全拘限泥從前每為經理或不免藉端擾累小民不願充當定限

更換爲屬有因今例出納一切由民百姓自專若其經理不善原許同社另擇妥人是古更換如果得人社中方受其益何必勉期繳更設一社之中選擇品行端方又須家道殷實殊非易易倘更換者亦如原辦之人反於社中無益有損是三年一年更換之例實覺拘而難通臣等查雍正貳年九卿議定社倉事目內開正副社長每御務擇立品行端方家道殷實者二人經管出納一年無過給以花紅三年無過獎以匾額五年免一身差役十年免及一家該撫題請給以八品頂帶如有不善經理致滋弊端者即行革退侵蝕者以監守自盜例治罪所少米石着令賠還等語臣部細繹例意實爲允協嗣後凡舉社長副時必令呈報存案如辦理無過照例給以獎賞及免差役如有侵蝕等弊一經鄉民告發照例治罪其有經理不善仍聽同社自擇

安人請換毋許胥吏指名充補以藉端爲難違者究出庇串外
所有社長副管理年分及功過規條應請並照雍正二年九卿
所定社倉節目畫一辦理將別例停改三年一年更換奉差未
協之處并因刪除仍歸舊例通行者一併並照此辦理則
胥吏既不得藉有年限之名抑勒更換而社長之良善者得能
安心經理於社倉似有裨益是否有當伏乞
皇上睿鑒訓示遵行爲此謹奏請
旨嘉慶五年七月初四日奏本日奉
旨依議欽此行者二年八月十一日准咨

耤田

耤田之礼自古及今咸已偶行於畿輔未嘗遍及於四方而守
土外吏併據耕支從未舉行典禮雍正四年奉
旨直省府州縣衛可擇潔淨之地設立先農壇於該處東門之
外收其米穀之粢盛壇前置田四畝九分每年耕耤日期欽天監
於預年擇定太常寺頒行前二日致齋不理刑名照常州府正
貳官偕同道府所州縣衛等官行九推之禮其耤田所收米穀
謹收貯以供祭祀之粢盛五年有臨桂縣楊詢明怠忽題參奉
旨革職將耤田交與楊詢明管理十年以一切應用俱著伊照理從
十年並無怠忽推服其責如遇加倍治罪各省有怠忽者照此
例行浙省動支耤出耔價並無定額
雍正四年奉

耤田

十

吉元省督撫司道府州縣率行耕耤禮　鄭玄注禮記天子耕於南郊諸侯耕于東郊通行直省每縣置耤田四畝九分於東郊方仍建先農壇於田後壇後再建先農廟中供先農神位廟有三間東貯籽粒西貯祭器又建東西配房一爲農夫所居一貯耒耜之具每歲春亥日設祭先農行耕耤禮令民間稼穡雍正五年題有設祭儀物羽一歲所收耤出以備次歲祭祀粢盛之用其備祭之外向於地丁内每次支銀四兩乾隆十九年據藩司核　條議耤田所收籽粒除完糧外每年每畝應盈餘米一石貳斗江六七折應盈餘八斗糶價爲不同少至一兩貳年以供祭祀如有缺額不敷地方官捐補足數

雍正十年禮部考明會典府州縣社稷壇於東西貳丈五尺南北二丈五尺高三尺俱用營造尺四出陛繚四周築牆四門紅

油自北门入其石柱長有二尺五寸方一尺埋於壇南正中去
壇二尺五寸只露尖餘埋土中外有神牌牌以木為之硃漆青
字旗書神號諸祭設於壇上祭畢藏之其風雨雲雷山川城隍
神號之祁立陷設行礼与社稷同今山西推议相省照依本行
石柱不鐫字表著其地先農壇京師高四尺二寸寬東西南北
各五丈各省半之先農牌位高二尺四寸寬六寸座高五寸寬
九寸五分红牌金字旗書先農之神东省一式社稷風雲雷雨
山川城隍壇墠亦然此式横直俱寬二丈五尺高二尺一寸四
圍用磚砌本壇面用方磚鋪本並先農神式各立神位藏於際
淨古院暇祭用之按引周禮各隨地方之所宜木種之以樹此
為社樹不宜剪伐皆无庙宇惟先農有之先農庙式樣司建部
造再隆墠也山西推议列前外庙之正房三间每间五架屋高

耤田　十一

八尺五寸進深一丈六尺濶一丈二尺兩廂各濶一丈東西配
房兩間覆高進深同濶亦九尺錢同之外周圍築土牆七十丈
究竟尺式及丞祥目乃云不依裁尺不依尺量丈仍不分明惟
照地方匠尺

嘉慶十二年十二月二十五日准户部咨開浙江司案呈准浙
江巡撫清　咨稱據布政司詳稱查得庫房錢田米出前年部
行毋須蓋印而例送至五年准行出糶於九年起按年出糶頭
年秋成收存米石次年二月分一律出糶以應三月致祭之用皆
因所有嘉慶十二年三月初九日致祭先農壇行據杭嘉湖等十
一府庫道章部行於糶變十一年錢米價銀內查一動支銀四
兩備辦祭品外餘剩銀兩據各所州縣分晰造報前來查舊發
銀一千五十兩九錢八分三厘新收加嘉慶十一年分首山縣收

穫米五石照次年二月時價每石糶銀貳兩四錢五分共糶銀
一十二兩二錢五分仁和縣唐昔七十六州縣并五縣同知收
穫糧共六百九石四斗三升八合按照各該所州縣次年二月
時價五錢一分每石糶銀不等共糶價銀七百九兩九錢五分七厘
二共糶價銀七百二十二兩二錢七分七厘又奉部加增加費四年
起至八年止實解糧米糶價銀八錢開除一糧仁和縣昔七十
七州縣并五縣同知備辦加費十二年分致祭先農壇動支三
百八兩六錢一分又安吉縉雲二縣并五縣同知請領津支不
敷銀三兩三錢九分共支銀三百一十二兩備辦祭品該實在
該銀一千四百六十一兩九錢九厘內加費四年起至加費八
年止原糶糧米價并奉部加增共銀七百一兩九錢八分七厘
已撥充屬解收司庫應候造入十二年秋季司庫冊內報部充

耤田　十二

餉一工實銀未解加增銀八千兩以充嚴催又加叅九年共糶存
支剩穀米價銀一百八十一兩三錢五分八厘已據各屬解收
司庫應候造入十二年秋季存庫冊内報部充餉又加叅十年
共糶存支剩穀米價銀一百六十一兩四錢三分八厘已據各
屬解收司庫應候造入十二年秋季存庫冊内報部充餉又
加叅十一年共糶存支剩穀米價銀四百一十兩二錢七厘未
據各屬完解現在嚴催理合彙造糶價四柱司總清冊詳候
送戶部并請相應咨達等因前來查先經准部以浙江省各屬
發穀先帶貯每石開銷銀兩自武兩三錢五厘至二十兩一錢
六分不等數目多寡懸殊恐有不實情弊飭定自加叅三年分
起照該督冊報臨海縣穀每石例該所用銀准其一體動支
銀四兩立程所收糙田米石糶價款内支給仍按五年應支數

目預行知存各冊料庫留備支用其餘剩銀兩即全批解司庫
備撥補不虞之用款外如有盈餘不敷仍有成數隨時借撥入
冊報部酌撥俟撥該據咨請每年祭品銀兩均有耤米糶價之
用毋須動庫款以至次年支祭數目其致祭先農壇均係三月內奉行
其頭年秋成收存耤田米谷應飭各屬於次年二月分一併出糶
以應三月內致祭之用其糶價銀兩除動支致祭銀四兩外如
有盈餘米令解繳司庫報撥各等因查錢今據該縣冊開舊管
銀一千五十兩九錢八分三厘新收青山鄉收穫耤田米五石
每石糶銀二兩四錢五分共糶銀一十二兩二錢五分又仁和
縣用錢所收穫耤谷六百九石四斗三升八合自每石按照各該
所冊錢十二年二月分時價共糶銀七百九兩九錢五分七厘
二共糶銀七百二十二兩二錢六厘又收上屆錢加增糶價銀

耤田

十三

八年皆隨本部按冊查核，与各該所州縣加費十二年二月分月報細晚米并細秈米折價打筭俱屬相符應准其出雜其新收加增糶價銀兩核与原案內應徵銀數亦屬符合應令庫役並剔除加費十二年額解先農壇備辦祭器等項共銀三百一十二兩核与應動銀數相符應准開銷其實存銀一千四百六十一兩九錢九分內除造入加費十二年秋撥冊內銀一千五十兩九錢八分三厘核對銀數亦屬相符應毋庸議其餘未經解司銀四百一十一兩七厘應令該接速飭提解司庫造入季冊報部撥用此冊

義田餘租

前嘉禾郡善士沈文銳頃撥捐田二百二十畝零為子孫貧乏之
者衣莫膳孤寡之需又有陳振先捐田五十畝零建仁文書院以
供膏火之用康熙二十八年學政周　題報入官以祖息為師
儒實足之用故名之曰沈義倉田餘租銀米向隸加耗二錢
征收條折正賦外並加與祖息協濟耗色外銀米尚皆有餘其
耗色有餘米之餘者計加與每年餘剩十四兩零餘米二百二
十三石零耗米餘米三百二十五石零歷年以來俱有逋欠向
撥養贍時易造一冊達部如造報正延以及未完隨時詳參

牧租

蕭山牧租一款，於乾隆四十七年前將軍王　奏請將昌泰壹
三圍原弃馬廠地三萬餘畝，酌留一半牧放，其餘地九千餘畝
召民墾種，共分四十八條，每畝征租六百文。又秋冬馬匹撤回之後
所餘之草，民人情願刈割，每年交租錢四百串，共計租錢九千
五百餘串，以為杭州滿營鰥寡孤獨之需。嗣因[杭]州滿營經費
不敷，又作滿營孤寡養贍之項。經將軍寶　奏請將從前裁
馬案内所餘牧地，當還一萬五千畝牧租給經中丞查　奏
請將盈織寧三圍新漲沙壟，以蕭[山縣]入馬墩為界，[墨]墩内者仍歸税
業，墩外者[經]歸牧，計地一十二萬八千四十餘畝，内已墾地
六萬四千六百五十餘畝，每畝征租錢三百文，未墾草地六萬
三千三百九十餘畝，每畝征租錢六十文，並將昌泰壹三圍舊

牧租　十五

有牧地原定每畝六百文亦減共三百文由縣征解以乾隆六十年為始而省局既祖增至貳萬貳千貳百餘串矣其每畝應征灶課貳分六厘九毛仍令業主赴縣清揭完納此沙地歸牧征租之原委也嘉慶二年先山李茶鄰明府蒞任因寧盛蓝三围之地係屬復漲新沙必須貴本開墾與昌泰豊三围舊有墾地佃租完租者迥然不同且蒙接案者來內有明每年墾地既祖業戶向收貳百文至三百文不甘視收成之分數隨时酌量增減則原定每租每畝三百文亦分旱潦不難減免民力未免拮据且統計寧盛蓝三围沙地數至十萬餘畝之多而原業只數十家係屬土著其餘散佃數千人多係沿海窮民或於餘流寓之人必須原業主借本搭種及被秋成難蓄無佃民無可抵償俱各星散外逸不独租息無出即原借貲本亦化爲烏有

而業租不得不向業主催追，數年以來業主俱係困苦，不能借給佃民費本，遂至塑地抛荒，不一而足，此佃民控告不休，冀得重畀之實在情形也。再寧盛盈三團歸收地畝，所定塑地草地均係仍照舊章，以七八分爲率，有二分塑地至三四五六七分塑地多寡不同。查初定時原繫肥瘠核配，塑草兼收，該三團地畝瀕臨江海，坍漲靡常，近年以來每逢潮汛大發，漫溢所至，即成斥鹵，故各佃民不能安業，李明府屢爲彙請，各處或減則或豁課，以紓民力。至嘉慶六年春，撫藩劉方伯委嘉興府王太守勘地查勘，詳藩院，大中丞核定，分上中下三則征租，共減租錢三千三百餘串，又場課俱照下則完納，亦減錢一千餘串，雖民困稍蘇，而收租隨納之灶課，亦歸併征解，其累更重矣。其收租原定每年九月開征，十月全完，如有不完，除變賣外，仍追繳未完本文經

收租

李順台詳請將逃地丁之例於次年五月奏銷未完分數
亦照地丁例核處初參之後即照南米之例限三个月全完如
再不完實降實革通計有一年限期較之原定嚴限大相懸殊
矣又牧租原奏定分年繳照報征嘉慶六年大水李順為又
為力請於上仍與民間災田一例蠲免而定分年帶之案所以
永除其於加恩之年詳請將欽租負租錢九千餘串及五年詳
報三四兩年水冲地五千四十餘畝仍豁租錢一千五百一十
四串有奇此皆於佃民有益之事故詳記之為以後來查辦根據
也詳奏奉諭附後

為查明牧地舊日偏請歸公仰祈
聖鑒事竊照原任杭州將軍寶琳因杭州乍浦滿營孳生孤寡苦
頂歲需錢年九千五百餘串原撥地畝不敷支給奏請將從前

裁馬案內所餘牧地
賞還壹萬五千畝收租給旗臣議撥沙地四萬貳千餘畝
分案具
奏嗣因滿洲孫寨人丁繁衍閑散人數增添兩續撥地畝仍有不敷
隨將牧地新舊界址徹底清查仍令委員分頭勘丈將舊有馬
塘原基查出復從因屢有因風仍運司秦震鈞暨委員等
親赴該處逐加履勘并檢查檔案悉心確核緣杭嘉江南岸一帶
清場沙地原分為奉字寧盛盈六圍乾隆二年築立馬塘為界
以分內稅外牧嗣寧盛等圍牧地被潮馬塘沖毀稅地亦多坍
沒四十四年至五十年漸次漲復稅牧相連有稅地灶戶停案
盈等圍無馬塘界址即將塘外牧地概令指陞以致稅牧混淆又
原無地並塘外沙地又有內外熟之分近塘者為內裁近海者

收租

十七

爲外截上年酌撥滿營地畝時内有王永壽等沙地係在外截

以請歸營蓋緣其保宗畫入地内並内截失其入，今查東西

壹盈二圍尚有馬場基址可尋，不但舊定界自應將馬場舊

埂築復劃清税收，所有各圍沙地俱以馬場内者仍歸原税，馬

場外者無論内截外截悉行歸公，庶足以昭平允而絶訟端，未

便獨將王永壽等外截之地歸其，致有參差。現在丈得寧國盈

三圍除場内税地及瀕江低窪水蕩並車路堤埂攔潮等項外

共實計地一十二萬八千四十餘畝，内墾種地六萬四千二百

五十餘畝，草地六萬三千三百九十餘畝，其原撥王永壽等四萬

二千餘畝亦在此地之内，均應仍給原佃種作，俾瀕海窮民不

致失業。至每年墾地彩租，查業户每畝向收二百文至三百文

不等，視收成之分數隨時酌量增減，今應酌定墾熟之地每畝

征租三百文　共應征租一萬九千三百九十餘串　其牧地每畝
向收草租錢六十文　仍照原額共征租錢三千八十餘串　通計
每年共征租錢貳萬三千貳百餘串　因昌化等三圍坍存牧地
舊租錢文　係給付營員孤寡及各衙門散差公用等項錢一
萬四千餘串　有盈無绌　其牧地應完錢糧卽另仍照各佃自行
赴縣完納　再查浙江沿海沙地坍漲靡常　前因奸民乘機冒佔
爭訟無休　經臣委員查勘分別禁墾　給予陞科　乃費共五十七
案牒摺
惠照部案內有海沙南一案　查盈圍已墾之外現入牧地歸公案
內查出羅合保等照　又滿營租地坍漲向係查地撥補　每段科徵
不清　今營租已足　所有從前一切撥補之案一併注銷　以歸畫
一　所有歸公地畝科則額租　另行查造清冊諮部　合將大清牧

地舊界併請歸公緣由謹會同撫臣伍　將軍臣成　盐政臣

臣　合詞恭摺具奏並繪具牧地圖貼說恭呈

御覽是否有當伏乞

皇上睿鑒謹奏

夾片再查此案牧地瀕臨江海俱係種植木棉風潮稍大易致減收臣於查勘時見佃種貧民係搭蓋草寮栖止收花息甚微沿途詳詢老幼人等咸稱佃種民業每年每畝完租貳百文至三百文不等并稱旂營地畝內有原定每畝征租六百文實不能照數完納等語臣查滿營原存昌泰壹三團牧地每畝征租六百文佃户每多積欠追比甚完滿營該用歷係借支月餉本文墊給計陸續借支籌一萬貳千九百餘串尚未完款又有山陰縣沙掘陸觀名下追出充公地一千八百畝每畝征租七

四百文自五十五年至今共應徵銀六千餘串僅據徵追銀八百
二十餘串拖欠甚多勢難全數追征臣到來該地逐細履勘實
緣該處江面衝激南岸以致昌泰豐三圍近年坍地甚多但沙
俱係平坦一遇風潮不免鹽水侵漫日就瘠薄種植不能暢茂
目擊佃種農民生計惟艱每畝完租六七百文實屬有名無實
查垣內灶地每畝只須照征課銀一二分九厘合錢五十餘文較
垣外之地租課並征每畝六百餘文多寡懸殊不啻倍蓰
聖主格外施
恩將前項坍出地畝及滿營昌泰豐三圍現存墾熟牧地五千九
十畝零並陸續完出之地一千八百畝一律減租每畝三
百文至龍王廟舊完出地畝并昌泰豐三圍再放現存已墾地
共計六萬九千七百四十餘畝照畝征租三百文未墾地六萬
牧租　十九

六千九百二十餘畝每畝征租錢六十文共征租錢貳萬四千
九百四十餘串除撥給滿營兼贍孤寡一萬四千餘串外尚有
錢一萬八百餘串解司充公（共征租錢貳萬四千九百四十串五十文內仁和縣征解錢四百三十四千八百八十四文錢唐縣征解錢一百五十九千六百文蕭山縣征解錢二萬四千三百四十五千五百六十六文）
嗣後孤寡撫䘏及公事動用隨時報部查核在案
恩允俯從旗黎感沐
皇仁自必樂於佃種躍輸租不致再有負欠佃戶旗營均沾
聖澤於原奏再年局墊錢千文應請即於本年佃租錢內先
行歸補合併陳明於原奏行註不揣冒昧具片奏請伏乞
皇上訓示謹奏
奏爲遵
旨會同議奏事浙江巡撫覺羅吉慶查明牧地田畝分别歸公一

撥并奏請酌定牧租錢數乾隆六十年五月二十一日奉
硃批軍機大臣會同該部議奏欽此臣等伏查浙江省杭州滿營
養贍孤寡銀兩先據前任將軍王進泰奏請將馬廠冒佔之三
圍牧地內酌留一半存牧一半丈實地九千畝令民墾種每畝
旱澇每畝征租錢六百文每年計得租錢五千四百串文馬匹
撤回以後牧地所剩之餘民人情願認割每年交租錢四百串
俱交布政司衙收貯庫按月倍發嗣因乍浦滿營養贍孤寡銀
兩援該撫請將原撥牧地并近年漲復新沙四萬貳千六百餘
畝按則科算每年計征租錢四千 串餘串撥補添用等因經
部議准具奏通行在案今據該撫等稱杭州乍浦滿營孤寡及
貧乏兵丁閑散人數增添而續撥地租仍有不敷請將寧盛盈昔
圍沖馬塘撥出舊定界址築堤原便以馬塘內者仍歸原設

牧租

二十

馬塘外者概行歸公，皆語是地（利）陸續墾成，租無可增多，不
特昭平允而絕訟端，實足聽旅墾而益民業。應請將所坍
理正兩稀現在丈得寧盛盈三圍，收地並原撥涉復新沙，共實
地一十式萬八千四十餘畝，內墾熟地六萬四千六百五十餘
畝，草地六萬三千三百九十餘畝，仍照原佃程作酌定墾熟之
地每畝征租錢三百文，共應征租錢一萬九千三百九十餘串；
草地每畝收草租錢六十文，共應征租錢三千八百餘串，通計
共征租錢二萬三千二百餘串。皆請照舊前項草地每畝征
租錢六十文，核與新設租額外，共丈實墾熟地六萬四千六百
五十餘畝，每畝征租錢三百文，雖與定例下則地租六百文之
數較為減少，但據稱查明該處業戶每畝向收二三百文不等，
租收成分數酌為增減，皆請是該處沿江地畝本屬磽瘠，農民

佃種收成豐嗇不齊今該縣酌中定議以每畝征租三百文為
率係為體恤窮黎推廣
皇仁起見自屬實在情形亦應如所議辦理又據署許森祿滿營
原有昌泰壘三圍次地每畝征租錢六百文佃戶每多積欠延
以至完滿營清同歷任借支商鋪錢文墊借共借支錢一萬貳千
九百餘串尚未完還欵又沙旗陸凱名下退出充公地一千八百
畝每畝征租錢七百文自五十五年起今共應交錢六千餘串
借撥交過錢八百二十餘串實緣該地藍水浸漫日就瘠鹵種
植不能暢茂佃種農民生計維艱以畝定租六七百文實屬有
虧無實仰懇
聖恩將滿營昌泰壘三圍現存墾熟收地五千九十畝零並陸凱
充公地畝一律減租舉以每畝二百文定額共計新舊已未墾

牧租　廿一

地畝每年征租銀貳萬四千九百四十餘兩除撥給兵孀孤貧

外每年尚餘銀一萬八千餘兩解司充公遇有動用報部咨請

查普泰豐三圍牧地及陸續入官地畝俱係袁浙租價但該處

多種木棉利息本微近因沙灘江風潮不免鹽鹵浸漫難植

未能暢茂且據附近灶地每畝上則止征課銀三分九厘牧

地視同一例未便稍租獨重轉令衆民向隅況從前租價雖定

數較多而歷年以來積欠未還仍屬有名無實今經次歸以新

地既以三月文定額此項舊存牧地自應一律減租俾歸畫一

且據稱每年所收租銀除撥支滿營兵孀等項一萬四千餘兩

外尚餘銀一萬八百餘兩實屬有益無損而應如所奏辦理惟

經此番酌減調劑之後其旂營兵孀有資既無缺乏而衆民更

租減少自更易於輸將清還積欠應仍令該撫飭屬實心經理

務使年清年款剔核於民兩有裨益方為妥善至滿營陸續借
支局錢一萬貳千九百餘串請於本年佃租餘錢內先行歸補
查此項借支錢文每年報銷冊內並未聲明又系佃未完歷年
租息是屬實欠之項未必盡歸無着現在作何追繳緣由該撫
摺內亦未聲叙應令詳悉查明報部再行核辦分別歸款其餘
除此南一案地畝及滿營租地坍塌被沒從前查地撥補各案奏
請註銷並現在歸公地畝科則租額丈清界址清冊仍令速飭
遂細查造送部到日再行核辦所有臣等核議緣由伏乞
皇上睿鑒訓示遵行謹奏乾隆六十年六月初八日奉
旨依議欽此

牧租

奏為請減牧地租課籌項生息以紓民力而裕公費仰祈
聖鑒事竊據蕭山縣寧盛益等圍牧地佃民陳要得宗孟等以前

廿二

坍牧地因近年潮勢南趨鹹水浸灌收息甚微萬難完納原定
之額租懇請查辦等情赴縣府司道臣衙門先後呈告臣與藩
司劉斌商酌派委同知孟省三知府丁億著同知翔鳳會同紹
興府知府百善寧紹運判郝嘉安前詣該地履畝查勘酌減租
額該管巡道加具印結由藩司會同運司核議具詳前來臣覆
加查核緣蕭山縣境內滿營牧馬餘地坐落錢塘江南岸沿
海一帶與錢清場灶戶稅地向築馬塘為界以分內稅外牧嗣
而馬塘沖斷稅牧相連乾隆六十年經前撫臣吉慶委員查明
馬塘舊基無從築復劃清稅牧凡馬塘以外新漲沙地築圩
奏明歸公墾地每畝征租錢三十文灘地每畝征租錢六十文由
蕭山縣同仁和錢塘二縣分征批解作為杭州乍浦兩滿營養
贍孤寡及差費紙劄等用該地原墾上中下則灶課仍令牧佃

赴錢清場完納經部覆准在案祇以此項牧地沿江濱海其情
形視潮汐爲變遷潮汐鹹水所到之處重則坍沒輕則荒蕪加
慶元年查辦任之案之後即不能依限完租滿營兼牘年久三
月不發致罷牧界戊咸豐年
欽差台布來浙查係實欠在民並無他弊追加蔆二三等年明勢
南趁殷牧牧地沖沒並有餘畝浴部覈係租額年底稍坍處無
征仁和縣以地荒易業減租惟有山縣稍坍沒覈係之分每年
尚應征租本貳萬貳千貳百五十三串零每征場課銀三千六
百九十九兩零此項租課並征之後臨江岸即適海塘又虞
闌壩堤資當曉潮水浸漫遂致泆坍變爲亦田即今潮汐較小
而所種棉花一遇連朝風雨花子亦多損爛近年每畝收一
二十斤除去工本所餘無幾最低之地並有畝收七八斤僅剪

牧祖　廿三

工本無跡祖場課追呼交迫其催尚可勉强措繳近則觔度力
竭完納無期此該佃等所以赴懇上下各衙門情詞急切也詳
經委員履勘酌議減租由藩司等會詳前來臣恐查如不實隨
於便道至蕭山村親加察看該處當塗兩圍原存高阜牧地種
植桑茂其寧盛盈三圍新漲地畝半係低窪日被潮汐浸淫地
薄息微確有可據若不亟為調劑佃民實不免向隅而按項征
解不前於滿營孤寡養贍必致日形短絀且恐經征各吏顧畏
降革考成潛起挪移正項掩飾一時之弊應請俯如該司等妥
議所請將蕭山紅壟地六萬弍千九百餘畝除現在勘明地
處高阜潮水不到種植有收與原定時情形相同者計地三萬四
千二百餘畝照舊完租納課毋庸議減外其勘明地勢稍低連
年潮水遍侵收成較薄者計地二萬四千一百五十五畝零每

畝約成棉花一二十斤扣除工本所不敷按數輸租請照舊酌減一百文每畝征租錢貳百文又東北沿海一帶地勢最低湖水灌注僅成斥鹵僅收棉花七八斤共計地四千五百四十七畝零照舊酌減貳百文每畝征租錢百文昨是租等雖減而課銀如舊則窮佃不累於租仍累於課應將稍低最低減租地畝原額上則納課銀四分三毛中則納銀二分六厘九毫共一律改照下則一分三厘四毛征收其原有未墾草地五萬六千三百餘畝本屬瘠磽窪下之產止堪當草刈變除完租六十文外所餘更屬無幾茲令其仍照原定上則中則完課民力實有不逮應將草地之課亦一律改為下則征收統計於原征牧租錢貳萬二千二百五十餘串之內減去錢三千二百二十四串零原征灶課銀三千六百九十餘兩之內減去銀一千九十九

收租　十兩

丹零並為前項灶課除減實征尺式千五百餘丹按照彼年時價併入收租錢內由肖山縣統征分解俾免於場分征之擾以安佃業而紓民累再查收租一項原為滿營養贍孤寡等項之需杭州兩處養贍每歲約需錢一萬八千串養費原貴約式千串遇閏加一千五百串今既減缺收租錢三千三百餘串自應另為籌補查前加養元年

欽差查辦案內替征不力之前任蕭山縣方積泗罰繳錢二萬九百九十二串零存貯藩庫充公請將此錢發商按月一分生息每年可得息錢二千五百餘串現查肖山縣租除減實征錢一萬八千九百二十九串零又另有仁和縣減剩縣租二百五十六串零加以息錢二千五百餘串實得錢式萬一千六百餘串以之給發杭州兩滿營孤寡養贍及差費閏月加

從之用尚屬有盈無缺臣与將軍普　面商亦祥以息抵減已
敷之項費用皆請以此籌款查孤寡未邺既不致日從而佃民
亦得不致向隅共沐
聖恩於康阜矣臣除咨行户部外臣謹会同閩浙總督臣玉　兩浙
鹽政臣延　会詞恭摺具
奏并繪圖貼説敬呈
御覽伏乞
皇上睿鑒施行　嘉慶六年六月十五日具奏
為請減牧地租課籌項生息以抒民力而垂久遠事據布政司
劉烒鹽運司佟映琛会詳據肯山縣牧地佃民陳安得宗孟王
詠壽任思泉莫炳和草光得陸以達莫有文思查沈宗彩陳
奏思陳得三施以文馮应咸等詞稱竊肯邑沿海沙塗向分昌
牧祖　廿五

海寧鹽場圍熟地每畝完課外加征租米三升又草地又加征
租米六升又租課並征直致灶户歸加賠二、兩年江潮南趨
以致莫有之場沿海沙地坍卸無存前已蒙勘詳咨豁其現存
者亦僅征租殊不知場境未坍之地逼近江海潮汐出没鹹水
浸灌所有開墾熟地日就變為荒蕪收息甚微原定之米租實
課從前完納一届開征灶揚兩差絡繹催追有力者典剥揭欠
無力者鬻女賣男不勇完公俯就枷杖流離失所苦不勝言茲
不仰請憐救必至老作饑莩環叩歡乖憐或免租完課或裁課減
租俾身等苟延殘喘踴躍急公則數千户老幼俱有生路等情
赴縣府司覆次呈控經本司詳奉國公在前之吏部府知府王
續若場確勘議詳去後今接吏部府知府王續查杭州程等同
知翔鵬會同仁和府知府百善寧仁分司郝敏寧會詳稱查印

前詳有撫捻查積案患心確核詳仁和縣二縣征租之地具
報坍荒之案業經另案詳办毋庸再議外所有肖山縣征租收
地坐落縣屬江南岸及沿海一帶毘連錢清場灶戶稅地向築
馬塘為界以分內從外收嗣因馬塘沖斷而寧盛盈等圍收地
坍沒潮汛稅收相連遂有灶戶藉繞報陞之案乾隆六十年經
前撫憲吉 委員查明馬塘舊基由舊築復劃清稅收兀馬塘
以外沙地委嘱內裁外裁築竣 奏明歸公令之所稱收地也
緣其時滿營孤寡最難不專經前撫憲吉 請撥收頃已墾之地
每畝征租錢三百文未墾草地每畝征租錢六十文由肖山縣征
解同仁和縣二縣分征收租作為杭州二滿營兼贍孤寡屋兵盤
費其自嗣本屬縣收地全行坍沒報部豁租仁和縣收地亦接
具報坍荒另案核減租錢報部外惟肖山縣核報坍沒現在已

收租

共八

墾地六萬貳千九百五畝二分三厘五毛未墾草地五萬六千
三百七十三畝一分六厘貳毛每年共額征銀貳萬貳千貳
百五十三串九百六十文由肯山縣征解藩司庫又因此地未
經歸牧之時先在本清場報承納課並以輕征租之外亦諳牧
悉及先清串經提便均分別上中下及下下等則每畝征正雜
課又及隨征浦珠串價又共四分三毛至一二分不等每年共
額征課又三千六百九十九兩三錢一分八厘由本清場征解
運庫此牧地歸公後租課並征之原委也今據該佃陳安等以
牧地濱臨江海斥鹵産下租課並征殊形竭蹶上訴　憲轅章
委查勘界為昔營田肯山縣本清場會勘得此項牧地地名馬
塘之外去海一二十里及三四里不等西南近塘者為內截東
北濱海者為外截內截之地額多而科少並望堯塘身之壹稅

内勢居高阜為潮汐所不到外截之地勢少而草多内脩西面
沿江高阜一帶與内截相當此外盡屬低窪溝小潮大易致淹
沒即有積高而不致被淹者朝夕潮水浸漬其性亦鹹不宜種
植從前未經收牧之前該佃當每畝不過完課三四分隨所收
之厚薄皆有餘利迨歸牧之後不論内截外截年豐年歉塗地
槩征租錢三百文草地槩征租錢六十文仍舊征收每畝四分
三毛及貳分六厘九毛之灶課民情本屬拮据是以乾隆六十
年甫經定案次年即不能依期完租以致滿營養贍錢文 三月
不發經前署將軍成 奏奉
欽差來浙查明實欠在民並無剝削情弊但將滿征不力之前署
司汪志伊前有山縣方于泗降革罰賠并嚴催征變分此地
丁等新例次年五月 奏銷如有未完限奏後三个月征完完

牧租

說

不足數徑征爲擇予以實降實革未完予文著落賠繳自此經
征吏胥畀責成殫力催征並近塘之内截八號等地或上有
收尚能依限隨納而外截与附連内截之低窪處所大半俱係
新墾自加賦二三年以來潮勢南趋地多坍没其未坍地畝通
近江海又無閘堰堤備蓄洩一任潮水浸漫遂致沃地變爲斥
鹵即令潮汐稍小而地内所種棉花一遇連朝風雨花子虧多
損耗近年每畝止收一二十斤除去工本所餘無幾最低之地
並有每畝收七八斤僅敷工本者縣祖揚催呼交迫苦犯當可
勉力操繳近則力屡觔疲追比無益若不亟請調劑不特窮佃
向隅而官項征解不前桂滿整擁寡策騰挪彼日形短絀且恐
經征吏胥累降革處分借挪移正項推卸一時之弊界爲
苛斂寡者履勘實在高阜有收之地因未便任其隱混影射

而實在被潮囓塌畝自有不得不量爲酌減之勢謹公同按勘應請將原墾地六萬貳千九百五畝貳分三厘五毛内除未經査出内栽光挖等地及外截西（面）沿地（江）共三萬四千二百四畝三分三厘五毛勘明地勢高阜潮水不侵種植獨廣每畝仍征租錢三百文並無囘納課毋庸議減外所有内外截之間地勢稍低鹵潰土鹹及雜居内而外高中窪收成較薄之低田等地共貳萬四千一百五十五畝八厘每畝約收棉花一二十斤秋間亦不甚豐輸租應請無須酌減一百文每畝征租錢二百文又查沿江一帶地勢最低潮水經年漫溢其雜墾地每畝僅收棉花七八斤之隆出等地四千五百四十五畝八分二厘應請無囘酌減二百文每畝征租錢一百文惟是租錢雖減而課則無回究細不畀按租

收租

共八

仍照程課以清也本處場馬墩以內罡連涉地有課之租
例完其一地兩征但此地在場外报陞佃課以來已久今不用
不能存其名並請將稍低窪低減租地部原陞上則正攤灶課
及隨正滴珠串腳銀四分三毛中則課銀二分六厘九毛者一
律改出下則一分三厘四毛征收其原存未墾蕩地存草六千
三百七十三畝一分六厘二毛本屬瘠硗灶下之產現仍蓄草
秋深刈賣僅完租六十文外所餘更多最薄何望其仍照原陞
上則中則完納民力實有不逮應請將蕩地之課亦一律改為
下則征收統計程原征收租錢貳萬貳千貳百五十三串之內
減去每年三千三百二十四串六百七十二文原征有山牧地正
攤灶課及滴珠串腳銀三千六百九十兩丹之內減去銀一千
九百九十九兩四錢八分九厘零併將每清場陞減實征有山

牧地正攤灶課及隨珠串脚銀貳千五百九十九兩八錢貳分
八厘，按照部定時價，併入牧租項內，由青山鹽一律征收分解
運庫。馬墩以內號地灶課，仍由該場征收，其牧地灶課完欠考
成，并一切造報册籍，每役歸該塲經理，俾免牧塲分征之擾。而
民力每日少捐矣。緣奉憲勘，令將應減租課分晰造冊繪圖貼
說，出具會勘切結，詳請憲臺咨部，並准撫憲奏請，台道札飭
委府復核，加結咨送到司。據此，該本司等復加查核，委係實在
情形，應照所議將九圍墾地內，除地勢高阜潮水不浸、種植有
收者，照舊完納租課，毋庸議減外，其餘稍低、最低窪地，及未墾
牌地，牧租灶課，均應分別酌減。共計減租錢三千三百二十四
串六百七十貳文，減正攤灶課及隨正潤珠串脚銀一千九十
九兩四錢八分九厘零，即於嘉慶六年牧租攤課內　奏銷案

牧租

先

内分別減彩造報並將所收將來清場降減寔征收地丁攤灶
課及滴珠串脚銀二千四百九十九兩八錢八分八厘按照時
錢價并入收租錢文由省山陰縣征分解以免縣場兩處追
呼之擾其馬塘以内不征收租之稅地灶課仍由該場照舊征
解毋庸更改惟是收租一項原為滿營孤寡養贍等項之用現
計杭州乍浦兩滿營每年約需養贍孤寡錢一萬八千串又為不
可少之差兵盤費需費約二千串遇閏應加一千五百串今既
減缺租錢三千三百餘串自應另為籌補查嘉慶元年奉
欽差查辦案内前因陸前乍山令方于泗罰繳錢二萬九千
九十二串五百三文存貯藩庫交商應請即將此項錢文發交
典商每月一分生息每年可得息錢二千五百餘串現在降減
實征租錢一萬八千九百三十九串零文 仁和縣收租降埸荒

另案詳咨減免外，共應征銀貳百五十六兩零，加以息銀貳千
五百餘兩，每年可得本貳[illegible]一千六百餘兩，以之支發杭乍兩
滿營孤寡養贍及遞善盤費，本款并有酌留銀數百兩，以為
閏月加增之用，外每年尚有息銀缺少，此調劑孤寡，既得實
惠，而民間亦不至向隅矣。謹合無據情詳並送該圖冊，俟伏祈
會同察核，奏咨，并請轉咨部院，據此，覆查無異，除注冊勘會
恭摺具奏外，相應咨達，為此合咨閩浙總督、兩浙鹽院延
貴部，請煩查照施行。
右咨

冊開
原奏歸收撥地六萬七千九百五十二畝六分三厘五毛，內除
加發三年陸安等湖地五千四十七畝四分，淨存地六萬
三千
牧租

弍千九百五畝弍分三厘五毛每畝三百文計租錢一万
八千八百七十一千一五百六十文
原奏歸牧桃地六萬五千九百九十六畝弍分六厘六毛內除
加叢三年陳安等坍地九千六百二十三畝一分三毛外
淨存地五萬六千三百七十三畝一分六厘三毛每畝六
十文計租錢三千三百八十二千三百九十文
一寧國縣佃係元雲等認佃徐宗孟案馬嶂等歸牧內實征租
地八千弍十弍畝一分一厘　內
墾地六千弍百三十九畝八分每畝征租錢三百文計應
征租錢一千八百七十一千九百四十文此係西南沿江
迴游地應作上則仍照舊每畝征租錢三百文
桃地一千七百八十二畝三分一厘每畝征租錢六十文

計應征租錢一百六千九百三十九文

一寧圍搭佃湯有光等認佃王永壽寨馬塘外埽牧外荒征租
地七千七百八十八畝六分五厘　内
墾地六千六百九十九畝一分每畝征租錢三百文計應
征租錢貳千零九千七百三十文　此係西面迴瀾之地應
作上則照舊每畝征租錢三百文
坍地一千八十九畝五分五厘每畝征租錢六十文計應
征租錢六十五千三百七十三文

一盛圍搭佃朱友伊等認佃任四泉寨馬塘外埽牧内荒征租
地一萬六千四百一十四畝貳分　内
墾地一萬二千九百二十四畝九分每畝征租錢三百文
計應征租錢三千八百八十千四百七十一文　此地上高下

牧租

窪應弓上節地六千一百二十畝弍分照舊征收每畝租錢三百文計征租錢一千八百三十六千六十文又改作中則地六千八百十四畝七分每畝二百文應征租錢一千三百六十弍千九百四十文計減租錢六百八十一千四百七十文

柴地三千四百七十九畝三分每畝征租錢六十文計應征租錢弍百八千七百五十八文

一戲園稞佃莫冠峯等認佃莫炳初案馬塘外歸收內節征租地六千六百七十四畝

墾地三千二百六十弍畝每畝征租錢三百文計應征租錢九百七十八千六百文此係中窪變所不甚高阜應改中則征收每畝征租錢二百文共應征租錢六百五十二

千四百文計减租銀三百二十六千二百文

草地三千四百十二畝每畝征租銀六十文計應征租銀

貳百四千七百二十文

一盛園總佃莫堯侍等認田馬塘外歸牧荒老抵地內節墾地貳

千三百七十捌畝每畝征租銀三百文計應征租銀七百

一十三千四百文此係荒塘荒積地應作上則每回每畝

征銀三百文

一盛園總佃傅晋堂等認佃陸公達寨馬塘外歸牧征租外節

地一萬五千九百四十七畝五分八厘內續報墾後拋荒改征草地于陸陳

是佩租銀內撥補地一千六百四十三畝一分七厘

墾地四千二百一十六畝每畝征租銀二百文計應征租

銀一千貳百六十四千八百文查此地照加墾三年招佃

牧租　　並

地一千四百九十弍畝七分九厘外净存熟地二千七百二十三畝二分一厘應征租子八百十六千九百六十三文内地弍千五十弍畝係中窪受水應攺中則征收每畝征租子弍百文共應征租子四百一十千四百文又地六百七十一畝弍分一厘実係低窪應改作下則征收每畝租子一百文共應征租子六十七千一百二十一文計減租子三百卅九千四百四十弍文

草地一萬一千七百卅一畝五分八厘每畝征租子六十文計應征租子七百三千八百九十五文 内除加蒙三年报捐地弍千弍百六十九畝一分九厘净存草地九千四百六十弍畝三分九厘應征租子五百六十七千七百四十三文

一盛園徐佃莫士同當認佃莫有文峯馬塘外歸牧征租外蕩
地一萬一百三十一畝貳分七厘 內續報墾復拋荒改征草地並陳瑩佩租本內
撥補地一千五百九十二畝二分
墾地五千三百一十三畝一分，每畝征租錢三百文，計應
征租錢一千五百九十三千九百三十文，內除加蒙三年
報耕地七百卅六畝六厘外，淨存地四千五百七十七畝
四厘，應征租錢一千三百七十三千一百十貳文，內地三
千七百五十貳畝八厘係中窪處所，應改中則征收，每畝
征租錢貳百文，共應征租錢七百五十千四百廿六文；又
地八百二十四畝九分六厘實係低窪，應改作下則征收，
每畝租錢一百文，共應征租錢八十二千四百九十六文，計
減租錢五百四十千貳百文
牧租
卅三

草地四千八百十八畝一分七厘每畝征租錢六十文計
應征租錢貳百八十九千九十文內除加費三年捐埂地
一千一十畝七分四厘六毛淨存草地三千八百八畝四
分貳厘四毛應征租錢二百貳十八千四百四十七文

一盛國採佃陸世安等認佃馬墳外歸救外節字地貳千八百
四十六畝四分貳厘每畝征租錢六十文計應征租錢一
百七十千七百八十五文內除加費三年捐埂地四百九
十九畝九分貳厘淨存字地貳千三百四十六畝五分該
租錢一百四十千七百貳十文

一盛國採佃洪錦濤等認佃吳士興案選出馬墳外歸救外節
草地一千一百二十二畝一分每畝征租錢六十文計應
征租錢六十七千三百廿六文此項地畝加費三年詳報

全行坍没

一盈園揚佃周勝元告認佃莫炳初寧馬塘外收內荒征租
地五千貳百卅七畝內
墾熟貳千六百七十八畝五分每畝征租錢三百文計應
征租錢八百三千五百五十文此係中霍秀府應改作中
則征收每畝租錢貳百文共應征租錢五百三十五千七
百文計減征租錢貳百六十七千八百五十文
草地貳千五百五十九畝五分每畝征租錢六十文計應
征租錢一百五十三千五百七十文

一盈園揚佃陳世直告認佃馬塘外歸牧荒稅地內荒墾地三
千五百四十九畝每畝征租錢三百文計應征租錢一千
六十四千七百文　此係荒塘老稅地應以舊每畝征租錢

牧租　卌の

三百文

一盈園招佃陸志棠昔保佃沈宗彩業馬塘八埽牧征租內節

地八千一百一十八畝五分 內陸凱元出墾地一千八百

一畝每畝征租錢三百文計應征租錢五百四十千三百

文此係東面高阜處所應作上則照舊每畝征租錢三百

文

墾地三千二百六十貳畝五分每畝征租錢三百文計應

征租錢九百七十八千七百五十文此係東角塘高阜

處所應作上則照舊每畝征租錢三百文

草地三千五十五畝每畝征租錢六十文計應征租錢一

百八十三千三百文

一盈園招佃莫謹和昔保佃莫有文業馬塘外埽牧征租外節

地一萬弍千二百七十九畝内

墾地三千七百十七畝每畝征租錢三百文計應征租錢

一千一百十五千一百文内除加菱三年指墾地一千二

十八畝外淨存地弍千六百八十九畝計租錢八百六千

七百文内地一千九百六十畝八分係中等處所應收中

則征收每畝征租錢二百文計應征租錢三百九十弍千

一百六十文又地七百二十八畝二分係生實低窪應收

作下則征租每畝租錢一百文計應征租錢七十二千八

百二十文計減租錢三百四十一千七百二千文

草地八千八百八十二畝每畝征租錢六十文計應征租

錢五百三十一千七百二千文内除那些三年報墾地一

千六百三十一畝八分二厘外淨存草地七千二百三十

牧租

卌五

畝一分八厘計應征租錢四百三十三千八百十一文

一盈圍括佃李算年等認佃陳李田崇馬實外歸收征租內節

地九千六百七十一畝內

塗地貳千九百九十九畝每畝征租錢三百文計應征租

錢八百九十九千七百文此係中庠變所應改作中則征

收每畝租錢二百文共應征租錢五百九十九千八百文計

減租錢貳百九十九千九百文

草地六千六百七十二畝每畝征租錢六十文計應征租

錢四百千三百二十文

一盈圍括佃陳安等認佃馬憶外歸收征租外節地三千九百

二十六畝內

塗地貳千一十三畝每畝征租錢三百文計應征租錢六

千零三千九百文內除加費三年招佃地九百六十四畝四分外淨存熟地一千四百十八畝六分應徵租錢三千十四千五百八十文此係上高下窪應改作中則地六百三十六畝每畝租錢二百文計徵租錢一百二十七千二百文應改作下則地四百十二畝六分每畝租錢一百文共應徵租錢四十一千二百六十文共減租錢一百四十六千一百二十文

草地一千九百十三畝每畝徵租錢六十文計應徵租錢一百四十千七百八十文內除坍去地六百五十一畝四分一厘外淨存地一千二百六十一畝五分九厘應徵租錢七十五千六百九十五文

一盈園撥佃陳灣三莊洇佃馬墟外歸牧徵租外節地一千六

牧租

卌六

百七十四畝　内
塹地八百八十七畝每畝征租銀三分八厘計應征租銀二
百六十三千一百文内除加蒙三年報坍地二百七十九
畝五分外淨存地五百九十七畝五分應征租銀一百七
十九千二百五十文此實係低窪淌下應改山下則征收
每畝征租一百文共應征租銀五十九千七百五十文計
減租銀一百一十九千五百文
蕩地七百九十七畝每畝征租銀六十文計應征租銀四
十七千八百二十文内除加蒙三年報坍地貳百八畝三
分三厘外淨存地五百八十八畝六分七厘應征租銀三
十五千三百二十文
一盈圍撥佃施永昌等認佃施公義堂馬塘外歸牧征租外蕩

地貳千九百六十畝内

墾地八百五十畝每畝征租錢三百文計應征租錢二百五十五千文内除加費三年報耕地五百四十六畝六分五厘外淨存地三百三畝三分五厘應征租錢九十一千零五文此實係低窪田下應改作下則征收每畝征租錢一百文應征租錢三十千三百三十五文計減租錢二百廿四千六百六十五文

荒地二千一百一十畝每畝征租錢六十文計應征租錢一百二十六千六百文内除加費三年開荒地一千四百七十七畝五分六厘七毛外淨存地六百三十二畝四分三厘三毛應征租錢三十七千九百四十六文

一蘆圍搭佃馮占成廿 湖佃洋海 周啓芳 方成貴 韓馬墉外

撤租 廿乙

歸牧征租外節地六千九畝内

墾地一千八百六十八畝每畝征租錢二百文計應征租

錢五百六十千四百文此地係東南倘高勘係涸灘應每

作上則地八百六十畝照舊每畝征租錢三百文應征租

錢二百五十八千文改作下則地一千八畝每畝征租錢

一百文應征租錢一百千八百文計減征租錢二百一千

六百文

草地七千一百四十一畝每畝征租錢六十文計應征租

錢四百二十八千四百六十文

一昌圍搭佃來佑育提佃拼存老牧内節墾地七百六十八畝

五分九厘每畝征租三百文計應征租錢貳百三十千五百

六十五文此係極西沿江迴淤應作上則照每畝征租

千三百文

一壹圍据佃朱儒習認佃丈實康收地四千三百七十九畝五
分內
墾地貳千五百二十六畝一分八厘五毛每畝征租二百
文計應征租錢七百五十八千八百五十五文此係西角
沿江迴漲之處應作上則照舊每畝征租錢三百文
荒地一千八百五十三畝三分一厘五毛每畝征租六十
文計應征租錢一百一十一千一百九十九文

一壹圍据佃黃善昌認佃大經沙坍存收餘荒地七百五十二
畝貳厘一毛每畝征租錢六十文計應征租錢四十五千
一百二十一文此項地畝被加蒙……詳報坍沒請
豁在案

收租

廿八

以上共計上則地二万四千弍百四畝一分三厘五毛應
征租錢一万弍百六十一千三百文
共計中則地弍万四千一百五十五畝八厘應征租錢四
千八百三十一千十六文
共計下則地四千五百四十五畝八分弍厘應征租錢四
百五十四千五百八十弍文
共計原存草地五万六千三百七十三畝一分應征租錢
三千三百八十弍千三百八十六文
通共應征租錢一万八千九百廿九千二百八十四文共
計減租錢三千三百卅四千六百七十二文
附陸芸佩苟陳漏歸牧地畝應征租錢照現在減則二案撥補
二案缺租清冊

一前蒙孫詳今續經查出陸豐楓嶺等處荒地陸堤渡水滿外丈實墾地三千四百九十畝一分五厘每畝征租錢三百文計征租錢一千零四十七千四百五文内撥補塗園未墾等處復荒並復丈鋤平改業地四百八十九畝六分二厘除征帳租外每畝缺少墾地租錢式百四十文共缺租錢一百十七千五百九文

藏園陸地遠業現改中則地式千五十式畝該征租錢四百十千四百文仍照下則征租計缺租錢二百零五千式百文

藏園墓有文案現改中則地三千七百五十式畝八厘該征租錢七百五十千四百十六文仍照下則征租計缺租錢三百七十五千式百八文

收租

坑

盛國英充佳老祝地土降溝便充租地弍畝廿八分計缺

租錢七十一千四百八文

盛國英有文案現改中則地一千九百六十畝八分該征

租錢三百九十弍千一百六十文 仍照下則征租計缺租

錢一百九十六千八十文

盛國陳世直老祝地土降溝便充租地弍百七十弍畝一

分六厘計缺租錢八十一千六百四十八文

以上五案共缺租錢一千四十七千四十五文 均將查出

陳芸佩首隱漏應征租錢抵補

以撫部院玉爲清完芻苗嘉慶三年十二月初五日准

戶部咨開浙江司案呈戶科抄出浙江巡撫玉 題仁和等縣

征加慶乙年牧地租錢已未完數目造冊題銷 一案 嘉慶三年

六月廿六日發　八月初七日奉

旨該部察核具奏欽此欽遵於本日抄出到部隨經臣部將杭州征

收地租千兩應設處分查未報完結者照續完限實年一律完結

定例移查吏部去後今據浙省三年九月初六日准吏部查明

該處到部該臣等查浙江巡撫王　將仁和等縣征收加

發武年收地租千已未完數目造具四柱清冊具題前來查先經

軍機大臣會同戶部議覆前任浙江巡撫者　奏杭州滿營收

廢駐地以及墳外賦漲新沙內墾種地畝並所報陞軍入官地

每畝征租錢三分文帶地每畝征租錢六十文每年共應征租

錢式萬四千九百四十餘千除支給杭州乍浦兩滿營孤寡騰孤

寡外每年尚餘錢一萬八千餘千解司並兩關因地租逐延未

解以致滿營賞騰不能按時放給又經軍機大臣會同戶部等

收租　　　　　　　　　　　　　　　　　　　罪

部議定將此項租子每年以十月為限勒令仁和錢塘蕭山三
縣按數征解全完如逾限不解即將經征不力之員嚴行參處
仍於所未完子數着落典業賠繳在案因達准行文浙江巡撫
並無辦理去後續據詳稱此項灶沙地居塘外沿江
一帶土性鹽滷一遇江潮大汛即被漫溢瀕海佃民數千餘戶
每年交夏後到地翻犁種植木棉八月照(?)結成熟征收牧租向
於九月開征催納數千餘戶子數較多若限十月全完為期僅
以兩月勢難掃數征收請照地丁秋後開征之例於次年四月
底以限八个月掃數全完仍於五月內專款造冊報部如依限
全完照例議叙如有未完即按分數請參並將未完子文照數
着賠等因又經戶部以牧地租子例係滿營孤寡口食之資經
征之員自當予以獎叙俾得遵循催納依限解司按月支放之

實缺之處准其自加賞弍年新租為始即照地丁分年扣解每年五
月二限具題辦理移加賞弍年十二月十八日接准部題十九
日奉
旨依議欽此欽遵行文浙江巡撫遵照辦理並知照吏部軍機處
在案今據該省造送開加賞弍年分仁和海寧蕭山三州縣
共額征地一十三萬六千一百四十兩四分三厘一毫共應征
租錢弍萬四千七百八十串四百五十文內已完錢一萬六千
九百三十一串二百三文未完錢七千八百四十九串弍百四
十七文又有山縣續完乾隆六十年並加賞元年未完租錢一
萬七千七百六十四串六百六十五文共計新舊征解租錢三
萬四千六百九十五串八百六十八文除支放杭州乍浦兩
滿營弁兵賞恤紅白各項外實存錢四千四百三十七串五

校租　罕止

合一勺九抄所有收支存剩細數開列於後 一舊管米六千貳石六斗五升貳合六勺七抄前經查前項白骨米六千貳石六斗五升貳合六勺七抄戶部核與嘉慶元年報銷冊內實存數目相符應毋庸議 一新收嘉慶貳年分收租米一萬六千九石三斗一升貳合三勺又收僅完乾隆六十年並嘉慶元年未完租米一萬七千七石六斗四升六合六勺五抄前經查前項新收嘉慶貳年分已完收租米一萬六千九石三斗一升貳合三勺戶部核與核算米數相符又僅收乾隆六十年並嘉慶元年租米一萬七千七石六斗四升六合六勺五抄核與原報未完數目亦屬相符均毋庸議 一開除放給杭乍兩滿營養贍孤寡並差費等米貳萬貳千八石三升七合五勺貳抄又歸還米局墊放養贍米一萬三千七石一斗九升八合六勺四抄前經查

前項支給杭乍兩營養贍孤寡並差費等銀弍萬弍千八百
三串七百五十弍文應令杭州將軍乍浦副都統入於支給孤
寡養贍報銷冊內報部核銷其餘留本局整放養贍錢一萬三
千七百一十九串八百六十四文查此項備支本局整放錢文
先據前任浙江按察使　奏報陸續共借過錢一萬弍千
九百餘串經軍機大臣會同戶部議以此項備支錢文每年報
銷冊內並未聲明又五個未完歷年租息是否實欠在民未見
聲歸本着現在作何追繳行令詳查報部在案今該撫　所
報歸還本數核與原奏浮多其五個歷年未完租息並催征
完解之處並未聲明戶部無憑查核應令該撫逐備查明此項
歸還本數因何與原奏不符其五個歷年未完租息若何完解
司庫並催征之員有無□□完作何懲處逐一據實查明報部核

收租

四十二

一疏稱經征收租係全完仁和、錢塘、錢塘延休海寧州各
郡州肆玉田及未完三分以上之蕭山、平湖二縣李廷蘭分别開
列職揭送具郡征已未完分數細冊具題，並聲明地丁錢糧初
參經征州縣官欠一分者降職一級，欠二分者降職二級，降三
分者降職三級，欠四分者降職四級，俱令戴罪征收，限一年催
征，如年限内不全完者，即分别降調、革職，未完錢糧交接任催
征。收者因並無專案，今牧租一項既與地丁例專案題銷，如有
未完即按分數請參，所有未完錢文，以應仍令戴罪催征，惟收
租為滿營兵驍要款，難以延宕，若照地丁錢糧之例，初參後一
年限内仍有未完，僅分别再以降革，似不足以速催科而儆怠
玩。應請嗣後征收牧租即照地丁錢糧定例，初參時即按未完
分數參處，所有未完錢文，仍著落經征之員上緊征解，如屆次

年奏銷仍有未完即責令經征之員按數賠繳仍照地丁例參
定例分别實降實罰以示懲戒請户部查此項牧地租銀原
徵於每年十月内勒令掃數征解全完以為每月牧除滿營孤
寡等贍之用嗣因該旗以陸續丈沙俱坐蘆塘外湖水不時瀕
海佃民或夏后收穫到地翻犁八月成熟九月開征至十月全
完為期僅止兩月催輸未免迫遽叢弊
皇上天恩准其准地丁秋後開征之例於次年四月底止限八分
月掃數全完並佃民既易於輸將而經征之員亦可從容催
納又恐全可怨功復將保限全完之員予以議叙逾限不完之
員降議處外仍將未完分文着落無數賠繳並俾怕佃民之冊
抗寓功懲之意立法已極周詳乃該旗不下經定限之初寧請
改照地丁一年後奏之例如有未完着落經征之員賠繳仍予

牧租

四十三

實降實革之處宜屬有之還延既竣常項上之滿營孤寡養贍
係每月待用之需若無地丁復案一年之列如有未完再令著
贍為期既屬遲遲且照滿營孤寡養贍有缺並無實自未便准
行查先經戶部會同吏部議覆前任湖北巡撫姜晟奏湖北省
无屬有糧尾欠全數通完榮予開復案內請嗣後各省應辦
如有未完三限三个月依限全完准其開復倘逾三个月之限
仍無地丁糧一年限滿不完之例予以實降實革等因奉准
通行在案今牧地租糧未部查覆文內既系一案完結定例但
按戶催輸實與尋常各款自加嚴一年新租為控應即無尚未
真設三个月之限如有未完予以實降實革其未完租糧仍無
原議著落經征之員無數賠繳是否有當恭候
命下行文該撫遵照如理 至此案已未完各員應行議敘議處之處

查已完分員應按從議敘吏部查定例州縣發征經征一應起運
奇年分錢三千兩以上不及五萬兩全完者紀錄一次等語應
將經征三千兩以上不及五萬兩全完之仁和縣知縣戴灵休
海寧州知州張玉田均照例准其紀錄一次其經征之員初參
應按地丁未完之例議處查定例地丁錢糧經征州縣官初參
欠三分者降職三級戴罪征收等語應將初參經征未完三分
以上之肖山縣知縣李廷蘭照例降職三級戴罪征收仍令該
接將肖山縣未完租銀七千八百四十九兩弍錢四分七文速
飭按前案三个月定限之例催征完报　寔存銀四千四百三
十七兩五錢一十九文等語查前項寔存銀四千四百三十七
兩五錢一十九文應令該撫造入乾隆三十二年奏銷冊內旧管項
下造报户部查核再該撫稱肖一縣未完乾隆弍年分收租

收租

四十四

年內尚有報捐章征地口亦經詳委道府勘丈雖實稱所
查征年分另行請豁現在仍列未完項下並報明經查前撥留
報出捐復地一萬六千一百餘畝請豁租米一千七百九十餘
串文經戶部以海江沙地此捐彼坍原屬靡常此項沙地甫經
土寔復出因何捐復如此之多恐地方官有冒報不實情弊行
令該撫速飭遴委幹員詳加履勘並將現在捐復之地查明坍
復更正是否足敷相抵逐一查報又本屆奏報捐復地五萬三十
二畝五厘請豁租米一千五十九石六斗一升五合亦經戶部
駁令再行遴委道府大員親詣該地詳加履勘取結送部在
案指令該撫查照前情辦理報部毋稍延緩再查青山鄉邀
圍歸撥地九千九畝據該撫咨報與海寧州界址毗連該州該
州佃民完租等因經戶部以此項撥地原案內係指定仁和等

應肖山三縣各按界址各佃征租如有未完即着落經征之員
賠繳不得延宕推諉以專責成既收地界址畧遠則[illegible]諒不一
寧紹此縣之接經必致彼此觀望實屬有妨租課行查該縣
轉肖山縣完報經征[illegible]業所肖山此次海寧州經征租系既接無
新舊完負迄無短缺[illegible]揭接征外嗣後責成此內應令該縣即將
海寧州應征租系撥歸肖山縣一併經理征租核計考成造報等因
嘉慶三年十月二十六日題本月二十八日奉
旨依議欽此相應抄單行文浙江巡撫欽遵查照可也等因到本
部院准此查肖山縣邑盈國得沙有歸收地畝現據該司具詳因
該地嵌入海寧州界內仍請改歸海寧征解但院准　部咨覆改
海寧州應征租系撥歸肖山縣一併經征核計考成造報具題奉
旨依議等因是係業經題覆奉

收租

四十五

旨Ｘ案自應遵照　部行〔?〕理未便，投詳咨部，匯送案牘，修批飭

遵照外，合併行知。為此，仰司官吏查照先咨事

旨事理，即便轉行欽遵。將盤用修設南等處完地租，仍歸省也征

解，由任自行[illegible]要，仍將歸還本局墊取薪膳等文開明與原案

浮多，各佃歷年租息，仍否完解，經征之員有無以完作欠情弊

逐一核查，嚴密詳請咨覆。其有山場應征租本，現未如未征解

全完，即行遵照定限據實參辦。至未該物根沙地並即遵妥

道為大員，親詣履勘，取具切結，詳覆核咨，併照部議飭遵

招究成案

駐守者需黑戒事，蒙　本府　憲台　傷委前赴諸暨會同該縣親

閲〔?〕處根一案，遵即於七月十三日起程，馳往，因十四五等日

風雨極大，至十七日始行抵縣，明確勘文，詳報外，畀戒旋即呈

庭趁回縣任界貴山直臨浦義橋一帶田禾均被淹浸迨十
九日黎明抵署查得界內地方七月十四日亥時起至十五日
亥時止大雨傾倒風勢猛烈并接三都三圖地保來成等報西
江塘鎮水庵德衛和字號塘堤沖坍十餘丈以致江水泛入內
河業經該段塘總防護田禾尚無大碍等語查該處塘工歷係
民修加劳之年皆經坍損當經卑職劝諭各紳士捐貲修而
現在坍塘尚不甚長實係即日親往勘明督率該紳士設法搶
修務保無虞惟是前十四五日大雨連日潮汐大水常
接各圖收地佃民紛紛呈報北海塘堤稍低之處均被潮水浸
過塘面不獨外節窪下之地俱被淹浸即內常高阜之處亦被
潮浸且因江潮過大以致積水甚深宣洩不暢直插秋收實深
廑懷卑職於勘明鎮水庵塘工之後亦即馳赴各圖并委山一

收祖 附災案

四十六

帶逐細察看明確據實具報外所有卑縣風潮雨水情形謹會
先肅寸稟
敬稟者竊卑縣地方於七月十四日亥時起至十五日亥時止
大雨傾倒風勢猛烈並值望日潮汛其大且常卑職隨後查閱
牧地田民暨棉木棉被淹情形業經察報在案卑職隨親詣查閱遍一
查勘凡屬低窪之區被淹頗大雖供水退四五尺不等而水受
坍塌多有沖缺即完固無損者亦被潮水浸入不獨淹浸之木
棉并稻無收其高阜地畝因風雨適大正值開花結鈴之處均
被霖摧傾倒而高處漂沒樓身無存者不一而足其附臨江海
及最低之窪地多被潮湧沙泥淹沒一二尺不等而且劃分新
均淫漂失隨去蘆被淹成雜被淹這尚有式三分收成地畝外
勘得毫無收成之蕩地約式萬四千餘畝在該佃趕工奔食度

現在口食資租得兩項無從抵補立見成目擊情形殊堪憫
惻亦不敢歲行追比致釀多端伏惟痌瘝在抱斷不使一夫失
所是以援案詳陳仰祈格外施恩俯賜察核委員勘明題豁租課
俾窮黎自此不致困苦即此知數千戶佃民無不感雨露生成
中矣再昇和桃源鄉之共山及臨浦義橋一帶田禾間有撞損
是否不無成災俯候查勘明確另案等報合併聲明
詳將昇和昌安寧盛盈岩周各案歸收墾地被水淹漫本科年
以便核計畝數開摺呈送　憲鑒

計開

昌安素估商老稅墾地七百六十八畝五分三厘內
佃戶被淹地三百餘畝
寧盛素儒士認佃一年收墾地一千五百二十六畝一分八

收　租附案

四十七

厘五毛 内 額約六〻被淹地弍千餘畝

寧園内節淳宗孟案歸收墾地六千二百三十九畝八分

内 約計被淹地弍千餘畝

寧園外節王永壽案歸收墾地六千六百九十九畝一分

内 約計被淹地三千餘畝

盛園内節任旦泉案内收墾地一萬弍千九百三十四畝

九分 内 約計被淹地三千餘畝

盛園中節葉炳初案内收墾地三千二百六十二畝 内約

計被淹地一千餘畝

盛園外節陸兆逵案内收墾地二千七百弍十三畝二分

一厘全被淹浸

盛園外節莫看炎案歸收墾地四千五百七十七畝一分全被淹浸

盈圍中管莫炳初案內收墾地二千六百七十八畝五分內約
計被淹地八十餘畝
盈圍中節陳孝思案內收墾地貳千九百九十九畝內約計被淹
地六百餘畝
盈圍外節吳有文案內收墾地貳千六百八十九畝全被淹沒
盈圍外節潘思案內收墾地一千四十八畝六分　內約計被
淹地七百餘畝
盈圍外節陳濟三案內收墾地五百九十七畝全被淹沒
盈圍外節施五義案內收墾地三百三畝三分五厘全被淹
沒
又海寧馮熊業內收墾地一千八百六十八畝　內亦有被
潮淹沒應由海寧州查勘辦理
收　祖附案　四八

謹將各圍被水成災八分十分不等地畝查照詳請減則原案
分別上中下則例應豁除租米數目開具清摺恭呈　鑒核

計開

寧圍治字孟業原額上則熟地六千二百三十九畝八分
本年被水成災十分上則地弍千弍百三十七畝一
分弍厘應豁除上則租米六百七十一石一斗三升
六合

寧圍王永嘉業原額上則熟地六千六百九十九畝一分
本年被水成災十分上則地弍千四百九十一畝五
分七厘應豁除上則租米七百四十七石四斗七升一合

盛圍任田泉業原額熟地一萬弍千九百三十四畝九分
內詳請減則業內議定照旧上則征租地六千一百

二十畝二分請減中則地六千八百一十四畝七分

本年被水成灾十分中則地四百四十八畝七分一

厘應蠲緩中則租錢八十九千七百四十貳文

盛園莫炳[illegible]案原額墾地三千二百六十貳畝内詳請減

則案内請減中則征租本年被水成灾十分中則地

五百七十六畝九分五厘應蠲緩中則租錢一百一十

五千三百九十文

盛園吳看文案原額墾地四千五百七十七畝一分内詳

請減則案内請減中則地三千七百五十貳畝八厘

請減下則地八百二十五畝八厘本年被水成灾十

分中則地貳千一百五十九畝八分八厘應蠲緩中則租

錢四百三十千九百七十六文又下則地八百二十五

收租附收案

四十九

畝二厘應蠲緩下則租錢十八十弍千五百弍文

盛園陸公達業原額墾地弍千七百弍十三畝弍分一厘

内詳請改則案内請減中則地弍千五十弍畝請減

下則地六百七十一畝弍分一厘本年被水成災十

分中則地三百三十四畝一分九厘應蠲緩中則租

米六十六石八斗三升八合下則地六百七十一畝弍分

一厘應蠲緩下則租錢六十七千百三十一文

盈園莫炳初業原額墾地二千六百七十八畝五分内詳

請減則案内請減中則租本年被水成災十分中

則地三十九畝三分應蠲緩租錢七千八百六十文

盈園陳李田業原額墾地弍千九百九十九畝内詳請減則案

内請減中則租本年被水成災十分中則地二百四十一

畝五分八厘應翻後中則租谷四十八斤三兩十六文

盈圍墓首文案原額墾地弍千六百八十九畝内詳請減則案

内請減中則地一千九百六十畝八分請減下則地七百二十

八畝弍分本年被水成灾十分中則地一千九百六十畝八分應

翻後中則租谷三百九十弍斤一百六十文又下則地七百二十八

畝弍分應翻後下則租谷七十弍斤八百弍十文

盈圍陳安案原額墾地一千四十八畝六分内詳請減則案内請

減中則地六百三十六畝請減下則地四百一十弍畝六分

本年被水成灾十分中則地三百三十五畝應翻後中則

租谷六十七斤文又下則地四百一十弍畝六分應翻後

下則租谷四十一斤二百六十文

盈圍陸岸三案原額墾地五百九十七畝五分内詳請減則

收租附灾案　五十

案内請減下則沁租本年被水成災十分下則地五百

九十七畝五分應蠲該下則租錢五十九千七百五十文

盈園莊山栽案原額墾地三百三畝三分五厘詳請減則案内

請減下則征租本年被水成災十分下則地三百三畝三

分五厘應蠲該下則租錢三十千三百三十五文

盈園馮照成案原額墾地一千八百六十八畝 内詳請減

則案内改定照舊上則征租地八百六十畝請減下

則地一千八畝本年被水成災十分下則地六十八

畝一厘應蠲下則租錢六千八百一文

呈園秉儒案原額上則墾地貳千五百貳十六畝一分八

厘五毛本年被水成災九分上則地一千八百畝三

分一厘五毛應蠲該上則租錢五百四十一千八百

九十五文

畐国来佐高業原缺上則埜地七百六十八畝五分五厘

本年被水成灾八分上則地三百三十式畝七分应

蠲後上則租錢九十九千八百一十文

以上共計成灾八九十分石当埜地一万六千五百七十

畝五毛内

上則地六千八百六十七畝七分五毛应蠲後上則租

錢式千零六十千三百一十式文

中則地六千九十六畝四分一厘应蠲後中則租錢一千

式百一十九千式百八十二文

下則地三千六百五畝八分九厘应蠲後下則租錢三百

六十千五百八十九文

收租附灾案

五十二

共計應蠲後租錢三千六百四十千一百八十三文

災賑舊説

夏災不出六月秋災不出九月此定例也凡州縣有水旱災害即將情形申報督撫一面據報彙題一面委員查勘以題報情形日起扣限一月雍正六年寬限半月將成災造具册結詳題蠲免借勘不成災其借貸銷必逾限計日處分一月以上罰千降調不可不慎也其成災州縣俱貳要將倉貳被災幾分並千應免十分之幾並各年免分數後再借冊應免數目而委勘賑之法必開田畝被災分數不開免民佃數其里民冊借亦應開被災分數後應免民數後開一户某被災若干應免民者若干以符前列圖總借一圖之內被災有六七分八九分之不同當其借數必六分者留六分七分者留七分不可彙列至於冊印無里長冊借開造用送其災內冊中送部必用里長冊結並有州縣

災賑旧説

及奏勘者即係另日再其私再向不送新被災五六分者免十
分之一七八分者免十分之二九十分者免十分之三雍正六
年被災六分者免一分七分者免二分八分者免四分九分者
免六分十分者免七分而被災五分者不准及也至報災期日
以報起遲其存曲僻頃驛路遠頃向不准免
成災部覆到後扣限四月奏自爲民負同地方官賑濟蠲勳
支倉存截存漕米大口給米三斗小口給米一斗五升則折米給發
查議成災不成災集於縣總定同出具捏冒甚多康熙六十年
厘核單發開並准設廠煮粥雍三月大口每口粥米二合小口一
合其不成災部圖以賑二月以此爲例雍正二年所災案內
將有發帑賑濟雍正四年又災案內並查粥賑濟給米每大口二
合計九十日共給米一斗八升小口九升其不成災部圖以六

十日莠先處貢接查的實五青黄不接之際照例勸賑蓋以是年雖被賑而民尚可謀食惟青黄不接之時爲難故於斯時給賑則民得實惠也今則改定大口每月給米一斗五升小口七升五合矣

凡報災定限四十日以題報情形之日起

凡報災叢據以里民地保題報呈爲主呈報到日先自已查勘一番備文通詳其報災文即將民里地保之呈叢頭 報明水災若二麦被旱情形者 報明旱災者 報明偏災者此皆易頭臨時酌用雖報明水災不得用涼淡字樣

凡定例先賑一月謂之向災急賑今俱不行照後日數目不符即有遺漏雖經初報文内叙明現在居民俱餓糊口亦不致之作無庸先賑一月等語 初報文看定式

災賑舊説

五十二

凡報災﹅後隔幾日藩司必﹅委員查勘委員到日即会同履畝確勘不成災者亦出具不成災冊結送委員加結轉詳冊結有災

凡勘明成災者須查明地方數目並被災分數出具冊冊扈圖結送委員加結轉詳冊結年分數目有災成報要清

凡勘過成災即分飭地保查明某人被災地若干畝或極貧或次貧大口若干小口若干照此捐賑恤戶口冊送到﹅日親自逐戶抽查果與所報﹅冊相符即造具貧民應賑戶口冊並聲明應賑月分數目詳府府委員監賑候委員到日一同監放又造具賑過戶口月分數目冊結送委員加結轉詳

凡定例大口日給米五合小口二合五勺折米必連

凡某人被災地幾畝幾分此冊不過存縣以便查其戶口多寡﹅﹅茲詳府被災地畝冊必須寫地畝數目被災分數不必寫

出姓名并地畝被災户口應賑與糧應免但有一種富家大
户其被災之地或一二頃或一二十頃只要免糧不肯領賑
此處須查其佃種之户口開入冊内賑恤
凡賑恤有一月至四月不等定例要一月一放一月一報但文
書冊結須照例移送其貧民領若二三四月糧米一總領去
者亦聽其便
凡賑恤先動常平社倉然亦有動倉米漕米社米義米處
不同須查本地所存何項聲明賑冊係動何項米石折冊有民
凡詳送應賑貧民户口之後即查明某項地被災幾分應免本年
糧十分之幾以上其被災地若干共應免若干先分項總造
具冊結詳司冊結有要數目清楚宋六摺
凡應免本年糧數目雖推起用之後合扣清者更好不扣清只須數
次賑旧說
丑番

目不錯爲要務

凡分數十分災去三分下剩七分即是緩征改緩免丹

凡勘災到日即多張告示於地頭并後開數目通貼被災地方

凡夏月被水被雹如是種前後秋禾尚經補種者只須一勘將

情形詳報即將無法得作籽種以期有秋究其加息於文內

聲明不可輕易報災

凡民間猝遇水災有倒損房屋墻垣者向有撫卹之例但有成

案四分五分八分一分各處不同須看行查成案辦理

凡報災查災造冊限在四十五日之內限期甚緊即奉委查災

亦須星夜就道惟奉委並不以預期通知遲一二日不妨

以接院檄報災日起扣限

凡被災免分數被災十分者免十分之七被災九分者免

十分之六被災八分者免十分之四被災七分者免十分之二被災五分六分者免十分之一（凡應免本粮，如於被災之前已經完納，准作次年本粮）

凡從征本折錢糧被災八分九分十分者分作三年帶征五六七分者分作二年帶征勘不成災者緩至次年麥熟後征

凡被災五分者不賑次年春月酌借口粮六分者極貧賑一月次貧不賑七八分者極貧賑二月次貧賑一月九分者極貧賑三月次貧賑二月十分者極貧賑四月次貧賑三月

附案詳成案

該案看富陽縣與諸暨連畔之安山鎮及臨浦義橋一帶被水緣由業經核案報收地段各案內附案去案詳按各節園庄民陸續陳呈報因七月十四五兩日大雨如注上游山水驟發平地水高丈許以致低窪田畝悉被淹沒苗情果成有輕舟減浸並

災賑舊說　五平生

移委拜猪猪並沈某等分往查勘所有八都九都十三都十四
都十五都十七都各庄俱因四月九子等畝麦因七月十四五
等日雨水過大兼之湖被潮汛洋溢常積水難消禾苗淹浸
淡白根本腐爛現在雖已涸出而時至白露節雜粮亦不能補
種實屬受災最重殊堪憫惻其附近被淹田畝地勢稍高者又
係因一萬式千餘畝雖尚不至成災而收成未免歉薄除再难
查造其都庄畝分細冊備取具各該房文詳送外所有各都庄
被水實在情形先行俱具圖說据摺率懇恩核再各庄人口並
無損傷房屋亦無坍倒民情尚屬安貼合併聲明

摺開

昇猪原額二十四都一千二十一圖共額田三十八萬六千六
百二十一畝有奇内八都一二三四圖九都一二三圖十三都一

二圖十四都一二三圖十五都三四圖十七都一圖約計被水
成災田四萬七千餘畝又熟收田一萬貳千餘畝理合聲明
本司等
啟者本月十四五等日省城大雨連宵風甚猛烈一時積水
不能宣洩平地多有浸延並之江潮連日大汛沿江一帶田
禾木棉間有被淹之處正在飭查間旋據杭州紹興嚴州金華
等府各該府縣先後稟報十四五等日風雨交作山水陡發
發本十六日天色晴霽旋退旋消此時早稻俱經收穫中晚田
禾尚無妨礙惟紹興府所屬之諸暨縣地勢低窪因江
流驟漲致將近縣之江東汲北岸毀兩處堤埂冲開沿西青山交
界之夾石頭兩岸湖田晚禾亦多被淹浸又青山斜樁壞該處
桃源鄉之吳山後浦義橋一帶禾稻被淹並將瀕臨江海之昌
災賑舊說
五十八

重寧載盈等處各圖牧地田湖蕩淹木棉多被淹坏秋收无望
又杭屬之仁和縣各圖牧地界連首山所種木棉亦被損傷再餘
杭縣之苦陰塘堤田陡後發來南鄉之靈源下院等庄又余杭
縣之錢貫履太調震八下下七都圖禾苗被淹又富陽縣之洋
漲霞湖臨湖盛伐等庄低田亦有積水秋成不無歉薄等情以
上各該縣查報被水各村莊尚無田房衝塌情事又嚴屬之桐
廬縣小群庄後山因被大雨暴傾卸壓倒房屋一百餘间傷斃
男婦大小六十餘口名以致鍾三卿丕俭傍間有泥沙堆積沖成
溝渠之處其餘田禾幸得無恙情據司伏查浙省每屆秋汛之时
山水驟發江潮洶湧沿江一帶旋淹旋消乃所常有當查閱各
該為縣所奉請照此例為申水下游其大江兩岸湖田被水之
處計有該縣十分之二他若首山餘杭臨安富陽等縣被水甚

輕均不及每縣十分之一至蕭山仁和二縣各圍被水項租
本屬無多係瀕臨各縣旱潦應每畝征租現在既被淹浸收
成失望自應確勘情形量為辦理以紓民力其桐廬之排房壩
口隨經府縣照例撫恤民情安貼本司現仍飭各該府縣赴
被水各處逐一確切履勘是否不致成災並為設法疏銷積水
趕緊補種便堤及查明數地畝實有若干據實具稟一併核之
（俟該府縣勘報到日本司）
水處勘報由彙本司酌量情形再行親往會同各該縣查報被
水處勘報由彙冊伏祈察核並請附便具奏

奏爲偏隅被水分飭查勘恭摺奏聞事竊照省本年七月
十四五日風雨甚大連宵不息並值江湖大汛臣一面前赴海
塘親為察看一面先飭道府確查風雨情形旋（據）據杭州紹興嚴州
金華等屬會報十四五兩日風雨之後山水下注間有漫溢平

災賑旧説　　五十九

時之變幻而來勢稍緩消退尚速與上年暴漲難退之情形不同田禾水退仍可有收惟紹興之諸暨為金華下游其北鄉低窪地面堤埂多有冲缺附近禾稻率被淹浸又肖山縣與諸暨接壤甚田畝間有積水消退不速且該縣與仁和連界收地所種棉花多被淹爛秋收無望又杭屬之分水於杭富陽三縣沿江混蠡山一帶田地積水猝不能消旅粳秋成有礙以上五縣雖有被水村庄尚未淹被人口惟嚴屬之桐廬據報山澗向有冲刷之處山嶺居有五處被水冲卸連樹壓倒民房一百餘間傷斃男婦大小六十餘口石當經該府縣親詣查勘捐廉撫卹民情均各安貼早稻收成雖無多之前可以糊口毋庸撫卹昔該等報前來臣查此中秋伏大汛之時山水猝發江湖盛旺沿江一帶塘堤旋漲旋消原屬不常有且核計被水之諸暨肖山等

據稱杭富陽等縣不及通省田地十分之一，而水災所報被水村莊亦每縣中之一隅，但未收獲上屢聖慮，何敢因係一隅中之一隅不為患心。但經臣肯山仁和建界牧地租息係潮墾萬瞭孤寡之需，本該地被水亦復淹損，亦應另籌抵補，以紓民力。以上各處現在屬司劉斌隨經道府分途親查勘，是否不致成災，並須陸續委趕催堤堰，分晰勘實詳報。臣仍催海塘要工程料理就緒，及監臨鄉試士子畢揚之後，仍親往查勘，將如何分別籌辦理之處，另行酌議奏聞外，所有兩次水發現在查辦情形，理合先行籌摺具奏。再查各府縣夏末秋初雨雖早，稻已獲而未田之下晚稻望澤甚殷，臣並於月報雨水摺內附奏在案。茲據浙省各縣七月十四五日遠雨普沾，於是處處田又有得益，現在已抽白露喜值田禾稻穫報一律暢茂。

安照旧説　五十八

洵呈御覽
聖懷合併陳明
為詳請
題報偏災情形以恤民生事竊查本年六七月大雨時行界府所
屬大名元城兩縣低窪村庄均被漲水浸注緣以滏衛兩河一
時並漲以致地畝秋禾多有損傷其開州南樂清豐等州縣地
處豫省下游為該省滑縣內黄等處漲水直趨並奔處隄
溢一時宣洩不及致窪下地畝村庄俱被水浸界府接奔親往
察視水淺田畝被水處所雖情形輕重不等而秋禾多被淹沒
成災受損傷災形界處當經界府先後具單稟蒙憲臺轉
念民艱行令委員再行確勘造具村庄頃畝成災分數聽候勘再
詳同應行撫卹蠲緩各事宜照例妥議馳詳察核等因並即轉

五九

飭令該府知縣並行令委員會同確查照例妥爲查議據委員
開化縣陶某會同去官知縣郭某詳稱云云等情又據委
員某前署知縣朱某會同元城知縣王某詳稱云云等情又
據委員潘某暨知縣熊某會同南樂知縣李某詳稱云云等
情又據委員長垣知縣胡某會同清豐知縣熊某詳稱云
云等情又據委員某前署知縣熊某會同開化知縣陶某詳稱
云云等情前來遴送原勘丹結到府據此該卑府查得大名縣
被水村莊內勘明成災五分並某等若干村共地若干頃成災
六分者某等若干村共地若干頃成災八分者某等若干村共
地若干頃元城縣被水村莊內勘明成災五分者某等若干村
共地若干頃成災六分者某等若干村共地若干頃成災七分
者某等若干村共地若干頃成災九分者某等若干村共地若

災賑舊說

干畝南鄉和被水村莊內勘明成實五分者某某若干村共地若干畝成實六分者某某若干村共地若干畝成實七分者某某若干村共地若干畝成實八分者某某若干村共地若干畝成實九分者某某若干村共地若干畝清豐鄉被水村莊內勘明成實五分者某某若干村共地若干畝成實六分者某某若干村共地若干畝成實七分者某某若干村共地若干畝成實九分者某某若干村共地若干畝開田被水村莊內勘明成實五分者某某若干村共田若干畝成實六分者某某若干村共地若干畝成實七分者某某若干村共田若干畝除勘不成實地畝毋庸置議外其成實五分者例不給賑亦毋庸議詳擬即惟其中如有貧乏之戶僅能給籽種者應飭查明另詳察至其成實六分以上例應賑恤親查分委安員清釐戶口分別被

安分數核決處口房庭縣月分統俟十一月大縣之期按月佐
縣並照例大口每日給米五合小口減半仍扣除小建查所村
莊遠近分挂適中一日可以往返之地分設廠所示期按縣早
府核給散之期親往抽驗如有冒扣情弊立即按實詳揭請參
俾安黎均沾實惠又查各該田禾被水村莊穀雜被淹伏而
高粱稻菽有收獲且本年麥田有收目下安民尚覺糊口有資現
至十分窮迫形狀似可無庸急賑再查本年兩次時行當飢速
日積得是以河流注歷滙各滙積猶係由附而至被水各村並
無坍倒房屋亦無淹斃人口均毋庸議又目下正種麥之期不
速現在被水處所雜屬以次消退仍應分飭各該州縣士紳設
法疏導俾得早日涸出務期無誤種麥之期並飭查明無力貧
民酌借籽糧令其易換麥籽及時播種以冀來歲夏收又廷達

六年

災賑旧説

户口之負累府遞加　再諭令其逐户清查不得先取鄉保册丹並移
填丹之後即將縣票當面塡給俾免鄉保作弊需索積累並諭
令各縣貧口安居離縣以仍拯離鄉井有誤作縣其有未查之
先已往外出投親覓食者即詢問明白另立一丹註明姓名村
庄房屋並核次貧口並即存案以便將來回縣回日按丹核明
補給以廣　皇仁至災村內如有應邮貧士行令各該州縣移
學查明造丹請　領司庫存公銀兩照該村災分次貧之例按月給
因教官資邮又定例被災地畝本年應完地丁銀糧按照被災
輕重蠲免被災五六分者蠲免一分七分者蠲免二分八分
災者蠲免四分九分災者蠲免六分應請飭令各該州縣查明
造丹分別蠲免其餘應完本年銀米緩至下年秋後開徵仍令
先行刊布告示並於下年催徵時於串票內註明某里某户蠲

免糧民若干，給付花戶收執，仍查禁胥役人等需索，再責成查
三十五年分大元南倩四邑亦有被災之處，應蠲糧民因從年
地丁正下錢糧悉皆全行蠲免，所有應免之蠲糧銀題准部覆
行令於本年應完銀內補行蠲免，本年被衝各村莊內如有應
行補蠲之戶，應歸於本年被災應免之銀，該於下年應完糧下
之內照數補蠲，伏查寧邑本年未被水淹地畝應完正供本
糧並舊借征報解，又被災各戶新舊借欠均請緩至來歲秋成
免息征還，其不被災地畝所有各戶借欠應請照例分别收成
免息加息追征還倉，以實儲備，又查寧鹽縣員役盤費以及
將來分設賑廠運米脚價並一切造册紙張等費，應俟於該州
縣籌款墊用，事竣另册報銷，請於還項再查應賑極次貧民大
小戶口，應賑民米石數，另應現在分派村莊委員確查妥侯

寧縣回說

六十一

丹造到日另文呈送所有行據印委查勘明被水成災村莊
次計分數造具清冊並印結各緣呈送前來據廳加結具詳呈
請伏候憲台察核轉請題報實爲公便再查大名縣現存常平
倉息等米若干義社共谷若干元城云云南樂云云清豐云云開州云
云將來應同賑災並酌借籽種以及留備來春糶借等項者變
倉糧是否敷用抑應請撥並應否照災蠲統俟造送戶口
清冊到日核明數目酌議妥詳會併聲明
爲前事竊查本府所屬大元南清四縣被水成災業經委勘明
確取具冊詳呈請題報在案嗣蒙憲檄飭查條規並飭將需用
民米並賑確數核明詳報以憑撥協等因節行據委員等將各
縣被災村莊應賑極次貧口逐一查明丹報並據各該縣將需
用民米並賑各數核明開摺詳送前來卑府覆加查核大名縣

戊安六分某旹共若干村極貧一百五十戸內大口三千五十
六口小口一千五十九口例賑一月每日大口給米五合小口減
半查十一月係大建已未並賑共需一千米三十式石六斗六
升二合五勺一半已三十九石一斗九分五厘又戊安七分某
旹共若干村內極貧八十戸大口二千二十一口小口六十式
口次貧計一千一十戸內大口三千四口小口九十五口例賑
兩月一月不旹每日大口給米五合小口減半查十一十二兩
月均係大建已未並賑一千米六十四石一斗六升二合五勺一
半已七十六石九斗九分五厘元減役云云再乘叻云云諸豐
極云云以上四縣共戊安六七九分不旹共屆賑極次貧民計
若干戸內分大小若干口若干例賑一月兩月三月不旹已
未並賑共需米若干石若干米折全安並無本額規條易發

安縣旧说

六十三

大口七升五合，簡小口三升七合五勺，簡撥口量給民，則無依
核定每石一兩貳錢之價，無令照時價易米分散，以免實民受
累。易換折耗之累，惟年歲長落不定，此時相距賑期尚遠，應請
以十月下旬所報市價為準，撥給分飭各該縣，應給大賑一半，民
兩縣文前赴憲庫請領，外其餘如行理，應開具清摺，具文詳送
憲台察核示遵。再查各縣需用賑米，除大名、清豐二縣動放倉
多，無庸撥協。南樂縣常平倉米亦可專用。惟元城縣常平倉米
僅存七千貳百餘石，除動賑外，未免空虛。應否就近酌撥，以備
來春糶借之需，容俟卑府查明另詳請示。又南樂縣通送摺
內，東分實村某貧多寡一户，業經卑府查明，更正，另併聲明

勘災事宜 浙省定例十八條

一凡州縣查勘災田必須災戶呈報坐落畝數應先刊給簡明呈式首行開列災戶姓名住居村莊次行即列被災田畝若干坐落某區某圖或某村某莊又次行列列家口大口幾口小口幾口其姓名田畝區圖村莊大小口數俱留空格以開年月處注只須照列頁大小疊作兩摺發鋪刊刻曉諭災戶自行買填投送災即查對照抄相符存候彙齊按照災田坐落區圖村莊抽查一處歸莊分釘用印存案即可作為勘災底冊

一州縣災象已成該府應一面通報上司該管府州接到報文即照例委員赴縣協查該州縣一面按照各莊災冊挨順道路酌量煩簡計頭派委員各干負隅本地佐雜各干外

勘災事宜　字十三

尚少若干即請道府廳縣逐一稽查仍不時再行院司調

發底簿試用以定分數

一凡委員赴莊查勘時該州縣即將其所查村莊將前項釘成

災冊分交委員帶往按田踏勘將勘定被災分數田數另於

冊內註明如有多報少報以及原係版荒坑坎或已墾未陞

並非田地又准係海塗屬有只種夏麥不種秋禾應為一槩

勘地者逐一註明扣除其勘不成災收成豐歉者亦聲明冊

內並原冊查後臨勘報到者勘明被災果實亦註明災分附

釘本莊冊後勘畢將原冊彙總彙報其餘未被災村莊不許

臨後

一成災分數不可拘自計算應以本田地實在被災分數為準

如一村之中有田百畝其九十畝青蔥茂盛獨十畝禾苗蕩

然則以十畝即為被災十分其中有一分收成者即為被災九分有二分收成者即為被災八分有三分四分五分者即為被災七分六分五分以此定災核算方為確實

一被災分數一村之內一甲之中大抵高低荒熟情形相彷勘時不得過為區別多分少則致有紛雜零雜難以查覈須深高下甘苦之弊

一州縣審報里保每有做荒賣荒之弊私向業戶計畝索錢每為捏報亦有不通業戶徑自捏報以圖准後賣與別戶者其弊在荒熟相間之區為多又有承佃之戶詭名之弊御保串同首報以少加多將無作有希圖蒙混重與其弊在僻遠處所及鄰縣犬牙相錯之地為多勘員務須細心訪查有則勘實根由嚴查從重

勘災事宜　六十四

一州縣印官一俟委員勘看災田一面核造搃冊一面先將被災村庄輕重情形及災田年料內如借項何以歲支借糧等項冊奉　題請例不蠲免者一并要叙在應蠲緩分別開摺通詳將本邑地輿繪畫全圖註明村庄將被災之處用青色旱用黃色渲染清楚隨摺併送以便查核

一災例冬月被災如秋禾種植於未可望收成之處該俟秋獲時確勘分數另行辦理如因雨積遲佈種較晚必須接濟者酌量借給籽種口糧如遇冰雹為災及陡遇風災一隅偏災亦照此辦理

一勘水災與勘旱災不同有大水一過無礙收成者有積被淹傷減收分數者有淹浸久而全著者旱災則赤地龜裂禾苗枯槁一望而知如有地棍衙胥保甲圩長串通捏冒舞弊

行查究

一被秋災之地方如有旱後得雨者早及被退甚速者尚可補種雜糧均著勸諭農民竭力趕種以收桑榆之利如有得雨較遲積水難消者應傷諭傳宣導使之早爲涸復灌溉有資其應種貧農無力補種者照例詳請酌借籽種毋許擅放捏其有力之戶不得冒濫向例地在四十畝以下者每畝給銀弍分四十畝以上者每十畝作五畝摠以百畝爲止果係實在無力佈種者方許照例借給

一沿海土石塘如遇异常潮患衝激坍損查明果非修造不堅所致例應免賠者即開明工段丈尺原修之案成在固限月日飭設通報踏勘估專案詳辦其城垣倉庫衙署要隘橋梁營房墩臺等項亦照此辦理

一報災定例夏災不出六月秋災不出九月原指題報而言至

勘災事宜　六十五

經州縣被災自必由漸而成況麦收在四五月秋成在八九月則是有收無收荒歉早已定局嗣後各州縣被災情形應於八五月內確勘通報以便彙叙詳題不得延至六九月始行詳報致稽題限

一定例災田分數蠲免冊結應自題報被災情形日起限四十五日具題遲延計日處分最爲嚴迫而此四十五日內係州縣廳府道司層層核轉以至院衙拜疏均在其內扣算且有離省寫遠之州縣往往核到而題報情形月期已在四十五日之外是則是州縣不可拘此定限也然州縣勘定成災例由協查委員及該管道府加結送司每致遲延檄催差提不能即到嗣後應令州縣一俟委員會同勘有災田即造具災分田數糧冊並被災區圖田畝總冊出具印結一面申報直

責延司查核，特造一面，分送協查委員，並該管道府加詳
移議司業轉詳妥辦。謹

一、災蠲分數，民米定例被災十分者蠲免七分，被災九分者蠲
免六分，被災八分者蠲免四分，被災七分者蠲免二分，被災
五分、六分者蠲免一分。其水沖田畝不能挑復者，例應豁免
丞於先經報災，後經勘不成災田地，應征民米，因止有題請
緩至次年麥熟後征之例，無免蠲帶之條，其中最易混淆朦
請被災州縣如有此等勘不成災收成歉薄田地，亦須查明
實在科則田數，另開一冊，隨同成災田畝一併送司，庶便核
算緩征數目，以杜熟田捏報冒緩情弊。

一、扣除災戶分糧，應按實被災田數目，驗算應蠲應緩，核實征
冊內分註扣除。其米被災田分數，不應統扣蠲緩，此等理明

勘災之宜　六十六

最易胜其從前竟有州縣誤認統征分解之說混將實田翻
後之項亦與園縣田畝字號不分實熟照行攤扣大屬錯誤
一係案丑府平嶽岑
一州縣田地有民屯牲蕩學田并江出祖地新墾項之內如
屯田歸縣征收被災則應該州縣查明學田被災則應該學
會同該縣查明至牲蕩并江出祖地新被災則應該縣查
辦但須分項造具册結詳報不可牽將一册較蘇混淆又如
杭嚴等衛屯田散處各屯境內向係該衛經管其遇被災例
應該衛會同各該地方官勘明災分田畝科則翻牀各數
造具册結仍由衛官照送惟據郵寬軍應與州縣一并查辦
分案造册具結隨同民田等册一例依限詳送不得稽遲至
鹽場課地例係鹽法衙門查明州縣似須稽查毋得混入民田

勘实事宜

一实貼之文均關緊要應於封套上加用实貼之文紅戳或由
驛站馬上飛遞或專役賫投不得發鋪致稽時日
一本局地方遼闊实貼之務頭緒紛煩即使一身不能兼顧故
須委員協辦務將刊定章程之向細講和衷共事庶有臨事
偏辭之宜面爲分抄俾看並須切勿逞臆見如理參差

六十七

查賑事宜 浙省定例三十三條 間附江南賑例七條

一查報饑口例應查實之貧攜帶烟戶細冊當同保甲鄉約着老將被災之家逐戶挨查先令家長報明口數並將各丁大口小口以家長之名開為戶首不得任其分戶冒混以致祖孫父子重疊開報照依從前規條詳察情形酌分極次查明大小口數查完一戶當面登冊填給賑票并填明門牌實貼災戶門首以便上司委員不時抽查俟賑畢後方許揭去如有以少報多以次為極及並非貧民捏名冒濫等弊即委員察出即將舊明將報者折保枷責示眾倘有受賄情弊另行從重究處毋得惡情偷安假手書役地保代查代報致滋混冒查完一庄即行造報再查下庄仍將查過村庄極次饑口名數五日間摺通報查核

查賑事宜

六十八

一查賑饑口向以十六歲以上爲大口　十六歲以下無能行走者爲小口　其走襁褓者不准入冊

一查賑貧分極貧次貧按照被災村莊察看情形如災戶內田地雖被災傷尚有山場花果紫蕉多項菜蔬或田畝雖少而係轄佃而人另有生計者及有手藝營生并有力之家堪以資生者槩不得冒濫開報應將被災之民如並無己田已屋佃田耕種全荒者並無己田已屋佃田耕種或災荳等家口衆多者并外御別邑農民携眷耕種搭寮居住田已全荒並無傭工者應定爲極貧　其雖無己田尚有房屋租佃田全荒者雖無己田己屋佃田半荒有收而家口無多者自種己業僅止數畝而全荒者自種己業僅止數畝尚有少許收穫而家口衆多者搭寮居住耕種外御別邑農民佃田荒已過

半無力傭工者皆應定為次貧極貧則無論大小口數多寡俱係全給次貧則老幼婦女全給其少壯丁男力能營趁者不准給極貧力營趁者即由被災分數應賑月分給發口糧但災民情形不一地方風土各因所係所關戳而恐不能詳悉總在地方官細心查察因地制宜斟酌不可存姑息之心以致冒濫更不得稍有遺漏致災黎困苦無告務期實惠均沾庶澤而

國帑不致糜費矣

一業戶之中有一戶之田散在數里者應統行查核如係饑多荒少或田雖被災家業尚可支持者毋庸給賑如係荒多饑少實係貧苦者應歸於居住村莊按災分給賑不得分莊混冒違者究處

一業戶之田類多佃戶代種因無係奴僕雇工原有田主養贍

查賑事宜　六瓦

毋庸給賑如係耕荒租田畝佃之貧佃查明極次及而種其之業主之田按其現住災地分數給賑不得分撥冒領

一寄庄人戶田糧已經蠲緩其被災之人須查明實係本身貧乏方許給賑若別照其身居災地田坐熟庄易滋冒濫或人居隔邑田坐災邑本係田多殷戶而田糧已經蠲緩其居庄之人自有業戶接濟亦毋庸給賑

一被災地方生齒繁多兵丁原有糧餉滋生但家口多者遇災拮据向令該管員查實地兵丁除本身家屬之口以內不准入賑其餘多餘家口方准分別極次貧開冊移知給賑但專責營員查報未免易滋捏冒應令該地方官會同該營親查確實與民一體給賑如有虛冒立即刪除至兵村庄不得濫及僅只同姓此條係江南賑例也

一災邑四號應查明被災村庄，此有鰥寡孤獨疲癃殘疾之民
除有力自給及親族可依者毋庸給賑外，其無業無依過災
無卜無業無所依村庄災分輕重分别極次一律給賑。其係
不被災村庄內之四號，原不准給賑，以被災不被災分為界
限，不得以附近災地牽混。

一被災村庄內有無田貧民，或藉傭工營趁，或執手藝糊口等
因被災失業無以資生者，應照住居村庄災分輕重分别極
次一律給賑。無災村庄不得濫及。其係有本領開舖貿易
者，務須嚴禁混冒，察出從重究治。

一查賑之時，如有災戶外出未歸，未經給賑，自應有烟戶原冊
可查，空房遺址可驗，務查妥實應予查明，核賑冊內一一注
明，如該戶回賑，仍未許地保給報，即妥為查明無弊，准其

查賑事宜　七十

一倅縣恤賞冊報銷如有未協之縣捏報冒銷者察出參究

一向有留養流民資送回籍之例是以人多外出今此例已奉

停以恐愚民尚未知悉仍然外出應令各被災地方遍加曉

諭務使咸知於出去無益各自安心待賑免至流離失所乾隆十年

戶部議覆御史黃登賢議奏流民惟老幼婦女廢疾不

能存活者酌行收養春融酌量程途遠近給予口糧所具有自

行回籍毋庸資送

等因通行有案

一屯衛災軍饑口遵歸田部生成之冊照依民例一體查賑

一被災貢生例以全無產業者已屈者為極貧仍有些微田

地住條已屈而全無者為次貧貢生大成遞一體查分別極

次大小口數造冊移縣要查明確勒支限定期令同教官

傳齊各生逐程照倫查按名唱給務戒其切勿沉學縣再

飭民縣鼓于查完傳語教官任所門斗學書捏混作弊一經

寧止予行參究

一民灶雜處地方除灶户科派另定亟須撫卹經地方官代辦

者已經撫卹頂下科派外其餘一切辦賑事宜應歸經管場

員查辦仍照會地方官稽查弊冒

一勘災查賑員役盤費飯食除現任州縣以及再候委員業應

充租向不議給薪水外其試用應補人員原無養廉并現任

虚缺佐雜微員廉俸無幾擬另議品級量界每員日給薪水

銀一錢每委員隨帶門子一名經書二名差役二名轎夫

二名每名每日給飯食銀三分擬以到縣之日起至該

三日止俱由州縣核實給發如遇乘船每船一只每只每日

給船價飯食銀二錢另役船二只已有掮夫飯食抵用毋

庸另給盤費每只給銀二錢其給發門單等災民領賑兩聯

查賑事宜　七十

所需俱係按單計算每百張給刷印紙張工價銀貳分又唱賑區名冊以及攢造花名招銷每張給紙價工銀貳厘均支於司庫動給各該造冊招銷至委員書役民壯撥給盤費一切供應均需自備不得於所到村庄派給地保需索不許與該地紳衿交往收受禮物聽信冒濫違者察參

一 給賑成例除被災五分者例不給賑外被災六分者極貧户口給賑一个月被災七八分者極貧户口給賑兩个月次貧户口給賑一个月被災九分者極貧户口給賑三个月次貧户口給賑兩个月被災十分者極貧户口給賑四个月次貧户口給賑三个月每大口日給米五合小口日給米貳合五勺仍扣除小建至應賑户口查照定例以米並放所需本色米石或動本縣存貯倉穀碾米或聽應酌撥鄰縣鄰省米安

此係折給米價，每石給銀一兩貳錢，亦藩司庫查款撥給。其
應領於給米價，應仍照往例支於鹽道庫項移司核給。至應
賑一個月者，照給本色；應賑兩個月者，初賑給米，次賑給銀；
應賑三個月者，初賑三賑給米，貳賑給銀；應賑四個月者，初
賑、三賑給米，二賑、四賑給銀。其前項應賑月分，定於何時起
賑之處，應體察民情，因時制宜，臨期詳定月分，分別散給。
一、賑票應用兩聯串票，該地方發此，係領式用堅厚皮紙，預先
刊刷，印就每本百頁，編列號數，鈐印。其應用查賑戶口冊，每
頁兩面，各十戶，亦即刊刷，訂本，用印，每本百頁，亦每頁赴應
接查，即按照查村莊戶口大小多寡，酌量冊票若干本，存記
存案。各委員即責帶冊要按戶查明應賑戶口，即分別極貧、
次貧，每戶以當家丁壯者為之戶首，開列姓名，即將所帶聯票

查賑事宜

七十二

填註大小口數應賑月分每戶截給賓民一紙為到廠領米
之據票根存縣為查對發賑之憑丹亦照票一樣填賓
一應戶將用剩丹票俟事畢銷封交該縣收存為放賑底丹
仍將發賓民應賑極貧次貧大小男女各口簡明數目
分類開列彙造總丹通詳院司道府存查以杜經役私自控
添無賓民內有事故外出者據實摘出照例扣除以杜混冒
情弊
一賓戶領賑即責前給戶票赴廠該委員驗明放給後將戶票上
錄用某號賑放訖戳記仍付賓民收回以備下月領賑其賑
丹內亦於該戶名下加錄此戳俟領完末賑即將原票收回
繳銷如有賓戶賑未領完原票遺失者應審明本戶原
賑丹內並已有人領過則屬重冒不准另給若果未領准令

同庄實戶一二人互保補給仍於冊內註明票失換給字樣以杜捏票之人冒收

一應賑之戶門首壁上各用灰粉大書極貧次貧某人大口小口字樣以便上司不時委員抽查俟賑畢後方許起除

此係別省賑例如用門單即可不必

一該管查賑放賑時該管上司應親自巡行稽察并遴擇員密委抽查如有冒濫虛銷等弊立將原辦之委員撤其被護情弊據實揭參書役冒戶一并嚴究毋稍寬縱至各縣委員原係本同地方官辦理是否妥協仍應責成該管官隨時稽察如有書役弊端除委員參處外地方官亦應一並查參庶不至膜視該卸其各縣書役亦應責成印官慎選小心謹慎身家殷實者派委不許濫充亦責委教及有通犯之人以致

作奸弊，如有違犯，將本村主掌重究，外本府一併參處。

一、飭保甲地棍查報饑口，給粟散賑時，多有揑稱使費需索，實民不遂其願，則多方刁難，恣意講賄，即無充發，須嚴加禁約。一有見聞，立拏究革，枷示進賑，如有故縱，該管道府察實嚴參。

一、勘災查賑，自應靜密，地方亦無不負查勘，向有土豪地棍倡為災頭名色，號召里民，斂錢作費，勒索賄名，逞呈或捏無負查勘，附贖使歸，如成群結隊，混行鬧擾，本係無災，而強求捏報，或不應賑而硬爭極次，法紀藐滅，大案關係，被災地方務須嚴切曉諭，加意查詰，如有前項名色，災頭倡率，藉災鬧賑者，務將為首及脅從夫男嚴拏詳究，毋稍寬縱，至於災地賑廠，每多外來流民乘機混入搶奪食物等弊，並應嚴加巡緝

有礙，即照例行詳辦，庶免遲延，毋任延宕，須至

一、州縣如遇成災，便當早籌賑需，應按被災田畝之輕重，災戶之多寡，酌計民米通盤籌畫，度計現在倉庫共有若干，尚需若干，即行詳請酌撥銀兩，撥司道之庫，每項果係協撥鄰封，協濟亦被災偏，另請委員酌撥鄰省米以備用，勿致臨渴掘井，致誤賑恤。

一、派撥賑船，起運州縣，一應各項交卸遲誤，責因船戶疏誤，船戶無例給足水價，暫延日期，多派負役家丁押船，押解中途，藉防船戶私竊偷賣米石，攙和沙土糠粃，霉爛缺少，善籌有知，立時變詐遮賠；其有倒應中途交卸者，受撥州縣一面行知，該即無前雇船押赴交卸處所，預先出示，候米船一到，即為斛收，斛以倉斛為準，米須驗明乾潔，收即出給印收，飭船撥載，移准中途經卸之後，責成接運，並運回到

查照可道　　七十四

縣復有攙和雜少芝糠惟揀取之責役船戶是問更領運賑米員役由
依限省歷催運米拔鎖爭程辦理如有假冒照例著追歸款
一放給賑米均須乾潔好米不得存倉集頭厰底及濫收剔
縣屬燗少水之米混行放給如有前弊察出嚴參
一放賑宜多分厰所並應定例五拕被災村庄擇適中近便寬濶處所
可作賑厰者或寺院或搭蓬每厰須設兩門以便一出一入派定某村庄
出於某處散賑預先出示曉諭一面將米石運送分貯慎擇書役小心
看守不許騰挪開賑之前用高腳牌開明厰所村庄散賑日期令地保
傳示屆期即委各官前往賑所災民視貴即令魚貫而行毋致
擁擠喧嘩按庄按圖次第驗票唱名散給其村庄窎遠不使一處赴
領者應須先酌定數處分委佐雜各員監賑俟給賑後各官
不時往來巡查近處採要以米就人不許以人就米毋令災民赴城支領

以及庄保書役代作如彭達私買參私究所需運米脚價請府司核程
科里給發不許剋扣累及船户脚夫[illegible]錢造冊報銷
一放給賑糧雖有下米並放之例然須視地方形勢酌辦如係近一隅偏災四
周皆熟米充價賤者給賑口亦用米以備急需如係大勢皆荒米少價
貴之時則多給賑米少給賑口應察調劑協宜並於口米並放廠所
須將下米預為運貯以便逐期散放但一廠之中務須分鄉月分並
此日應放本色則全放米他日應放折色則全放口封切不可一廠之
中同時口米並放致啓饑民爭執 此係江南賑例
一種省向遇災賑俱按月並三十日全給要省則逢閏賑扣除迨
乾隆十八年欽奉
上諭按月給賑例應扣除閏賬上江省例下江亦是但此次被災
甚重上江賑口著並下江一例按月全給欽此遇偏災仍照
查賑事宜

七十五

定例雜糧餘羨之案以後如或重實事有

請旨按月全給其均照例扣建放給毋得遲錯 此係江南照例

一定例照扑每月大建大口給米一斗五升小口七升五合小建大口給米一斗四升五合小口七升二合五勺應照此四項定數每項製備大小建採升斗之數十付該州縣照依倉斛較準送府縣收發應用以免零星積逐且使斗級人等無從扣剋倘有較驗不準及故為剋短者審出參究

一定例每米一石即羨一石小麥豆子粟米每照稻穀與大麥每貳石作米一石高粱秫子 米每一石五斗作米一石照放如有前項穰朴俱應照此計羨并曉示實民不至受胥役欺騙 此係江南照例

一放給折照定例每石折銀一兩二錢庫平給銀按月給發如本

將且加增米價應照所加之數增給該州縣務須親將各廠應放
村莊戶口逐一查明某村莊共該大幾口小幾口共若干戶
照一月折賑之數逐戶填給憑票仍當俟廠放期開單同原查
賑冊票委員並同監廠委員帶往按戶唱名點戳銷原冊如有不
到之戶即將原票收存俟其續到驗明補給如係已故遷移之
戶於冊內註明截支月分原票歸款如有捏混冒銷查出究追
至廠委員仍於每廠每屆放完之時即將經放月分戶口票米
支數具摺通報查考至若折耗火工飯食例不准銷其外如有
以票易米散放者按時價計算照數通報核給需用車腳運費
亦應准銷定例相應申明設法稽查毋得浮濫虛捏及混冒請
銷于咎

一定賑州縣務於正賑未滿一兩月前先將地方賑後情形察看

查賑事宜

收確如畢實重疊複之歷民慎閒若正賦尚不能抵滿奏(?)勢
應剔除其年分應酌本如事
恩吉加賦即無所指何項缴口應賦月分通行曉示實民仍無
原給賦票按期赴廠但賦放給之後即於串票內錄用加賦
第九月放訖征(?)戳(?)餘俱無正賦例一併辦理
一賦滿動用民米時有一定款項如自庫撥發甲年賦民正月
作甲年賦用不可挪作乙年預用也即有亟須動墊亦當隨
時備具批詳司劃作收報或遇司發賦民未到暫動庫
存款墊放亦當隨時詳抵清楚庫克混淆奇查各屬每多不
論年數混行挪墊又不赴司作收放以致遞年賦剩(?)紊亂
如係甚難清理嗣後賦民務無本款支用如有挪墊急項使
已經動為本年無(?)務必隨時備具批詳司作收放先行

借款其用民〻應銷與否仍候本案核明詳結如再仍前拉
動又不作抵收致空以拉動庫帑揭參至于賬用米穀如常
平倉及奉撥借價等項方為正款若有存倉並行局即運濟
五當米或有本款支解不得混行挪動殺難將款報銷辦理
州縣賬畢即將原撥民米動存之細數造具動支數目送司
以便稽核賬剩多剔餘解清款不得一體書吏為弊不必任
僅聞應該煩差提以江南賬例

一查地賬濟〻初問有奉
特恩寬行煮賬原是一定應候題咐准文籌如有地方實在
窮苦被災村莊雖經賬濟而城市鄉實〻地主業窮民尚難
糊口應行煮粥賬濟該州縣即就本地方情形與需米數
目或勸捐善般實伸富不拘多寡量力捐資榰委孝賓立〻

查賬事宜　　七十九

時分在四鄉廟宇設廠煮粥三四月相機酌停仍令各富戶
自行經理該州縣便中親往稽查倡率調劑不得勉強抑勒
派捐滋累如該地紳衿自願捐資交官經理者該州縣即
將所捐米數詳明上司分別委員設廠辦理不該造册按照
捐數少者給匾獎勵多者照例
題請議叙以彰善舉
一平糶倉米原為青黃不接米少價昂時舉行所以平市價便
民食也如遇災地秋冬應放賑米小民有米可資原可無須
平糶況災邑倉貯有限若賑糶同時並舉勢必倉貯相懸在來
春反無接濟自應仍令於放賑全庸平糶撙節倉儲以為青
黃不接時糶濟民食不得早為出脫致貽仰屋之憂
一各處出產米糧多寡不一米少之區不得不仰藉鄰封以資

接濟，至沿海地方尤當隨時酌量，俾無滯通。何況腹裡內地，
尤難稍有歧視，乃地方有司不明大體，每多此疆彼界之分，
一遇米貴之時，輒行禁止出境，地方棍徒因以肆行搶截，滯
留訛詐，最為惡習。嗣後凡係腹裏內地商販米糧，悉聽其便，
毋許阻遏。其沿海地方向禁米糧出洋者，平時照常查禁，如
遇鄰省歉歲需賴商販接濟者，應即詳明給照驗放，流通無
令貽誤口岸居民，毋許滋弊干咎。

一　災地米價昂貴，地方紳士以有預儲糶賣裨益，惟所平糶應將減
糶價值按照詳請，要叙此係義舉，應聽其自便，地方官或差
役勸導則可，不得抑勒派減，致干參處。

一　蠲免籽種正賦，加賑災民屯灶，既畢之後，即應查造報銷冊、
細二冊，以憑照冊應將被災分數列於冊首，將接征正賦撥

七十八

查賑事宜

照月分大小分晰實分極貧大小口數逐縣開造如有物故
遷移是為開除也應造五年造冊於二月先行具詳分送司道
查加結核轉其花戶細冊應將前項開除撥開列於前次
冊報實在圖村庄逐屆逐圖逐村逐庄挨次造報如甲屆被
災分實極貧次貧若干戶大小口若干內某戶大口若干小
口若干並照刊頒成式務須纖毫相符南衛內南北衛轄此
不得顛倒錯亂其無田貧民即於本該屆圖村庄冊後附造
毋漏是為花名細冊也應造五年隨後送司彙題並於賑畢
飢口應另照式造送開細二項冊結並取學結同送
一隨賑報銷無如運賑水腳查實如賑委員書役盤費等項均
須逐項造冊應照所有成例分案詳送以便核明彙轉

撫卹事宜

一撫卹一項原爲被災之初查賑未定極次未分災民之中如係猝被之冲家資漂散房舍攤塌奔避別處露宿蓬棲現在乏食勢難緩待者自應不論極次隨查隨賑給以撫卹一月口糧或銀或米分就災戶現栖之地當面按名給發印委各官登簿彙冊報銷仍即訊明各災戶原住村庄註冊俟水退歸庄後查明災分極次仍按原庄給賑其軍衛貧生四鹺有似此者亦應一律查辦如有灶戶亦因係屬鹽法衙門管理倘場員查辦不及應令地方官照依民例先行撫卹造冊詳送鹽政衙門撥還歸款

一猝被湖災決口逃避高處周圍皆水不通旱路者從前如該地方官無處買備餅麵雇覓船隻委員分往渡送通衢以

撫卹事宜　七十九

全生命此係於被沖塌之初或有之向無別項開銷闕改
如遇此等辦理之項應按其被淹實民口數均於撫卹項下
报銷

一被水旱極貧之戶實户原有先行撫卹一月口粮之例但應
酌看情形如係於被水實寔廬舍漂沒水退後仍可種植有收
或一隅水實而通邑大築有收秋成之後民亦充裕者均止
須撫卹一月口粮不得加賑其有被實雖重民情尚不拮据
以撫恤極貧賑卹無庸先請撫卹一月口粮其事應一定
應行察看地方情形分別辦理先期通稟以便核分款摺案
內声叙詳題

一被水旱成實田地撫卹一月口粮向不分別業佃總以寔在
無食窮民准其撫卹每大口日給米五合小口二合五勺動

支常平倉穀，立于被災適中地方，多設廠所，按户按口散給。
如係折色，應照時價每米一石折給銀一兩二錢，并要處處責
帶煙户册查驗。如有别項經營手藝可以謀生并小口為奇
誑稱者，嚴行拆除，毋許冒濫。至該册報撥補還，須造報題銷。

一坍房脩費，定例樓房每間給銀貳兩，瓦平房每間給銀一兩，
草房每間給銀五錢，披屋每間給銀貳錢五分。原為風雨潮
災沖坍，这些貧民無力脩葺，是以方准題明動給。如係有力之
家并佃居之房，業主有力建造，毋庸不許濫及。嗣後遇有無
等坍房災户，應于查賑時逐户勘明原坍地基、樓平瓦草房、
披屋幾間，該户實係無力脩葺者，一一登記在册。如有房屋
已被沖淌，基地難以查考者，應酌按人口多寡，分别瓦草房
屋量給脩費。凡一二口者，給予一間，口數多者，每二口準加

撫邺事宜

八十

一間均於冊內聲明以俟事有准信照文動放捐銷衛所軍戶一律查辦灶戶棚房應令場員查明詳報鹽政衙門辦理

一被災傾塌及用房壓斃人口如無親房殮埋及雖有親房無力備棺暴露者定例每大口一口給銀二兩小口給銀一兩以資殮埋之資先動地庫銀兩給發事竣造冊題銷於司庫正項銀內撥還歸款如有好善紳士情願捐備者亦聽其便地方官查明捐數具詳請獎不得抑勒派擾

一被水旱成災田地貧乏農佃例應按畝借給籽本以資播種除有力之家不給外其餘無力之戶按成災五六七分者每畝給穀三升八九十分者每畝給穀六升動支常平倉穀按畝散給如係折色每穀一石折銀六錢即委員查實之後即于縣城或被災處所適中之地分設多廠先為示期及時給發

俾無補種穠粮並須查佃種者倚佃户自種者該業户以杜
將强爭執之弊再撥補還款造報題銷
一被(災)地方原有以工代賑之例如有應興工作自當及時舉行
但此施河渠堤埝工所用大力居多與貧民有益無幾
減速並興工料多工少以此代賑亦宜須於臨時斟酌妥協
詳由至於已經賑粜之災户中有赴工力作者此乃自勤其
力以補日用之不足也向有於應經賑粮內扣除赴工日期
不給者不惟查扣難清易滋弊竇抑且勤户反不如惰民之
安於坐而屬未協嗣後如有賑户赴工力作毋庸扣除賑粮
以昭平允此乃以工代賑方有之可放并附記於此查賑時
當為察看

程卯巧直

四十一

辦災條例

一地方遇有災傷該督撫先將被災情形日期飛災題報夏災限六月終旬秋災限九月終旬甘肅省地氣較遲夏災不出七月半秋災不出十月半題後續報災傷一例速委民州縣報災到省准其扣除程限於司道府尚行州縣報到日為始以速詳題若逾延半月以內者罰至三月以外者按月日分別議處上司屬員一例處分違逾者嚴加議處

一州縣地方被災該督撫一面題報情形一面於知府同知通判內遴委妥員沿河地方會同該河員會同該州縣迅詣災所履勘雖將被災分數按照區圖村莊逐加分別申報司道該管道員復於稽查加結詳請督撫具題倘有刪減分數嚴加議處其勘報限期州縣扣除程限主限四十日上司亦以州縣報

辦災條例

八十二

到日爲始定限五日統於四十五日内勘明題報如逾限半
月以内遲至三月以外者分別議處上司屬員一例議處

一州縣勘報續被災傷分數除旱災以漸而成仍照四十日正
限勘報外其原報被水被霜被風災地續災發生距原報情
形之日在十五日以外者准於正限外展限二十日勘報距原
報情形之日未逾十五日者統於正限内勘報請題不准展
限若已逾初災勘報正限之後續被重傷另起限期勘報

一委員協勘災務不按實勘報扶同具結者與本官一例處
分其勘災道府大員不親往踏勘祇據所委之員所結率行
加結轉報者該督撫題參

一遇災傷異常之地責成該督撫輕騎減從親往踏勘將應行
賑恤事宜一面奏聞如濫委屬員貽誤滋弊及徇隱不肯首

司速御供應無虞加征變充籌捐覲勘定地條籌捐同城省
分廳每一員彈壓係籌捐專駐省分廳每屬員兩司彈壓
一地方報災之後該管官星將所報災地有為荒地亦不令
趁種每待勘報分數致誤農時者上司屬員一例議處
一凡收旱成災地方官將災戶原納地丁正賦作為十分按災
請蠲被災十分者蠲正賦十分之七被災九分者蠲正賦十
分之六被災八分者蠲正賦十分之四被災七分者蠲正賦
十分之二被災六分五分者蠲正賦十分之一
一勘明災地本糧勘報之日即行停征所停本年錢糧係被災十分
九分八分者分作三年帶征係被災七分六分五分者分作
二年帶征其五分以下不成災地亦本年錢糧有本年
奏緩征及籌捐題明緩征者至次年麥熟以後其次年麥熟本糧

報災條例

八十三

遲行緩至秋成若被災之年除查方得雨雪反積分方起存
誤照若另疏題明將應緩至本年熟以後本折再緩至秋成以
後新舊並納

一凡災蠲地丁正賦之年，其隨正耗羨銀兩按照被災分數一
律蠲

一民田內應征漕折及漕項銀米被災之年，或應分年帶征，或
與地丁正耗本折一律蠲免，該督撫確核具題請

旨定奪

一入官旗地被災，該管官將災戶原納租銀作為十分，按災請
蠲。被災十分者，蠲原租十分之五；被災九分者，蠲原租十分
之四；被災八分者，蠲原租十分之三；被災七分者，蠲原租十
分之一。被災六分以下，不作成災分數，其原納租銀緩至

未年奏銷四柱

一恭逢蠲免錢糧以奉
旨之日爲始其奉
旨以後文到以前已輸在官者准留抵次年應完正賦若官吏隱
混隱匿出侵盜錢糧律治罪

一州縣官蠲免錢糧及蒙
恩指蠲分數錢糧應徵本年蠲之後並無出示曉諭列刻免單按
户付執並取具里長甲首詳請及部科察核若不給免單
或詐而不實該官吏均以違
旨計贓論罪督撫需索按律嚴究失察官議處

一州縣所屬本年蠲免錢糧或先行征收不行流抵或既奉蠲免
不爲扣除或故行出示遲延指稱另有征款及雜項抵除而

欽定條例　八十四

不及覈察者均以便請罪失察之上司俱分別查議

一凡實地查明戶口即委正佐及分地確查親填入冊不得假手胥役其實戶内有貢監生員舉貢在縣者責成該學教官冊報入縣倘有不肖紳衿及吏役人等串通捏冒寫出本年免差查明或閱報不實或徇縱冒濫或挾私妄駁者均以不職參治

一凡地方報災後委員一面將田地成災分數依限勘報一面將應賑戶口逐查閱賑另詳請題定實戶數少易於查察並即於踏勘實田限内帶查併報

一民田秋月水旱成災該督撫一面題報情形一面飭屬發倉將乏食貧民不論成災分數均先行正賑一个月仍於四十五日限内按查明成災分數分晰極貧次貧具題加賑被災十

分者極貧加賑四个月次貧加賑三个月被災九分者極貧
加賑三个月次貧加賑兩个月被災八分七分者極貧加賑
兩个月次貧加賑一个月被災六分者極貧加賑一个月被
災五分者酌借來春口糧應賑每口米數大口日給米五合
小口二合五勺按日合月小建扣除米並賑恤銀之貧
生監年如隨生監地方与賑同散貧民同力田灾田一体給
賑同賑者來歲並准入冊賑恤貧生賑恤由該學教官散給
災民賑恤由州縣親身散給州縣不能兼顧該督撫委員協
同辦理凡散賑處所于城設廠之外仍於四鄉分廠其運米
勝貴同賑濟米于後一体題銷其賑畢之後間遇青黃不
接仍不該州縣詳請平糶或酌借口糧其有連年積歉及
當年災五分常須於正賑加賑之外再加賑兩月該督撫臨

八十五

外災條例

时题请

一民田夏月风雹旱蝗水溢成灾者秋禾播种可望收成者统俟秋穫时确勘分数另行办理其补种较晚必需接济无力借籽种口粮秋後免息还仓者播种止有一季夏月被灾即照秋灾例办理其播种两季地方既被夏灾不能复种秋禾者亦即照秋灾例办理

一州县散赈责成该管道府监察如州县办理不实以致遗滥累及灾民并捐报该督抚以不职题参其协办赈务正佐及扶同捏结与本管道府不亲往督查率援州县即行加结申报并该督抚指名题参

一地方遇有赈卹该管道将所报成灾分数应赈户口月分先期宣示及赈毕再将已赈户口月米数复行通谕告示本乡

不實賠清者毋遺濫而肝民藉端要挾請賠者依律究辦

一凡折賠米價有奉　恩旨加增折價者以奉　旨之日為始

其奉　旨以前仍按定價折給所該分限日期扣銷○浙江

省每米一石定價一兩二錢每穀一石定價六錢

一地方猝被兵災該管官確查衝損房屋淹斃人畜分别撫卹

用過銀兩統入田地災案内報銷○浙江省水衝民房酌貲

瓦樓房每間二兩瓦平房每間一兩草房每間五錢草披每

間二錢五分淹斃人口埋葬銀每大口弍兩每小口一兩

一凡紳衿士民有於災歲出資捐賑者准親赴布政司衙門具

呈不許州縣查報其本人願捐之項並聽自行經理該由

督撫從實捐數多寡題請議叙少者給予匾額獎賞如州縣官抑

勒派捐或以少報多濫邀議叙者從重議處土豪胥吏指擾

戶部條例　八十九

户樂輸时干涉渔利者依律查究

一鹽商於地方偏災樂為捐賑者听其自便若冒借出捐而暗挖成本借名取償者查究失察之該管官並予议處

一凡查勘地方災賑係現任正印及佐雜等官不准支給盤費外投賍及新丞佐雜應補試用等官俱按日支給盤費所帶書吏跟役口粮薪費均一併支銷○浙江省各每員日給薪水銀一分生船一只日給船户飯食銀三分式分隨帶經書二名每名日給飯食銀三分小船一只日給船户飯食銀式分隨從人役三名五名不等每名給飯食銀三分船一只日給船户飯食銀式分散給銀米服所書役匠人俱照例支給查造冊籍所需紙張筆墨等費內動用撥實造銷以上見户部則例

一凡遇災荒之年州縣不詳報上司並華飛亦不動用荒州縣

已經詳報而上司並不准題達者將上司亦革職
一該州縣報淹地方官會同河員確勘如有查勘不實支隱
瞞民災者將地方官同河員一併題參並照例分别議處
一州縣將成災作不成災者俱題參革職永不敘用如不實心
確查少報分數者革職
一夏災不出六月下旬秋災不出九月下旬先將被災情形題
報如州縣詳報到省在限外而扣算程途日期尚未逾限者
免其揭參如遲報逾限半月以内者罰俸六个月逾限一月
以内者罰俸一年逾限一月以外者降一級調用逾限二月
以外者降二級調用逾限三月以外者革職巡撫布政使道
府等官以州縣報到之日起算如有逾遲照例一律處分其
被災分數限四十五日查明造册題報如州縣道府布政使

報災條例　八十七

迴接等官查造遲延者照例議處

一勘災不委廳員印官乃委教官查勘或妄報飢荒者俱罰俸一年若必報迴接不報搭替及報災之時未送印結或册內不分晰明白者罰俸六个月督撫亦照此例議處

一直省捐蠲免已有增多減少造入册內者地方官降二級調用司道府罰俸一年督撫罰俸六个月如被災未免題免之先報册內捷入蠲免者州縣官罰俸一年該管司道俱罰俸六个月

一蠲免錢粮數目於具題請賑之日起再限兩个月造報題達如有遲延照造報文册違限例分別議處各項官員造報文册遲延或限內卸事並違限不及一月及一月以上者俱罰俸三个月違限二月以上者罰俸六个月違限三月以上者罰俸九个月違限四五月以上者罰俸一年違限半年以上者降一級留任違限一年以上者降二級留任違限二年以上者降三級調用其文册遺漏重開數目舛錯或多開少造遺漏職名者俱罰俸三个月該管各官未經查出據册轉報

罰俸一个月○因外銷以致遲延三月以上者照遲延例
議處該管各官仍照接册轉報例議處未準轄者免議

一賑濟被災之民及蠲免錢糧州縣官有侵蝕肥己使民不沾
實惠者革職拏問其督撫布政司道府等官不行稽查令州
縣任意侵蝕者俱革職若督撫不將侵冒之員照例參揭
問者降三級調用

一州縣遇查勘被災當事凡一切飯食盤費及造册紙張夫費
俱動用存公銀兩不許絲毫派累地方倘有胥役里保藉弊
索民者州縣官失察和覺照例降二級調用 以上見處分則例

救災条例　八十八

災荒附紀

蠲免本糧

乾隆三年八月奉
上諭蠲免本糧所以舒民力而無災者或偏災偶見尤宜亟加寬
卹故周禮荒政以薄征爲先乃不肖州縣一聞蠲免
恩旨往往於新文未到之先差役四出晝夜催比追呼之苦更甚
平時迨諭旨到日百姓已完納過半朝廷有賜復之恩而閭閻
不得實被其澤官吏分肥侵漁中飽情弊種種深可痛恨我
皇考世宗憲皇帝洞悉其弊雍正十年八月內蠲免甘肅地丁時
特降諭旨將已完在官者准抵次年正課此誠第世之良規
所當遵守者朕嗣後凡有蠲免皆以奉旨之日爲始其奉旨之後
新文未到之先已輸在官者准作次年正賦永著爲令如有吏

混隱匿即照侵盜錢糧律治罪欽此

戶部議覆李清芳條奏展賑事宜

謹查定例內開地方如遇水災即先賑一月再行查明戶口具題加賑所有戶部前議酌定月分一條係專指加賑而言該御史李清芳因未前後通算以為月分減少奏請通變臣等覆查定例收成六分以上並不成災計民間豐歉適中之歲一年收穫完納夏稅秋糧而外所餘亦不過五分以資口食其被災五分仍有五分收成本年錢糧蠲免一分復行緩征之收成爲分仍行按限完繳其情形仍是相當是以止准於未災酌借口糧毋庸再議加賑至被災六分者收成雖有四分其糧食不足補缺是以按極貧者加賑一個月再被災六分照例有撫卹一月口糧是連加賑共兩個月矣至被災七分八分者收成止有二

三分因擇其極災加賑兩个月次貧亦加賑一个月連接卹共
災則賑兩个月共即係三个月矣至被災九分者收成止有一
分因擇其極貧者加賑三个月次貧加賑兩个月連接卹爲賑
三个月共即係四个月矣至被災十分者因災傷已重擇其極
貧加賑四个月次貧加賑三个月連接卹所賑四个月共即係
五个月矣是原設加賑多寡原也係災損之數按其缺乏量爲
補救較其向青黃不接之時復有平糶酌給各項借急以補賑
濟之所不及今若以偶然偏災遽設加賑至六七个月以工得
小民借貸待賑徵論往貴有常難以爲繼且以成災之處較之
收成六分者所穫轉多於情理未覺未協則户部前此定例原
屬按年之災地方連年積歉抑或災出非常原不得一切應行
賑卹不宜全請增撥因時因地妥議題明辦理等事
災案附記
卆

諭旨因時就事無籌兼顧是以定例以來除各省偶被偏災無例

查辦外其有不能照常辦理者或將極貧加賑至五六月及七

八月不等次貧加賑自三四月至五六月不等現在江南浙閩

廣信一帶前奉

諭旨於正賑之外復行加賑今又據侍郎周學健會同該督撫奏

請於外賑迴復經戶部議覆准行是按分酌定大綱其部臣權

衡之法隨時加增散賑者

聖主浩蕩之恩洵爲各省偶被偏災既有戶部原定條例復于蒙

循偶而災歉外加賑之處即欽遵前奉

諭旨無善無遺程安民甚屬有益應毋庸再行更張又戶部原議

加賑裁去又次貧一條伏查從前辦理賑務如湖廣山西貴州

等省並不分別極貧次貧山東陝西等省亦祇分極貧次貧按

日給賑惟江南浙江等省分為極貧次貧又次貧三項是在省
辦理原屬不同祖以被災州縣待賑者每至數千百戶其極貧
次貧者易查驗又次貧一項則與次貧相去在几微不便酌減
賑卹致有偏枯且既逐一查發分晰未免躭延賑期應將前項
煩擾之弊是以戶部原議祇分極貧次貧又次貧即查照目並
不立為分別原為便民起見即近年無理成案亦未統將援照
報極貧次貧名數核實准銷此蒙諭御史李清芳所奏按實民
分別二等開造五冊擾向來定數以前皆不肯抵駁也至大小
口日給米數查至省有大口日給米三合小口日給米一合五
勺者有大口日給米五合小口三合至有或折給大口每一
月小口小兒五合雖貴州地方偶有被災水沖之處賑實四五
十日不等給大口日給米八合小口米四合並無常行事例戶

實案附化

卷十一

新以原額以致完之時詩補其應將各省被災數量加酌定
但恐各縣短少較前不甚是以斟酌其中如江南等省自係大
口米五合小口米二合有司之例着為定數較之大口三合小
口一合再加增較之大口八合小口四合其所量為
酌減甚多寡為適中並無昂該御史李清芳所奏請減已甚
也至仍照原額辦理又夏月秋實如秋禾種植亦全將來可望
收成其候秋穫之時酌量分數了案蓋體農民從前之計惟秋
西成早禾雖被災被旱大田亦種者全不過一兩月間晚禾即
可登場較之秋禾失收者便迥異歷久賑恤方能接其接賑
急需不相侔是以統歸秋收分數辦理但其向照有無災接濟
其因宜有酌借籽種口糧之例今該御史李清芳以五六月之
間猝然被災其種植一季者小民既已經望即種植兩季者樓流

決仰難以復種業蒙不准賑小民何以聊生不知戶部原議統指秋成辦理者係原指秋禾已種者全可望收穫而言若種植止一季其夏災即准照秋災辦理是以甘肅省夏禾被災經戶部議定令該督撫查明不能種植兩季之地方若夏災後不能復種秋禾即與秋災無異故定例以來直隸江南福建等省夏月被災較重仍係照例加賑並未著有蒙不准賑之條至水雹為災多在夏月向例有被災賑是以戶部原議令其查勘情形統照夏災定例辦理其風災一項原議令該督撫確實勘驗如一時民食維艱即於常平倉穀內酌借籽種口糧並使傷或損傷太田必須賑濟者即具題請

旨遵行是凡一切夏月水旱風雹之災均係隨時酌量俾賑恤從歸實際也此後御史李清芳所奏並乾隆六年以來所辦夏業

災案附記

九十七

逕行查未經定例以前之有成案內有賠除五六月者應照正辦
理因屬踈於寬租其間尚有賠一兩月者亦照此辦理月分稍
致減少此後沒案未免偏枯且與前案因為紛為整齊劃一之
論旨不符擬令該御史李清芳奏請酌改戶部原定條例因屬推廣
皇仁之意惟是定稅本屬全定經理期於目值臨時情形難以預
料雖定例亦有未盡僅不能該括之處地方官果能體
聖諭我斟酌於定例之中或變通於成例之外實力實心奉行無
實力托言補救恐不及時全論循新例亦難究全稗益即係該
御史李清芳所奏亦屬乾隆六年以來所奏成案行之寔遠不須
斟酌變通而自能稗益于國戶部原奏例所未盡未敢是以本
行不一自今江南淮安等處業經奉旨賑恤為道應令查照
議亦理外其安省應照等處亦應查照逕行合將即用學使會

同該督撫詳細確查務使災民均沾實惠以仰副
皇上誠求保赤之意飭令各省照務俱照此辦理可也七年四月
二日奉
硃批依議

江蘇災賑成規

蘇藩彭家屏詳請刊災賑章程以便頒行查直省惟地方災
賑最關緊要而辦理稍疏貽誤匪輕況所委各官諳練者少一遇
災賑往往措手難有上司經發規條每多觀而未全且有隨時
改易不能畫為一定更兼檄到已遲遵奉勿速亦有因為本省
從不及細念以致錯誤者因而常有應為災賑規條與其頒發
於臨時無如刊頒於平日俾得熟悉以便臨時查看更調委
辦員所指刊本隨同委牌並發令其細加體會臨期照辦庶免

災案旧紀　九十三

縣為周年但查從前歷屆案規有由司議詳並有奉憲飭行者
亦有應行而未議者殊多散漫難稽今本司採集舊例參以未
議錄集成編自報災起迄接賑報銷止分為三門間有因類附及以
省繁複其中挈總條理畧備什一但管窺蠡測難免舛漏謹議
清冊詳送伏候憲台俯賜鑒核冊開各款如有未宜應刪應減
逐一裁正指示以便遵照查撥間款刊刻通頒永作章程實為
公便　乾隆二十年四月初九日詳奉撫部院李尹　批據議各案
已極周詳姑將被災村莊鰥寡孤獨疲癃殘廢無業之人自
應按照災分輕重分別極次給賑接議量給一兩月口糧而不
被災之四鄰一律辦理較尋常災民口賑反輕未甚妥協至不
被災村內之四鄰無地無業亦給一兩月賑糧僅至界限
災重仍准給賑二十日一村被災而合村須查照近年未查四
一年行過有例案

覺而不被災之村庄冒濫不少此應以原勘冊據以被災不被災
分清界限不得以附近牽混又被災村庄內之田貧民或務工
營趁或手藝營生被災失業無處謀生即與災民無異自應亦
隨被災輕重情形分別極次辦理不及除係一兩月販糶生業災民
及傭工手藝亦隨被災輕重分別極次一律辦理甚有寄住營開鋪貿易者近來亦多
冒賑應行嚴禁又查賑放賑多係委員分辦其有冒濫虛銷苟
弊固應按其故誤情罪據實揭參但委員原係帮同地方辦
理是否允協仍應地方官隨時稽察其有重大弊端除委員參處
外地方官亦應一併查參方為允當又災地戶丁家屬至三口
以上者雖應一併查賑但責老自開送每將三口以外並去
人口者亦多捏冒混報應令地方官會同該營親查以杜弊竇
再查各出產米糧多寡不一米少之處不得不仰藉鄰省以資

災案附記　卅四

接濟自應聽其流通不容稍有阻視乃有司不知大體每有此
疆彼界之分一遇米貴之時輒行禁止出境地方棍徒每以平
抑搶截藉為居奇要挾又實地米價昂貴地方紳士或有情殷
平糶者應聽其自便乃地方官往往借勸諭為名抑勒減價並
令有名之家開報數目為攤累以上諸弊均應列入規條一
體飭禁此外如有未盡事宜一併確核酌議分開永定章程不
厭詳慎仰再悉心酌核妥議通詳察奪以便刊刷分屬遵照仍
飭杭州府移行江寧藩司就上江情形妥協查議一律刊發遵照
等因又奉撫部院莊　批開所議已屬允協其中間有未盡
及條款未善之處業經酌核改正仰即查照詳憲動撥閒款刻
刊刷通頒各屬遵照各等因奉此除詳本司道將奉督憲批示
各款逐一增刪并抄奉撫憲酌改各條遵奉改叙並將原議各

有未協處應添條款一併列入另擬清冊詳送核辦憑核裁示

並同本批先刊刷通飭遵

再司批飭山獨詳捌地堡責被淹家口事多出資民之例酌

本月底前家口三日外一併給賑

案業附記

九十五

二十九

浙中會計見聞録卷四

耗羨養廉章程

雍正十二年八月十一日户部咨開四川清吏司案呈查雍正

六年三月内經大學士張　等議奏征收火耗原不應有耗羨

而各發養廉銀兩出

皇上特恩並無臣工分所應得之處寔不便明白宣示是以前年

諭旨以耗羨銀兩不可入於正項錢糧臣部欽遵通行在案今四川巡

撫將耗羨同通省錢糧支出銀兩仍具疏題是將養廉耗羨銀兩

見於奏章矣

諭旨甚不相符應將四川巡撫所奏毋庸題覆請嗣後各省如有

從前支發養廉動用耗羨銀兩令該督撫咨報臣部將可否准

覆先行酌議俟覆准銷後底簿存案同核各省督撫每年動用存

公以報冊內查核等因奉

耗羨養廉章程

一

旨依議欽遵通行在案今江南等十四省惟雲南省並未造册送
部其餘各省陸續造到者悉清册有自雍正六年起至雍正十
年按年報部者亦有止報一二年者至所造册內又將元年征收
耗羡存公等項下開完欠數目並有將各項雜支數目造入者
俱不畫一查原案內以應將火耗贏餘一項自雍正六
年起於各年底實行奏聞至數征耗羡存公等項完欠數目並
雜支等項俱應於各該年以冊內查核今若彙造一册未免牽
混且與原設不符本部難以按核彙查相應通行各省將雍正
文到日即將雍正六年至十一年通省火耗收支餘羡盈並各該
年有無動撥撥除減盈減留之處作速按年分別造具各省羨盈細
册送部查核以便彙奏其各該省耗羡存公等項征完欠數
目以及雜支等項本部現今設定之畫一地丁款式開明四柱另

造清冊送部交與本諸司庫無依地丁款項查核如有款項不符款目舛錯即於本案內駁查相應一并通行本省督撫並無辦理再查叢蘆一項事關奏案應令各省督撫速將各歲成叢蘆細冊先行造送並令各省耗羨銀兩征完支放月摺支款項照冊除十一年以前無依其除未經造送之年另行補造外自十二年為始並照地丁錢糧式按年造冊送部以便查核可也合咨前去查照施行

舊有叢蘆

觀風使二千兩　又添程二千兩　於程費項下支給

學政一千五百兩於程費項下支領則例內開四千兩　又學租給貧降剩銀一千餘兩

鹽政舊有鹽丘承差規銀四千八百兩外無費內摺規並無影存

辦公用　則例內載裁存支養廉銀一萬兩內除奏准支給各商代辦　貢物銀七千兩每年實支養廉三千兩又並二

耗羨項下應給程

曁織造支給鹽規銀一千六百兩內以一半例解

內務府飯食等項外實支鹽規銀八百兩

織造一千六百兩送商留存鹽規內支銷則例內開一萬兩又給鹽規銀六千兩

布政司七千餘兩係餘平飭費內出則例內載七千兩

按察司四千兩于程費內支給例內載六千兩

糧道七千餘兩係料項餘平內出則例內載四千五百兩

鹽驛道六千餘兩係減存程費及餘平內支給今改鹽運使則例內載兩浙三千兩

杭嘉湖道一千六百兩則例內載千五百兩三心紅紙劄銀四百兩程費內支

寧紹加松分司五八百兩程送前載存鹽規內支給者委寧陪每心存隨規則例內載兩浙運副二千兩兩浙加與江運判貳千兩松心紅紙劄銀六百兩原疏聲明

新增兼盡

捕盜五千兩係閩省分守之數則例惟福建省內載捕盜一萬三千兩

巡捕五千兩則例內載一萬兩

將軍旧有鹽規一千兩今加六百兩 則例內載一千六百兩
筆帖式四員各一百兩 則例內載六錢給予五十兩
副都統四員固山大船政歷旧有鹽規幇給五百八十兩今每
員各五百兩 則例內載六百兩 內有任乍浦者再加五百兩
寧紹温處二道各三千兩 則例內載寧紹台道三千五百兩 温處道三千兩
金衢道二千兩
杭府二千四百兩 備公六百兩 舊有富陽鹽引尼頭
嘉府二千兩 備公四百兩 舊有鹽規六百兩
湖寧紹三府各一千六百兩 備公四百兩 湖紹有鹽引尼頭
台府一千四百兩 備公四百兩
金衢二府各一千五百兩 備公三百兩
嚴温處三府各一千弍百兩 備公温處各三百兩 嚴府二百兩 三
耗羨羨盈章程

杭加湖寧紹五府同知各六百兩 杭同知旧有鹽規刪例裁併 衢州等六府同知各六百兩

杭海防同知六百兩 旧有鹽規刪例內裁東西 兩海防同知各八百兩

理事廳同知各四百兩 旧有鹽規刪例內裁節浦 理事同知六百四十兩

溫台處三府同知各五百二 各同旧有鹽規

杭加湖寧紹金衢溫紹九府通判各四百兩 杭各旧有鹽規

仁和錢塘各一千八百兩 旧有鹽規 備公各六百兩

海寧州一千四百兩 州縣之下盧每百兩年捐款頁民四兩 備公四百兩

加興秀水烏程歸安各一千六百兩 備公四百兩

鄞縣一千三百兩 備公三百兩

加善海鹽平湖石門長興德清山陰會稽臨海蘭谿西安各一

千二百兩 備公 石門四百兩長興蘭谿臨海各貳百兩加 善海鹽平湖德清山陰會稽西安三百兩

富陽餘杭武康鎮海嵊縣寧海天台仙居淳安遂安壽昌瑞安

縉雲青田六百兩　各富陽旧有盐規則例内載、備公各貳百兩
寧海天台仙居各七百兩
桐廬安吉慈谿孝化諸暨餘姚上虞黃巖太平東陽義烏永康
·龍游江山常山平陽各八百兩　備公各二百兩
臨安新城於潜昌化孝豐象山定海新昌浦江湯溪武義開化
桐廬分水壽昌泰順松陽遂昌雲和慶元龍泉景寧宣平各七
五百兩　桐廬旧有盐規　備公各二百兩
建德永加坐岸麗水省山　各一千兩　備公永加省山各三百兩餘俱貳百兩
一　教佐雜職員每員三千、又為出差辦公勤勞酌量給至於財
不給　則例內載布按兩司經歷理問照磨各八十兩州判道府經歷照磨司獄縣丞主簿吏目巡檢典史各六十兩
一　浙海關一千貳百兩又北新關每員一百四十七兩七錢　動大
使共貳百八十兩。
一　兩浙之鹽即海沙蘆瀝橫浦鮑郎金山石堰清泉杜瀆永加

耗羨養廉章程　四

芦場兩貳錢六十分鳴鶴龍頭穿長大嵩玉泉浦東袁浦長
亭黃巖長林永嘉雙穗芦瀝兩貳錢分司常照場貳錢四十分餘
兩三錢分撫驗兩淮大使兩三錢分鹽庫大使經歷內載照例
一押運同知通判兩四錢分衛守備押運兩貳錢四十分衛千
總押運兩二錢四十分信運兩一錢分
兩屬耗羨每分隨正徵收六四分至九分不等通省共收下一
十八萬九千四錢餘分內除留存州縣一萬七千一九錢餘分為
傾鎔解費及解司個餘皆以實徵解司銀一十七萬一千四錢
餘分為通省發養廉備公之用 或云共收地丁耗羨一十六萬三千三錢六十貳分零地丁項
下撥給備公銀十萬分除每年解閩貳萬分外謝
省實八萬兩貳共二十四萬貳千三錢六十二分零
一給兩發養廉銀一十貳萬貳千六錢九十分 或云一十四萬一千七錢七十
分住照
徵此

一給金衢嚴道心紅紙劄銀四百兩

一給各官備公銀貳萬三千五百兩 或云一萬三千六百十七兩零

一吏部飯食銀一千二百兩

一戶部書館飯食銀一千七百兩 或云一百六十兩 司務廳報冊飯食銀五兩六分

一兵部飯食銀一百六十兩

一刑部飯食銀貳千兩 水腳銀十兩 或云貳千一百兩

一戶科飯食銀三百六十兩

一臬司衙門心紅紙劄銀六百兩

一提塘報資銀一千五百四十四兩

一給撥兵工部菁朱打銀四千九十六兩四錢六分零

一給解鬮公費水腳銀三十一兩二錢

耗羨養廉章程

五

一給孫汀飯米銀四百廿九兩八錢零
一給下浦教習叢瞭并號役口糧銀五百九十四兩零
一給撥補哨把總料叢缺餘租銀八百二十二兩九錢零
一給江山陸省山岑料修橋船工費并橋夫工食及湘湖
岑堤共銀五百九十一兩
一浙江司庫下浙江省地丁兼餉銀一千七百兩浙江綫運
兼餉及銀七百四十兩財政兼餉銀七十兩假足銀三
十二兩桐油銀二十四兩絲行及銀六十四兩
又有定數全定額
一壬春鹽費銀六百兩　每年酌留銀貳百兩
一海灾田稅蠲費　每年酌給銀三百一十六兩九錢
一軍流人犯口糧　每年酌給銀一十三兩二錢零

一不敷月糧米石　每年酌借銀三萬一千四百兩零

一紹外孫貢白糧　每年酌借銀一千八百兩

一杭協寧紹吳前并定海黄岩乍浦温州玉環瑞安鎮海寧海

昌石各營分修整巡哨戰船器械等項每年酌借銀三千五百

兩　武五以工共銀十七萬五千八百二十六兩零借銀六萬八千四百九十六兩零留備常例外一切公務等項

一耗羨內有應動加增款三百兩以內者咨部動支三百兩

以上具摺奏明借有急需而動三百兩以上仍奏明報部一面動

用戶部核月常案

一州縣征收耗銀內除支本任養廉及一分解費并有漕州

縣額征漕截銀兩不專給軍例程耗羨程補外餘銀俱數解

司其一分解費作起解道餉例許全支并解司餉應扣出五

分各歸餉餘解司充公并加屬各縣地丁按解十餉共餉餘

耗羨養廉章程　六

五厘免操

一浙江省仁和錢塘蕭山遂安四縣每兩收耗銀四分富陽秀水嘉善平湖石門烏程仙居蘭谿桐廬等九縣每兩收耗銀五分臨安於潛嘉興桐鄉歸安慈谿會稽諸暨餘姚上虞新昌嵊縣金華東陽龍游江山建德縉雲餘杭淳安等二十縣每兩收耗銀六分海寧新城海鹽長興德清安吉武康鄞縣奉化山陰湯溪西安常山開化麗水孝豐龍泉鎮海一十八州縣每兩收耗銀七分臨海黃巖永康浦江壽昌樂清瑞安平陽天台松陽等十縣每兩收耗銀八分太平分水加青田遂昌義烏寧海象山昌化定海武義泰順雲和慶元景寧宣平等十六縣每兩收耗銀九分

一浙江省各標營武職員弁兵需養廉銀八萬五千七百一十

四分租商輸餉引租價內銷撥銀三千二百、又朋扣內銷撥
銀六千兩鹽規內銷撥銀一千三百四十兩雜稅內銷撥銀
・七萬五千一百七十四兩年底專案題實報銷
雍正七年六月奉
上諭蠲免州縣者地丁內之耗羨均給予官吏並無一併蠲
除之理乃聞昔宗撫臣於庚戌年兩浙水災
將其蠲免其耗羨仍輸等因水旱蠲免不必征收耗羨永著為例
一　免直省錢糧道府州縣欽奉恩詔蠲免地方銀兩及廩膳祭祀
均平等銀准其豁除地丁並耗羨銀兩出具（加安四年題准）並
令該督撫將各府縣支細數核定確冊內分晰報部
核銷並出具各屬並無遺支印冊詳隨同奏銷送部如有
降任睦(?)缺停工分別追扣道府立法各交代遷降革留任者
耗羨叢書番(?)手程(?)　七

臺下毋仍准支給　嘉慶七年備纂

一文職任所有應支食養廉係正印署正印並本任者全支本任半支署任不並本任者半支本任半支署任所停本任之一半養廉留為遞署之有八支食者丞倅佐貳委署正印及丞倅佐貳互相署理均無此例　支給鹽肩九員支食養廉亦無此例　如理

一上司並揀調員及正印並署丞倅佐貳員缺不離本任者全支本任不准支署任養廉　貴州省正印並署分防之丞倅佐貳並本任者全支本任半支署任不並本任者半支本任半支署任其以離本任又並署他缺者支本任一半並支署任一半又另支並署之任一半

一試用雜補人員委署員缺均半支署任養廉　貴州省署理有員之缺者支給全署任一半另於扣缺項下支給一半　署理之員之缺其全支署任如又並署他缺者原署任內正支一半並署任內亦支一半

一然差委員均半支本任養廉如引見候員陞轉赴舊集進京回

陞見准支本任一半養廉無道府以下分發進京引
見捐指部引之日起住支本任養廉俟回任之日再行核支
一題署請署及貢咨部題本部覆准署理到任出准以本文到
任之日起全支署任養廉如離任到任為未奉有部覆在案
照暫行委署之例支給署任一半養廉
一署員支食養廉在照例應給而任內錢款有餘者均歸截曠
項下統核耗羡案內歸册造報
一捐裁事
旨調補調省尚未到任仍留原任無可出所有支食俸銀照
調任應得分例支給其養廉亦按照新調任內分例酌給一
半以資辦公悉核案
旨補教之日起分别支給造報核銷

耗羡養廉事程

一現任文職陞任別省者

旨以陞銜留署者任其准暑亦題署咨署之例於奉文到任日

起全支署任養廉

一本職州縣等官該督撫亦准仍留本省委用其如委署員缺

准其並試用應補人員委署更缺之例半支署任養廉

一各省督撫有參應革職而邀

恩留任應於議罰諸即自請罰俸以養廉如應罰俸以一年者分作

二年減半給支每年仍准支用一半其給支年分較多者亦照

此年分減半給支

一文職從九品未入流等官遇有降調處分降四級限滿例應

降調經寬留任者員不准支食養廉外其各級分降級仍革

職留任並非俸命盜等案處分及二三參限內例應降留

人員仍准其支食養廉所有革職留任降級無例扣減報部
查核 嘉慶七年續纂

一現任文職官員無差軍營其本任養廉准其全支其署軍營
署缺及應行護印之員仍各支本任養廉不准另支署任養廉

一各省督撫保舉堪勝送部引
見後欽奉
諭旨派往軍營差遣委用遇有相當缺出題補人員其未經補
缺以前係俸品仍按品支給外養廉一項准其所省省分酌
核為所州縣應得之數支給其尋常分發試用人員不得援
以為例

一署任文職往軍營辦事並無本任養廉可支者按其所署員
缺養廉撥給一半以支辦公立據空缺養廉項下動給

耗羨養廉章程 九

一文職官員隨同督撫進京祝
嘏准其照出差官員之例應支俸工半支養廉在地丁耗羨內
奏銷案內分別造報核銷
一武職員弁隨同督提提鎮進京祝
嘏准其照赴京引
見及因公差委之例全支俸薪馬乾半支養廉在兵馬奏銷及
養廉案內分別造報核銷
一督撫鹽三院薦舉之員進京
陛見俱仍支一半養廉其道府以下凡遇俸滿卓異升遷赴選
送部引
見養廉俱扣至卸事日住支　以下十六條與前條多有重複因係冊省刊部全帙故不刪減以便查閱也
一正印署正印並本任者全支本任養廉半支署任養廉離本

任共半支本任半支署任所得一半留与應得之員支代

一巡捕佐貳委署正印並巡捕佐貳互相署理並本任在家全支本任半支署任兼座新本任在半支本任半支署任

一上司并撥属員正印并巡捕佐貳不離本任止心支本任共署任兼座应归裁曠

一試用候補暫行委署之員止支署任一半兼座一半归裁曠

一運使鹽道暨分司大使名缺遇相委署並本任在家全支本任半支署任新本任共半支本任半支署任兼座

一署理生員缺原缺署缺各半分支兼座

一委署空缺人員准支全署任一半兼座一半归入裁曠

一俗署及題表署未奉部覆先行到任者仍照暫署例支給半座俟部覆准其署理其扣到任之日起全支兼座

耗羨兼座二年稿

一陞日進事

陞見日道通署離本任者署支半俸支署任兼庫並未缺不

離本任者全支本任半支署任兼庫

一事

命往軍營辦事人員全支本任兼庫

一奉調入闈人員兼庫所署之分半分支

一病故人員兼庫於病故之日住支

一聞回任兼告病丁憂告休勒休革職降調革職甘願人員兼

庫俱於卸事之日住支

一奉題進參各員皆於撤員兼庫於摘印之日住支

一題陞題調案內聲明送部引

見及署理被參部議降調事

旨送部引

見之員養廉俱于本年文之日住支

浙省各屬向於耗羨項下提出一分四厘作餉解司以五

厘留知府為現解平餘盤費但地丁各款內有留給支給之項毋

須解費通省合計各州縣每年盈餘只八千餘兩倘提解司充

公所謂節省解費也

一本京選授補授武職官文職自道員以下佐雜以上武職自副

將以下都司守備千總以上查在籍經過之佐雜皮起赴任之

程均准借支新任養廉本京選補毋由部呈借在籍經過者

由屬司呈借該處借衙門取具該員互結查對吏兵二部四

文照文驗明文憑劄付核實借給不致借出例聽

一本京選補文職官應借養廉下數浙江省道府七百兩州縣

耗羨養廉章程

十一

三月分同知通判二百五十兩　吏部行憑州同州判一百兩

吏籍行憑州同州判者自籍赴任路隔五百里至一千里以外者六十兩路隔三千里以外者一百兩路隔五千里以外者一百五十兩路隔七千里以外者一百二十兩路隔八千里以外者一百二十兩

百兩　吏部行憑佐雜及浙江省四十兩　吏籍行憑佐雜及自籍赴任路隔五百里至一千里以外者三十兩路隔二千里以外者四十兩路隔三千四五百里以外者五十兩路隔七千至八千里以外者六十兩

一吏示選補試職及應得農蘆民照浙江省副將或日八十兩

秦邦一月八十兩遊擊一月四十兩都司一月兩掛守備一

月兩營守備七錢所千總五十兩

一揀發試用文武官請借養廉文無實缺官減半借給世革

照恩賞舉人分發各省以知縣分發試用者照分發州同州判

例借給

一應扣還原借養廉限期實缺官於到任後起扣試用官於派署後起扣照依省文職限四季武職限六季扣完所扣銀按月解貯司庫歸款所扣司借銀兩即由任所省分指撥如無原借省分作正開銷該任所將撥抵之款咨部並將扣歸數目造册咨部由部彙題

一應出借養廉者一任未及扣清旋任別任調任者帶於新任找扣降調丁憂緣事者於補官日接扣其應補不補至一年以後將未扣原借銀兩查明勒追其參革休致告病改教之員緣事後即行勒追倘應交實不能完由原旂原籍取具印結將原任於例准借養廉之現任應得官下均攤扣抵其請借養廉官有在途病故及到任旋即病故者其未扣原借養廉於接任後任所應得官下攤扣歸款

十二

耗羨及養廉章程

一文職自兩司以上武職自總兵以上不准請借養廉武職內
例支赴任廩給之駐防兵丁並外補之標所守備千總並外
拔補之營把總千總及由捐班候選並捐復加捐之文武各
官均不准請借養廉其由捐職銜後用試叙回官或由徵求
職分捐捐續候升轉歸銓外任或實由正途出身先捐別項候
補候銷仍歸本途選用外任者查照捐捐候選例准借給養廉
一前任官請借養廉查係前借已清者仍准全數請借已扣未
清者無現在應借數目扣除前欠找借所餘仍以全數咨行
任所坐扣其原借全未扣繳者不准重借
一直省道府以下官員應需借項准其詳請開款借動司
司與借詳請隨時報部所借司數道府不得過一千五百
兩州縣同知通判不得過一千兩首領佐雜等官不得過貳

日期應於蕃庫民內分限扣還其分扣限程道府州縣限三年內完道判限四年一皆佐雜首領限八年一案未及扣清後任者匯扣新例以該銀一月後起扣再以該銀三日起五千兩以上者限六個月一千兩以下者限以完工之日起扣限四個月追辦一千兩以下者限三個月追辦報銷又

一直省學政衙署每有年久損壞應行修葺者准其詳明本省督撫委查確估無道府所估民數借支分限三年扣還

一各省窮征吏款耗羨均隨同正項年額統計分數一體具題以定考成如正耗全完方准以數正耗欠數相符合計分數議處其奏後仍未完解其歸於正項年限奉內按奏論正耗完欠按解數目不符者嚴參查辦

一各項耗羨除已完未完分數考覈另冊造報外仍一面將動存各數按照地方侵部對冊查核一面分晰造具四柱耗羨叢庫年程

數冊送部戶部於年終彙核具題

一各省額征耗羨等項每年因正項錢粮隨時征收其應支各官

養廉吏役工食准其在于征收耗內坐支其餘於隨正項奉

解悉依數解司遇有地方公需如數在三千兩以下准其咨部

核明動用數逾三千兩以上者令其題請

另如有擅行動用者不准請銷外仍着落賠補照例查參每屆

年底各將核查明一年之內額征完欠及動用存留確數並

帶年存積數目年清年款造冊報部由部彙招核

閲

加慶七年脩纂

一征解耗羨如有正解正項不解耗羨即係官吏侵那虧日一

面勒追一面參究並請同體情究隱經部查出一并參處大

項著落賠仍將是年隨正完解之耗羨詳悉核報部冊內

聲明以憑稽核

一直省支存耗羨公項每於次年隨同地丁錢糧奏報並造送

四柱款冊聽部查核彙為地丁奏銷展限其耗羨公項款

冊仍按限造送逾限不送者題參議處

一外省支出耗羨乾隆三十二年定議以四柱准銷之案內

一凡耗羨屬公護理四柱所動凡支護任耗羨凡支屬公耗

羨其屬公所動公費公賬無異如本任另行奏銷凡支

屬公即任耗羨凡支本任耗羨如係無異凡支者任耗羨係

支本任耗羨其道府以下亦照此上如應補試用人員照

理定銷例支應全羨是係現任無異仍支凡羨如照理引

見並差人員其銷例不論現任試用應補除今正署二員本年前

支無上差係物估難減撤員仍准支所遣之缺係現任並

耗羨章程

七四

署此例半支無妄試用人員署理亦准全支捐程截曠項下
動給至經停署理並停給支本任外再支署任半差並停署
理府廳及無務缺者應全支本任半支無務署任差缺比行簡錄
與前例同有不同故仍錄之以備參考
鹽政准來其差缺與署護者半分支其鹽道署司道無
鹽道廳及道務者為護道廳如係無署之缺全支本任差缺
半支署任差缺如係通署之缺亦署差缺但應半支寧加二分
司空缺如應補試用人員署理准其全支現任無署亦准半支
如署理引
見出差之缺無論現任應補繳全正署二員各半分支隨原員
差缺全缺如出差解餉仍准全支所遺之缺係現任無署此例
半支若應補人員署理仍准全支不專差缺捐程耗截曠項

下動給鹽場大使每款向分大中小蓋盞三百，貳千六十貳斤
兩三分均在規耗項下支給，惟巡鹽大使一款蓋盞向于
羽費款內支給，今即按道庫規耗項下支給，其原定羽費內每
年所支二百四十兩，并遇閏月加銀貳十兩，俱行裁汰，歸於本
款項下報解鹽道，從歷蓋盞向在廣庫支領，將鹽庫大使向每
蓋盞均因咨鄰處，准其並案

蓋盞按日扣筭未

四百兩閏每日一兩一錢一分一厘一毛一絲一忽零　〇二分五厘六毛四絲零
五百兩閏每日一兩三錢八分八厘八毛八絲八忽零　二錢八分二厘五絲一忽零
六百兩閏每日一兩六錢六分六厘六毛六絲六忽零　五錢三分八厘四毛六絲一忽零
七百兩閏每日一兩九錢四分四厘四毛四絲四忽零　七錢九分四厘八毛七絲一忽零
八百兩閏每日二兩二錢二分二厘二毛二絲二忽零　〇五分一厘二毛八絲二忽零

耗羨蓋盞庫程

九百兩閏每日二兩四錢九分九厘九毫九絲九忽零

一千兩閏每日二兩七錢七分七厘七毫七絲七忽零 五錢六分四厘一毫○二絲二忽零

一千二百兩閏每日三兩三錢三分三厘三毫三絲三忽零 ○七分六厘九毫二絲三忽零

一千四百兩閏每日三兩八錢八分八厘八毫八絲八忽零 五錢八分九厘七毫四絲三忽零

一千五百兩閏每日四兩一錢六分六厘六毫六絲六忽零 三錢八分四厘六毫一絲五忽零

一千六百兩閏每日四兩四錢四分四厘四毫四絲四忽零 一錢○二分五厘六毫四絲一忽零

一千八百兩閏每日五兩 四兩六錢一分五厘三毫八絲四忽零

二千兩閏每日五兩五錢五分五厘五毫五絲五忽零 一錢二分八厘二毫○五絲一忽零

二千四百兩閏每日六兩六錢六分六厘六毫六絲六忽零 一錢五分三厘八毫四絲六忽零

三千兩閏每日八兩三錢三分三厘三毫三絲三忽零 七兩六錢九分二厘三毫○七絲七忽零

以上系閏三百六十日筭有閏三百九十日筭也

浙省十一府正雜簡雜支兼應自一千二百兩至二千四百兩

不等備公自二千兩至六千兩不等無俸養廉自四千兩至八千兩不等州縣養廉自五百兩至一千八百兩不等備公自五百兩至六百兩不等以上支出省經學院集留原額及加增養廉等屬同州道養廉隨牧加州道原額養廉動支程費備公刑部解部飯銀等款外其餘支出養廉應動耗羨項下銀一十二萬二千九百九十兩又支出備公應動耗羨項下銀支五萬三千四百兩係按月按季支給以下三条係行簡錄所載改并錄之以備参考

一徵自養廉前院大學士稽　查明動鹽道庫内溫台帑鹽溢課項下盈餘銀一萬二十四百六十兩上下半年移司核之九月内蒙詳請由司報部今自乾隆二十三年起季西北將佐領養廉先於本年十二月内核定數目於司庫截曠項下動支預撥按季發交各縣就近支給其上季應扣之項於

耗羨養廉章程

下季扣筭給發仍於年底造具支銷細冊送司彙冊報銷府屬首領養廉照於附府分段外支給其省司道以及杭府首領暨仁和二縣佐雜養廉例應指給本文仍於司庫內給只報部之冊仍循舊例

一司庫備公雍正六年於每年地丁項下劃出銀十萬兩嗣於雍正十一年每年撥解閩省公用銀弍萬兩實存浙省公用銀八萬兩以為學院杭嘉湖道糧道養廉心紅戰船津貼及修造船隻并鑄炮給火藥操演學房孤恤寔民籽本修築一切工程各局并試用省藏冰書役飯食等項報部核銷以後如有別案動用并本文款先查明欠准支給此款下兩年年支用滋有餘剩

一直省綠營武職名糧改支養廉銀兩提督每員弍千兩總兵

每員一千五百兩副將每員八百兩參將每員五百兩遊擊每員四百兩都司每員貳百六十兩守備每員貳百兩千總每員一百二十兩把總每員九十兩經制外委千把總每員十八兩

一凡直省緑營武職養廉銀設有新任以受割任事日起支舊任以離營卸事日住支其由外升調人員雖經任事尚未奉旨者仍照舊任職銜支給如業已奉旨任事而抵未受割及未領引見准其支食新任養廉

一提鎮赴京陛見及副將以下守備以上題保卓異送部並俸滿千總保題保留赴部引見人員於行離營仍回原任者養廉即自離營日起准其支食

耗羨養廉章程

一半　於回營日全支　題行赴部人員離營以後到
見以前亦准其支給一半　此引
見後截止
將者另調他缺截止
者全赴新任者始截止
者日住支回任一半兼應
一年揀赴京會試其半兼應另外自離任日起准其半支回營日
全支　其中式者於揭曉之日住支
一指行離營應回原任各官其回任日期有與部給限照道途
者自限滿日起至回任前一日止將應支一半兼應另外扣
日扣除　其有告假出省辦差事亦將原限日期內應支一半
兼應按日扣除造報

一大小文弁出師離任者本任養廉准其全支其在軍前拔補别省之缺未能即赴新任者統以接劄之日起支新任養廉如有家屬在原任省分情願就近支給者原任省分即照外銜養廉口數給發該家屬收領由原任省分造冊報銷知照新任圈省分毋庸支給

一暫行離任之缺弁出師軍營委缺差委試用應補人員署理者准其照缺按日酌給養廉十分之五由現任省員署或遞署者其養廉口糧毋庸就歸本任造支署任內毋庸支給

一升遷事故文武委試用候署理者養廉口糧照缺全支由現任省無署者全支本任以外署任其任署一半養廉扣本造報由現任省滙署名無本任者亦就署署任滙支其未留一缺無係現任省無署全支本任以外署任其署任一半養廉

耗羨養廉章程　六八

仍批存造報此係試用設署理准其實支

一現任暫署理暫行離任引見負缺其兼盡下毋庸支給外如舊任交或事　者令赴新任及指授他缺其自本者日起與現任人交委署外還為故負缺之例分別支食罡任兼盡

一赴部引見人員如事　者留部應選俟選本省之缺其自本者留部日起即無本　者指授他缺之例任支原任兼盡其項程到任之日起自行支食新任兼盡其項不得援無由外任升調之例辦理

一因公出差之員或升補別缺離任本　者而尚未差竣未任但咨赴部引見又未接受部劄者其舊任俸薪兼盡其項准其照旧支食差竣後赴部之日再行任支

一出師弁員升署别缺而本任未經開缺者以接劄之日起支署任薪養或本任已經開缺者於奉 旨准其署理之日起支署任薪養

一奉 旨命往軍營辦事人員其原領本任者仍照例支給軍營口糧毋庸給與薪養違者指缺題陞及在軍前委署仍缺其新任薪養准其接劄之日起支

一在外升調人員已經到任未奉部覆以前准其自到任日起仍照舊任食衛應得分例於新任內照數支給其新任內多餘分例歸入空曠報部

一在外升調不回本任人員其應得薪養照缺支給於離營日住支到任日起支在途日期按數扣除其暫行委署有支之缺係屬因公差委應得備養其須准其支給四本任支食毋乙

耗羨薪養章程

應扣除空曠月日

一新拔外委並無部劄如有馬兵拔補者其未經奉文拔補以前仍全支本身糧餉俟於奉文之日再行起支新任兼查

如由戍補降調人員拔補者其從補後未經奉文以前准其照分發試用戍補人員遷署暫行離任員缺之例照缺酌給兼查半分之五俟奉文日全支外委兼查

一經部外委拔補把總未奉劄以前准其照升調人員雖經任事尚未奉 旨之例除支本身糧餉外仍支外委兼查俸扣除接劄之日再行起支新任把總兼查

一把總拔補千總未經接劄以前仍支舊任兼查其新任千總兼查扣接劄之日起支

一外委拔補把總未經接札復委署千總者仍支本身糧餉

者牽支拔補把總之日起准其支千總任內支食把總養廉毋須仍俟接任千總劄付之日再行全支現任養廉

一該外外委及目兵署理經制外委并遞署缺者差毋須將行離任之缺其署缺內養廉應行者應支食者署任之弁仍支本身糧餉毋庸支給養廉如委署外遷另故應缺准其照現任遞署另故應缺不必本任之例全支署任養廉

一該牌咨拔分防河營外委未經接札以前給與戰糧一分接札之日起支外委養廉

一河營千總管外協備接札之日起支新任養廉未接札以前仍支舊任項

一聽候記名之經制外委咁補把總員缺毋由外調人員業已奉　旨任事祇未受札之例自任事日起支新任養廉馬

耗羨養廉章程

乾俸於撥札之日起支新任俸薪

一 額外外委拔補經制外委以及馬步兵遞遇額外外委已經到營未奉部覆之前，其應得糧餉，照現食糧餉，於新拔營內按數支給

一 經制外委遞拔把總，已經任事尚未奉准部覆，例應仍支馬餉之前，准於原任把總本糧內照外委分例支給，其所餘糧餉與遞遇之經制外委支食

一 分發世職人員到標學習，遇有缺出，頂食戰糧，准照試用人員之例，於戰守內分別支給俸薪養廉

一 綠營武職奉旨降調，及世職奉差所屬往回營部等處者，奉旨以後，部覆以前，應得俸薪等項，准照無遇缺人員之例，按所降職銜分別支給

一綠營武職各省等官升任赴京 陛見護事 請旨序陞軍營離事未赴任接劄以前應照原衙門任之例支給軍營以原任應給與俸薪養廉俟接札之日再行起支新任俸薪養廉

一各直省綠營武職員弁額設養廉只有小建不扣遇閏月作十三個月支給其任內或遇因公緣[?]降革留任者仍准支給

一各直省綠營武職弁員額支養廉銀因動存款候於年前預行估撥按實分別支給如有空缺扣存造報仍於年底彙造清冊分別起止月日專案題報核銷其動撥存款並於原案銷案內聲明報部查核 其公例等支月支詳見本門專案

一各直省綠營武職員弁扣存節省只[?]無支員節省養廉之例照數歸入存公以為罷任及酌給養廉之用

耗羨養廉等項 六一

一各官署任及酌給養廉口分等項扣缺養廉項下動支如有
不敷准其動用閒款歸與報銷
一從前外委接補把總未經接札以前其外委任內應得米石
仍准於達晴案內按數支給
一各事各官養廉等項均應於各任內照舊酌應得分例支給
如新任內有餘存分照統歸空曠造報
一各省綠營弁兵養廉駐劄省城者於月底赴司具領距
省稍遠者於每季首赴司請領其距省窵遠者俱於請領兵
餉時兩季併領仍寄存附近文員庫內俟一月已周查明有
無空曠並各按歷過月日核實給發令文員將發過兵數日期
按月彙注報備有通同遷例預借及拉行挪用等弊立即嚴參
重究並令該管道員不時盤查結報如有拉用虧缺濫行出

給出乙并確奏設定贅支之款目統於年終專案造冊題銷

一保營以貴州仍省每年額需銀一萬九千五百兩有奇於地丁項下動撥年底核實報銷

一兩成留裁中營庫銀兩俱令扣存司庫為營修理營內公事詳請動支其司庫收支各數按季具摺彙於年底核明咨部

一出師軍營打仗人員以運冊咨部核其均於奉旨照理之日起支給署任署產

一差派新疆辦事綠兵弁員缺令副將弁員署理該署員來往聞缺者無給本任應得之項已往聞缺無照署扣養廉銀數支給十分之七核建曉項下支銷

耗羨養廉章程　二之

扣俸章程

俸以品級定一年彩數，降俸論級，罰俸論年月，任俸之年月扣俸間復再行支給。向例罰俸一年，將本年俸銀扣抵，再有罰俸之案，不行完解，又罰一年。自雍正七年以後，則將應得之俸銀逐年扣抵，不復勒限追繳。乾隆十五年定例，將罰俸未完銀兩責成府州於司庫應領俸銀內扣抵，歸入地丁奏銷案內另冊造報。如罰俸多案，即於冊內聲明下年扣解。凡罰俸多無可指明一案起解，致有歧誤。

一說以一年有十案降罰，雖完過九案半，其未完半案提要參處。若十案未完，亦止得併案處分。如升調去任，則未完帶於新任；如丁憂則補官日行追。倘參革事故，雖有千萬未完，例得豁免。倘額俸支領，則仍追負過額俸，額浮者存留額設之俸銀，既有降罰，不應支領，所以雖有事故，仍不免于追也。雍正七年欽奉特旨：凡文武告休病故官員免追額俸，其革職者行追。又奉文委署、試用人員在京命往者，俱照委署銜給與俸銀。○別案降調離任，罰俸一年者，不論刑名各各經離任之後，或離任革職，參罰別案提不過罰俸一年。如係革職，追征一年俸銀；如係降

會俸章程

於

詞則於補官日照原品扣俸一年。今將部文應支歲俸
内多從前舊例今仍録之存考

及降扣數目臚列於後

文職

正一品　歲俸一百八十兩

從一品　仝

閏每月一十三兩八錢四分六厘零

閏每日五錢四錢六分一厘五毫一絲零

降一級每年扣銀二十五兩

降二級每年扣銀五十兩

降三級每年扣銀七十五兩

降四級每年扣銀一百兩

降五級每年扣銀一百廿兩

正二品總督　歲俸一百五十五兩

從二品布政巡撫仝　閏每月十二兩九錢一分六厘零
十一兩九錢二分三厘零
閏每日四錢四分五毛五絲五忽零
三錢七分一厘七毛九絲零
降一級每年扣銀廿五兩
降二級每年扣銀五十兩
降三級每年扣銀七十五兩
降四級每年扣銀九十五兩
降五級每年扣銀一百一十兩
彩俸一百卅兩
正三品按察　閏每月十兩〇八錢三分三厘三毛零
從三品運司仝　十兩
閏每日三錢六分一厘一毛一絲一忽
三錢三分三厘三毛三絲三忽
降一級每年扣銀卅五兩
降二級每年扣銀五十兩
俸薪程

降三級每年扣銀七十兩
降四級每年扣銀八十五兩
降五級每年扣銀九十兩

正四品 文道
罰俸百五兩
閏每月 八兩 七分六厘九毛二絲三忽
閏每日 貳錢九分一厘六毛六絲六忽 九厘七毛三絲零

從四品 知府 運同 仝
降一級每年扣銀廿五兩
降二級每年扣銀四十五兩
降三級每年扣銀六十兩
降四級每年扣銀六十五兩
降五級每年扣銀七十一兩八錢八分六厘

正五品 府同知 直隸州知州
罰俸八十兩

従五品 知州 運副 仝　閏 毎月 六両六錢六分六厘六毛六絲
六両一錢五分三厘八毛四絲
閏 毎日 二両二錢二分二厘二毛二絲
二両○五分一厘二毛八絲零
降一級每年扣銀廿両
降二級每年扣銀卅両
降三級每年扣銀四十両
降四級每年扣銀四十六両八錢八分六厘
降五級每年扣銀四十八両四錢八分
額俸六十両

正六品 通判
従六品 運判 州同 布經 布理 仝　閏 每月 五両
四両六錢一分五厘三毛八絲
閏 毎日 一錢六分六厘六毛六絲六忽
一錢五分三厘八毛四絲六忽
降一級每年扣銀十五両
降二級每年扣銀二十四両

大俸章程　竟

正七品 知縣 經歷

從七品 州判 布都 鹽經 仝

降三級每年扣俸廿兩八錢八分六厘

降四級每年扣俸卅八兩四錢八分

降五級全扣

歲俸四十五兩

閏每月 三兩七錢五分 三兩四錢六分一厘五毫三絲

閏每日 一錢二分五厘 一錢一分五厘三毫六絲一忽

降一級每年扣俸五兩

降二級每年扣俸一十兩八錢八分六厘

降三級每年扣俸一十兩四錢八分

降四級全扣

正八品 庫大使 鹽大使 縣丞 府經 臬知

從八品 布照 運知 仝

歲俸四十兩

閏每月 三兩三錢三分三厘三毫三絲 三兩〇七分六厘九毫二絲零

閏每日 一釐一毫一絲二忽 一釐〇二毫五絲六忽四微零

降一級每年扣銀六兩八錢八分六釐

降二級每年扣銀八兩四錢八分

降三級全扣

錄俸三十三兩一錢一分四釐

閏每月 貳兩七錢五分九釐五毫 貳兩五錢四分一釐二毫三絲

閏每日 九分一釐九毫〇七絲三忽零 八分四釐八絲三忽零

正九品 府知事 照磨 主簿

從九品 吏目 巡檢 仝

降一級每年扣銀一兩五錢九分四釐

降二級全扣

未入流 典史 驛丞

錄俸卅一兩五錢貳分 或作卅兩一錢五分

閏每月 二兩六錢二分六釐六毫六絲 二兩四錢二分四釐六毫一絲

閏每日 八分七釐五毫五絲五忽 八分〇八毫二絲一忽

下俸季程

至級干降降一体全扣

衛守備 守禦千摠

實俸十兩七錢五分

降一級每年扣銀三兩七錢四分一厘一毛

降二級每年扣銀六兩二錢三分五厘

降三級全扣

實俸一十四兩九錢六分四厘八毛

運千摠

降一級每年扣銀貳兩四錢九分四厘一毛三絲

降二級全扣

世職俸銀 並和職薪蔬等銀 仍照現任支給

一等公七百兩 二等公六百八十五兩 三等公六百六十

兩 簡較公二百五十五兩 一等侯又一雲騎尉六百三十

五兩 一等侯六百一十兩 二等侯五百八十五兩 三等

侯五百六十两　開國侯二百三十两　一等伯又一雲騎尉五百三十五两　一等伯五百一十两　二等伯四百八十五两　三等伯四百六十两　一等子又一雲騎尉四百三十五两　一等子四百一十两　二等子三百八十五两　三等子三百六十两　一等男又一雲騎尉三百三十五两　一等男三百一十两　二等男二百八十五两　三等男二百六十两　一等輕車都尉又一雲騎尉二百三十五两　一等輕車都尉二百一十两　二等輕車都尉一百八十五两　三等輕車都尉一百六十两　騎都尉又一雲騎尉一百三十五两　騎都尉一百一十两　雲騎尉八十五两　恩騎尉四十五两

武職

正一品 提督 掛印總兵 左右都督 俸銀九十五两六錢九分四厘每日支銀

心俸薪程　共足

貳兩六錢六分六厘貳毛四絲

從一品鎮提都督同知俸銀八十二兩六錢九分四厘每日支銀貳兩貳錢六厘九毛二絲（則例內開薪銀一百四十四兩燭炭蔬菜銀一百八十兩心紅紙張銀二百兩）

正二品鎮提都督僉事俸銀六十七兩五錢七分六厘每日支銀一錢八分七厘七毛七絲　蔬銀一百八十兩每日支銀五錢（則例內開薪銀一百四十四兩蔬菜燭炭銀一百四十兩心紅紙張銀一百六十兩）提督薪銀一百四十四兩每日支銀四錢蔬銀一百四十兩每日支銀三錢八分八厘八毛九絲　心紅銀貳百兩每日支銀五錢五分五厘五毛五絲

總兵薪銀一百四十四兩每日支銀四錢　心紅銀一百六十兩每日支銀四錢四分四厘四毛四絲

從二品副將俸銀五十三兩四錢五分八厘每日支銀一錢四分八厘四毛九絲　薪銀一百四十四兩每日支銀四錢　蔬菜燭炭銀七十二兩每日

支銀貳錢心紅紙張銀一百兩每日支銀二錢

從三品參將遊擊俸銀三十九兩二錢四分每日支銀一錢九厘貳毫七

絲　薪銀一百二十兩每日支銀三錢三分三厘三毫三絲

蔬菜燭炭銀四十八兩（則例內開從三品心三十六兩）每日支銀一錢三分三

厘三毫三絲　心紅紙張銀三十六兩每日支銀一錢

正四品都司俸銀二十七兩三錢九分四厘每日支銀七分六

厘七絲　薪銀七十貳兩每日支銀貳錢　蔬菜燭炭銀一十

八兩每日支銀五分　心紅紙張銀廿四兩每日支銀六分六厘

六毫六絲

正五品守備俸銀一十八兩九錢六厘（則例內開一十八兩七錢五厘有奇）每日

支銀五分一厘九毫九絲　薪銀四十八兩每日支銀一錢三

分三厘三毫三絲　蔬菜燭炭銀一十貳兩每日支銀三分三

廿兩

卞俸章程

釐三毛三絲　心紅紙張銀十二兩每日支銀三分

六忽　千總俸銀一十四兩九錢六分五釐每日支銀四分一釐

五毛七絲　薪銀三十三兩五錢貳分九釐　則例內開三十三兩三分五釐有奇

每日支銀九分三釐一毛三絲

七忽　把總俸銀一十貳兩四錢七分一釐每日支銀三分四釐

一毛五絲　薪銀二十三兩五錢二分九釐每日支銀六分五

釐三毛五絲

再酌降級如左右都督降一級則照都同俸降二級則照都僉

事俸降三級則照副將俸以此遞減降俸不降薪蔬者加銜者

照千總把總加左右都督銜即照都督俸至於薪蔬等銀仍照

本職支給

於原俸銀

烏拉大每年俸銀六十兩
烏林大筆帖式每年俸銀卅二兩
將軍每年俸銀一百八十兩　心紅銀卅四兩零
副都統每年俸銀一百五十五兩
協領每年俸銀一百三十兩
參領每年俸銀一百五兩
防禦每年俸銀八十兩
驍騎校每年俸銀六十兩
八品筆帖式每年俸銀卅兩　以上不扣心紅
一　住俸全不支俸地俸案俟任日開復
一　罰俸照依所罰年月扣滿即止　該將軍任內遇罰俸要做滿
所罰年月盡除共去
支俸章程　　先

一罰俸並開復例

一降級留任者連閏扣滿三年並之方准開復倘三年之內遇罰俸一年之案應扣除該四年滿

一住俸以奉　旨日扣筭只到奉　旨之年停便滿如自十二月初一日奉　旨住俸一年業已將俸另全行只要扣解一月之俸若罰俸例逐案併追亦以奉　旨起扣到明日此日方滿如降俸必要此案清結方准開復

一住俸從前欵案惟以前案奉文之日核筭扣解仍併患行註明定追

一直省文員俸银按品額支不給　恩俸不給祿米所給正俸按日計支惟云南州縣編地丁者留頂下動給貴州省秋冬二季俸銀赴藩庫支領○乾隆五十一年部覆川督保寧奏自五十二年為始各州縣項下俱照耗羨之例統解司庫一切俸

工按季赴司請領嗣嘉慶四年又改歸州縣坐支矣凡事故離任留交及引見升調他缺者自離任日住支原任俸工如引見離任仍回本任者自離任日起回任日止俸工仍准支領

乾隆元年奉上諭教職乃師儒之官有督課士子之責朕蒙皇考世宗憲皇帝加恩優待屢次訓勉且與有司一体賞給封典朕即位以來念伊等皆從卑微職以冗散自居不思殫心盡職特加品級以鼓勵之查舊例教職兩員同食一俸未免不專著自乾隆元年春季為始照其品級給與本俸永著為例欽此

一 教職因病暫假俸工按日扣缺

一 直省試用發遣異升遷為故免缺准支俸工暫署差缺不准支給

三十

一直省挑選二甘舉人處考教職凡爲署係升遷事故員缺照缺佳尽肩先工作准其查文如智時署理原官仍應回任其停缺月日按照在任月日正署之員各半分支

一外省文員應扣降罰俸停無成閏征以前該管司道將案件筋知經征官如數扣抵歸入地丁案內另冊造報武職員弁應扣降罰俸停每季該領俸餉時該管上司查明案件筋令錢(?)餉之員造冊同文另造藩司處核按數扣除歸入兵馬奏(?)銷案內造報仍多官降罰案多者以原議奉文先後挨次扣抵不得拘定先扣現年之案如原案一年內不能扣清准入下年接扣並在造報冊內聲詳倘有應扣不扣朦混冒支者查出題參

一直省文武官應扣降級降俸住俸及革職留任俸工均以奉

題奉旨之日起扣，以閲覆奉旨之日住扣。如初參降俸住俸，而二參議以罰俸一年完結者，即以二參議結日住扣。

二、外省正印文職人員遇應扣降俸一級、二級，只數折半扣解。如遇降一級留任處分，照此扣俸。武職正從俸銀原有差等者，不在此例。

一、各省文職微員有級可降者，遇降級留任處分，將俸全行扣除。

一、凡隔省升降調任文職官，應扣原省前任降罰俸銀，如行文咨文查明有數目，於前任完剩零尾有數可稽，其無前任未完數目查扣完結，其祇有案由並無原數者，即照現任俸數查扣。以

一、直省扣過文武官降罰俸銀，粘請之先按季造冊報部，由部按限核咨吏、兵二部銷案。如有遲延，照解俸遲延例處分。

右俸章程　止

一文武革職人員該督撫於接到吏兵二部文行之時按照有無官逋偏俸分別辦理如有應追者即飭令呈繳或解庫報部其雖有罰俸案件而並無官逋偏俸及佐雜以下並免貪婪枉法及遺誤軍機革職例不追官逋偏俸者均按季分別文武各為一冊報部備案

一離任文武員弁責令該上司查明有無降住罰俸並已未扣清案件由司按照如有未完即行就近查辦如無未清出具印加各結詳請咨並按照內另叙查核仍于季終將離編俸官及降罰完欠造冊報部

一各省革職休致患病告退武職員弁回籍身故如有未完罰俸員由該科甲行催出具均令一併隨時報部查核

一升任大小文武官未完前任降罰俸員病故休致並照予免

追革職文員自知州以上武員自守備以上者追官通俸其文員州同以下武員千總以下因貪婪枉法賍私罪革職并無追官通俸因公革職者仍予免追惟革職及降罰年月深於官通俸年月者擬官通俸行追若官俸多年而降罰案件甚少者仍按降罰年月核數追繳　由京外任革職後有應追官通俸按外任俸日數因擬追亦因公革職者以及未完深罰俸官仍不必勒追　一由移咨吏兵之部暫行註册俟未或遇捐復原官或復行録用即知照新任照數扣繳　如革職後復任病故離任官通俸亦無病故者了例罪免追繳

一例免各官降罰俸官無例咨部請免金膚書案具題

一丁憂離任其未完罰俸尔俟補官日行文新任扣解

官俸章程　卅七

一題參革職之員，按接本日停支，遇有前任乃故革、緩參、分應
降應罰題明註冊
一丁憂以開缺日扣解
一新任告假請蒙批准以卸事日扣解
一在任不及一月者照實分支給
一鎮營兼差各升無支，照停新之例，新任官以受劄任事日起
支，離任官以離營卸事日住支（軍營升任及暫行離任由外官例詳見本卷另條）
任升調人員，接任任事者未奉 旨並無支，舊任職銜兼差
業已奉 旨又已任事，而且未受劄未及到 見者，准起支
新任職銜兼差，凡應因公降革留任本任兼差仍准無支
一直有營衛武職，計日支停，新任官以受劄任事日起支，離任
官以離營卸事日住支（軍營升任及暫行離任由外官俸例詳見本卷另條）由外升調之員

未接劄付未赴新任者，與支舊任俸薪；未接劄付未經到見先已委署新任了者，與支舊任俸薪，起支新任心紅馬乾，不得同時兼支。原任卸事之後新任任事之前，不得援引現任分發之例請支俸薪。（分發官俸例詳見本卷案例）

一、京外保薦分發武職，由現任分發者，於到營日與原衙支食俸薪，由截補分發及原無職銜、歸部分發者，到營以後未署缺以前，有職銜者與衙俸與一半俸薪，無職銜者酌給把總一半俸薪，其心紅馬乾等項不准支給。

一、隨標學習武職，到標後俸與窮、設馬糧一分，如已經保薦送部考驗，以千把衛分發截補者，俸與把總全俸；分發各省之武進士，俸與千總全俸。

一、武職緣事降級分發，如仍委用之與所降底仍職銜俸與一

食俸章程　冊之

半俸薪革職人員有奉　旨指定職銜分發試用並照指定職銜給與一半俸薪如未指定職銜分發酌量試用並照原職人員例給與把總一半俸薪

一現任武職降革開復留標應補並仍缺之前不准給與應補俸薪分發人員降革開復留標應補並於開復日照應得職銜支給一半俸薪

一現任武職奉　特旨簡發別省或臺灣等處別省或水陸改調應補或裁缺留標另補者俱照原任職銜支給俸薪其分發給銜有職無任之員照原銜給與全俸不准支給薪乾

一直省大小員弁出征離任其本任俸薪馬乾等項照准全支其軍營升補揀補別省之缺其俸薪等項以升銜照原任扣別由原任支給該家屬收領統由原任省分造銷

一提鎮赴京陞見及副將以下守備以上預保卓異送部暫

行離任者，其任内紙札飯菜等項自離任日住支，回任日起

支；其俸薪馬乾自離任以後回任以前，悉准全支。題明赴

部人員離任以後引見以前，並因公例前引見後奉

旨令赴新任或揀授他缺及預保卓異人員有奉旨中揀

他缺并原支各項，均自奉旨日住支。俸滿保題保留送部

千總引見程内俸薪馬乾均准全支，凡各員回任日限有

在部逾限並日程遲延等應，自滿限日起至回任前一日

以將俸薪馬乾計日扣除，告假省親展限日程俸薪一并扣除。

一千總把總赴京會試，俸薪馬乾自離任以後回任以前悉

准全支

一中外保舉應預行考人、次奏署員缺，其署任俸薪於任事日

原俸章程

卅四

起並缺半支係受劄日並缺者支其馬乾心紅只刃但候任事雖未接劄即准全支

一守備以上暫行離任之缺由試用候選理其並衛論半俸並缺給半薪均於截曠項下支銷由現任候補並選或通署者俸薪均歸本任遵支又守備以上升遷事故之缺由試用候署理其俸薪並署缺全支由現任候補並署或通署者俸薪各歸本任遵支凡署任內別任蔬菜等只支論首至原候均歸署任支領又千總以下暫行離任之缺委人補千總署理其於截曠項下並衛論半俸並缺給薪並給其馬二匹乾只現任並署者不論

一罰停半俸人員遇有罰俸仍按該員品級整俸扣罰

浙省支俸成規與前載多同因刊帙頗行故不刪減以備查閱

一新任人員俸薪於到任之日起支

一由京官補放外任人員如在部支過本季俸薪者應歷滿支

過季俸方准起支外任俸薪照到任之日起至滿季俸日止所

有偏俸應作不支俸薪起解如在京未經支俸者方准於任

之日起支

一新任人員原任內帶有革職留任及住俸未經開復者其偏

俸應扣抵革職及住俸帶有未完罰俸者扣抵罰俸滿日方

准支給帶有降級留任者無所降之級扣抵降俸外餘俸准發

其支給

一銀偏俸薪數多而職任繁小者所存餘俸不支外應照現在

職任支俸

一現任人員任內有事革職留任之案件偏俸應准扣抵革職俸

薪俸章程 卅五

如再有罰俸應俟革職原案開復之後再扣抵罰俸如任俸
若亦俟任俸開復後再扣抵罰俸如降級留任若俸歸所降
之俸外餘銀扣抵罰俸如願自行完納所交完解詳請咨部
註銷
一衛大缺不例不加俸人員存有革留住罰案件正俸加俸應
扣抵革留住罰俸銀
一調補調署升補升署人員如先赴新任無署者俸年准升調
新文員報到任之日方准任支原任俸銀照支新任編俸如原
任新舊並前另報實授到任者應接原任新奉日任支
一現任人員委署別缺無論實缺空缺概支原任俸銀
一在補人員委署出差員缺俸銀離原官支領署員不支俸銀
一在補人員委署空缺准就署任支俸如係匯署ま缺出署實

缺例不准支俸罷任停止

一裁缺改補人員原任停止於奉准部文之日住支新任停止

·於住支日起支回京另補者亦於准文日住支

一現任人員奉議革職留任降職留任降職降級（降俸）住俸俱於奉

旨之日起扣至奉　旨開復之日住扣有復參者應復案改案奉

旨之日照所議處改扣

一已照降從照降二級應扣俸數扣半扣俸起解

一現任人員送京引見俸停止於部覆日住支如回原任於

回任日起支

一教職進京會試或現任人員請假回籍其俸停止俱於部覆日

住支回任日起支

一丁憂負重如父母迎養在任其俸停止於父母病故之日住支

食俸章程　冊內

如在原籍病故者，於開報之日住支；如在差在途開報者，亦於開報之日住支。

一升調裁缺、學回告請終養并告病告休勒休人員俸米，俱於部咨到日住支。

一現任人員，任内有違參案件，例應降革離任，先經部咨者，俸米於部咨到日住支；有經部議降調革職解任者，於奉旨之日住支。

一奉旨往軍營接到人員，俸米俱歸軍前奉文後罷任，另支本任俸米。

一病故人員，於病故之日住支俸米。

一糾參人員，如題參摘印者，於摘印之日住支；直參摘印者，於具題之日住支；咨行撤委，於出境之日住支；如先行摘印

記出咨之日起摘去所記之日住支如係已完亦須文知
照該革附入彙題之日起准咨[咨]之日住支
一改教及甄別不堪供職之員俸米於接准之日住支微員於
出咨日住支
一奉旨來京之員俸米於奉文日住支
一請旨降調先行摘印者俸米於接准日住支
一解餉押運解銅者頂出差人員仍准支俸如有升調另回原
任者於接到該回籍之日住支原任俸米如調補者於奉
旨之日住支
一因公降級革職降革職俸米於准咨日住支其有例應
降調行查居官以平常咨復革職革任者於准到革職部咨
之日住支

右俸米條

卅九

一調補人員已到新任而原任卸回本省者於到新任日按册

起任停支

一試用人員咨署題署而先委暫署之缺卸事本任以咨題

署任受事按册起任停支

一本調入閩人員停支仍歸本員原任署員支本任俸

一奉後開復奏請留閩補用之員委署各缺不准支本官俸工

以上照浙省預支俸停例

一各省教職出因縣省親及差緩省墓回籍計其程途遠近酌

給假期其在限內停其支俸見戶部則例廉祿門九十八卷

一直省因荒歉停扣外官支給養廉因道府州縣正印各官與佐雜

俸下內扣其署各例支署俸之正印各官亦無實授人員

一停扣支給正佐雜教職等官正印停支養廉荒按食免扣

荒缺詳見本
門⌒役食條内
浙省院司道府州縣俸内應扣自排荒缺銀兩自乾隆卅三
年排定之後扣至四十三年止
道府每員原攤荒缺銀一十八兩八錢六分五厘今每員減
攤銀三錢六分五厘實扣缺俸銀一十八兩五錢每員每年
淨支俸銀八十六兩五錢
知縣俸内原攤每員荒缺俸銀八兩八錢八分五厘今減攤銀一
錢五分五厘實扣荒俸銀七兩九錢三分每員每年淨支俸
銀卅七兩七錢
一出師軍營人員所有升補別缺未能即赴新任者均以接准
劄付之日起支新任俸薪馬乾等　其前往軍營辦事人
員原差本任俸薪等銀照其委之日扣至未經接劄以前止
扣俸章程　冊内

原銜支俸現缺支薪俟缺更劃之日照依單誉升補之例支給新任俸銀

一直省文武官應扣降職降俸住俸及革職留任俸銀均以奉題奉旨之日起扣以開復奉旨之日住扣如初參降俸住俸而二參議以罰俸一年完結者即以二參議結日住扣

一外省正雜人員遇應扣降俸一級需分扣降俸二級銀數折半扣解此遇降一級留任需分無此扣除武職正從俸銀原省皆畫不過此例

一外省文武徵員無級可降者遇降級留任需分俸銀全扣

兵餉採額

通省經制原額設官兵馬船隻　設官大小四百五十八員又
外委千把三百十貳員　兵四萬貳千貳百卅九名內馬戰兵
三千六百三十四名步戰兵七千一百九十五名水戰兵一
千貳百八十九名守兵貳萬六千九百九十名水守兵二千九
百三十一名　馬五千三十四匹　內官例馬一千四百匹兵
戰馬三千六百三十四匹　船四百二十二隻　內外海戰哨船
一百五十四只外海繒船三十六只海口巡哨船二十九只內
河唬哨巡船一百四十五只內江嘯哨巡船五十貳只渡馬船
六只　額外添設設官貳員外委把總一員兵九十九名
一浙省每年滿漢九鎮協營官兵馬匹并續造革帳武器傢俬
額用共需八十萬六千餘兩　豆折米十一萬一千餘石　內

春夏二季每石折銀九錢七分秋冬二季每石折銀九錢五
分並折銀六萬三千餘兩內春夏二季每米折銀九厘二
毛秋冬二季每米折銀九厘　米二十九萬四千八百餘石
除本省額征南秋米二十七萬石抵給外計不足米二萬式
千餘石本色價每石折銀一兩二錢

一中外標營兵糧每名於馬步戰守兵內均勻配支（新例定給兵丁供贍）
（實標前定名糧額扣故不錄入）每馬糧一名月支餉銀式兩步糧一名月支
餉銀一兩五錢守糧一名月支餉銀一兩

一外委千把總標本草支食馬糧一分外仍准給步糧一分令
其子弟家人頂食

一駐防月支餉銀浙江省前鋒三兩領催三兩馬甲式兩步甲
一兩教師兵式兩養育兵一兩匠役一兩

一駐防戎支餉米前鋒三十石領催三十石馬甲三十石步甲
六石養育兵六石水師兵三石六斗弓匠鐵匠四杭州二十四
石乍浦六石　綠營月支餉米馬步守兵俱九斗三升

一駐防月支馬乾春冬二季九斗半六十束夏秋二季六斗半三十
束綠營月支馬乾各標營一月

一各省駐防官兵口糧如遇閏並不加增月糧其不扣小建其
遇閏增給其小建日期按日扣除

一直省各營支給兵餉弁將俸薪應扣小建民日照數扣存營
庫以抵閏月餉糧不准長支溢領違者參處

一兵餉除應扣截曠外其餘俱月支如按月清扣其按兩月
及一季一支者均令按照清扣存司其由司扣存其存道府
所轄撥用地丁關稅其由道府所屬照數扣存撥照詳司造冊報部

兵餉撥款

一兵餉搭放每文浙江一成每兩以一二文作只一分

一直省兵丁餉只該督撫將本年前只年四季自下一年春季應支數目預行推估造具清冊彙同該省實存司庫只丹并額徵地丁錢解藩税清冊九一本於十月內諮部歸撥由部核數撥給倘本省不敷准於鄰近省通融協濟然底彙核具題行文知者查照

一留充協撥項下或有因実需或文未到前另項支用並已解部在途及重撥者頃准令該省督撫動支别項年兩先行撥限協撥解隨將動支緣由声明題報不得遲誤缺餉違者參処

一兵馬奏銷冊籍到部定限浙江五月中到部逾者參處

一直省兵餉該管督撫與地丁年兩各為一疏合時奏銷

滿漢官兵名數

將軍　馬二十匹　家口四十名口

副都統　四員每員　馬十五匹　家口卅五名口

協領　十二員每員　馬十二匹　家口三十五名口

參領　四員每員　馬八匹　家口卅四名口

佐領　卅四員每員　馬八匹　家口卅四名口

防禦　卅六員每員　馬五匹　家口十四名口

驍騎校　五十二員每員　馬四匹　家口十二名口

八品筆帖式　四員每員　馬四匹　家口一十名口

拨什庫　三百九十二名每名　馬三匹　月支餉銀三兩　家口連本身十名

甲兵　二千百八名每名　馬三匹　月支餉銀二兩　家口連本身十名

弓兵　卅二名每名　馬二匹　月支餉銀一兩　家口連本身八名

鐵匠　十名每名　馬二匹　月支餉銀一兩　家口連本身八名

兵餉總額　四十

步兵七百名每名　家口連本身貳名

炮手十六名每名　家口連本身七名

官員家口共四百一十一名每名支支白米三石每石加舂

折米三斗共糙米一千六百貳石九斗

官員並兒隨甲兵家口共貳萬六千四百四十八名每口歲支

糙米三石共糙米一十九萬九百四十六石九斗　每月該米

九千貳百四十五石五斗七升五合

一、浙江省乍浦水師協副兩屬職任世職昔發遣革帖式伯

撥出核給俸米與在京旂員同　不另給家口米石

官兵共馬一萬七百二十七匹其有加銜者馬亦照加銜撥

給每匹春冬日支豆三升草貳束夏秋日支豆貳升草一束

歲支豆九石春冬折銀九分七分一厘　秋冬折銀九分五分

一疋草五千四十束春夏每束折銀九厘二毛 秋冬每束折銀九厘 以上遇閏照加

綫造房跟役十八名 馬八疋

烏林大跟役十名 馬五疋

烏林人跟役八名 馬四疋

筆帖式跟役八名 馬四疋

以上每名支白米六石 共白米三十石 每石加舂耗米三斗 共糙米卅九石

跟役五十二名 每名支糙米三石 共糙米一百五十六石

匠役口糧裝需糙米一萬四千六百五石貳斗

以上共裝折糙米一萬四千八百石貳斗 每月該米一千貳百貳拾三石三斗五升 遇閏照加

另編招額

馬共二十一匹，草料照滿漢官兵馬匹例支給，扣除小建。

乍浦都統一員　協領五員　佐領十一員　防禦八員　驍騎校十六員　筆帖式二員　撥什庫甲兵新兵隨兵一千六百二十名　弓匠鐵匠四十八名　駛船水手四百名　馬四百卅五匹

綠旗三十營，加新設玉環，共三十一營。内提標、定海、溫處六標，杭加湖象紹金台衢嚴九協，乍浦、太湖、寧城、鎮海、太平、寧海、楓嶺、樂清、瑞安、平陽、大荊、盤石、溫城、麗水、昌石、玉環十六營。内樂清、瑞安、平陽協非營。條省共四百三十餘員。

提督一員　總兵四員　副將十二員　參將五員　遊擊式十三員　都司十六員　守備五十七員　千總一百七員　把總式百十四員

一武員例馬提督武十匹 標兵十六匹 副將十二匹 參將八匹

遊擊六匹 都司守備四匹 千總把總各二匹 各例馬草乾銀

另按月開支

有馬戰兵二千六百九十四名 每名每日支銀六分六厘六毛

大建月貳兩 小建月一兩九錢三分三厘三毛

步戰兵六千八百四十七名 每名每日支銀五分 大建月一

兩五錢 小建月一兩四錢五分

水戰兵一千四百四十一名 每名每日支銀五分 大建月一兩五錢

小建月一兩四錢五分

守兵貳萬五千九百七十四名 每名每日支銀三分三厘三毛 大

建月一兩 小建月九錢六分六厘六毛

以上共兵每名實支糙米三石六斗 每小建扣米一升

兵餉操賞

四十二

馬共五千三百四匹內除自備馬一千三百四十匹共丁除給
餉三千六百九十四匹每日每匹支乾草三分三厘三毛大建
月支銀一兩小建月支銀九錢六分六厘六毛
以上俱不加閏不扣小建兵糧則加閏扣小建也
一浙省閏月兵米照部定每石一兩貳錢於中之價居極確估
附價具題玉環營就於租穀內支給其屬於價貴者解准杭湖
嘉平臨海寧波平陽黃巖象山俱價最少折銀二十七錢
溫生一兩以上概不得過一兩貳錢
一兵餉除不應扣裁曠銀兩其餘俸月支於撥月清扣其撥兩月
及一季一支者均令撥給清扣查司其由司扣存其應道庫
所轄撥用地丁關稅者由道庫所轄照數扣存核明解司造
冊報部

一採買生借兵米動支節省庫貯銀兩停息

一生借兵米扣還定期浙江限六个月按兵借米先行詳明于次年春夏給領月中作兩次支放庫貯餉內照採買價值扣還發籌買補

一支放餉乾委員經管親臨查閱抽查稱兌據實散給如委員或監放推諉不親臨查閱者罰俸一年如已經親臨不抽查稱兌致有短少克扣等弊經告發查出照放發降一級調用如監放官知有克扣情弊不即申報者革職監放官照徇庇例降三級調用如有通同克扣情弊監放官一併革職提問如贓證已經查出通同克扣情弊不行題參照贓證照徇庇例處分。

一散給兵丁餉銀預先刊刻流單將兵丁姓名銀數並有無扣項已未清完逐一填注單內監放之日遍為散給令閱看

兵餉摘録

罪不

營員弁當堂點造單唱名給發至于防守州縣卸汛兵
餉銀亦令守汛弁員同該管州縣按冊逐名散給或值印發
公出即令佐雜教職等官監放出具文武員弁及兵丁等並
無剋扣諸弊甘結倘不親身監放或派同剋扣指令該管上
司確切訪查參處 嘉慶七年脩纂

朋銀

緑旂兵丁有受給馬故有朋銀之扣除提督撫兵不扣外其餘

受兵俱扣朋銀馬兵每月扣銀二錢戰兵每月扣銀五分守兵

每月扣銀三分存之司庫以作給兵買馬之用則例開內一些補五營買省

各營馬兵每月扣銀一分步戰扣銀五分守兵扣銀三分以備

各營採買馬匹之需其買馬給銀年底造報兵部核明報部

部銷充

其馬匹以三年倒斃准給朋銀如未及三年者雖係銀

賠買仍應扣賠為之賠補定例一年以上二年之內倒斃者賠

銀十兩二年以上三年之內倒斃者賠銀九兩

一官兵將官兵例扣買馬銀兩不扣者罰俸六個月巡撫罰俸

三個月

朋銀

四十五

寡婦兵口粮

寡婦兵四名口粮支七十日每口支米五斗八升三合三勺三

杪逐日遞加

寡婦兵口粮

四十八

賞兵生息

浙省原賞本銀六萬三千兩給與鹽典商按月一分孳息每年
約收六七八千兩撥同營兵喜慶銀一兩五錢孀婦一兩白事
貳兩每年約賞五六千兩餘兩查剩約有貳三千兩歸還賞本每於
次年報部核銷

一直省綠營兵丁遇有紅白二件准給賞銀其白事本身及
祖父母父母妻子紅事兵丁親嫁女娶媳以祖父母父母白
事如子孫多人俱在任營之例者但視一人給予娶媳嫁女
紅事並論長子次子長女次女均准賞給

一浙江省綠旗各標營兵丁娶妻紅事賞銀一兩五錢童養妻
完聚及入贅娶媳嫁女紅事各賞銀一兩兵丁本身白事祖
父母父母妻子白事各賞銀貳兩兵丁間年特差身故者賞

賞兵生息　四兩

一領催委前鋒滿
錢以朋扣馬乾充賞
下四兩年例出汛巡洋身故者，賞銀二兩
杭州乍浦駐防賞例（以餘引祖價充賞不敷兼動節鹽羨餘銀）
洲水手兵紅事各賞銀五兩白事各賞銀八兩炮手弓箭匠鐵
匠步兵紅事各賞銀四兩白事各賞銀六兩孀婦孤子紅事各
賞銀三兩白事各賞銀六兩匠甲閒散紅事賞銀三兩白事賞銀
四兩　乍浦綠營水手兵丁娶妻娶媳紅事賞銀三兩父母白
事賞銀三兩本身暨妻室白事賞銀弍兩
一杭州駐防兵丁內鰥寡孤獨及家無子嗣人當年在十歲以
上者每名月給錢一千文十歲以下者每名月給錢六百文
步甲養育兵每戶給錢一千文在於馬廠地租內支給如遇
閏月在於牧廠地內馬匹撥回後所剩草價千文內添給錢
按年清造冊報部查核

京操兵丁

京操兵丁將生省提塘管轄從前營戰守兵內抽取其名仍排在營計戰兵七十三名守兵二十九名其餉乾米但扣存司庫由省提塘自赴領支給募充塘兵丁為遞送要公文並京報之役也除在省在京投遞衙門公文外其東西南北計設九十六塘

京操兵丁

四十八

戰船

戰船之名不一，如大中小水艍、幫船、趕繒、雙篷艍、沙船、唬船、哨船，皆戰船之名也。此外有巡哨之船。計浙省水師各營戰哨船共一百五十一隻。其修造、拆造船之大小，定價之高低，而部價不敷其半，故有津貼。今案照動支恩賞、月津貼，而船之名亦應文改為四項：名色曰水艍、曰趕繒、曰雙篷、曰快哨。其裸頭船身丈尺，俱照各該營從前修造之船赴水次年限，倍篷索尺寸，內動支繒尺。今道例小修改為大修，如從前改為三年一修者，今改為逐年定修，問例無丈，領部價尺三十兩，州縣津貼四十五兩。以九丈之船，經價尺六兩七十五兩者，乃定修所拆造之船，頭年到汛不論添油，第二年方加油補艌，補備篷索需尺五十兩，第三四年亦如之，第五年外方加篷索繒帶需尺一百二十兩。四七

戰船　四九

八年以與二年之式估差加油灰補繕六八兩九年則大修使十年
年限周每只十年之中節省二百五十五兩自九年大修十年
四汛至十六年拆造此七年以周五次為修節省更多而屢遭
風浪而年周更益今派出營員承修承造而又更而不派矣

下浦營戰船六隻　哨船四只　新改字號時

乍浦水師營唬船四隻

瑞安營唬船九隻

定標戰船三十三隻　哨船十六只　新改字號時

鎮海營戰船四隻　哨船四只

提標營哨船五隻

象協哨船四隻　新改字號周

溫標戰船十八隻　新改字號河　哨船八只　編玉字號內四只分溫標

又玉環營槳船四只 編列字號

玉環營八隻 新改晏字號

黃標戰船廿四隻 新改際字號

浙省提標乘協嵊營船四隻係內河戰船毋庸議加津貼其餘外

海艍船舢艍等船共一百七十二隻

艍船舢船拆造每新價一百兩外加津貼銀一千五十兩大小修

每新價銀一百兩請免津貼銀一千五十兩外又另貼銀三十

兩河嘹拆造與小修每新價銀一千兩外加津貼銀一千五十

兩閩省銀二十五兩大修每新價銀一千兩外加津貼銀一

百五十兩內黃省銀十五兩江省同

此項船隻工料銀兩動支備公及扣除[illegible]銀初置工料每只

自十三兩三年起至二兩五兩三年止不等屆三年小修工

料自二兩四年起至一千八兩三年六六不等屆五年大修

戰船 [illegible]年

自三兩七錢四分起至一千五十五兩四錢不等，再屆三年
小修與前小修數目同，仍屆三年拆造，價與前置同。
浙省戰船共一百三十八只，三年分派輪修，康熙五十七年，向
歸於寧台溫三府分修，屬司傳。議定拆造每只價一千兩，律
貼銀一千四十兩。大修每只價銀一千兩，律貼銀一千五十
兩。小修每只價一千兩，律貼銀一千六十兩，向係動支各屬
係工等文係工條指稟，旺動馬械鹽規外，輸雍正三年等文
購與道員会同營員副將、參將、游擊等修造，議設撥廠專責寧台溫處兩
道会營督修，兩道以部價律貼為屬不敷，寧廠請以寧屬全屬
係工再加幫貼溫廠，請以台屬全屬係工照部價每百兩再支
五十兩協濟，於雍正三年司詳撫軍傳，批久在案。
大趕繒船部價九千五百兩八錢七分，桅價五十八兩七錢六分六厘

一四律貼該艮七百九十四两九錢貳分五厘六毛 律貼數不準

小趕繒船部價每隻四十八两七錢八分 棧價五十八两七錢

九分六厘 一四律貼該艮七百九十两六錢貳分三厘六毛

半船 每隻應修處所內 詳板 船中頭尾 龍骨 水底板 梁頭梁

座 短梁座 半艙松木梁 佛頭含艙頭 艙板 一仔梁 二艙板 扁

担艙板 小官廳艙板 竹班艙板 沖天棚拼板 前段八字板

大桅艙板 水柜艙板 油篓艙前段板 前段通鋪板 繚舵 二艙

板 中頭轄水板 鰍魚板 尾裡板 斗蓋板 目裡板 舵

纀 百子艙 中大千 出手板 下尘板 目裡八字板 下担前

板 尾堵板 龍目 鳥嘴蓋 櫓床 走馬 水蛇 艙柱板

𦪈板 大壓水錢 篷抽 皮所樓直梁 戰柜段墻板 左右墻板

皮所鋪板 猫裡墻鋪板 廚頭艙鋪板 官廳門 猫窠 廚頭艙門

戰船 五丁

艘搭 尾楼戦柂跳 斗蓋 托浪板 帆面梁 兔耳 鹿肚
勒 双頭䑡 牛頭牛耳 櫓床 櫓 门枋面板 艘上壓板 猴
栄板 安所倒拔踏板 櫓棚 車脚斜道板 安所前段面鋪
艙口扛豆 船後尾裏板 艘中 壓襄戦棚 艙内諸板 中
豬丸 中頭倉櫃 倉梠果 挑水鞋 上下金 繚牛 七星兒
下金拴 繚牛艘 硬筋 舫魚紗帽翅匙 麻蘇諸板 大炮艙
枋 前段藏柮 戦柂拝棚柱柱 帆篷仁 尾樓艘柱 水仙门 中边柱
安所内貼柱 水仙门板 小安尾梠所上鋪板 尾座板 艘边
客華柺 碗板 猫裏柂 上下袱 炕床 前段枋 炕床直枋 炕
床 上下枋 横直摑杆 媽姐龕板 當子板 庭耳
夹頭桅 馬面 大頭桅袴 帆踏 大小桅琵琶 大頭尾桅座 大頭帆担
大頭帆架 帆架針 桅斗斗頭 車 車耳根 桅舵牙 中櫓桅 大頭風帆

棕纜索　巾頂　尾艘板　雌母宿　燕尾板　尾艘柱

軟筋　目裡鞋　太平牛　艙蓋枕頭　朴竹　艙天蓋板　尾樓

穿心所　搭棚板　水柜　水柜牛頭　大小通櫓　水例沖櫓

上下杌　尾梢搭棚板　劍刀　鎗　蓋鷹板　順風板　大小尾梢底

耳　大梢　尾梢　梢篷　大小帆馭　目裡　牛欄　尾帆

担　帆架　大帆車　大帆單車　船頭樵　舵　小底

蓬

又　無釋船每只應修處所

趕面板　艘邊板　船頭枋板　水艙　舵肚　汀口　平壁

頭面梁　天棚板　車礦　大頭梢馬面　副梗　平縫板

元艙鋪板　頭梢　大梢墩　頭梢脊　大頭梢夾　大頭蓬脏

繚牛　下巾　梢面　車耳　舵桿　舵柱　木柱　柱担

戰船　五十二

礶棍　梢頭槳　大櫓　井桎板　梢頭厂　纛斗　千斤板

炮架棍　短水　壽桎梁　後梢間弓梁　護桅　沖天出手桅　後桅艙

桅　面梁枟釵　面枟　短枟釵　艙尖桎　舵尖　花桎　龍

眼　泥鰍　水槽　扔頭　塞腳板　天篷架　大桅　後梢

桅　桅幫　桅脣　篷樯　水藤圈　篷欄　淺篛　邊櫓　小大

風篷　後梢篷　中艙中篷　探繩索　蔴繩　篙子斗

一戰船未至應修年分內河戰船自新造之年爲始屆三年准其小修小修之後再屆五年准其大修

大修之修後再屆五年仍准其小修此小修之後再屆三年如船隻尚堪修理應用仍准其大修如果船隻朽壞不堪修理該督撫查明保題到日准其拆造外海戰船自新造之年爲始屆三年准其小修小修之後再屆三年准其大修大修之後再屆三年如船只尚堪修理應用仍准其大修如果損壞船只朽壞不堪修理該督撫查明保題到日准其拆造

若將承修之員年戰船修之員降二級調用仍令賠修

一凡將不應修理船隻限前混行申報修理者府州縣官降二

級調用督撫之司道降一級調用具題之督撫罰俸一年

一修造船只如修勒限四個月完工大修拆造勒限六個月完工如遲誤船工違限不及一月承修官罰俸一年督修官罰俸六個月督撫罰俸三個月違限一月以上承修官降一級調用督修官罰俸一年督撫罰俸六個月違限兩月以上承修官降二級調用督修官降一級留任督撫罰俸一年違限三月以上承修官降三級調用督修官降一級調用督撫降一級留任違限四月以上承修官降四級調用督修官降二級調用督撫降二級留任違限五月以上承修官革職督修官降三級調用督撫降三級留任

戰船

一承修官於未經修完船隻捏以完工報者承修官革職督修官降二級調用督撫降一級調用如于代官申報未完督修

宜修完工申報者，出修官年限再修，亦照例議處。如果有修

官督修官申報未完，將經理報完工督撫革職，仍修賠者

修賠免照部限議處。

一廣東福建浙江江南所屬沿海省份修理戰船，兩個月之前，預先估

計造冊申報督撫，一面具題，一面飭行監修之員預撥銀兩辦

料。廣東之瓊州、福建之臺灣，於修理四個月之前，估計備辦。

山東天津於修理八個月之前，估計購買。如承修之員應

修之處延挨不行請修者，照遲延預備軍需例降一級調用。

估計上司故意勒掯，以致遲延者，將承修之員免議，其勒掯

之該上司照勒掯不收漕糧例降二級調用。

一修造各省內河巡船，承修官逾違不及一月者，免其議

處；一月以上者，罰俸六個月；兩月以上者，罰俸一年；三月以

上者罰俸二年　四月以上者降一級留任　五月以上者降一
級調用　錢糧之交代違限一月以上者罰俸三个月　兩月以上
者罰俸六个月　三月以上者罰俸一年　四月以上者罰俸二
年　五月以上者降一級留任　當稅違限一月以上者免議　兩
月以上者罰俸三个月　三月以上者罰俸六个月　四月以上
者罰俸九个月　五月以上者罰俸一年

戰船

五十四

鹽法

按鹺志灶戶刮土淋滷劄舍煎鹽商人買鹽配引輸課行鋪每舍一盤鍋每盤煎鹽百斤每日每舍限煎一盤其盤有鐵有篾鐵盤數十塊湊成篾盤以竹爲之滷入盤中而不漏意火熱之而不焦可云甚矣但鹽與引不許相離場灶廣其私售竊中之奸弊實繁多蓋規最甚引有正有票掣仁和所云每引八百斤商販行銷鹽有盤中之私兩渡夾帶影射灑包是也有私中之夾者少負販是也至於私鹽犯案必究場灶是亦追源之意然而攤之灶戶不少何以商多私售者皆因灶戶之所出商人未能盡買而其買價又不如私鹽之價多致灶戶之趨利者每不避罪而多私售耳查正引票凡十萬式千三百九十六引餘鹽二十九萬三千六百九十四丹零除台溫票引九萬一千七十四

鹽法　五十五

引課銀貳萬五千四百九十五兩零，該銷引七十一萬一千三百二十二引，計銀二十六萬七千六百五十三兩零。每正引名引不一，自貳斗八卜以至四斗四分零不等，其票引一斗九卜五合五勺，該銀計之三分七釐六毫有零。但銷引每年盈縮不齊，至於每引定例貳百五十斤，連包索折耗約共三百斤，其鹽院等帖式一切分規俱在此內，此外委擎陪擎皆有例規，故每引有派至七八分之多。今鹽院每引一分八分等帖式每引七分，美作正項歸公，其鹽道餘剩之費存移解藩司作為通省一切公用。

李朝陵引行票，因肩銷票引原以地近場灶，私鹽熾盛，不得已而行票，使商業貧民領引納課，收羅私販而杜爭競，故多販赴場支鹽，許挑賣八日，自某日起場起至某日止，引上請用本印

立限次限攷銷毋許逾違該場驗明日期不得混支

一浙江省鹽引行浙江省湖州金華衢州嚴州處州溫州臺州等七府杭州府屬之富陽臨安於潛昌化新城等五縣加興府屬之加興秀水加善桐鄉等四縣紹興府屬之諸暨縣江蘇省蘇州松江常州鎮江等四府太倉直隸州並所屬之鎮洋加定寶山等三縣外有崇明一縣孤懸海外商艘難行所民買食鄰縣鹽斤發給包課安徽省徽州府廣德直隸州江西省廣信府又票引行浙江加興府及杭州府屬之仁和錢唐餘杭海寧四州縣寧波府屬之奉化鎮海鄞縣慈谿象山等五縣外有定海一縣係產鹽之區聽民買食本處鹽斤發給之課紹興府屬之山陰會稽蕭山嵊縣新昌餘姚上虞等七縣

一兩浙行銷九屬鹽斤價隨時售並無一定

一浙江省正引七十萬四千六百九十一道零引一十萬六千九百五十八

鹽課

十八道餘引二十萬道

一浙江省松江所一所年額正引七萬九千六百三十三引，自撥二萬引於易銷之紹興所行銷，其紹興所科則完納課日

一浙江省台州溫州松江三所灶丁餘鹽及定海縣各嶴餘鹽發商給價收買內溫台松三所鄉本艮二十万兩定海縣鄉本艮四万兩其玉環同知所屬塘洋後坟鹽

一盈三變并平陽縣南監陽條帶鄉給灶煎鹽壹五價日海路運帑本外所獲餘鹽報解充餉

一兩浙鹽引每引配鹽三百三十五斤至四百斤不等台州溫州處州三府金華府屬之東陽永康武義等三縣○江南省之松江府太倉直隸州蘇州府屬之崑山新陽常熟昭文等知海引配鹽四百斤○浙江省之湖州府屬州三府杭州府屬之富陽新安於潛昌化寧國金華府屬之蘭溪湯溪金華義烏蒲江加興府屬之加興秀水加善桐鄉石門三府屬之諸暨等一十五縣○江南省之常州鎮江嘉州三府廣德直隸州蘇州府屬之吳縣長洲元和吳江震澤等五縣○廣德直隸州江西省廣信一府每引配鹽三百三十五斤又票引每引

一配鹽二百三十五斤至四百斤八百斤不等。浙江省加興府屬之海鹽石門平湖杭州府屬之仁和錢唐杭海寧州寧波府屬之鎮海紹興府屬之山陰會稽蕭山等一十一州縣每引配鹽八百斤寧波府屬之奉化紹興府屬之嵊縣新昌等三縣每引配鹽四百斤又加興府屬之加興秀水加善桐鄉四縣每引配鹽三百三十五斤。又住引每引配鹽四百斤肩引配鹽八百斤寧波府屬之鄞縣慈谿象山紹興府屬之餘姚上虞等五縣撥地搭配行銷

一餘姚江北行肩江南銷住其肩引一項向係商人自赴鹽道衙門請領陸續送縣場盖印之後填發肩販挑賣繳引取齊送縣彙解同案下稽惟住引一項住後商運庄銷賣其引亦係商人赴鹽道衙門請領每灶鹽四百斤為一引裝成一包經赴運庄載發引裝發包先赴場報明引內用印填明某日出場再縣由紹興府着人來縣點驗之後方許運庄銷賣所以餘中並無掣擊惟有銷盤一事川是縣送縣盖印

鹽法　畫見

截角折解　又每灶每月定銷肩引二〻二〻每〻引鹽五千
斤勒限一月配足如有缺額即行出詳
一鹽缸每年每缸銷引鹽五千七十斤
一改仕者應將引目於次年十二月彙銷
一商人領運引鹽在內河失水並所地方及詳查確實繳報鹽
政鹽司鹽政即給與票傷商補運鹽斤在大江失水州縣衛
會同營汛查勘確實限一月通詳鹽道於州縣詳到日起限
半月同揭轉鹽政即給與票傷商補運限三个月通所運奪
若係殘引殘票其失水所有遺失引票數目由營汛地方
官出結鹽道加結申報轉詳鹽政核實送部仍于彙銷冊內
聲明題銷再補給即票因殘引一併解部倘有奸商捏報查
究治罪營汛地方官或有藉端勒索及通同捏報一併查參

分割完繳

生引照初設南京户部印信鹽引各運司例每道仍收一貫同

邊商及典吏各一名於四月起程前赴南京關領俟邊商告完

跟隨正遣及吏典各引紙價一千三百三十四兩二分為給紙之費

本朝順治二年引從部發各商挨引摘紙五分呈差關引吏赴部

請給順治三年因去京師遠復立引部駐劄揚州引從揚州請

給每引正納額引紙價三厘即今之部樣是也順治七年奉

旨撤回引部引仍部發巡鹽御史出給咨文差運司承官齎請

給十五年因各省引目繁多用印不及巡鹽御史差出官時將

用過印引查數帶去用印不完者陸續給發至康熙十一年題

定長蘆山東兩淮兩浙河東各御史任内應用鹽引自十二年

為始俱交與新差御史親身帶去先用内字號銀兩刷印部樣解

鹽臣

五十八

郭補還但額剩鹽引已填季分及正票之内為各府分州分之分巡鹽御史莅任後復令府户刷除引暗例限及就加給於區右六府并二十二州縣正票數目打用未盡者不按幾後編單給商此請未經掣運者謂之生引

退引凡引鹽掣過渠住在臺地方照鹽引並水程報州縣截角眉引升日銷完之後亦照引目投州縣截四角俱經截水引為無用之物矣名曰退引又曰殘引恐有商胥從中為奸或鹽到而引不投或引投而角不切影射重巡莫可究詰致虛銷之匯違者戒之分數無覓稽察故律嚴不繳退引之条飭各府州縣按季選撥吏令經承齎繳鹽道按對引數毋許短少及查到州縣日期有無違限沉匿不繳者按律究問無使分兩赴差吏量給路費彙解户部

凡引自蓋印給商即於出司之日將引截去第一角商人賣引買補該場查驗買完蓋用場引截去第二角申送掣放掣畢當全該所截去第三角付商此鹽運往賣地投送該州縣照蓋印截去第四角其未用州縣肩引印給票商即於出司之日將引截去第一角投州掛號印發截去第二角肩販賣引到場支鹽該場查驗鹽完截去第三角賣完繳收截去第四角繳送為退引該州縣彙解鹽道轉繳戶部其買鹽單帖亦往用印出司之日截去第一角同引入場捆運截去第二角到所掣驗掣畢截去第三角隨申繳鹽道截去第四角如無單引入場及鹽引相離印以私論

寧海帶銷帶鹽名曰寓出每引掣規五分如赴寧郡外場僉配每引掣規二分錢俱七折　又帶銷錢、孳生賣銷寓出四

鹽法

五九

百引歷無掣規　每引每引掣規七分錢八二扣共赴外揚應
配掣規未回
發銷鹽引因紳商困乏壅引隨課乾隆四十七年八月詳明鹽
道預發引程發商經理應鹽分發城紳衆銷商店口銷費取每
歸款課由紳扣解外輸移營支銷除出項外每引繳餘息每二
百文
紳銷衆商每鹽一引應繳出項　鹽每一兩一錢一分八厘合
錢九千四十三文內二三其錢　查此項係錢照揚營移就搭駐西茀
外輸紳商每衆生六分六厘九毛六絲合錢五十三文紳商
二錢四分六厘九毛六絲合錢一千九十六文查此項係錢照
揚營移取支銷　課程紳商三錢〇三毛一絲七忽五微合錢
二千三十八文紳商四錢九分一厘三毛八絲七忽九微合錢

三百九十文查此項只系帑商現在移解商但回自解銷引皆
銷由孫解道商銷該商自赴道庫完繳但引合銷　帑征二年合
年一千五十九文查此項因系商前有帑欠詳明每引帶征歸
款　初次借帑扣款本四百文查此項係商人查振輿等於四
十七年借領帑本八千千文限兩年办銷歸款　二次借帑扣
款系四十文查此項係商人查振輿等亦於四十七年又借領
帑本三千千文亦限兩年攤銷歸款　以上各款每引一共係
六九三六五分年共當場移取只此六色此例核從　又每灶
每日產鹽一百八十斤每引鹽重四百四十斤
一各有附近場灶貧民年六十以上十五以下及殘疾有殘疾
孤寡婦人年力孤獨無依者准招照該地方官縣實註冊給以
印烙腰牌木籌許其每人每日挑賣鹽四十斤仍止准行陸
六十
鹽法

路不准船載

一商人運鹽不准鹽引相離違者同私鹽法

一商人運鹽經過批驗所依數掣盤有夾帶餘鹽者同私鹽法

若私越批驗所不經掣盤者亦按律治罪押回掣盤

一商人賣鹽已畢十日內不繳殘引者按例治罪將殘引查覆

行鹽者同私鹽法

一灶戶將官鹽攙和沙土者照丁舵已經攙和例治罪發

鹽棍等夫使如係從官照攙和濟船運弁不行查禁例議處

如係失察量減一等如知情受賄照枉法贓從重治罪發鹽

著令經發官查示曉諭

一商人將官鹽攙和沙土貨賣者查究治罪

一至省商運鹽行如船戶違有夾帶私梟盜賣爬搶情弊准該

商呈明地方官一面將船戶等查拏治罪一面詳報該鹽政核
實所失鹽斤補配行運將失去原鹽查出在犯名下勒追變價
報部充餉若地方官於商人呈報時不即據報准理故行推
諉並指名題參倘查係商人串通船戶盜賣捏報搶竊者照
私鹽例治罪

一地方官拏獲私鹽照本地官鹽價值變賣一律變價入官每
許有從仍賣鹽與所獲馬騾牛驢分上中下三等定價解交
價騾每頭八兩七兩六兩馬每匹七兩六兩五兩
牛每隻六兩五兩四兩驢每頭五兩四兩三兩如延挨不
變以致倒斃者著賠用剩變價並中等價值照補車船等物照
時價變解冊報倘侵漁捏報照侵盜錢糧例變價不變延延照
本例處分仍於每年底分晰報部查核

一各省官交銷引交一分者給照冊精次六分以降俸一級交

鹽匠

六十一

三分者降俸二級欠四分者降職一級其八款罰賠銷欠五
分者降二級調用欠六分者降三級調用欠七分者降四級
調用不准通融開復任内有軍功等敎加級紀録准其抵銷
別項加罰不准抵銷欠八分以上者革職
一裁罰賠銷者限一年銷完如年限内不完照得准其存各款
年限内未完例處分
一行鹽地方如有私派户口勒買銷引者州縣官革職未經
查報之司道府等官各降三級調用鹽政及道理鹽法督撫
不行查參者鹽政降一級調用督撫降一級留任
一鹽政不行題明私自挪撥者該官處各降一級調用鹽政降
一級留任並督撫罰俸一年
一前官已完銷引不行造部及保題鹽引遲延或申報鹽引前

設有盾者將該管官罰俸一年，督催掣放之鹽政、運使、鹽道
及兼管鹽法之督撫俱各罰俸六個月

一官吏行鹽無術，以致商販不前，或不籌行官鹽，借端不
行鹽者，俱罰俸一年。或若果需索以致商販不前者降一級
調用

一運使、運同、運判、鹽場大使係專管鹽務之員，如灶丁販賣私
鹽，大使失於覺察者革職，不知情者革職交部治罪。運同、運判
失察一次者降職二級，失察二次者降職四級，俱留任，戴罪
緝拿。一年限滿無獲，罰俸一年，如常原降之級，緝拿如又年
限已滿不獲，仍罰俸一年，如常所降之級，緝拿拿獲之日准
其開復。或拿獲別案私鹽，亦准其抵銷開復，無獲按限開復。
失察三次者革職。運使失察一次者降職一級，失察二次者

降職二級失察三次者降職三級俱留任罰限緝拏一年限滿全獲罰俸六个月帶原降之級緝拏如又年限已滿不獲仍罰俸六个月帶所降之級緝拏拏獲之日准其開復或拏獲別案私鹽亦准其抵銷開復全獲抵限開復失察四次者降三級調用

一省會該管界內有伊衙役私行鹽販或私賣者本官不能覺察者革職其軍民人等在界內私行鹽販不能覺察者降三級調用無轄官降一級調用罰俸一年該管官自行拏獲者免議或自行查出未經拏獲詳報通融者俱照例革職降級留任限一年緝拏逾限不獲仍照例降革其無轄之上司俱免議

一小夥私鹽（不及十人為小夥）出境及鄰邑私鹽入境販賣不能拏州縣吏目典史等官照竊案滿貫例查參（例載盜竊贓門）拒捕殺

傷人者按次數查參（同日出境同日入境爲一次）失察一次者降職二級

失察二次者降職四級俱留任戴罪勒限一年緝獲限滿不

獲罰俸一年如帶原降之級倘緝拏如文年限已滿仍罰俸一

年帶所降之級俟緝拏獲之日准其開復或拏獲別案私鹽

亦准其抵銷開復無獲按限開復失察三次者革職道府直

隸州知州等官失察一次者降職一級失察二次者降職二

級失察三次者降職三級俱留任戴罪緝拏限滿不獲罰俸

六個月如帶原降之級倘緝拏如文年限已滿仍罰俸六個月

帶所降之級俟緝拏獲之日准其開復如拏獲別案私鹽亦

准其抵銷開復無獲按限開復失察四次者降三級調用（道府）

（就一屬核計次數不通合屬計）

一失察小夥私鹽拒捕年限內拏獲及半以上者初參處分准抵

鹽臣

六十三

限一年緝拏限滿不獲州縣印捕官罰俸一年並轄官罰俸六个月俟犯照案緝拏

一窠匪販私聚衆十人以上帶有軍器拒捕殺傷人州縣印捕官降二級留任道府州處罰俸一年俱限一年緝拏限滿不獲專管及兼轄降三級調用並轄官降一級留任

一失察大夥私販拒捕限內拏獲及半者專管官罰俸一年並轄官罰俸六个月俟犯再限一年緝拏限滿不獲者專管官降一級留任接限開復並轄官罰俸一年俟犯照案緝拏鄰境全行拏獲者照例減等議處（例載降罰門）隣境拏獲未全者仍照例議處

一州縣印捕官失察處分因拏獲別案盜犯開復上司降級之專案亦一併開復

一官員一年内拏獲隣境大夥私販一次者紀録一次二次者紀録二次三次者紀録三次四次者加二級五次者不論罰俸即升並轉及通計所屬一年内拏獲三次者紀録一次六次者紀録二次九次者加一級拏獲十二次者加一級紀録一次再有多獲每三次照此遞加

一販私鹽梟由他處入境入鹽並獲或拏獲逃走者交與該管衙門照業偵拏如有經由地方並無販賣情弊經別處查覺者係大夥將地方官罰俸一年小夥罰俸六個月

一地方官辦整飭有方鹽引疏消私販斂迹一年無疏虞之案准其紀録一次三年内無疏虞之案准其加一級

一官員給與將該印照販私者革職提問上司知情故縱者亦革職一係實究失察者降一級留任再罰俸一年

鹽法

六十四

一大夥興販或已犯在境隱匿不報或將人數捏報小夥或明知不行拏獲或人鹽並獲輕而開脫并專賣者革職無轄發降二級調用上司徇庇不參降三級調用

一鹽船失風失火責成州縣會同營員查勘確實限一月具揭通詳鹽道核詳到之日起限半月內核轉一并倘有補運限三个月運所運岸仍令沿途營汛及該管鹽道知府直隸州隨時查察如有勒索措掯及受賄故同捏報情弊即將該員指名題參革職治罪如將淹消火燬之案不詳查勘輒行詳報及經查出不實罰俸一年

一地方文武將負雜軍民肩挑背負易米度日之人及外省來貿易之平民混作私販查拏擾害拖累致死者並誣良為盜例革職如未經致斃降一級調用

一拏獲私鹽不審名伙移失究所買自何人何地係何場灶透漏有無窩頓之家運住何處因奉并買鹽月日鹽斤數目並審提灶場並鹽大使簡查核係何處失察將何處議處不得曲該犯指供含糊參處係承審名伙不行審究私鹽來歷及運住何處因妻實情者照故出入罪律參處或聽信妄供含糊請參畢竟究結者照不聽緊要口供分別議處例載審斷門

一承審私鹽不得以買自居家本屬官鹽曲為開脫如地方官拏獲私鹽作官鹽擬責完案照故出入律參處

一鹽犯誣扳不能審出照盜賊誣良不能審出例分別議處例載審斷門

一地方拏獲私販務將人鹽數目據實詳報如將所獲私鹽侵入已虛或少報犯分肥並以多報少者將該管官弁題參革

鹽法 六千五

職沿眾上司皆知情故從此降三級調用亦不知情而未經揭參者照不揭報各員例分別議處（例載劾門）本地方官員報不實並未入已者降二級調用

一兩浙各場契稅許村等十九場松江為属袁浦等六場如有逾限未完照樵項斗粉例議處

鹽課係按名其從地丁內分解者水鄉墾祖沙地包課串珠放滴珠弄完字號座船水手等款也計二萬四千有奇相期竟解鹽道衙銷者有各場征解者係丁蕩草蕩新陞蕩及封淋內地之款名目甚多謂之場課各省皆主場征兩浙從前亦係場員征解康熙四十年復附縣征而山蕩仍歸場員管理所以竈戶報升蕩地必由場員丈勘出結詳部每年由單亦由場纂造部第場員係未入流品職卑微易於從私循利雍正六年部議改

蓋在八路以鹽補用佐人更罔知所釐等衹銓選乃唐宋之制也

兩浙鹽政任此職事李公盈損已將場課題請仍歸場大恒收解

歸併其場其屬分與前所轄之所與直隸州之例許其控從

按嘉杭松寧紹溫台七府計三十三場計郡場水鄉滴珠正票

引數內續奉民共四千貳百四千九百有零今存二十七場額

又題三十二場

杭屬仁和場　許村場今隸寧紹分司管轄

加屬西路場　海沙場　鮑郎場　橫浦場　蘆瀝場

黃灣場

松屬青村場　浦東場　袁浦場　金山場　下砂頭場

下砂二場　下砂三場今無

寧屬鳴鶴場　清泉場　穿山場　玉泉場

盐臣　六十八

紹屬寧清場　三江場　曹娥場　石堰場
台屬長亭場　黃岩場　杜瀆場　龍頭場　崇明場奉文
溫屬長林場　雙穗場　永嘉場　龍頭場　崇明場奉文
杭所　松所　嘉所　紹所
按横浦芦瀝東村浦東下沙頭二等場丁課從課蕩地征收
至蘇五場丁課按丁派征收
一兩，共派正引七十萬四千六百九十九道，內杭州、嘉興、紹
興三所正引共六十貳萬貳千七十五道七分五厘，每引征
銀三錢九分六厘七毛八絲四忽九微，有奇。松江所崑山、新陽、常熟、
昭文、嘉定、寶山六縣正引三萬三千三百八十四道，每引征銀四錢貳
厘四絲二忽二微六纖，有奇。又太倉、鎮洋、青浦三州縣正引一萬四千
三百一十六道，每引征銀貳錢八分六厘五絲九忽八微四

纖有奇。又華亭、婁縣、奉賢、金山、上海、南匯六縣正引一萬一千九百三十三道，每引徵銀貳錢五分一厘四毫二絲九忽四微七纖有奇。溫州所正引八千四百七十一道，每引徵銀一錢九分一毫一絲一忽一微八纖有奇。台州所正引一萬一千五百一十九道，貳分五厘，每引徵銀貳錢七分六厘四毫九絲一微九纖有奇。又正引三千道，每引徵銀貳錢六分貳厘二毫六忽二微二纖有奇。又杭州、嘉興、寧波、紹興四府屬行銷票引一十萬六百九十八道，每引徵銀一錢九分一毫一絲九忽八纖有奇。

一、浙江省寧波府屬之定海縣，江南省太倉州屬之崇明縣，地處海隅，均難計丁應納鹽課。定海縣徵應課銀四十貳兩一錢四分五厘有奇，崇明縣徵應課銀七百四十一兩四錢一分七厘有奇，共徵應課銀七百八十三兩五錢六分二厘有奇。

鹽臣

六十七

一浙江省額徵京書節省銀一百貳十九兩以本年平餘銀八百七十五兩引同水脚銀五千六百兩功債銀六千九百一兩五錢七分五厘貳毛又公費錢分規銀滴珠銀歸額充定以上九年撥年數銷引規耗羨銀禄引費陋規平脚等銀歸額充定以上五款撥年皆銷

一浙江原解銅觔水脚銀三萬兩改解部庫充餉

一浙江省額解江南河工銀一萬兩

一本省應解引票鹽道商輸餘平銀三厘解交戶部以供刷引紙張工食等費

一浙江完納引課銀每千兩另徵解費平銀二十五兩入冊報部撥餉

一浙江省仁和場灶丁一萬七千七百一十四丁內仁和倉灶丁每丁徵銀二分四釐六毛本年唐倉灶丁每

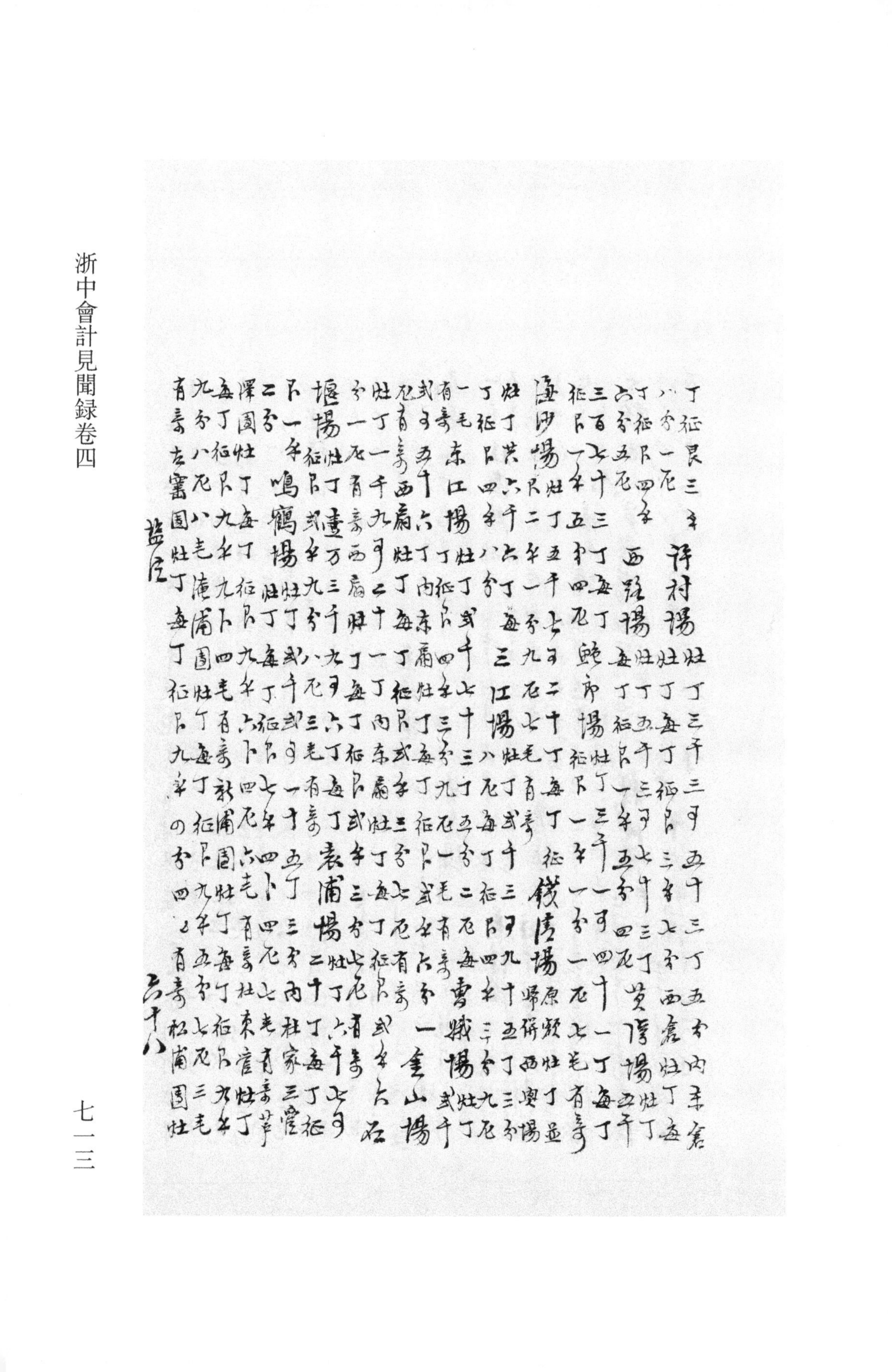

丁征艮三乍　許村場灶丁三千三百五十三丁五分内半倉
八分一厘　灶丁每丁征艮三乍七分西倉灶丁每
丁征艮四乍　西路場灶丁五千三百七十三丁　黄灣場灶丁

丁每丁征銀一兩三分九厘有奇附場袁[illegible]泉場灶丁三千
灶丁每丁征銀一兩一分三厘九毛有奇八百八十
一丁五分兩錢海野屬灶丁每丁征銀三錢四分八厘七毛
有奇新鹽園灶丁每丁征銀四錢五分九厘一毛附東園灶
丁每丁征銀三錢五分一厘九毛陡中園灶丁每丁征銀貳
錢六分九厘八毛有奇自運灶丁每丁征銀四錢九分五厘
四龍頭場灶丁一千七百一十一丁五分每穿山場原額灶
毛丁征銀三錢貳分七厘八毛有奇丁並歸
併長山場灶丁共六百六十三丁九分大嵩場灶丁六百四
每丁征銀一兩七錢五分七厘有奇十八丁七分
五厘每丁征銀三錢玉泉場灶丁四百九十六丁八分每長
七分五厘八毛有奇四丁每丁征銀一錢八分九厘有奇
亭場灶丁九百三十四丁每丁黃巖場灶丁一萬九千八丁
征銀七錢一分五毛有奇每丁征銀九分六厘
一毛杜瀆場灶丁七千七百三十丁每丁長林場原額灶丁
有奇征銀六分四厘一毛有奇并歸併灶
監場灶丁共三千貳百三十一丁雙穗場灶丁五千八百丁
每丁征銀九分九厘六毛三十一丁每丁十五丁五分每丁課
征銀一錢永嘉場分五丁五千五百有奇五丁征銀七
八厘五毛一錢八厘五毛一錢二十三丁五毛浦東場
丁額征蘆瀝場灶丁八千一百八丁橫浦場百七十丁七浦東場
灶丁四千八灶丁一萬二千下沙頭場灶丁一萬四千
百四十六丁青村場千八百丁下

沺二場灶丁貳萬四各場丁課從歸蕩地征收
千一百丁

一浙江省仁和場
仁和倉中則蕩每畝征銀三分八厘五毫中
下則蕩每畝征銀貳分一厘下則備荒水蕩
每畝征銀三分五厘七毛下下則沙蕩子沙每畝征銀一分
七厘五毛下則荒蕩每畝征銀一分六厘下下則蕩每畝征
銀一分貳厘五毛白灘蕩每畝征銀六分五厘五六分七厘
四毛不等新墾車㕘每畝征銀六分五毛四毛有壽段丘還
灶稅蕩每畝征銀六分四厘有三厘一毛蕩每畝征分六分
五厘有壽備荒荒蕩每畝征銀壽備荒稅有壽至一銀四厘
三毛不等課蕩每畝征銀五分四厘二毛稅蕩每畝征銀四
分九厘貳毛有壽水柳稅蕩每畝征銀四分六厘一毛宜單
蕩每畝征下三下推林地每畝征銀八厘五毛澤沙地每畝
征下三厘二毛各則蕩每畝征攤丁銀五分四厘二毛有壽
本庄倉上則蕩每畝征銀五分四厘三毛中則蕩每畝征銀
三分八厘五毛中下則蕩每畝征銀貳分九毛下下則蕩每
畝征銀一分七厘五毛六則備荒荒蕩每畝征銀三分五毛
下則備荒蕩每畝征銀貳分八厘五毛下則備荒荒蕩每畝
征銀一分七厘五毛下下則備荒蕩每畝征銀一分六厘至
一分七厘不等宕馬單厘每畝征銀三分新沙每畝征銀三
厘二毛荒沙每畝征銀三厘一毛有壽天地日等歸中則蕩
每畝征銀貳分一厘至貳分八厘五毛不等天地貫日等号
下則蕩每畝征銀一分六厘至一分七厘不等天地等号下
下則蕩每畝征銀三厘貳毛天晨等歸課㕘每畝征銀三厘

鹽法

六十九

二毛垩式分一卮不当地宇宙田盈等歸七則蕩畝部征卪三分八卮五毛九則蕩畝副攤征丁卻九卜一卮九毛有壽

許村場

頭則稅地畝部征卪六分式卮中則稅地畝部征卪五分三卮有壽二則稅地畝部征卪五分式卮六毛下則稅地畝部征卪四分九卮七毛頭則稅蕩畝部征卪三分三卮中則稅蕩畝部征卪三分式則稅蕩畝部征卪式分八卮下下則稅蕩畝部征卪一分七卮岩门則稅地畝部征卪五分式卮岩门則稅蕩畝部征卪式分八卮畝征年毫風閏兩恆苗畝夆地畝部征卪平下八卮二号下下則到淋地畝部征卪三下式卮五毛悵沙到淋地畝部征卪八卮五毛雄採地畝部征卪三分式卮五毛則革地畝部征卪一分九卮五毛下則則芋地畝部征卪一分四卮充則蕩地畝部灘征丁卪式分七卮式毛卪壽

西路場

蕩地畝部征卪九分四卮三毛蕆倉基地畝部征卪一孚九卜六卮六毛荧湾倉基地畝部征卪九分四卮三毛有壽浄埠畝部雄征丁卪本七分四毛有壽

黃灣場

沙地畝部征卪式卜七卮七毛旧倉基地畝部征卪一夆六分六卮有壽荧湾倉基地畝部征卪九卜四卮三毛有壽以埠畝部攤征丁卪一年七

鮑郎場

分四毛上則搏探畝部征卪六分次上則埠探畝部旦壽征卪五分式卮七毛有壽中則埠探畝部征卪四分下則埠探畝部征卪五分式卮七毛有壽倉基畝部征卪七分三卮四毛有壽垩七分六卮五毛有壽不等備荒埠捺畝部征錦三分垩六分有壽不等圓基畝部征卪式分三卮四毛有壽敷蕩畝部征卪式分垩式分七毛不当交子

山每畝征銀一分三毛有奇蘆蕩每畝征銀一分草蕩每畝征銀一分海灘每畝攤征丁銀五分七厘四毛有奇牡山芋蕩每畝攤征丁銀一分

海沙場

上則蕩每畝征銀三分五厘九毛次上則蕩每畝征銀三分中則蕩每畝征銀貳分八厘五毛次中則蕩每畝征銀貳分貳厘五毛下則蕩每畝征銀貳分三厘次下則蕩每畝征銀一分五厘有奇倉基每畝征銀一錢八分三厘九毛有奇圓基每畝征銀三分五厘三毛有奇稅蕩每畝征銀八厘八毛有奇熟蕩每畝攤征丁銀貳分芋蕩每畝攤征丁銀五厘至一分四厘不等長海每弓攤征丁銀六厘五毛有奇

蘆瀝場

丈陞上則蕩每畝征銀七分一厘五毛上則熟蕩每畝征銀七下一厘三毛有奇上則蕩每畝征銀六分六厘貳毛有奇丈陞中中則蕩每畝征銀六分一厘五毛中則熟蕩每畝征銀六分貳厘貳毛有奇中則蕩每畝征銀五分六厘九毛有奇丈陞下則蕩每畝征銀四分五厘下則熟蕩每畝征銀四分八厘九毛有奇下則蕩每畝征銀四分四毛耕陞沙蕩每畝征銀一錢圓基每畝征銀五分八厘六毛有奇至灰場每畝征銀五分八厘至五分八厘六毛有奇不等新耕蕩每畝征銀四分五毛有奇至四分四厘不等像耕蕩每畝征銀四分一厘八毛至四分四厘不等灰場每畝征銀一分六厘八毛有奇至三下七厘六毛有奇不等海灘每畝征銀一錢八下至貳分一厘七毛有奇不等又海灘每畝征銀一分六厘八毛沙蘆蕩每畝征銀貳分一厘

橫浦場

上則丁蕩每畝征銀一錢四下一厘貳毛次則丁蕩每畝征銀一錢一分一厘

每畝征銀一分下則塗田每畝征銀五厘上則蕩田每畝征銀一分五厘中則田地池每畝征銀貳分下則田地池每畝征銀一分草蕩每畝征銀五厘雜場每畝雜征丁銀一手三分一毫忽絲上則田地池每畝雜征丁銀九厘七毛忽絲中則田地池每畝雜征丁銀六厘四毛忽絲下則田地池每畝雜征丁銀三厘二毛忽絲草蕩每畝雜征丁銀一厘六毛忽絲

三江場

上則田每畝征銀六分五厘九毛忽絲中則課田每畝征銀五分九厘七毛中則稅田每畝征銀五分六厘四毛下則稅田每畝征銀五分五厘三毛中則課地每畝征銀五分八厘五毛忽絲下則課地每畝征銀貳分貳厘五毛至四分不等上則稅地每畝征銀四分下則稅地每畝征銀七厘三毛忽絲至五分五厘貳毛忽絲不等雜場每号草蕩每畝雜征丁銀五分八厘三毛忽絲

東江場

上則田每畝征銀六分五厘九毫忽絲中則田每畝征銀五分六厘四毛至五分九厘七毛不等下則田每畝征銀五分八厘五毛忽絲中則稅田每畝征銀五分六厘四毛下則稅田每畝征銀五分五厘三毛上則地每畝征銀五分九厘七毛中則地每畝征銀五分四厘貳毛忽絲下則地每畝征銀貳分貳厘五毛上則稅地每畝征銀四分下則稅地每畝征銀一分至貳分厘貳毫不等下則課地每畝征銀四分蕩地每畝征銀一分雜場每号草蕩每畝雜征丁銀五分八厘三毫忽絲

曹娥場

上則蕩每畝征銀三分三厘中則蕩每畝征銀三分下則蕩每畝征銀貳分貳厘上則蕩地每畝征銀一分七厘中則蕩地每畝征銀一分八厘三毛下則蕩

地每畝征銀六厘八毛有奇，下則蕩塗地池每畝征銀五厘九毛有奇，下則塗田每畝征銀一分，下則塗地池每畝征銀七厘，下則備荒塗田每畝征銀式分一厘三毛有奇，東扇灘場每弓征丁銀五分七厘四毛有奇，西扇灘場每弓征丁銀五分式厘一毛有奇。

金山場

上則蕩田每畝征銀三分三厘不等，中則蕩田每畝征銀三分，下則蕩田每畝征銀二分二厘，上則蕩地每畝征銀一分七厘，中則蕩地每畝征銀一分六厘三毛有奇，下則蕩塗地池每畝征銀五厘九毛有奇，下則塗田每畝征銀一分，下則塗地池每畝征銀七厘，下則備荒塗田每畝征銀式分一厘三毛有奇，灘場每弓攤征丁銀五分七厘四毛有奇。

石堰場

上則蕩地每畝征銀四分五厘，年迁沙地每畝征銀三分四厘七毛有奇，荒蕩每畝征銀三分四厘三毛，周塗每畝征銀式分九厘八毛有奇，墾地舊塗每畝征銀一分五厘，蕩塗每畝征銀一分九厘六毛，洪塗先報塗每畝征銀一分，新塗每畝征銀九厘九毛有奇，上則蕩地每畝攤征丁銀五分八厘至六分不等，中則蕩地每畝攤征丁銀五分五厘，下則蕩地每畝攤征丁銀四分六毛有奇至四分四厘五毛有奇不等。

浦東場

上則撥丁老蕩每畝征銀一半式分一毛，上陸則撥丁老蕩每畝征銀一半一分七厘一毛，中則撥丁老蕩每畝征銀八分一厘七毛有奇，下則撥丁上墾蕩每畝征銀八分五厘五毛有奇，下則撥丁上半墾蕩每畝征銀七分九厘九毛，下則撥丁陸熟蕩每畝征銀七分五厘有奇，下則撥丁中熟蕩每畝征銀六分五厘有奇，下則撥丁老蕩每畝征銀五分八厘六毛有奇下則撥丁新墾蕩每畝征銀五分八厘有奇下則撥丁草熟蕩每畝征銀五分七厘有奇下則撥丁土竹蕩每畝征銀三分九厘九毛有奇下則撥丁下草蕩每畝征銀二分九厘五毛有奇上則水鄉老蕩每畝征銀一錢一分五厘八毛有奇次上則水鄉老蕩每畝征銀一錢七厘九毛有奇中則水鄉老蕩每畝征銀九分四厘二毛有奇下則水鄉老蕩每畝征銀八分四厘八毛有奇下中則水鄉蕩每畝征銀八分二厘二毛有奇下則水鄉熟墾蕩每畝征銀六分九厘五毛有奇下下則水鄉舊熟蕩每畝征銀六分三厘有奇下則水鄉新墾蕩每畝征銀五分八厘七毛有奇下下則水鄉墾熟蕩每畝征銀三分五厘二毛有奇下則水鄉車疑地每畝征銀五分八厘七毛有奇上則草蕩每畝征銀五分四厘中則草蕩每畝征銀三分稀舊下則草蕩每畝征銀一分下則水鄉備荒草蕩每畝征銀六分三厘二毛下則撥丁備荒草蕩每畝征銀三分九厘六毛有奇新漲沙塗每畝征銀二分二厘海底灘場每畝征銀一分一厘四毛有奇攤丁車內灰場每畝征銀五分一厘三毛有奇[illegible]則揚每畝攤征丁銀一厘四毛有奇

袁浦場

上則蕩每畝征銀一錢八分二厘八毛有奇中則蕩每畝征銀一錢四分四厘九毛有奇下則蕩每畝征銀一錢九厘九毛有奇上則水鄉蕩每畝征銀一錢五分四厘三毛有奇中則水鄉蕩每畝征銀一錢一分九厘四毛下則水鄉蕩每畝征銀一錢五厘四毛有奇上則墩每畝征銀七分中則墩每畝征銀五分下則墩每畝征銀四分生則蕩每畝征[illegible]八分七厘六毛

塩度

七十二

有竒阝塗毎畝祏卩三卜八尾渚竒五四尒八尾三毛不苛
水塗毎畝祏卩式尒五式え五尾式毛有竒不苛上中下則
萬毎畝搬祏丁卩
一尾四毛有竒

青村場

上則萬毎畝祏卩一卒九尒四尾
六毛中則萬毎畝祏卩一卒六尒
九尾三毛有竒下則草蕩毎畝祏卩一卒式尒三尾次卜則
草蕩毎畝祏卩七尒式尾塩外次下則草蕩毎畝祏卩五尒
五尾式毛有竒傍海次下則草蕩毎畝祏卩四尒四尾八毛
有竒上則水術蕩毎畝祏卩一卒畝尒中則次傍萬毎畝祏
卩一平七尒次中則水術草蕩毎九祏卩一卒六尒卜則水
術蕩毎畝祏卩九尒五尾上則撤毎畝祏卩五尒類國次中
則撤毎畝祏卩三尒四尾有竒上則撤毎畝祏卩式尒八尾
次下則撤毎畝祏卩一尒九尾有竒二國次中則撤毎畝祏
卩三尒旱則撤毎畝祏卩一尒七尾三國中則撤毎畝祏卩
四尒一尾次中則撤毎畝祏卩三尒四尾四毛卜則撤毎畝
祏卩式尒一尾七毛有竒四國中則撤毎畝祏卩四尒式尾
五毛下則撤毎畝祏卩式尒九尾四毛次下則撤毎畝祏卩
式尒三尾上則撤塗毎畝祏卩三尒七尾中則撤塗毎畝亿
卩式尒七尾下則撤塗毎畝亿卩一尒七尾一毛有竒守字
号中則國基毎畝祏卩一卒七卜宿字号中則國基毎畝祏
卩一卒式尒三尾天字長中則國基毎畝祏卩六尒一尾七
毛有竒撤内國基毎畝亿卩五尒五尾水則撤毎畝祏卩式
尒六尾四毛有竒外倉基一坝税卩八丹三卒勺尒式尾七
乇工甲下萬毎畝攤
祏寸卩一尾有竒

下沙頭場

一國上則萬毎畝祏卩一卒
一尒七尾七毛有竒中則萬

每畝征銀八分七厘七毛有奇下則蕩每畝征銀六分七厘
八毛有奇二團上則蕩每畝征銀九分九厘九毛有奇中則
蕩每畝征銀八分九厘七毛有奇下則蕩每畝征銀六分七
厘五毛有奇三團上則蕩每畝征銀一錢一分三厘四毛有
奇中則蕩每畝征銀九分三厘九毛有奇下則蕩每畝征銀
七分有奇一團天字號上則鹽墩每畝征銀一錢六分六厘
六毛有奇天字號中則鹽墩地元黃三號上則鹽墩每畝征
銀一錢貳分天字號下則鹽墩元黃地三號中則鹽墩每畝
征銀八分二團上則鹽墩每所征銀一錢七分一毛有奇中
則鹽墩每所征銀一錢一分三厘五毛下則鹽墩每所征銀
九分四厘五毛有奇三團仁義禮智信五號鹽墩每所征銀
五分地元黃三號下則鹽墩每所征銀六分天地元黃四號
下則蕪墩每所征銀四分二團埔外稀舊蕩上則墩蕩每畝
征銀四分七厘二毛有奇一團塗外修蕩每畝征銀五分着
嘗草蕩下則墩蕩每畝征銀一分八厘擱毛有奇上海鋝水
御草蕩每畝征銀六分五厘九毛水衙蕩每畝征銀六分式
厘新墾蕩每畝征銀四分二厘八毛有奇草蕩中則墩蕩每
畝征銀三分七厘八毛有奇丈陞墩埕每畝征銀一分八厘
春難埕每畝征銀二分九毛有奇特蕩每畝征銀二分八厘
三毛有奇白埕水霍每畝征銀九厘四毛有奇鐵板老白埕
每畝征銀四厘七毛有奇上海鋝民圍田内原窮鹽

下沙二

倉墓地每畝征銀一錢三分三厘一毛有奇

場

四團工則蕩每畝征銀六分八厘九毛有奇中則蕩每畝
征銀八分四厘五毛有奇下則蕩每畝征銀五分六厘二

毛有奇白塗內新塗下則灶蕩每畝徵銀弍分三厘塘外下則新漲蘆蕩每畝徵銀一才五厘塘外下下則白塗傍蘆漲沙塗蘆蕩每畝徵銀一分一厘一毛有奇下下則漲灘塗每畝徵銀一分伍圍上則蕩每畝徵銀一子一分九毛有奇中則蕩每畝徵銀九下四厘弍毛有奇下則蕩每畝徵銀兩分五厘三毛有奇塘外下下則白塗漲沙塗柴蕩每畝徵銀一分七毛有奇白塗內新塗下則草蕩每畝徵銀弍分三厘塘外下則新漲塗蕩每畝徵銀一分五厘下下則漲漲塗蕩每畝徵銀一下六圍上則蕩每畝徵銀一子弍分四厘八毛有奇中則蕩每畝徵銀一子一分弍厘八毛有奇下則蕩每畝徵銀五分六厘四毛有奇塘外下下則白塗漲灘沙塗柴蕩每畝徵銀一分六厘有奇子蕩內新塗中則蕩每畝徵銀三分六厘四毛有奇塘外下下則新漲漲內柴蕩每畝徵銀一下弍厘六毛上則扂臺蕩每畝徵銀七分五厘中則老塗蕩每畝徵銀腳蕩每畝徵銀六分有奇下則老塗蕩塘腳蕩每畝徵銀五下白塗內新塗下則子蕩每畝徵銀弍分三厘

下沙

三陽

七圍上則服字号蕩每畝徵銀一子弍分上則衣字号蕩每畝徵銀一子一分七圍上則田塗蕩每畝徵銀七分中則御蕩每畝徵銀五分下則子蕩每畝徵銀四分五厘四毛有奇下則撖路州蕩每畝徵銀三分六厘有奇八圍上則扂基地每畝徵銀弍子中則趙御蕩每畝徵銀九下一厘一毛有奇中則老塗蕩每畝徵銀七分下則稀蕩竹蕩每畝徵銀弍分九厘四毛有奇九圍中則蕩每畝徵銀四下七厘三毛下則草蕩每畝徵銀四下五厘四毛有奇上則水御蕩

蕩每畝征銀四分六毛有奇八團上則水衖熟蕩每畝征銀九分一厘一毛有奇九團上則水衖蕩每畝征銀一分三分貳厘五毛有奇九團上則高坎蕩每畝征銀四分九厘新墾地每畝征銀四分五厘五毛查報中則新墾蕩每畝征銀三分報陞新墾下則蕩每畝征銀貳分九厘四毛有奇又報下則內新墾蕩每畝征銀一分貳厘

鳴鶴場中上下三鹽倉烽堠水池園基連河所基寧亭等地每畝征銀九分陞稅帖河路門等地每畝征銀三分杜家園沙地每畝征銀三分又每畝征高稅銀四厘九毛有奇杜家團報陞地每畝征銀貳分銀山陵補蕩粱圩隄每畝征銀貳分塗地每畝征銀一分中明生納隄蕩每畝征銀貳分粱圩隄每畝征銀一分又每畝征高稅銀六厘杜羊受中則蕩每畝攤征丁銀九分六厘有奇下則蕩每畝攤征丁銀四分八厘有奇杜家三受中則蕩每畝攤征丁銀七分貳厘貳毛有奇下則蕩每畝攤征丁銀三分六厘一毛有奇芦澤團中則蕩每畝攤征丁銀九分三厘五毛有奇下則蕩每畝攤征丁銀四分六厘七毛有奇新浦團中則蕩每畝攤征丁銀九分六厘九毛有奇下則蕩每畝攤征丁銀四分八厘四毛有奇淹浦團中則蕩每畝攤征丁銀九分貳厘八毛有奇下則蕩每畝攤征丁銀四分六厘四毛有奇古窯團中則蕩每畝攤征丁銀九分一厘五毛下則蕩每畝攤征丁銀四分五厘七毛有奇松浦團中則蕩每畝攤征丁銀一分八毛有奇下則蕩每畝攤征丁銀五分四厘有奇附場受中則蕩每畝攤征丁銀九分八厘三毛有奇下則蕩每畝攤征丁銀四分九厘一毛有奇瓷器窯中

則蕩每畝攤征丁銀八分五厘六毛有奇、則蕩每畝攤征丁銀四分叁厘八毛有奇

清泉場

上則蕩每畝汇卜三分一厘中則蕩每畝汇銀貳卜三厘下則蕩每畝征銀一卜六厘六毛有奇倉基地每畝征銀一年三分五厘丈生蕩地每畝征銀一分八厘五毛有奇灶田地每畝征銀一分六厘漲來園海灘每畝攤征丁銀三年五分三厘四毛有奇鄞縣屬新鹽園海灘每畝攤征丁銀三年三卜九厘貳毛有奇洪中園海灘每畝攤征丁銀三年貳卜八厘九毛有奇鎮海物屬海灘每畝攤征丁銀一年六分六厘一毛有奇鎮海縣灶田地每畝攤征丁銀一分貳厘四毛有奇上則蕩每畝攤征丁銀貳分一厘九毛有奇中則蕩每畝攤征丁銀一分五厘九毛有奇下則蕩每畝攤征丁銀一分一厘七毛有奇倉基每畝攤征丁銀四分三厘九毛五一年五分一厘不苦鄞物屬新鹽園灶田地每畝攤征丁銀一年五分一厘有奇洪來園灶田地每畝攤征丁銀九分九厘有奇限中園灶田地每畝攤征丁銀三分三厘八毛有奇

龍頭場

中則蕩每畝征銀貳分貳厘三毛有奇下則蕩每畝征銀六厘有奇灶田地每畝征銀一分六厘倉基秧地每畝征銀六分七厘五毛中則蕩每畝攤征丁銀一分貳厘貳毛有奇下則蕩每畝攤征丁銀三分有奇灶田地每畝攤征丁銀一分貳厘貳毛有奇灘場每畝攤征丁銀六厘一毛有奇

穿山場

灶田地每畝征銀一分六厘下則老蕩每畝征銀一分四厘五毛報升灘場每畝征銀一分四厘五毛下則老蕩每畝攤征丁銀七分貳厘有奇灶田每畝攤征丁銀貳分五厘有

忽均併長山場上則蕩每畝征銀三分三厘五三分八厘五
毫不等中則蕩每畝征銀式分式厘五式分七厘五毫不等
下則蕩每畝征銀式分式厘陞塗每畝折征丁銀五分六厘
絲忽微陞上則蕩每畝折征丁銀三分四厘八毫纖陞上則
蕩每畝折征丁銀二分式厘九毫丈升中則蕩每畝折征丁
銀一下九厘新陞中則蕩每畝折征銀三分一分五厘三毫
大嵩場上則備荒塗田地每畝征銀三分式厘絲忽上則一免
田每畝征銀式分四厘五毫中則一免分田九畝征銀一
分五厘中則党四併壑荒蕩地每畝征銀一分九厘三毫絲
忽報升新陞塗田每畝征銀三分三厘新壑塗田每畝征銀
三分九毫丈升塗蕩田地停泊每畝征銀式分新壑稅地每畝
畝征銀式分式厘七毫絲忽倉基每畝征銀三分壑陞塗地
蕩每畝折征丁銀八厘式毫絲忽上則每畝一分三丁銀中
四厘九毫絲忽中則地免田每畝折征丁銀二厘四毫絲忽新丈
則蕩田併壑荒蕩地每畝折征丁銀三厘八毫絲忽新丁銀
地每畝折征丁銀七厘一毫絲忽新壑一厘毫絲忽新丁丈
四厘三毫絲忽倉基地每畝折征丁銀一厘一壑絲忽新丈
塗田每畝折征丁銀八厘一毫絲忽新壑塗田每畝折征丁銀
銀七厘五毫絲忽新壑地每畝折征丁銀四厘八毫絲忽丈
升塗蕩田地停泊每畝折征丁銀五分六厘絲忽
玉泉場竈田地每畝征銀式分五三分五毫絲忽不等新壑
荒田每畝征銀一分竈田地每畝折征丁銀五厘六
毫絲忽展復竈田地每畝折征丁銀八厘七毫絲
忽新壑荒竈田每畝折征丁銀一厘五毫絲忽
長亭場升新

蘇臣

七十五

中則蕩每畝征銀貳分貳厘中則熟蕩每畝征銀貳分下則
荒蕩田每畝征銀七厘五毛中則地每畝征銀貳分五厘下
則地每畝江銀五厘五毛倉基一所江銀一毋貳字不荒蕩
水湖每畝征銀五厘丈陞下則蕩每畝征銀一分六厘九毛
有奇荒蕩每畝征銀三厘挧段際沙每畝
征銀一厘山毛中畝江銀四厘五毛有奇

黄者場

上則蘆蕩
每畝征銀
二分二厘八征銀則蘆蕩每畝江銀一分七厘一毛有奇下
則蘆蕩每畝則新一分一厘四毛丈升中則新蕩每畝江銀
三分丈升下基每蕩每畝征銀貳分升丈下則新荒蕩每畝
征銀一分倉厘貳畝征銀一孚三分九厘中下則荒地每畝
江銀貳分貳下則毛有奇文生平浮倉中則地每
畝征銀貳分征銀山每畝征銀五毛六毛有奇

杜瀆場

上則
新蕩田每畝中則三分六厘中則蕩田地每畝征銀三分貳
厘一毛丈升中則新蕩每畝征銀三分下則蕩田每畝江銀
貳分五厘八毛有奇下則蕩坦每畝征銀貳分五厘六毛有
奇丈升下則新蕩每畝江銀一分九厘八毛有奇下則蕩田
地每畝征銀一分九厘三毛有奇中則從地每畝江銀三分
有奇色補南社西荐沿涌僖壑民地灶坦每畝征銀一分四
毛下則蕩山每畝征銀一分七厘五毛有奇倉基每畝征銀
一牟三下九厘工則蕩田每畝灘征丁銀三分八厘八毛有
奇壬八蕩地每畝灘征丁銀一分亭
場柰浮團灶地每畝江灘丁銀一分

長林場

配丁坦地每畝
征銀六分六厘
四毛有奇又每畝灘征丁銀八分貳尢貳毛有奇兩併壯豈
塌嵩田每畝征銀四分四厘四毛蕩地每畝江銀貳分六厘

雙穗場

上則蕩每畝征銀貳分七厘五毛五四分不當上則蕩田每畝征銀八分中則蕩每畝征銀貳分六厘一毛中則蕩地每畝征銀六分五厘下則蕩塘地每畝征銀一分八厘三毛下則蕩每畝征銀五分五厘四毛有奇下則蕩地每畝征銀五下下則蕩地每畝征銀三分五厘六毛有奇展次下則蕩每畝征銀一分三毛有奇下則草塗地每畝征銀一分三厘貳毛坦地每畝征銀一半九下九厘三毛有奇上則糧每畝雜征丁銀一分五厘一毛有奇五貳分七厘八毛有奇不當中則蕩每畝雜征丁銀二分九厘二毛有奇下則蕩每畝雜征丁銀一分一毛有奇五四分五厘有奇不當下則蕩塗地每畝雜征丁銀三分七厘一毛有奇下則草塗地每畝雜征丁銀四分九毛有奇下下則蕩地每畝雜征丁銀四分六厘九毛有奇

永嘉

上則蕩地每畝征銀九分九厘三毛有奇中則蕩地每畝征銀八分九厘二毛有奇下則蕩地每畝征銀五分八厘五毛有奇末則蕩地每畝征銀三分六厘八毛有奇展次蕩地每畝征銀貳分六厘五毛閘墊坦地每畝征銀六分六厘四毛有奇根外末則坦地每畝征銀三分六厘八毛有奇上則蕩地每畝雜征丁銀貳分九厘八毛中則蕩地每畝雜征丁銀貳分五厘七毛有奇下則蕩地每畝雜征丁銀一分六厘有奇末則蕩地每畝攤征丁銀三厘四毛有奇

國賦生於鹽鹽產於灶灶有場場有轄浙鹽初凡卅五場歷相

鹽法

七十八

裁併今為二十三場其隸轄於運司者二俱在杭州曰仁和曰許村屬轄於嘉松分司者九在杭州曰西路在嘉興曰鮑郎曰海沙曰芦瀝曰横浦在松江曰浦東曰袁浦曰青村曰下沙其舊場之裁併者四曰蘇州之天賜曰太倉之青浦及松江之下砂二場三場其轄於寧紹分司者十二在紹興曰錢清曰三江曰曹娥曰石堰在寧波曰鳴鶴曰清泉曰穿山曰大嵩在台州曰長亭曰黄岩在溫州曰長林曰雙穗其舊場之裁併者八曰紹興之西興曰寧波之龍頭長山（併入穿山）玉泉曰台州之杜瀆曰溫州之北監（併入長林）永嘉南監（併入雙穗）

仁和場在仁和縣東北二十都去運司一十五里

許村場在海寧州安化坊去運司五十五里

西路場在海寧州東六十里去運司一百五十里

鮑郎場在海鹽縣南澉浦地方去運司一百九十六里

海沙場在海鹽縣十六都沙腰村去運司一百五十里

蘆瀝場在平湖縣新倉鎮去運司三百二十里

横浦場在松江婁縣二十七圖地方一作在平湖縣地方去運司三百
四十四里

浦東場在婁縣仙山鄉今屬金山縣去運司三百五十里

袁浦場在華亭縣柘林鎮地方去運司三百九十里

青村場在華亭縣十五堡青林一名青村今屬奉賢縣去運司四百
三十里

下沙場舊在上海縣十九堡新場鎮今屬南匯縣去運司四
百五十里

西興場在蕭山縣西興鎮去運司三十里今併入錢清場

鹽臣　七十七

清場坐肖山縣鳳儀二十四都地方去運司九十里

三江場坐山陰縣陸疊鎮地方去運司

曹娥場坐會稽縣曹娥鎮去運司二百三十里

石堰場坐餘姚縣龍泉一都二堡地方去運司三百七十里

鳴鶴場坐慈谿縣市鎮地方去運司四百一十里

清泉場坐鎮海縣崇邱一都一圖地方去運司五百二十里

龍頭場坐鎮海縣靈緒鄉地方去運司四百八十里

穿山場坐鎮海縣海晏二都地方去運司五百九十六里

長山場坐鎮海縣東南羅山城去運司五百六十里今併入

穿山場

大嵩場坐鄞縣十一都一圖地方去運司六百六十里

玉泉場坐象山縣十六都二圖地方去運司七百八十里

長亭場在寧海縣東一百三十里去運司九百卅里
黄岩場在太平縣十都地方去運司一千貳百九十里
杜瀆場在臨海縣東南承恩鄉去運司一千一百七十里
長林場在樂清縣六都地方去運司一千三百九十六里
雙穗場在瑞安縣五都長橋地方去運司一千四百九十六里
永嘉場在永嘉縣二都寧奥堡去運司一千四百六十六里

兩浙現在場所

寧紹分司統轄杭所　紹所　三江場　仁和場　東江場　雙穗場
曹娥場　錢清場　金山場　石堰場　穿山場
鳴鶴場　龍頭場　清泉場　大嵩場　杜瀆場　許村場
長林場　永嘉場　玉泉場　黄岩場　長亭場
加松分司轄加所　松所　崇明巡塩大使　橫浦場　浦

塩臣

七十八

东場　下砂頭場　黄湾場　西路場　芦瀝場　鮑郎場

海砂場　下砂場　青村場　袁浦場

共四府三十一場　一巡塩大使

两浙塩課総額共四十貳萬五千四十三引　九斤兩分八厘内

商人正課

商人生引價銀

溧陽引課　該縣原係淮塩地方附塩搭引定額

小票改引正課

加引增課　計一十七款

縣場課税解部

縣場水鄉庫價銀　各縣場課只数項名目不一有水鄉不諳煎塩灶户應納蕩折價准折納解司名曰折色　又有灶丁不諳煎塩者縣與民一體常差其名曰丁鹽之下該縣通融均派於秋糧帶內征收名曰水鄉又有名

下河蕩等蕩各人佃種進價名曰白退有時將地佃與人進
價名曰撤退曰虛基曰原蕩此係借有去征銀課均於民户
社冊祇米内包納名曰包補又
業將多從蕩地稅銀名曰蕩稅

未書節省銀

縣場新陞蕩地稅銀計一十四款

拏獲私鹽船物變價照寄等銀

各佃縣場鹽牙稅銀凡各縣場設鋪户秤手俱係商人保舉每名按年納稅銀五錢請給牙帖方准充當

包課空以十三丁派一引包課征納

扣留裁冗工食銀

節省備荒襍餉銀

滴珠 鹽課每兩例征滴珠銀一分

襍征

車腳 鹽課每兩加滴珠銀一分之外又征銀七厘以給解餉雜費如遇撥有本省協餉則係號費所將車腳以兩内計兩扣存解充京餉 七千九

紙硃　引臣戶部市發所需紙硃等項以及匠役工食每引征費銀三厘

贓罰裝解不等

捎解

銅觔腳價銀三萬兩　兩浙原債捎水銅六十萬斤每斤應捎腳價銀五分

河工銀一萬兩　每年四月十月分為二次解送河工

公費歲無定數　兩浙匠引每引行鹽式百五十斤巡鹽御史并筆帖式每引應得公費銀式分五分

雍正二年巡鹽御史噶爾泰奏准解京充餉

引紙腳價銀五千六百兩　係各商公繳巡鹽御史噶爾泰於雍正二年奏充餉

蕩底用刀刮土惟長林場以鐵鋤刮土以牛挽之費則人力挑積堆採傍築小墩如坑廣四尺長八尺其底於底覆以剖竹鋪以淨茅實土二十四擔於墩上灌以清水滲及周時泥融水溢滷方流出池內隨土之鹹淡而為滷之多寡又來浦揚蕩底用刀刮土蘸湖水

入溝內晒水攤晒七次掃積成堆實足於坑其瀝滷前用与
各場煮鹽必視雨暘之時否為土滷之厚薄又因潮水之大小
驗地場之有浸故出鹽隨時盈縮不可難限定額附記石堰場各灶每月定
銷肩引十二道每季住鹽五千斤限一月配足如
有缺誤即行封鍋別行又有定額為以備參
成鹽斤數舊例一場十灶每灶並鹽盡在六盤每盤三百斤 仁和三江舊屬下砂未村浦
東袁浦清泉穿山長山大嵩玉泉等場每滷一担成鹽廿斤
許村鮑郎蘆瀝西路龍頭等場每滷一担成鹽十五斤海者約
十三斤 横浦場每滷一石担成鹽廿五斤次滷不及二十斤淺者止
十餘斤 曹娥場每滷四石成鹽一石 鳴鶴石堰二場每滷
一担成鹽廿餘斤 雙穗長亭二場每滷一担成鹽十五斤
黃岩杜瀆二場每滷一担成鹽一斗計十斤 長林場每滷一
担成鹽二斗 永嘉場每滷一担成鹽廿六斤

鹽匠

八千

一浙江省正額引課灶課於次年十二月奏銷

一運使提舉司分司大使等官係專管鹽課之官欠不及一分者停其升轉罰俸六个月欠一分者罰俸一年欠二分者降職一級欠三分者降職二級欠四分者降職三級欠五分者降職四級以上俱令戴罪催完自開復欠六分以上者俱革職

一運司提舉司分司被參限年半全完大使限一年全完如限內不完者不復作分數仍照原參分數題參運司提舉司照布政使地丁分數例處分分司大使照州縣官地丁分數例處分

一鹽政鹽課未完初參照催地丁分數初參例處分（例載征門）催限二年催完如限內不全完照原參分數議處原欠不及一分者罰俸一年原欠一分以上者降俸二級原欠二分以上者降職一級留任原欠三分以上者降職二級留任完日開復原欠四分以上者降三

級調用原欠五分以上者降四級調用原欠六分以上者降五級
調用原欠七分以上者革職
一無管鹽務之知府知州知縣布政司並道欠不及一分者停
其升轉欠一分以上者降俸一級欠二分三分者降職一級
欠四分五分者降職三級欠六分七分者降職四級以上俱
令戴罪督催停其升轉完日開復欠八分以上者革職此一兩行
場鹽課米糧令場員就近設櫃代征原封解交鹽道折併其
代征場員於初參欠不及一分者免其議處欠一分者罰俸
三个月欠二分者罰俸六个月欠三分者罰俸九个月欠四
分五分者罰俸一年俱免其停升督催欠六分者降職一級
欠七分者降職二級俱令戴罪督催欠八分以上者即行革
職原欠不及一分年限內不全完者罰俸六个月原欠一分
年限內不全完者罰俸一年原欠二分三分年限內不全完
者降一級留任再限一年督催如再不完照所降之級調用
原欠四分五分年限內不全完者降一級調用原欠六分以
上年限內不全完者革職如該場員催征不力許該縣提比
征識倘將已征米糧內有那移侵欺情弊即行揭報照那移
侵欺例處分若該縣平時不能覺察查揭致有對空別經發
鹽法
八十一

覺者將該縣並直隸州知州暨所屬員虧空例議處至有一場坐落兩縣者其場員兩地主完分數應合算併案處分○此條前係州同專案今覆分別例不載自係已刪故附錄于此以備參攷

一並管鹽務之州縣被參後限一年全完其年限內不完不准開復作分數照原參分數處分欠不及一分一年內不全完者降一級留任再限一年如限滿仍不完照原降一級調用欠一分二分一年內不全完者降三級調用欠三分四分一年內不全完者降四級調用欠五分六分一年內不全完者降五級調用欠七分以上一年內不全完者革職

一並管鹽務之布政司兼道并各直隸州知州被參後限年半全完如欠不及一分年限內不全完者降職一級留任所欠錢完日開復欠一分二分年限內不全完者降三級調用欠三分四分年限內不全完者降四級調用欠五分六分年限內不

全完者降五級調用欠七分以上年限內不全完者革職

一運提並營通者糧餉鹽課欽成欠一分者罰俸三个月欠貳分者罰俸六个月欠三分者罰俸九个月欠四分者罰俸一年欠五分者降俸一級欠六分者降俸二級欠七分者降職一級欠八分者降職二級欠九分者降職三級欠十分者降職四級以上俱停其升轉戴罪督催完日開復

一並晉鹽法道巡鹽被參住限二年全完如欠不及一分二年內不全完者停其升轉欠一分貳分二年內不全完(者)仍降職一級欠三分四分二年內不全完者降職二級欠五分六分二年內不全完者降職三級欠七分八分二年內不全完者降職四級欠九分十分二年內不全完者降職五級以上俱令戴罪督催完日開復

一接征接催者欠以到任日爲始接征扣除大使書皆限年接

八十二

鹽臣

催布政使道府直隸州知州廳催逾期年半按催追接限二年如不能完題參之日照現在未完分數以初參例處分

一署官征催皆催處分俱照正官例議處罪即不及一月者免議

一凡省催征鹽課并銷鹽引催征之官既於奏銷前催征全完或前官未征解接征官於奏銷前催征全完摧以一案全完之年課引者無論正署俱照地丁平耗例議敘例載催征門

一通融銷售地方其正課雖完耗羨未完并本年帶銷之項未完者俱不准議敘該督撫鹽政於題銷疏內分晰聲明以免捏敘

一未完捏報全完者俱照地丁平耗捏報例議處例載催征門

一商人未完鹽課於奏銷時題參自題參日扣限一个月再不能完按所欠分數治罪欠不及一分者笞五十欠一分者枷

歸一个月照五十兩二分者枷號一个月照杖七十兩三分者枷號兩个月照杖八十兩四分者枷號兩个月照杖九十兩五分者枷號三个月杖一百所欠於枷限內全完釋放完責枷限外全不完俩折責之外仍算追著名所欠以引審受抵又查隱五六分者杖六十徒一年限四个月全完欠七分者杖七十徒一年半限六个月全完欠八分者杖八十徒二年限八个月全完欠九分者杖九十徒二年半限十个月全完欠十分者杖一百徒三年限一年全完自欠六分至十分均將該商即行鎖禁嚴查家產限內全完算追商名免其杖徒限外不完該商發配所欠以引窩家產變抵廣東商人欠課批限一年通完

鹽臣

茶引

茶引每年頒引一千四百道每百斤爲一引每引徵銀貳分九厘三毛八絲每年該銀四千餘兩其引完税截角四季解部其銷歸閩北閩該下浙省茶商自備紙硃價銀赴司呈請給照赴部請領自爲售銷每年例辦

内廷陵寢茶一百式十箱批解大部並取限十月到部

一江蘇等十省茶引各限頭年請領年辦年銷並壅積遲滯者該管官及商人一併處分直隸奉天山東山西河南福建廣東廣西等省不頒茶引

一浙江省茶引一千四百道由布政司逐員給商其引茶或行崇在地方或行他省分聽商指明行銷

一商人行銷由引一道止茶百斤茶數不及引者當給由帖以睦雲引謂江蘇安徽茶計担雲南茶計筒仍各省百斤之數出銷之引不以此計

茶引

八十四

一浙江茶引紙價按則按引共額解銀四百六十三兩存商交引價內扣解 每引征紙價銀三厘三毫

一浙江商行銷茶引給商買運每道今交買價銀一分 茶稅由商報納交買引價銀按每引扣解茶果羨盈餘銀四分或九八毛共歲解內部庫銀六千兩餘每引買價銀五分七厘或毛諸茶貨茶及備解紙價飯食解費之用凡歲解茶果羨銀或少銷額引萬道准扣除免解銀四百二十八兩五年有奇無從銷引萬道加解盈餘銀一千兩

一凡商人買茶具數赴發納銀領引方許出境貨賣於經過地方執照茶皆由引及茶引相離者聽人告捕茶引不相當或有餘茶者並聽盤究凡商人賣茶已畢即以原給由引赴住賣發司告繳

一浙江省商販茶觔，定由北新關驗數給單，赴委員處交價帖引，次赴城中鹽大使批驗，仍由北新關驗引截角。所往府縣地方行銷，行殘之引，係行京師者以崇文門截角向為驗，係行外省及蒙古地方者以外關截角為驗。已截截之殘引，茶畢均免追繳。

一浙江省歲額茶引

上用黃茶貳十八簍茶

陵寢黃茶

內廷黃茶共九十二簍，由杭引委員於所收茶引貿價內動撥。杭茶引時節解

一黃茶自康熙八年起，由杭一第采貳十四年加貳千簍，那係諸暨縣承辦，十三年定價每簍十三兩，三錢一分三厘五毛

茶引 八十五

永勝乙四年至五十五年有商人陳儀昌等呈部具呈情願
捐本辦解此後不動本邦每年伊甘辦解向例各商畫押
一凡造作假茶貨賣至五百斤以上店戶窩頓至一千斤以上
者充軍刑律計數科罪
一興販私茶論如私鹽法凡有批驗截角退引影射照茶出卯
以私茶論
一凡茶園興販私茶地方官故縱失察者均照失察私鹽例議
處
一凡興販私茶潛往邊境與外國人交易者主腹裏販賣與來
京四還外國人及至西寧甘肅河洲洮州四川雅州販賣者
俱按律治罪其專司查緝官員子姪家人等興販知情故縱
者降一級、調用失察者降一級留任不係專司查緝官員失

知情故縱情弊者免議

一私鹽私茶經過境内如有實係因公出境之吏即於查參案內據實確查聲明准其免議如並非因公出境混行詳請者降一級調用　該管上司並未確查代請免議者罰俸一年

茶引

八条

二十九

二十九

浙江文獻集成

浙江文叢

浙中會計見聞録

〔下册〕

〔清〕佚名 輯

浙江古籍出版社

浙中會計見聞録卷五

育嬰堂

淛員回籍路費

江海塘工

救火器具

錢江馬船

救生巡船

錢江搖略

西湖租息

海關

織造支款

南北二關

撫郵雜着

銅觔

銅爲鼓鑄之用中國雖有礦銅奉文不許開採所以購之東洋從前係閩粵籌辦浙省東洋船隻每年八十餘艘往來貿易回採銅觔每船往有七八九百箱故價不昂而銅皆足用近緣彼之有司承辦庶此五十一年長崎島因洋船多有私售而貨物積滯難銷故創給倭船每年祇收船四十二隻內江省二十只浙省二十二只但有照者年年可往而無照者豈無向隅之嘆是以議將倭照回日以給信者接次而出其中即有勒措需索之弊彼收回者察之且浙江從前只辦一省銅觔自十八年奉文分辦三省每年應辦銅一百六十八萬觔有奇定限四月內辦一半爲上運限九月內到部十月內辦一半爲下運限次年三月內到部如逾限不解初參罰俸改參革職留任委辦上司降

二級留任展限四個月若再不如數仍未完處分再加革任
交部從重治罪另行委員接辦其原委上司俱降二級調用
如奉文後六個月買足解部准即開復或於解交逾限不到省者革
職治罪督解委解上司降三級留任此條雍正二年之新例最
守候阻滯申報該督撫將行咨照又嘗別請但例議甚嚴各省
何能代辦三省雍正三四年俱暫辦一省任撫軍李公專咨湖
南湖北合題允將本省採辦自雍正五年起照依各辦一省額
每年該銅五十五萬四千三百九十九斤零上下兩運每運應
解戶部銅一十八萬貳千七百一十一斤零工部銅九萬四千
四百八十八斤零原委辦官俱於年終委道員接轄或一員辦
一運或兩員辦一運先行咨明其解官向委佐雜管解今李文
不許自二年起俱委丞倅管解每百斤例給水腳三兩先給以

二分七分長途如遇淺陡找僱下一千八分文短運下八分七厘其餘存為節省銀正價每觔一分四厘五毫自三年至五年俱係寔給未扣節省而承辦亦不敷洋令郎文康駁稽查追究竟所撥節省數目參差不一六年起照江南之例每百觔正發一十三兩五分又扣存一兩留為節省之項從此文有較詳之例矣按外省現在並無辦運京銅故將定例抄附

一戶工兩局歲需原額正銅四百萬斤加額正銅一百七十萬四千斤共正銅五百七十萬四千斤歲由雲南省辦運每正銅百斤加運耗銅八斤共加耗銅四十五萬六千三百二十斤又每正銅百斤准帶餘銅三斤共准帶餘銅十七萬一千一百二十斤計正耗餘三項共銅六百三十三萬一千四百四十斤除自東川尋甸運至四川省之瀘州從達例准銷打餘銅

銅觔

二

三萬一千六百八十五斤銷打細數見存銅條另實在自盧州解京正耗餘三項共銅六百二十九萬九千七百八十弍斤[illegible]分三正運一加運每正運正耗餘共銅一百四十七万弍千六百斤加運正耗餘共銅一百八十八万一千九百八十二斤每運分弍起四運計分八起抵京之日除餘銅不計外自盧州至京沿途例准折銷折銷所餘留備補秤不入收數實在交戶工兩局四運八起正耗銅六百一十六萬三百二十斤分該戶局正運每起正耗銅四十八萬斤加運每起正耗銅六十一萬三千四百四十斤分該工局正運每起正耗銅二十四萬斤加運每起正耗銅三十萬六千七百二十斤計戶部寶泉局一歲實在收四運八起正耗銅四百一十萬六千八百八十斤

一每斤長運艮五毛乙三毛六絲三忽三微五塵三渺三漠七埃四纖三沙每斤部費艮一分五厘三毛弍絲一微一塵三渺四漠三埃一刹此每百斤弍兩七分之數也此弍兩七分之

內自七年為始另批解戶部節慎價銀一兩一錢三分雍正
照給解費九錢四分至工部未有行文故仍給解費也
七年八月奉部咨行本解銅斤每百斤價銀一兩一錢三分批解撥解官不得擅用今照例另起批文給解費投其工部未准知照所以於價銀兩仍給解費每斤該運銀八毛八絲一微七塵一
渺六漠七埃五纖八沙此每百斤八分八厘之數也每斤找
給銀一厘八毫一絲二忽九微五塵五渺每百斤一錢八分之
數也每斤節省銀六厘六毫三絲三忽四微一塵一渺五漠
九埃四纖一沙

一生銅每一斤該銀九分五厘九毫四絲四忽每半斤該銀四
分七厘九毫七絲二忽每四兩該銀二分三厘九毫八絲六
忽每二兩該銀一分一厘九毫九絲三忽每一兩該銀五厘
九毫九絲六忽五微每五錢該銀貳厘九毫九絲八忽貳微
二

銅觔

五厘

一熟銅每一斤該銀一錢一分九厘九毫三絲每半斤該銀五分九厘九毫六絲六忽每四兩該銀貳分九厘八絲貳忽五微每貳兩該銀一分四厘九毫九絲一忽二微五塵每一兩該銀七厘四毫九絲五忽六微二塵五渺每五錢該銀二厘七毫四絲七忽八微一塵二渺五漠

一浙江省買運雲南金釵廠銅每正銅百斤加耗銅二十三斤餘銅一斤銷價銀九兩又買運大廠高銅每正銅百斤加耗銅四斤六兩三錢七分三厘餘銅一斤銷價銀一十一兩

一安南羅文浙江省降銅每百斤作價銀一十三兩按近來洋銅停商承辦安省惟採買滇銅似亦無解來銅差貼附記於此以備參考

一浙江採買商販洋銅每百斤給價銀一十七兩五錢

一浙江省赴漢口採買白鉛每百斤價銀三兩六錢五分六釐有奇則例內載白鉛每百斤三兩八錢八分九釐零黑鉛每百斤三兩七錢九分零

一浙江省赴漢口採買黑鉛每百斤價銀五兩五錢則例定價見上

一浙江省收買本省商販點錫每百斤價銀一十五兩

銅觔

一本省買運雲南廠銅運腳由省城尋甸店經運至竹園村每站每百斤俱給銀一錢竹園村至剝隘每站每百斤給銀一錢二分九釐二毛金釵廠銅自蒙自縣經運至剝隘每站每百斤給銀一錢二分九釐二毛寧台廠銅自大理府經運至雲南省城每站每百斤給銀一錢四釐二毛由省至竹園村並至剝隘見上自剝隘以下運回本省分別水陸按站核給運腳浙江省自剝隘至百色每站每百斤給銀四分零赴漢口每百斤給銀四錢三分九釐一毛零赴浙江省城每百斤給銀三錢五釐

四

一、本省採買鉛錫運腳。浙江省委員赴漢口買運黑白鉛觔，自漢口運至本省，每百斤給水腳銀三錢貳分七厘。收買本省商販點錫運至本局，每百斤給銀一分。

一、浙江省委員赴雲南買銅，自起程至竣事，每日給飯食銀一錢，跟役日給飯食銀六分，每百斤給薪費銀二錢八分七厘有零。

一、雲南省各廠所獲銅斤，每歲夏冬二季截數移撥，運京局及該省撥鑄外，將實在餘銅自撥各省所將酌撥數目廠所知會議外省令各省委員賫價赴滇解交藩庫，并將運腳銀兩寄貯司庫，赴廠領銅時按照程站，由滇省藩司酌給，責成地方官協同募雇夫馬，毋誤參運，俟領該段仍將餘存腳價交委員領回沿途支用。現在浙江銅本不由委員賫帶，另委專員解交雲南藩庫。

一各省办運雲南銅觔委員責令至雲南省城附什省限四个月。委員赴廠兑銅限照俟廠員具報足數秤發委員到廠之日起限每日兑收銅一萬四千七百餘斤（如買銅十萬斤限以七日兑足數多者照此遞加）該廠員於限內兑足之日取具委員實收申報備。廠員不依限秤發令委員揭報委員不即点收藉詞延挨令廠員揭報分別詳參委員收銅回程限照以銅斤收足之日報明起扣兩項係義都廠銅（由省給發）自省至剝隘水次每運十萬斤限九十日運該每加運十萬斤加展三十日兩項係金釵廠銅（由蒙自給發）自蒙自縣至剝隘水次每運十萬斤限七十五日運該每加運十萬斤加展二十五日（至銅數較多省分兩次分運者亦照該廠程限分別扣算如一次挨運兩廠分作起各照定限准其分扣）附運累任瘴盛委員地方官各具報雲南督撫咨明委員省分准其停運展限咨報

銅觔

五

户部查核

一各省運銅自剥隘以下四省程限浙江省由剥隘至百色限三十五日自百色至全州限九十四日自全州至蘇州限九十六日由蘇州回省限六日

一各省辦運鉛錫限照浙江省赴漢口辦鉛往回限九十六日

查漢口買鉛裝運日期於委員裝運完日湖北巡撫知会該本省咨報户部扣筭

一各省委員赴雲南等省採辦銅錫鉛斤於採買完竣起運之後沿途無故遲延逾限不及一月者免議逾限一月以上者罰俸一年二月以上者降一級留任三月以上者降一級調用四月以上者降二級調用五月以上者降三級調用半年以上者革職該督撫於委員採辦完竣起程日期咨部查辦如有沿途遇有阻滯實在不能趕運者准其指明地方

宦出結特報添運崇桂咨部准覆扣算

一樣減銅色尽另勒限一年全完限滿不完降俸二級去留完納再限滿不完罰俸一年其所正項銅斤如係奉文全完其准其無案開復樣減銅色銀兩俱另案查核

一各省委員赴雲南採辦銅斤如委員先後到滇者係先到之員給發同時並到者按各省道里遠近先給遠者之員於委員到滇之日即將應辦銅斤指定廠所將何廠撥銅若干斤應限若干日作計何時全數兌交委員收領發運開列清單咨部並兼報開行時將廠員給領有無逾速核撥內聲叙如廠員有逾限不給者即與運員本逾逾限之例一律議處並查明各廠相去遠近按照廠分將兌給限程造冊送部以便逐運查核

銅觔

六

一雲南廠員完繳各省委員採買銅斤務照部定成色不准攙
和低潮倘有不足准令該委員等照另換查驗屬實即將廠
員嚴參究辦其因換銅耽延作限亦應將廠員照例議處如
委員漫不經心並未在滇掣換回至本省驗有不足成色即
令委員賠補仍照例查參

一各省委員於運銅鉛錫斤如有在途閃訛丁憂者均令該員
將所運銅鉛錫交收清楚後方准回籍守制

一運發承運銅鉛船隻從途經過江河險難處所遇水淺阻急
或雇夫加縴或將銅鉛起剝十分之六如至湖北漢陽新隄值水淺之時全數
起剝水勝之時仍載大船即倍起剝於每年秋末冬仲時責
令地方官確勘酌量應剝應倍起之日照由宜昌方核明加
結詳報指責令該地方官會同委員於起剝時實力稽查
立案
將用過剝運夫價酌給造部准其核銷倘運員全侵剝費至

隘難更所需者腳價不行起剝以致仍在大船沉溺者即着
落該運員照數賠補

一銅色以十成爲則運至九五九成八五八成等色亦准兌收八成以上准作八五八五以上准作九成九成以上准作九五九五以上准作十成八成以下不准交納其成色低潮等雜者該監督亦同運官驗估將銅照斤數作十成秤收所虧斤數着落該省賠解如收發來變凡出銅價值按十成銅色給發其驗在十成以下八成以上者責令承辦官按成減價
報銷

一打撈沉銅工價水深在四丈以內者每撈銅一百斤給工價
下三千每水摸一名每日給飯食銀四分水深四丈以外者
每百斤加增銀一半

銅觔

上

一打撈沉銅用兩船相夾中設木架用大錨大石繫粗繩墜於江中名曰帮船飭令運員親屬雇備船只緊貼帮船往宿防守沿江州縣亦差丁役在彼一同查察以杜水摸人等偷漏之弊

一九省委員赴滇採辦銅斤所需運腳只有除貴州一省係接壤之區向照部定腳價發交並無不敷毋庸借給外其餘各省應用運腳只有本省業經全數發給滇省撥銅不無躭延者不准在滇借給運腳其本省運腳未經發足滇省撥銅雖在限內而運腳不敷必須借給者滇省核計銅數多寡程途遠近查照歷運准銷成例核計找給只數切實借給借還無著應令本省着賠如本省運腳已經發足滇省未能按限撥銅躭延日久因而運腳不敷不得不借給或致無著應令滇省着賠　嘉慶七年修纂

一、外省委員採辦滇銅，本省運腳既未往發，且滇省撥銅又遲
遠，除外以致運腳不敷，在滇所接借給者，運省之後著落滇省與
委員之本省各半分賠。嘉慶七年條纂
一、外省委員辦銅，所帶運腳不敷，例應借給者，於委員回省扳
銷時，即將在滇所借之項如數扣抵，倘有未完，並咨原省題參。
銅斤照例勒限三個月全完，如有遲延，即行查參，所借之項
並於僱運不力之外上司名下攤完，解滇歸款。嘉慶七年條纂

銅觔

議挖浙貼案　歷年者伏查浙省鼓鑄平文，歲須滇銅四五十萬斤，
例派委員一員赴滇採運，而歷年委辦者無不竭蹶趲出，從無
賠誤。惟自浙起程，最速亦須三四年方可運回交局，竟有遲至
五六年始歸者。並且銅色低潮，斤數短少，初以為辦理不善，自
取其咎，而凡運至自雲南及曾仕滇者，輒向詢訪，雖云人人

八

殊其大旨総須賠累且爲數甚夥蓋緣滇省各廠運來之銅不
將委員坐守院久見銅即收其銅色向有不純淨者亦不揀擇
兼之生齒日繁食物昂貴工食照加自昇而米不同又包捆之
竹簍藤條等物並運物載人船脚價及旅費一切較之往昔大相
逕庭而報銷部價例有定限故賠貼或相倍蓰或相什伯均屬
實在情形迨潮運滿委員在滇用度不敷即向雲南藩庫借支
少或千兩以資接濟今既不准借支而離浙八千里遠莫能救
有力之家尚可自行挪措或將成色不純淨之銅另行傾鎔並
酌帶好銅爲彌縫地步是以回浙交收尚無虧累若貧乏之員
運費告匱已屬竭蹶從事又安能另求銅色純淨及備帶好銅
以爲善後之術甚至或運資並虧空來年之策沿途盜賣銅斤
解款屆急尚未一經運抵浙交兌致有銅色不足傾鎔折耗并

缺短銅數之實事使獲護固全不辭酌理原情又似可憫勢必於各州縣攤派俾款另其補苴於了後易於調劑於先時且究各省運銅委員津貼自五六千至八九千不等均係各縣捐解首府貯庫臨時給發今浙省事同一例津貼甚屬無幾今委覈請憲恩將向定章程各縣派捐銀一千五百兩仍循舊章解存藩庫俟該運員差竣旋浙如行具領以為交兌應用之費如有銅色低潮額數短少許監兑銅斤之員查明即於前項公捐銀一千五百兩內分別扣存藩庫以便另購補交更於各州縣中每年按大中小缺公捐銀三千五百兩解存首府庫內於該運員領咨就道之時全數給領以為往返川費津貼之用則該運員於出差時既有所資而無向隅之慮於差竣時復有所恃而無弓設之虞似屬公私兩濟於通省要緊差務不無裨益剛

銅勸

九

裁汰衿全不獨當事者一人已也

杭州府仁和錢塘縣為蒙批詳定為奉憲台牌開奉布政使司案

驗牌奉巡撫部院張　批本司呈詳亦遵湊銅云云等因奉此

遵查呈案二畢縣前將議奉牌貼辦銅委員以捐艮三千五百兩

係由縣詳　本憲核蒙　憲台具詳　藩憲核詳　院憲批行

下縣遵奉在案此項出捐津貼艮兩院蒙允准應請於通省大

小各州縣公同捐解查縣如仁和海寧加興秀水加善平湖烏

程歸安長興鄞縣慈谿鎮海山陰會稽餘姚永加平陽共十七

州縣各捐艮一百四十兩共艮式千三百八十兩中縣如錢塘

富陽海鹽桐鄉德清嵊縣臨安黃巖金華蘭溪東陽義烏永康

西安常山淳安共十六縣各捐艮七十兩共艮一千一百二十兩

式共艮三千五百兩應請仍由畢賦等原奉按年解繳　憲庫

於該委員起程就道之時先行給領其舊例解存藩庫之一
千五百兩俟該委員於差竣回浙時再行給領以防補解銅息
不專之用是否如斯仰祈　憲台俯賜察核移知為禱
至於一律畫一每年按期如數解繳實為公便
嘉慶十一年九月
詳定

銅觔

十

鼓鑄

錢法之制莫善於唐之開元至今流傳而其色佳揣以不受銅不惜工為至優浙省康熙七年間開鑄每錢重一錢四分設鑪二十座每鑪一座用鑪頭一名鑪匠十九名內上鑪匠一名倒火匠一名翻砂匠三名杖子匠五（三）名磨子匠二名推子匠三名括砂匠一名刷火匠一名搧風匠一名省眼匠一名揀選匠一名燒飯匠一名每座每日（一作月）鑄錢六十秤每秤錢二萬文每秤用水銅一百七十五斤外加耗銅十六斤十二兩共銅一百九十二斤十二兩計給炭礶工食物料等銀五兩七錢九分錢重銅足由此完備而民間通行甚屬疏三十三年改照順治二年之例減為每文重一錢二分乾隆五年浙藩張若震奏准改鑄青錢每百觔用淨銅五十斤白鉛四十斤黑鉛八斤

點銅弍斤所鑄字文復投爐內鎔成銅片擊打即碎不能造器皿以杜私銷之弊又雍正七年奉文收買黃銅器皿改鑄已無康熙七年之例咨題減爐一半止用十座惟是爐房原係廣豐倉基五十四年改為永濟倉永貯漕米所以另擇本處門內之祖山寺基地造爐房地價工料動支正項而字文式樣亦請京式頒發出鑄

一款鑄卯期及應出字數浙江寶浙局十爐一卯除耗淨鑄銅鉛錫九十七萬弍千斤報鑄六千四百八十萬字一十弍萬九千六百串每秤該字弍十串遇閏加鑄字五百四十串

一款鑄工料浙江省寶浙局每秤銅鉛錫一百六十四斤十三兩三錢六分於淨銅鉛錫一百五十斤合給工料銀三兩二錢二分七厘

浙省

一各省征收支放本文以銀扣抵錢糧每串一千作銀一兩支放罪因鹽菜等文每千以一兩式錢五分報銷又折征零星小戶米石每斗價銀一分六厘扣錢一十四文

一寶浙局局官薪水項下督局官二員庫官一員每員月支銀三兩役食項下書吏二名每名月支銀一兩式錢皂役四名每名月支銀六錢

一鑄錢配搭成本連耗配用滇洋銅四斤一兩九錢三分四厘每斤價銀一兩七錢五分五厘九毫該銀六錢二分一厘鑄錢洋滇兩銅並用但價高低不一故俱用搭以分成本之輕重配用白鉛三斤六兩七錢五厘零每斤價銀五分五厘八毫該銀一錢七分三厘配鑄黑鉛八兩五錢七分一厘四毛零每點錫二兩六錢三分七厘三毛零每斤價銀一錢五分式厘八毛該銀式錢四分八厘七毛三毛零每串匠工物料搭計銀一錢六分一厘三毛零每串成洋滇銅配鑄該銀一兩一錢三分八厘五毛七絲三厘九毛八絲偏錢一串收錢本一兩不

敷鑄

十二

敷成本年本文准銷每年一文重一錢二分一串重七斤八兩

一鼓鑄應配銅鉛成數寶泉局鑄錢　內廷年文以紅銅六成鉛錫白鉛四成配搭京外各局鼓鑄通行錢年以紅銅五成鉛錫五成配搭紅銅自前五成鉛錫共為五成每百斤正用紅銅五十斤配用白鉛四十一斤八兩黑鉛六斤八兩正銅錫貳斤共五十斤寶源局對成紅銅內如用金叙廠銅則將黑鉛全改白鉛凡黑鉛改用白鉛皆因銅色低潮若銅係正色不必改抵

一鼓鑄應除折耗每鑄銅鉛錫百斤准銷折耗九斤寶源局按百斤內除耗賸九十一斤分兩按數作文

一直省開鑄者分直隸山西江西江蘇福建浙江湖北湖南陝西四川廣東廣西貴州等省併伊犁各設一局雲南省分設六局一在省城一在臨安府一在東川府一在大理府一在廣西府一在順寧府各局監鑄之員自道府至佐雜聽各省督撫將軍遴委於幹精明內開具銜

名报部

一鼓铸钱文一面铸年号用汉文一面铸局名用清文宝泉局铸宝泉字工部宝源局铸宝源字直省皆用宝字为首次用本省省名一字直隶为宝直山西为宝晋江苏为宝苏江西为宝昌福建为宝福浙江为宝浙湖北为宝武湖南为宝南陕西为宝陕四川为宝川广东为宝广广西为宝桂云南六局皆为宝云贵州为宝黔伊犁为宝伊叶尔羌用一清文一用回部字铸其伊犁叶尔羌铸用乾隆通宝汉字永远遵行凡年文地名轻重係铸供　内廷者重一钱六分京外及伊犁各局重一钱二分叶尔羌普尔重一钱五分均不得分毫违式各省铸钱责成该管道按季报部并底寄销如京外各局所铸有轻重及磨鑢不精虚铸迟延季报愆期者咨参议处

一开铸省分由部颁给样本照式鼓铸将铸出钱文酌解数百文送部查验其鼓铸数目动存工本等项俱按年造册送部

鼓铸

十二

查核如所鑄錢文與部頒式樣不符或樣錢業經頒發該省並不即行鑄造者俱罰俸一年季報遲延與造報文冊遲延例按其遲遠日期分别議處例載盤查門

一凡私鑄錢文該地方官知情故縱者革職治罪不知情失於覺察者在內五城司坊官在外州縣印捕官每起降三級調用知府直隸州知州捕盜同知通判等官每起降二級調用司道每起降一級調用五城御史各省督撫每起降一級留任

一開經置爐倣雕製造錢樣者未鑄錢者别經發覺將該地方官降一級調用

一凡奸民將制錢剪邊燬化地方官知情故縱者參革治罪其不知情失於覺察至十千以上者照失察私鑄例議處不及十千者州縣印捕官每起降貳級調用知府直隸州知州捕

鹽同知通判等官每起降一級調用司道每起降一級留任
潜挂每起罰俸一年如數止一千文以下者州縣印捕官降
一級留任上司免議
一失察灶丁私鑄私銷者鹽政照潜挂例運司照司道例分司
照知府例大使照州縣例均分別議處
一不知情之地方官因公出境者免議文武拏獲破案者武職
仍照例議處武職拏獲破案者文職仍照例議處接壤州縣
拏獲者亦不准援免
一私鑄私銷不論年月久近事發僅獲匠犯其首犯及匠人脫
逃者必究其失察處分仍照命案僅獲凶犯之例勒限嚴緝限滿
不獲將承緝接緝各官亦照命案緝凶不力例分別查參議
處例載人命門而參照內今行拏獲者每一案紀錄一次
拔鑄　　　　　　　　　吉

一家僕私鑄私銷，其主係官知情者革職，係官不知情者降二級留任。賃房子主人及鄰佑等係官知情者革職，係官不知情者降一級留任。其五城外居住或據園等處看守家人私鑄私燬，亦將伊主處分若與此等看守家人將房賃與外人私鑄燬化，伊主免議。自行拿獲，僅准免議。

一地方有軍民人等販賣攙和私錢不行查拿，五城司坊、州縣所捕官每起降三級調用，知府、直隸州知州、捕盜同知、通判等官每起降二級留任，司道每起降一級留任，五城御史、知府、督撫每起罰俸一年。

一船戶夾帶私錢百文，押船官員知情任其夾帶者革職，不知情者照地方官失察例降三級調用。

硝磺

浙省每年需操演硝斤例由毛硝一千担題定動支司庫備
公銀貳千兩由縣發採硝又匠硝每年額由毛硝貳千六百担係
支司庫閒款銀三千兩均赴江南採買如有不敷委員自行赴
蘇運交杭協提煉營需每担價銀三兩九錢五分令各營採買
淑價過數又硫磺向係杭協用完移請動項委員赴山西採買
並不按年赴買按硝價不等近年又派令各州縣每年津貼銀一千七八百兩不等
一出產硝磺本省銀匠營鋪需用硝磺每次不許過十斤查其
產所地方發牌限壹定數銷通者以私國論罪其零星匠
營鋪採訪需用硝磺地方發照例給牌定限每次不得過五
斤違者從罪
一磺運委員赴山東海硝東省照依委丞併人員赴國地方發

硝磺　十五

協辦以後委員到京之日，勒限十个月辦竣，報明京省，起運回閩。如限滿不能辦竣，即由京省察查，將該委員降職一級，協辦之並停地方官任，俸再限六个月辦竣。再逾限不完，該委員革職，留於京省接辦，另選補人運回，方准回籍，不准開復。協辦並停地方官均降二級調用，另行委員協辦。

一浙省委員前赴江南、河南二省採辦硝斤，定限六个月運回。如有逾限，將委員及協辦之並停地方官均照福建赴山東辦硝之例議處。

一江南省每年應用黃磺，於前一年委員赴山西採辦，統限五个月運回。應用硝斤令該州縣屬採辦，以發批到日為始，限四个月交營。如有遲延，照運送銅鉛遲延之例，逾限不及一月者降一級留任，一月以上者降一級調用，二月以上者降二級調用三月以上者降三級調用四月以上者降四級調用五月以上者革職倘地方官不實力幫同搜緝以致委官逾限者亦照此例議處至承緝之員應自詳委日限一个月內務部起程如遲延一月以上者革職委解不慎之上司照運送銅鉛上司例議處應自詳委遲延亦照此例議處其應用硝磺均照此辦理

一山西私礦山東江南河南私硝不論出產與經過地方該管文武失察者照失察小夥私販例議處例載鹽政門查小夥私鹽不及十人為小夥出境及隣邑私鹽入境販賣不能搜挐而捕獲巡官案屬貫例查參例載鹽政門巡差拒捕殺傷人者據保數查參同日出境同日入境為一次而捕獲一次降職二級二次降職四級俱留任限一年緝拏二參罰俸乙年三參例罰俸一年獲日開復武

硝磺

士

獲別案私鹽六堆抵銷開復未獲接限開復失察三次者革
職　道府直隸州一次降職一級二次降職二級三次降職
三級留任二參罰俸六個月三參仍罰俸六個月俸與印捕官
同失察四次者革職道府就一屆核計次數不通省屆計失察小夥私鹽拒
捕年限內無獲及半免其初參處分展限一年續參不獲
印捕官罰俸一年兼轄官罰俸六個月併於此案作無
一將商船透漏賊接濟米酒將硫磺焰硝等物販賣與賊該管官
員知情故縱以同謀論不知情者州縣官革職提問道府文
降五級調用提督以核俱降三級留任將鹽斤布匹等物販
賣與賊者知情故縱之該管官均照硝磺例治罪其不知情
者州縣官俱革職道府降三級調用督提降一級留任
一將年汛販賣之人盤獲一名究出影覺該管文武各官俱免

罪并獲本犯販賣之人十名以上者紀錄一次二十名以上者紀錄二次三十名以上者紀錄三次四十名以上者紀錄四次五十名以上者加一級一百名以上者加二級其兼獲別犯販賣之人十名以下者紀錄一次十名以上者加一級二十名以上者加二級三十名以上者加三級四十名以上者加四級五十名以上者不論俸滿先行升用一百名以上者越升一級倘有誣拏良民將誣拏之人照律反坐

一將焰硝硫磺私載出洋貿易守口官弁知情縱放者照販賣硫磺地方官例治罪不知情者專汛官弁革職兼轄官員降四級調用該管上官降二級留任督撫降一級留任

硝磺　十七

架木荊董竹 按董字或作董字其義未詳記之以備參攷

浙省每年解京架橋木共一千六百根內桐皮橋二百根十一府屬分攤每根連水脚銀一兩貳錢五分爲料梢賠委員所其自行攤解從前派委佐雜新例今許逕作不攤矣而批迴係爲看送院撫考每年五六月內起行按此項架橋木係年額解數內分頭二三等如奉內部加增另委員亦解一如乾隆五十一年加增四千根內頭等長三丈六尺徑五寸者一千六百根二等長貳丈九尺徑四寸五分者一千四百根三等長二丈八尺徑四寸者一千根每根原定一兩三錢後增三錢九分共一兩六錢九分又每根加派水價銀貳錢五分或二錢不定除每根應估部價二錢二厘外餘倶州料梢賠現在每根便所共派銀一兩九錢四分並全增減再正取示數外加一帶亦備木梳於爲州料自派將下移交委員自行採辦

又荊董竹部頒之年照行爲料亦解不多梢貼

嘉慶八年十一年部頒荊董竹一百根即荊竹每根長一丈五尺五寸梢徑一寸三分根徑一寸五分至二寸不等係備內務府等處

架木荊董竹 十八

取用（或云為內廷晒晾之用）內承庫派為西竹為根揀選竹三根備竹三根每根長三丈共應解長三十三丈查此竹產於承庫郊西鄉差員先行赴局領長須購通梢節勻而直者並須修飾勻淨逐根用皮紙包裹堅固以防損傷用船裝運進京交納

物料

物料係本折額料藥材油漆麻鐵黄蠟茶葉弓綿紙張之類其
徧額一萬七千貳百餘兩除嘉湖二属減免貳百八十餘兩外
實徵銀一萬六千九百餘兩每年時價盈絀不一又湖属綾羅
等段銀三千三百餘兩等茶銀三百一十餘兩俱加入地丁原
辦本色段經折價充餉款每年但有另冊附入題銷此全折之
項也其辦解本色每年動支地丁辦解各属先行墊辦於司庫
領回物料内黄蠟一項本文係辦而額料所係各省備辦其段
棉由嘉湖二府備辦俱委員收解並撥迴送院司衙门掛號
新添解黄蠟四千斤額料内原辦黄蠟六百四十斤六兩零蠟
茶内原辦黄蠟四千五百六斤五兩零撥辦黄蠟貳千一百二
則例内開額解黄蠟一
十四斤另五千貳百七十斤每斤定價一錢五分五厘前

物料　十九

十一石今每担折每斤貼一分弍厘雍正六年奏文偹解文數
額又硃三千斤每斤定價三分六厘康熙三十九年奏文偹解
又熟鐵連耗共每六萬七千一百一十六斤一十两零係杭嘉
湖寧衢五府分額每斤定價二分三十二年奏文偹解文芽茶
原額三千四百五十七斤四两零增額四千二十一斤由例内開額解
芽茶五千斤費葉茶九千二百斤分十一石原額每斤定價六分自五十一年俱
奏文偹解又杭紬原額五百疋二次續增一千五百疋白青每
疋弍两八錢五分紅青每疋三两一錢五分藍鷺黄金黄三色
每疋三两一分五十三年奏文偹額又竹料連四紙原額十萬
張每張定價六厘五毫五十三年奏文偹額白榜紙七千弍十
五張黄榜紙弍百五張每張定價一分五厘五十八年奏文偹
額又竹料皇文紙五十弍萬張每張定價一分五厘四十一年

言無段爲七尺漆圓紙色不堪　五十二年例給原價文案高紙原無五十象限每張定價四毛五絲原照五十八年奉文備解另着買賣奉四板擇無尚有郵派紅圓黃金圓每紐八分九尺紅扇生每提一年五斤貳尺又郵派黃絲每丹六分貳尺蒼黃絲每丹五分俱備無矣　艦愛甘十一方屬銀紙幡茶顏料五類多粉工要六千八百餘丹彙解司庫充餉

顏料之兩黃蠟奉文備解　其實無解者桐油漆條解共四千貳百六十七斤十貳兩零守從台金溫處六府採辦每斤定價三分又銅鐵漆蠟段解桐油三百十一斤七兩八錢　遇閏加增三斤九兩五錢貳分　五尺係台府承辦　又原無桐油三千七百五十斤係府承辦則例內載額解八十三百二十九斤有奇黃熟銅六百十五斤零則例內開一千六十五斤六係前六府採辦每斤價銀一錢七分則例內開一錢五分無年在

物料

二十一

府送批於七月內呈掛，八月間起，行具水脚，赴司存備，解戶投司呈開銷。所用物指貼每斤一錢一分貳厘。寧紹台金溫處六府屬每年採辦顏料桐油八千三百二十九斤，於司庫給發正價，用物採買，批解委官解部庫。查近年額解芽茶桐油黃蠟銅宝元子即燒硃罐所用之，勘須赴江西採買。此項係通省指辦，內芽茶每斤例價六分，津貼貳錢四分；桐油每斤例價三分，津貼一錢八分五厘；黃蠟銅每斤例價一錢五分，津貼九錢五分；宝元子每斤例價五兩，津貼七十三兩。共係此桐油如通年派，每斤例價津貼若解官貳錢九分，係另委專員此解之類也。

絲棉二項，自康熙二十四年奉文採辦起，比之加派二百白絲五千斤，黃絲限此白絲三千五百斤，而棉子貳百斤，杭湖府屬此每年於七月起解，先於四五月內委員驗收，計絲每兩定價

六分貳厘每匹一兩倍額費一分又每斤捐貼水腳銀八分八毛
綿子每兩定價三分九厘六毛照例內開正有三分額費並白絲例又每斤
捐貼水腳銀一[illegible]分六厘六毛四絲又石門七里等絲每年
部派石門絲每兩價銀六分五厘七里絲每兩價銀八分五厘
俱動地丁其水腳亦動支地丁加一開銷亦無交官解戥附解
亦有係存桐程要四錢分無
採辦織斤係內部行文亦照李憲真題浙江採辦每年浙
省派往黃金織五千斤大紅織四千斤明黃織三千斤月白織
二千斤雙桃紅織一千斤大藍織一千斤共一萬五千斤每斤原
價貳兩五分今節省七分報部自庫無交解部實價一兩八分
再大紅染價銀一兩五錢一兩四錢雙桃紅染價銀貳錢六
十五兩其水腳照原價加一倍要該委自起自庫請領文京案高

物料

廿一

紙三十萬張每張四毫五絲　竹料連四紙二十五萬張每張六
厘五毛加二一
一發高擺兩八庹（音托兩腕引長為之庹）杭細紬每疋定價銀貳兩八錢
五分（大紅每疋拾柒價銀三兩一錢五分桃紅每疋拾　染價銀三錢一分五厘藍黃每疋拾錢銖銀八分）八庹
銀條紗每疋定價銀貳兩四庹羅每疋定價銀一兩六錢白
熟細羅絹每疋定價銀七錢八分夏布（長一丈八尺）每疋定價銀
四錢五分手帕（長三尺）每斤定價銀貳錢小手帕（長貳尺五寸）每斤
定價銀一錢三分絨綉絨線每斤定價銀貳兩五錢（織染大紅每斤）
（拾柒價銀三兩　七錢八分五厘）織綉絨每斤定價銀貳兩四錢絹線每斤定
價銀貳兩貳錢南纓纓每斤定價銀一兩七錢四分生絲綵
每斤定價銀一兩四錢四分紅生絲每斤定價銀一錢八厘
黃生絲每斤定價銀一錢七厘白鹿皮每張定價銀四錢三

夯黃曉榜紙江曉榜紙俱每張定價銀五分貳厘白曉榜帋每張定價銀三分五厘一毛竹料呈文紙每張定價銀一分三厘開化白榜紙五摺黃榜紙四摺黃榜紙白棉榜紙俱每張定價銀一分清水連四紙每張定價銀七厘綿料連四紙每張定價銀七厘竹料連四紙每張定價銀六厘五毛毛邊紙每張定價銀五厘綿料呈文紙每張定價銀四厘池州毛頭紙每張定價銀四毛七絲京高紙每張定價銀四毛五絲

內四庚羅開化白榜帋五摺黃榜紙白棉榜帋綿料呈文紙池州毛頭紙俱照定價倂識照定價加二五節省四摺黃榜紙照前價加二節省又按實給銀數再加二節省黃紙各項紙張及蒲帋織緣等項俱照定價加二節省又徑纓照庫平每千兩扣銀三十六兩

一省高趙州江省採辦物料水腳消繳梳細油運腳照正價加一支錢織行照正柴價加一支錢白麻清水連四毛邊毛頭

物料

呈紙擬正價銀一兩倍銀二分八厘，黃白紅臉榜紙每張倍銀八毛八絲有奇，竹料連四呈文京高呈紙每張倍銀六毛六絲有奇。

一浙江省辦解絲斤白綿水腳正價加一支給，芽茶錢銀支水腳銀八十兩，桐油錢銀支水腳價三百三十三兩七錢九分有奇，黃熟銅錢支水腳銀一十七兩八錢三分有奇，黃蠟錢支水腳銀一百二十兩。

一直省採辦報銷之案例應專咨者，承辦官於辦竣日起限兩个月造冊詳報該管上司，之限兩个月核轉題咨。若動項浩繁難以趕造銷冊者，承辦官及該上司各准展限一个月，至省程及封印日期並准扣除。

一凡遇一案報銷，該督撫先將動項多寡、報銷難易情由於該勅下款文內預行報損限期若有行查隔省新舊交代等事須加展報銷者亦預行查核報部聽候核覆報銷題咨應案務毋使移延日毋後限日限滿現在報銷有無逾違俱隨文一一聲叙設有逾限係遠年舊案亦附行聲明說所核叙倘無故遲逾或藉詞遲延報諉上司不先為查催展限舉劾者同加處者不予議叙

內科　廿七

補款公費

一海充本省公用項下及津貼戰船項昔由　各衙門盈規銀七萬九千八百餘兩　馬械銀七千一百餘兩　新設二分耗銀六萬餘兩

一兩院將軍都統七衙門經費之外另有役食四千五百餘兩向在馬械內支給雍正二年間撫院法　將馬械案充公用前項役食無著今將院衙門已報本嚴州歸斗級工食抵給撫院衙門打提斗級餘剩及堂庫工食支放惟將軍等未有抵款查馬械一項仍係解充各衙門役食此年增新解銀八十六兩四年批撥將軍都院役食銀十八兩撫院役食銀二十一兩　銀十兩八年鹽院役食銀十一兩三年學院役食銀八兩九年各院本年支銀十六兩四年故附録以備參考

一新設司本省項下司解戶役銀三千三百三十九兩零係支

給顔料解役及丙驛為不無低價覓走人字四樣等水脚之
用入基報銷例有節省銀一千七百餘兩若自衙門心紅紙
張執事等項之用掇部將加一節省　　顔料解役實給銀五
百兩不無可添水脚實給銀八百兩　　又名戶役千秋共銀
四百九十六兩零同給顔料黃蠟解役水脚銀三百六十餘
兩餘充公用

一浙省額解顔料漆蠟解黃蠟一差向徵公費銀六百兩顔料過
綿一差向係一頭起解共徵公費銀九百兩以上三項康熙
五十八年前藩司段　詳明減摘以便僉點起送雍正元年
部頒漆膠顔料前藩司佟　詳明復摘以抵顔料之費　惟近來
差委吏員徵銀八百兩査架木公費與前摘數同其黃蠟顔料過綿公
近來黃蠟並未無解其架木改顔
費比前多摘銀九十五兩　遂致倖大吏不解徵公費

料解交報新設飯食銀一千六十餘兩並將飯食銀四百五
十兩
一刊印憲書先動司庫銀逐交買辦派於各屬攤價銀兩　大
縣二十四兩　中縣十二兩　小縣六兩　共銀一千六十兩
各縣有不能先行備價作書者請給憲書發鋪賣銀歸司補
項亦可從權先行日後延欠於下年應給紙價備照當數扣
抵紙則例內載一元省刊刻時寬書部江省戈支銀一千兩
一杭協核發都司十門城壕馬路仰都河灘水面發基佃租一
款雍正三年八月內杭協報每年徵支銀式百式十八兩六
錢四分內例給　撫院課書工食銀三十六兩　門役工食
十三兩　撫院門役工食二十四兩杭協敎給軍次二局以邏
庫役工食二十四兩　課書工食十六兩　添給紙劄銀以
襍款公費

廿五

兩僱役工食十六兩　沿海各營十月演放火藥斤六十兩火藥斤六十兩火藥一項原係停工支給俟因停工備捐復設因道以捐辛程撥據佃租支放　又十月內操演火炮神福藥錢每斤一十八兩三分餘斤一十三兩三分四釐奉充備築軍施火藥二庫之用

應銷備公款項

一戶科題銷部頁一款查本科題銷案係通省公務部頁可及應於備公項下動支

一刑名部頁一款查係李文攸解與地丁并科題銷部頁相同亦屬通省公務應於備公項下開銷至隨正水腳亦所必需應並准銷近來另有李派批錄部頁之款

一提塘報資一款查戶科閱看京報係為吏治民生必需故者要務應於備公項下開銷近來又有添派之款

一架橋木植價腳等項再黃蠟桐油不敷腳值及水腳等項二款查架橋木植黃蠟等項原價不敷例有津貼向在耗羨項下動用今耗羨已數提解而所留兼羨應為薪水之用力難騐墊以係通省正額公務應用水腳等項均於備公項下開

應銷備公項款　共六

銷近來但係攤派捐解

一耤田農夫工食口糧一款查奉文買置耤田設立先農壇每於仲春亥日恭祭原係重農大典所有耕種耤田看守壇宇農夫工食口糧詳明於備公項給此係正經公務應准開銷

一捐助撤員回籍盤費並有病故旅櫬難回者窮途可憫助資盤費以廣 皇仁此係正經要務應於備公項下動銷近來又有每年攤派捐解之款

一修理倉廒並備簽簟籮筐又袋等項一款查積貯米穀全在倉廒至於簽簟等項乃倉內必須之物修整備辦此係正經公務應於備公項下動支造具實用工料細冊報銷但應嚴飭充當不許藉此捏混冒銷至於離任交代盤量倉穀置備籮筐簽簟以袋及搬運人夫工食等項係交代私事不准開銷

一沿海各縣烟墩瞭台炮架并營房等項一款查烟墩等項係預備要務營房乃兵丁栖息之所均應於備公項下動支撥實報銷

一修理學宮衙署二款查學宮爲士民之觀瞻爲將軍大堂係理民之重地如有修葺應於備公項下動支撥實開銷至於衙署係屬住房不准開銷（近來衙署俱准於項脩葺於養廉內分年扣還）

一修理監獄并橋路等項一款查監獄爲囚犯重地關係甚重如有房屋及墻垣等項應加修葺者准於備公項下動支報銷至於橋梁大路爲民人所由出入或關庠倉田疇此係地方之所應於備公項下開銷

一義學延師脩脯等項并月課飯食等項一款查爲獨義學乃薰陶士子之地方要務其脩脯等項准於備公項下開銷

應銷備公款項共七

一順庄冊籍保甲門牌二款查編造順庄寔爲粮杜弊之善政保甲門牌亦稽查奸匪之要務均係有裨地方民生之事其紙張等項應存備公項下動支開銷

一刊刻上諭紙張工價等項一款查欽奉頒發 上諭及聖諭廣訓等書原為化導士民以成一道同風之治所頒僻壤未能遍及故刊刻布諭之紙張工價及領運書籍盤費等款應存備公項下動支開銷

一宣講 聖諭饌廩支給一款查奉頒 上諭每逢朔望更設齊集生員耆老敬謹宣講俾閭邑士民咸知遵道 聖化寔為地方要務其饌廩支給等項應存備公項下開銷

一學院考試棚桌搭場內供給生童等項又為鄉試科考試招覆生童供飯又現風月課並予供應等項三款查學院按臨

考試搜拔真才係新文教之大典其考棚桌櫈等項應於備公項下動銷至於府縣考試於每月課覡風賞給飯食果點卷子等項以鼓勵士子有裨文風之要務亦應於備公項下開銷

一順莊興華爲宜石碑一款查係催征千朴立法杜弊垂久良規實係國計民生之爲其碑石工價應於備公項下開銷

一勸農備酒筵等項一款查田禾重寄民食耕種之處出郭勸農此係養民務本之要務其酒筵果物等項應於備公項下開銷近年各州縣俱係自行捐備而每年另有派捐之款

一閱操犒賞一款查兵丁操演賞犒酒食等項以示鼓勵有裨戎行之事應於備公項下開銷

一府縣因公盤費一款查知府盤查屬縣倉庫並府縣或因

應銷備公款項

廿八

正經之外生擾者或踏勘田禾水旱等弓丈經盤費船飯食
今指備照亟派擾之端應於備公項下開銷

一修葺一切壇廟祠宇城垣等項一款查先壇廟及忠孝節义
祠宇等項如有滲漏應於備公動支修理以昭誠敬至於城
垣乃係捍衛地方倘有應需修補而工程年多者應於備公
項下動撥

一育嬰堂設僱乳母工食一款查設立嬰育堂實爲保赤善政
地方官所當急為者其或有設僱乳母應需工食等項准於
備公項下開銷若有指田租息取資者一槩不得濫准

一發屬流犯口糧一款查流遣人犯原予以自新之人所流之
地方並無故舊情屬可憫日用資本口糧等項應於備公項
下動支開銷

一給囚犯棉衣一款查囚犯原係積罪之人本不足惜但蒙
皇上好生如天法外施仁於嚴冬時飭如囚犯身寒冬衣不遮
特着動支備公銀給棉衣於炎天潮溼時飭備給料藉以示
矜恤列款開銷然亦屬不得藉此以滋揑冒之弊

一更夫工食一款查更夫係巡警防護之役有裨地方民生所
給工食等項應於備公項下開銷

一征糧科刻油單紙張一款查催征本糧給發科刻油單使民
與單易於輸納以杜飛洒浮加寔為除弊便民之要務其油
單紙張所用應於備公項下開銷

一勇健衣帽鹽菜一款查奉文行取勇健以備差使之用所有
送驗鹽菜及衣帽等項應於備公項下開銷

一解黃銅躧四水腳及倭銅秤價一款查奉文收買黃銅躧四
應銷備公款項

廿九

解局鼓鑄流通國寶其解銅水脚并領秤便掏局工物應於
備二項下開銷

科場經費

浙省文場每科約支司庫地丁銀六千餘兩程費銀四千餘兩武場每科約支地丁銀五千餘兩程費銀九千餘兩事竣具報核寔題銷　戶部則例內開浙江省文武兩闈動支地丁銀六千五百餘兩其不敷銀兩在程費內動給後不敷銀兩久已經司詳請在積存外解錢備公內每歲派撥銀三千兩三年共銀九千兩存貯司庫爲文武科場幫補經費之用嗣因無屬無年備公支用有遠不敷劉撫遂於九攤外撥大半派解從前如餘姚每科派銀一百四十貳兩五錢近來如本庫每科派銀二萬二十兩已不抵七兩貳錢七分貳二百一十貳兩有零不等之數程費內動給矣

一每科鄉試　恩給正副主考盤費山東山西河南等省四兩兩江南江西浙江湖北陝西等省五兩福建湖南四川廣

科場經費　三十

東廣西等省六百两貴州省七百两雲南省八百两俱於各
該省存公銀內支給正副主考出京時戶部先給銀貳百两
亦令各省按照應給盤費內扣除解部歸款

裁設五款

裁減之款添設之項難以預計道前為所用人俱有燈夫一名已於雍正六年裁明起運奏西附縣皂隸每縣不分大小向設十六名六年奉文添設仵作名目大縣裁去皂隸四名召募仵作三名又學習生二名（合名一名工食）中縣裁去皂隸三名召募仵作二名學習生二名小縣裁去皂隸二名召募仵作一名學習生二名其工食俱照大縣之例抵給又七年直隸條奏案內議准循之循正每年給銀六兩值月每年三月六年於地丁內給發以為儀庫　查近來添設之款甚多如聘書用箱節賞犒夫工食提塘報資救火器具修理經費五案告示滿堂紫備屋內船料津貼營精加價將節不勇役食及油菜架木之類皆係年額之款先還更代墳不從自攤美附錄於此以備稽考

勸農

農為邦本勤恤為先業於雍正二年荷仰體

聖心恭為勸行督撫首倡於省郭之外郡守率行於百里之中牧令巡行於阡陌之間廣行勸農各州嘗以勤惰題參皆因行令自芒種後田御插蒔之時督撫由道前赴各縣分驗往勸督撫向動自庫間款銀貳十兩（近來每年需費五六百金於各州縣備公項下撥派）交仁和二縣備設饅首角黍從徭俗米以為賞給之需每名予十文饅首角黍各一个

一直省州縣於上農內擇老成謹厚之人教導農民工作畢能率民勤力穀產物年於秋成後給與酒醴花紅以示獎勸其應用銀兩在備公項下動支

一民間農桑責在有司課功果著成績三年後准予議敘不實

勸農　三十二

心並以勵戒諭甚勤耕務本之農民注意農時加獎勵每一
州縣設老農數人以爲董率每年三冬舉老農之勤勞儉樸
素無犯過一人請給八品頂帶以榮其身臨奉設愛
附舉老農文結案爲飭事
上諭百餘事　憲台札開事　本司奉札開案查　部議設
立老農做與周禮遂師之制務令州縣選舉老成謹厚熟
諳農務詳與　部頒規條通曉八九之人充當以司教導
等因仰縣查照境內舉報老農並即遴選姓名取結加造
册結詳充等因奉此前令並經傷保選舉去後兹據四十
六都二莊宗保鄰之將等呈報庄內農民賒亨匡限年六
十歲筋力勤健熟諳農務與例相符且爲人殷實老成並
無過犯堪充老農爲此並造例具結舉報伏乞詳充以司教

導等情到縣准前縣移付驗明辦理合加結備造另實

清冊具文申送　憲台察驗　計申送冊結各四本　申府核驗

結式　本結

具印結為請酌定老農等事結得卑縣第六都二庄農民滕亨達現年六十歲實係勤力勤儉耕牛肥壯農器完備籽種精良相土植宜灌溉深透耘耔以時糞壅寬裕與　部頒則式相符為人老成謹慎素行淳良並無違犯訛詐爭訟違礙等弊中間不致扶捏合具印結是實

冊式

呈為請酌定老農等事今將卑縣農民滕亨達年歲籍貫事實開造清冊呈送

察核施行須至冊者

勸農

三十三

今開農民滕亨達現年六十歲身中面赤微鬚係四十六都二庄人

一該農筋力勤健

一該農耕牛肥壯

一該農農器完備

一該農籽種精良

一該農相土植宜

一該農灌溉深透

一該農耘耔以時

一該農糞壅寬裕

以上八則俱係確實並無虛捏該農為人老誠謹厚素行淳良並無包犯抗糧僞[illegible]訐訟違礙等弊堪充老農以資勸導理合聲明

老民老歸

老民八十以上者給予絹一疋綿一斤米一石肉十斤九十以上者給之七十以上者給米五斗肉五斤絹一疋綿一斤（查七十以上老民近來必優免以役）老歸八十以上者給予米一石絹一疋九十以上者給之米每石折銀一兩貳錢絹每疋折銀五錢（乾隆十五年潘郝定傳）棉每斤折銀一錢肉每斤折銀四分

老民老歸

三十四

書院

省城敷文書院延請館師每年致送脩儀二百四十兩每月膳資十兩壽儀四兩節儀十六兩程儀八兩委杭州府教授經理又調外府教職一員協理每月俱發給薪水內肆業生員七十名童生十名外肆業生員二十名凡內肆業常川在每月給膏火銀五兩附肆業及與課生童向無定額不給膏伙每月朔望兩課其望課館師考試朔課請撫憲暨在省司道按次輪試錄取超優者照例於經費內給賞又加捐俸銀量為加賞如有生童願赴書院與考者務赴杭府學具呈請學彙一二十名送司考試擇其尤者送院覆考定奪如一年之內課取超優九次者詳由學詳司轉院撥補內肆業之內一年內有考取一等九次者即改為附肆業其一切經費每年約需銀一千七百兩內有

書院　三十五

田蕩房屋由仁和錢三縣及杭府經歷征收解府支用又有兩次
欽賜帑銀二千兩並酌撥鹽道庫内捐存銀八千兩並時與業捐
銀八千兩俱發商人行運生息每年共有銀一千八百三十餘
兩已足敷用後奉解回特發杭府支用毫無報銷

育嬰堂

一凡通都大邑各處建立育嬰堂，收養遺棄嬰孩，發雇乳婦養為乳哺，養育後董司其事。紳士樂善捐建，聽其自行經理。凡堂內所收嬰孩，如有姓名、年歲、日時可稽，一一註冊。有願收為子孫者，將經認姓名備註冊內。有本家訪求認識者，查與原註冊籍相符，准其歸宗。

一浙江省省城育嬰堂（係杭捕同知經管），經費以捐置田產租息、捐置本銀生息充用（捐置田九百六畝，捐置本銀一千五百兩式千兩，歲收田租暨息共銀五百兩零兩）。又裁撥本江渡船水手工食銀三百四十五兩，六年併入支銷。九州縣育嬰堂歲支乳婦工食銀二百二十八兩，不敷銀四十兩於備公項下動用，報部核銷。

微員回籍路費

一直省府經以下佐雜官距五百里以外裁缺候選休致告病丁憂病故因公參革等事無力回籍者官給路費不論家口多寡每千里給銀一十兩每百里給銀一兩病故之員及丁憂官父母係在任病故者不論道路遠近另外加扶櫬銀八兩所給銀兩於存公項下報銷其參革人員係犯侵貪隱蹤不謹等款及推諉諱匿不孝酗酒擾害民詞濫差擾累贓要犯受徒律詳等情參革者不給回籍路費

一直省微員回籍以無力請給路費者該州縣查明具結詳送府州加具印結統限一月通詳院司將程途里數詳查地方移文關送一面咨明如係經過省城者其路費由司核給不經過省城者該州縣於存剩撥發如數墊給另請還款備徽

微員回籍路費

三十七

員力於田糧而該省直隸州監督率轄設有冒領其將已扣著落賠還並將原給了州縣名嚴行參處

一委力田糧微員於請領路費以後限半月內啓程責成該處方州於一月內查明通詳存案

嘉慶九年十一月初三日奉撫憲為籌給試用人員田糧經費各本年十月二十五日奉布政使司詳 憲牌加發九年六月二十日奉此准部院 批本司呈詳擬試用丁憂知縣孫泉雯等請田糧路費已到司當查浙省試用丞倅牧令首次向例遇有丁憂告力田糧無不論程途遠近照給路費一月丹病故者給以貳月丹均於省所州縣發庫內撥給發似無遷刪今本司酌議嗣後丞倅州縣各官 遇有丁憂事故除實缺人員照不准給路費外試用人員查明實在告力無措並自省

丞詳吏原籍程站無千里給銀二十兩病故毋加扶櫬銀三十
兩以昭搭帶其銀係詳奉批准段暫於捐存徵吏路費款內支
給仍分四季於六十四冊內分別大中小缺彙案補提解明
數如蒙允准所有務泉雲應給路費一案應即照此辦理擬合
據詳再批示祇遵緣由奉批如詳飭遵所有務泉雲應給銀
兩即行撥款給領仍取收領存並起程日期詳咨並飭鹽
運使查收又於咸豐九年七月十七日奉督憲丞　批同前由
奉批查佐雜徵吏如係另回籍無庸千里准給路費銀十兩扶
櫬毋加給銀八兩此係久定章程試用丞倅州縣與佐雜徵
吏不同但援從如有丁憂等故無力回籍其無千里准給路費
銀二十兩病故毋加扶櫬銀三十兩較與佐雜徵吏路費多至
一倍扶櫬銀多至數倍雖捐存之款似覺過多復照丸冊內給與

徵員回籍路費

二十八

藉口尚未妥協仰即另示核議詳奪仍飭糧部院批示繳李如
李司備查丞倅州縣與佐雜缺更有向迎試用飭補之員方
准詳與與佐雜已有區別仍使似應稍存惟捐繳員及不分遠
近繁詳員三十員之佐雜既多數倍更於遠近人員亦未変
向隅應請酌改丞倅州縣有病故毋加詳捐繳員外如雲南貴
州甘肅奉天陝西廣西四川等省程途較遠其詳員三十員恢
天直隸河南湖南湖北廣東山東山西等次遠省分詳員二十
員江蘇江西安徽福建係屬近省詳員一十員似無分別核實
詳候攤捐可期節省而同安義勸之誼亦不致有所藉口且疑
費員司仍請備由前詳無千里詳員式十員再佐雜人員疑費
等下定例已久無庸更張是否允協理合詳覆示遵等因又於
嘉慶九年九月二十一日奉撫浙部堂玉　批開據詳已悉繳

本此會行通飭仰各前任解飭之州縣遵照仍應彙案通攤皮
另檄行提解欵項欵毋違另因本此會行解飭爲此仰縣官吏
查照來檄遵行可理所催查照嗣後凡遇請領路費另例應
由府核轉不得越詳毋違

巡撫州縣到任未及半年丁憂爲故給發路費一百兩病故
者給路費二百兩先查徵費路費欵內支給仍分攤六十四州
縣捐解項欵　加費十六年樂清縣鄭文芳禀

徵員田糧路費

三十九

江海塘工

杭屬之仁和海嘉屬之鹽平紹屬之山會肖餘上寧屬之鎮海等縣江海塘工為九郡生民之保障每逢霉伏秋大汛飭令該管之地方官及主管弁兵駐工加謹巡防遇有潮損隨時稟修即行委員勘估造冊分别動項咨題請修近年以來中小亹門引河動項開濬深透潮由中道溜勢南趨北岸塘工俱得綿遠海寧石柴各工並皆平穩惟仁和二縣江塘紹屬之山會肖等縣塘工直對潮頭頂沖受險隨時估修至各縣塘工每年修築多寡不一需費難以預定再司庫每年題留經費只有撥年將收支各款造冊詳咨

一江海塘工自和塘縣獅子口起迤東至江南金山縣交界止通共工長四萬三千貳百九十三丈一尺八寸其江塘自和

江海塘工　罕

塘縣獅子口起至仁和縣八仙石止共工長六千三百弍十
八丈弍尺內查錢塘境界自獅子口起至大亨菴止共工長
四千三百九十四丈七尺計石塘長弍千八百六丈九尺土
塘長一千五百八十七丈八尺查仁和境界自大亨菴起至
八仙石止共石塘長一千九百三十三丈五尺其海塘為西
防同知經管界自仁和縣八仙石起至海寧州境內戴家橋
東防交界止共石塘共長一萬三百一十四丈二尺八仙石起至年
家菴止土塘四千七百二十七丈五尺雍正十一年加培高厚
向不編列字號盤三石碣乾隆四十六年於該工來段搶築
石塘二百丈又段建柴塘二百六十丈又於兜停處建築盤
頭一座又天字號西建柴盤頭一座乾隆四十八年又陳建
石盤頭七座乾隆四十九年又陳建石盤頭一座盖於添陷
陳建柴塘一千五丈又范公塘新建石塘自寧家庵搶修石
塘工尾起至　硃筆圈記處止計急工長弍千一百弍十丈
是工奥於乾隆四十九年十月十三日該於乾隆五十弍年
又自　硃筆圈記處起至高家廟止計後工長弍千九百三
十長丈於乾隆五十一年經大學士阿公勘奏暫行停毋文

章家庵進西旧有老土塘一道上有石閘六座内青龍太平二閘於乾隆二十三年改建二十八九等年拆脩潮安貴家弟善双陣四閘俱係雍正十一年建築乾隆四十九年添建石塘会要瓜王叙於新工尾八十丈之外開河一道其水即由六閘宣洩又柴塘四千弍百四十丈自仁和翁家庵起至海寧州老鹽倉東止係康熙五十九年及雍正五六年建乾隆十年停脩至二十六年及四十五六七年陸續鑲從又李家庵進西添柴塘二千二百三十五丈為新工外隊於乾隆四十八九年脩護又於前工東段添建石盤頭十座為挑溜去於之計又自李家庵貴字號柴盤頭一座萬善閘秋字號柴盤頭一座俱係乾隆四十六年建築開神廟前盤柴暴頭一座乾隆四十三年造於四十七年加鑲文柴塘序自天字號起至寒字號止搶築石塘工長三百丈于乾隆四十六年建築又來字號起至老鹽倉因字號止建築魚鱗石塘工長三千九百四十丈又於新旧交接處添築一十丈於乾隆四十八年完竣又老鹽倉柴盤頭一座乾隆四十八年建又築塘後自開神廟西調字號三丈起至老鹽倉因字號止建築鑲塘行築工長三千六百一十八丈自乾隆二十七八年至四十二三年建又石塘共長一千三百四十六丈七尺内旧大石塘四百六十丈康熙五十九年建内於乾隆廿七年於築十丈又續脩石塘一百四十六丈六尺雍正七八年建又搶脩石塘三百七十一丈乾隆元年建又十七層魚鱗石塘百六十九丈一尺乾隆二三年至州年建又柴石二塘塘面加築土塘五千四百九十弍丈八尺二寸乾隆十

江海塘工

四工

五六等年搶築文石塘外建築坦水長一千百四十六丈七尺乾隆二十四年至四十八年陸續建新循旧一二三層不等又普兒兜柴盤頭一座康熙五十九年建馬牧港柴盤頭一座乾隆九年建俱於乾隆二十六年三十二年及四十四七等年續修又壽家廢起戴家石橋東防交界也塘修內土備塘五千五百四十一丈七尺內有斛壇廟石閘一座茫家華沈家埠仁和界三角田曾殿觀音堂馬牧港等愛圖洞七座俱係自雍正十一年建修為東防同知

往意丑自海寧州境內柴石各塘共工長八千七百七十丈一尺八寸

石塘共長八千二百七丈八尺自戴家石橋起至韓家池也內後循塘九百八丈六尺八寸於乾隆四十八年段建魚鱗石塘二百三十二丈七尺九寸其後修塘六百七十五丈八尺九寸康熙五十九年及雍正八九十等年建又於條塊石塘六百五十六丈四尺內於乾隆四十八年段建魚鱗石塘七十一丈八寸其條於修條塊石塘五百八十四丈六尺乾隆元年至二十七等年建又城西十七層魚鱗石塘一千一百六十七丈七尺一寸乾隆二三年建內於乾隆三十三年移築十一丈又遠城十六層魚鱗石塘五百五丈二尺乾隆元年建並於乾隆四十八年將於修塘段建鱗工二十九丈現共魚鱗石塘五百三十四丈二尺又城東十八層魚鱗石塘四千九百六十九丈九尺乾隆二年及四十三年建內於四十三年復築十三丈四十八年重修四十三丈並於乾隆四十八年將後修於修塘段建魚鱗石

塘二百七十五丈五尺九寸現共魚鱗石塘五千二百四十
四丈六尺八寸又韓家池柴塘四百六十八丈一尺雍正十
一年段建兩西段二百八十丈乾隆三十一年至四十四七
等年拆鑲又尖山脚下條塊石塘九十五丈雍正十一年建
又尖塔兩山之中石壩長二百丈係雍正十二年及乾隆五
年二次諸築其末南面安砌護堤竹簍工長一百一十丈乾
隆廿五六年建於四十四年加砌面簍一層並備方壩石塊
又柴石二塘塘面加築土塘八千七百六十三丈一尺八寸
乾隆十四五等年搶築又石塘外坦水長四千五百九十六
丈七尺九寸自乾隆二十四年至四十八年陸續建新修舊
一二三層不等又曾為保殿前坐盤頭一座乾隆十二年建
於二十四年及四十二七等年鑲修又大家稍起至尖山以
塘後內土備塘八千五百六丈八尺內有楊家莊普兩處格
間道庵念里高石閘四座接待寺華岳廟陳文港新庵新倉
撥静庵而家舍那家壓石撤涵蒿卜浦閘紅住發者塩平二
洞九座俱係雍正十一年建　海塩縣境內自西
紗海塘共長一萬七千六百八十丈六尺　山脚起至年毛行
素舊以石土之塘長一萬一千三百六十丈五尺內西山脚
起至長墻山以土塘一千五百三十丈雍正十一年幫築又
自長墻山起至青山脚以石塘長二百一十八丈五尺雍正
五年建又自青山脚起至秦駐山以土塘長二千二百二十
二丈雍正十一年幫築又自秦駐山起至果山寨以石塘長
四千四百五十五丈內於乾隆二十及二十九等年拆築望

江海塘工

四十二

字等號工長八十三丈一尺又自朱山寨起至行字庵對此

陽陸汛止土塘長貳千九百三十五丈又除土備塘長三千

五百七十四丈雍正十一年建平湖汛境內自蓋邑行字庵

起至江南金山汛交界止石土塘長六千三百二十丈一尺

內自行字庵東起至天后宮止石塘長一千四百八十六丈

七尺又自蓋山東起至獨山東止土塘長七百八十九丈雍

正十一年幫築又自獨山東起至茅竹寨止石塘長五百二

十二丈二尺內地元等號一百三十六丈乾隆二十三六七

八等年拆築又自茅竹寨起至江南金山汛交界止土塘長

三千五百二十二丈二尺乾隆十五年間段加幫又除土備

塘長一千五十九丈甚詳內竹簍坦水土堰內土備塘丈尺

雍正十一年建

俱不在塘丈尺之內

一十八層面鱗石塘每丈估需工料銀一百八十一兩六錢八

分八厘十七層者每丈一百七十六兩貳錢九分一厘（從上塘者）

鑿鱗工每丈例估銀一百六十八兩一錢九分四厘一毛又

加貼銀貳百七十一兩三分三厘一毛九絲七忽貳微[illegible]末

（連前核准）十六層者每丈一百六十貳兩三分八厘

一柴塘每單長一丈寬一丈例估料工銀五兩八錢零歲修塘

新築埽工（即築塘也）同例估不敷，議請加貼，每丈准加貼銀三兩九分零

一竹簍工每丈估需料工銀二十三兩三錢四分八厘

一石塘大小不一，每座併沉船估需料工銀一千五百餘兩至一萬六千九百餘兩

一木柜工每丈估需料工銀二十三兩三錢七厘

一築盤頭每座估需料工銀一千六百九十餘兩

一坦水每丈估需料工銀四十五兩二錢八分四厘

一沿塘沉石工，沉石每方（見方一丈，高一四尺）米一千五百文，竹簍每個貳百六十文

一塘柴向派各州縣採買運工，並叙司庫每百斤發銀一分，嗣因各州縣賠累甚多（以每年又有攤捐柴斤也），司道叙詳如不能收

江海塘工　四十二

業戶解司月起每百斤定價一千七百五十文再從前業戶修工程亦派各州縣分攤乾隆五十一年經大學士阿公勘奏將 柴草圍改築起至烏龍廟止後工歸於傍修仍由循業塘以資保護蒙 恩旨發帑六十萬兩交商生息為業塘戶循任費各州縣從此可免工累矣

救火器具

浙江省城共置水銃銅鏈麻搭水桶等類共五十八付交佐雜各官分路看管救理等因知會營汛前赴二衛守備協理如器具損缺隨時酌動修補其置造並付器具所需工料只五十六兩不曾奉經動支備之銀兩置器具無為器具所該各年隨置備用

嘉慶十二年十一月奉本司牌開奉本布政使司憲牌奉撫憲部堂阮 批本司呈詳 請將憲捐杭四營駐防杭營本司衙門等處備儲民宅救火器具現係配設兵役專司遇患臨場撲救有關緊要所用損壞應準隨時修整又省內四隅及里安設救火器具雖係派委佐雜營弁及該里地保輪撥丁役保護一切但年久損壞亦應分別緩急次第興修以備不虞所需修費只毋

救火器具　　四十四

前司詳明核與原派備公銀數酌減一半派指銀四千六百十二
兩內應聽支本司衙門防練役全年工食銀一千四百四十四兩錢
員防練役全年工食銀七十二兩每年僅餘此備公共銀二千
四十六兩作為墊款須俟加發十四年錢款解到方可支給苑
是而無處應修苑具首關係要甚於此一處似難數年久待此
外司庫又無閒款本司酌議應請自本年為始仍與原派
之屬備公銀九千二十四兩之數雖派十一萬六十四兩餘指
解數年歷墊款項以早為而緊要苑具亦得有款詳修不致廢
弛一俟修竣之日仍與減半銀四千六百十二兩之數派指備用
等緣由奉批據詳已悉仍俟動用隨時詳報並候撫部院批示
繳光緒 加發十二年八月二十日奉巡撫部院諭 據本司詳
同前由奉批如詳指解備用歸墊仍照應修苑具違行詳備以

資防練兵經費部章撥用嫩當查加費十二年分應出存派充
屬備上之數派捐銀九千二十四兩內除奉開已派一半銀四
千六十二兩本應加派一半銀四千六十二兩原有九百應捐
銀兩循例動支府庫典相款應捐銀兩仍出詳定六十四州縣
分別大中小缺分攤派業經剴切開數通行飭遵提解在案亨
奉前撥合行飭遵蓋因行府轉行下縣

撥夫施旻

四十五

錢江馬船

本江設置渡馬船六只係杭紹金衢嚴五府屬捐備遇屆修造先行墊給俟委員辦理於各府備工內扣收歸款

救生巡船

本江設船弍十三只内弍十一只係駟道處轄其餘船二只係駟道經理蕩司處轄金衢嚴處二埠救生船弍只每只水手六名每名年給銀六兩於司庫程費支給所需大小修造亦動程費每年底彙冊報銷 再本富二汎設八槳巡船六只於本江巡遊每只配兵五名所需大小修造工料亦動程費報銷

救生船二只每只初置工料銀五十餘兩 屆三年小修工料銀十六兩 屆五年大修工料銀弍十兩係先小修三次計算再屆三年拆造係与初置同自初置起至拆造共十四年 八槳船六只每只初置工料銀二十餘兩 屆三年小修工料銀十弍兩 又屆三年大修工料銀十六兩 再屆三年拆造係与初置同自初置至拆造共九年

救生巡船 四十七

平江採買

竊查平江南北兩岸初屬義渡往來船只原無定數更無官民
分渡名色旋因世遠年湮人情蕩背安義渡為利渡更設西岸
有民渡船一百零貳只平歷有民渡船六十餘只惡因不分南
北彼此混搶爭載互相鬥毆失足覆命報案時聞前 憲詳分
南北撥渡裝載以去來越民渡既安於南北猶恐不虞差使等
憲又設官渡船二十四只兩岸共計四十八只另立值日正副
船頭二名住居上下分渡編歸五差外又奉
官保李 諱 撫並鹽道王 諱 捐先後捐設救生船八只無船對定
精壯水手十名並置鐵貓長竿快槳鉤篙一切應用傢伙無不
完備其船裡外俱用油漆任急為渡船與救生船各有分別也
平時分泊要隘渡口倘遇風閉危險即自救護此行比更見

平江採買　　四十八

有行舟將發之頃亟宜飛駕救援名曰救生以便人船失正寔賴好生莫大之陰也此船並因吏渡船一例取具水手花名冊結備造城南新稅課司西興郵政所二處各就地界責同稽查並例按月點驗如船只倘有打探水手或往為故例逾不時詳請飭舊募充以艇長謀互相救生一項向有捐置田畝征收解庫存有招鎮支給名曰揚衣米柜賞犒以及一切經費均較並嚴渡規條甚哉志乘稱可稽考毋庸複贅惟是每年江長渡闊或值風恬或為霧迷行舟過渡恐有疎虞奔於西興平塘兩岸沿江堤畔各建講江一亭內懸銅鑄大鐘一遇風霧交作潮汛暴發之間更令守者兩岸值月船頭即鐘百下以眠渡鳴此應使知信舟禁渡以免生禍水手謀開失事也其渡船水手初設一名附有不測爰以兩河兩船為需二人接肆外江

大船有乘風破浪之險豈一名水手可支重載蒙溢道寔難息
每船加給二名工食實銷共名以便撐駕無虞後因而往水手
攬乘雨雪之期係舟江次恣意勒索而往來商賈被累難堪嗣
往前官憲熊　諭督憲禁外示定人價成數大船限渡二十五
人中小號船減半捐禁每人只許授錢五文貨扣人數毋許額
外多載多索當循碑勒萬古作恩伏思本江一渡歸慶上憲任
嘗康南北有別無索越之事皆民依可無缺後之善人價定數
幸勒許之累設救生船而望請江高無處舟覆亦之寔追感上
憲蔭渡之法可謂盡善極矣誰知弊生於利利積乎弊因循日
來遂為弊藪寺之官渡船即是民渡船皆民混渡已非一日船
身朽壞并任其擱損即隨時拆賣甚有貪利之徒截卑攬裝
鹽酒糞料是以船另有減無從民渡良被隨借假渡署往來
本江撥覽　四十九

皆民間船隻多不足額惟有急差方撥白渡船而已此爲最截
塘石赴工要務雖缺僅牽虛應值月船頭賄通書役看岸船此
岸船名撐去淺船此岸船南等工船備去備足正所謂瞞官不瞞
私也至積弊之生一船有名無實者久矣不特船亭手板即置備
救急器具早化烏有此項工食或係另身工實仍無向例開銷
而值月船頭竟擇安逸優饒處至頭總似有用之手粮肥己窮
之愚態實更窮則不肯他如請江爲之咸虛設早經坍塌自乾
隆二十七年間蒙撫主劉　諱復在有額名里義之咸雜種猶舞
完固以復舊制豈亦仍是虛名潮湧風狂之日未見值月者及
申鳴禁即年前憲海船因思加如手一名意爲船積人要語斟值
月船頭但將加給一名工食侵冒入己船仍一人撐駕而食志
以殘疾之人應點即借醉撐枉送塞責凡遇過渡惟賴務腳人

支出力幫捷一任風狂浪湧難免傾覆之危上年入秋以來沈
船屢報已不一次並未見救一生人皆因無實在水手並無救
生船故也即如嚴州益無舊撥救生船為眷屬渡江情遠濟難
因大數亦由無真正水手加以省城短肩輿夫不識潮汐水性
翻亂布帆甚至到岸上院不鳴號鑼江中又無救生快船接應以
致有此之誤也尤可惜者江中一淌假處水手即屬潛蹤偷生度
日者究屬老妻弱稚操我家老大展身當來尋搭假言偷哭以
冀漏網甚者及此殊堪髮指況近年來潮汐洶湧拍岸崩地更
再尋常江面僅此里許船戶反藉搆懈為名格外多索發行為
遇風更甚於從前呼嗟載道不堪見聞其弊之難除也初緣
此票船額賭串虎役上下勝庇健役搭獻季規有情無理是以
辛同奸猾串船藐法模行積習至今竟視為規例而成大弊

錢江撮要

丙午

因此俱不照例查驗，單不遵而給不取，船不點而鐘不鳴，例名循而弊不禁，一任書役胡為。最要之救生船更置不問，殊不知救生船可百年不用而不可一日不備也。或歲奉憲檄嚴查，不過敍以套語詳覆，搪屬具文而已。後蹈前轍，例日廢弛。如果仰遵先憲定例，實力奉行，按月點驗，官民船只有無缺少，往來救生船只有無查察，器用傢伙有無遺失，船身有無損爛，水手實查點名有無頂冒病故，過往客商有無違例多載多索，開渡風狂是否鳴鐘禁渡，以及一切應禁應興事宜，隨時查究詳請，何患他虞。況今日之情形兇甚，往來誰無惻隱，被累者固深切齒，聽聞者亦堪痛恨，孰敢妄言利弊，以語私怨。雖私不勝公，究多未便；若徇私廢公，亦屬非是。躊躇之下，有屢難成然，每不為瀝陳之。蓋捨此不問，則其弊無除，而害無大窮，恐臨而耗千非誠非

聖母之所宜也仰惟 大憲即賜澈底清查嚴飭循例監渡不使
憲慮故可以要舊年原舟不要而民不願渡自便矣縱有沉溺
大數人力亦可勝天矣若不從多年行徑主實屬考毋備述平
江楊思并集歷年前憲詳禁碑示定例原案以俟好義者覽行
云爾時乾隆戊戌甲辰壽生工院竹坡友心救人識

附載平江定例原案

從嚴為正重 為嚴禁渡夫勒騙以甦商民事照得西興渡一
望森茫勢不能褰裳而涉必藉舟楫以通蓋原設有官民渡船
共若干只又設監渡官一員約束所以渡利涉防奸究也近訪
得船戶多係沿渡奸猾往返並不畏法專肆詐害遇有客
商過往擬作常規設或不允即行毆打一船而攬載至六十人
者擠至中流偏舟指索一人而索至三四分者甚遭翻沒傷溺

平江楊思 五十一

不能前進遂至覆舟害命寔在可恨而閃之甚係痛恨除往
行提各年船戶陳題報三等到者重加責懲擇殷實諳練外
為此行仰該管令許主簿嚴督各把總立石牌碑示禁前弊所設
監渡吏早晚查理每船釘立木牌一面止許水手在於渡頭接
候裝載不許中途攙爭競先渡大船限載二十五人中船定載
二十人小船許載十五人每人渡船錢五文每貨一擔船錢七文
隨身行李不論毋許越數多索中流索騙如遇風狂浪湧潮前
偷渡豎旗禁渡如行故違許監渡吏捉拿呈官以憑重究
每月朔望仍取船戶地鄰甘結該查無容隱不舉被人告發許
出一併連坐決不輕貸其各渡首每處　一每船置立木牌一
面各水手接運裝載不許攙扯　一商民往來過渡每人止許
納錢五文　一客貨每擔止許納錢七文隨身行李不論

一每船過渡大船止許載二十五人中船二十人小船十五人

一遇風狂浪湧不許强載過渡守候風平浪靜方許開載　附

萬曆四十二年五月穀旦賜進士第知浙江紹興府事古虞[illegible]

鳴岐立青山刹知刹劉一滙建

青山刹正吏濤　為照查得業奉撫院部重專官巡稽得程

憲牌內開業查平江南北二岸設立横渡坐船二十四隻每船

水手一名年給工食銀七兩貳錢嗣緣水手一名不專管駕渡

又每船添給一名嗣將止依原額換給工食在案節以後船隻原

為分值京塘緊報上下文移往臨過往一切差使亦用並不往

商往來民渡可能自應照額編列兩岸江次遇有前項差務隨

附濟渡乃有不法水手托給貳名工食實止一名管駕並不混

攬民人與民船一例收索渡錢遇有差使又多缺誤害胥手夥

平江提罡

五十二

擾害民業，弊莫甚焉。合亟出示嚴查。等因到縣。奉此，除現在查
究外，合再出示嚴禁。為此示仰江南北二岸船戶人等知悉：
嗣後務須相列二岸江次，每船水手照額二名，遇有差務，隨時
濟渡，毋許攬載客商，擾害民業，貽誤差務，以及一名水手，實駕
虛冒手糧等弊。察出定行究革，斷不為爾等寬假也。各宜凜遵，
毋違。特示。雍正十三年閏四月廿五日給

蕭山縣正堂　為飭查事。案奉撫部院司憲批，據程
寬詳前事等因到縣。奉此，當差傳查取各船水手年歲、花名，
並具不違甘結，送府核轉去後，迄今多月，猶未呈送，明係該差
受賄延挨，通同滿弊。今又憲示不時往臨，萬難再任遠延。本應從
嚴究處，姑再嚴催。為此仰原差役，即速查明南北二岸義渡
船只是否照依原額冊列二岸江次每船水手有無式名，並船

以及違例載渡客商貨物等弊，並即確查據實覆奪，以憑親臨。卑縣仍取各該水手年貌花名清冊並具不違甘結送核轉。如蒙再延通同詳憲宜行遵筆。雍正十三年五月　日詳

西興驛殷歷陳　為籲懇申禁勒石利濟除害事。本年六月二十七日抄蒙蕭山縣正堂儒　票文內開：蒙紹興府正堂葉批本縣申詳沈耀先請禁本江渡船恃強多裝，日載往回，并假公之名甚為各船渡客，及勒詐索民緣由，蒙批送到道，俟存案，仰即勒石永禁。該縣仍不時嚴加查察，如有前項情弊，即行嚴拏解究，毋稍寬縱等因到縣。下縣蒙此，合行勒石永禁。為此碑仰本江渡船并商民人等知悉：嗣後擺渡船只務遵碑示永禁，每日一船循駕接續裝載，滿渡開行，毋許恃強霸攬多裝，回往并假公大名挾取無渡船錢，以及詐索商民。如敢故違不遵，一經察

本江擺渡　五十三

此或被告恣意解究，決不姑寬。各宜凜遵毋違，須至碑者。時

乾隆元年九月吉旦碑立西興渡

浙江按察使司　為報明事。案據蕭山縣具詳前事云云到司。

本司會看得蕭山縣民人方仲仁撐任文渡船失水淹斃一案，

緣方仲仁素市營生，本年二月十五日蕭邑西興埠渡船任文因

水手患病不能駕運，僱本邑郁杏華係二渡船裝載方仲仁等

開船，失足落水，打撈無獲。嘗據船頭曹啟芳呈稱以一人攬入

水中，見本西興駟騎巡第鍾亨援手，通報。復據該縣訊擬通詳，

奉批速飭打撈屍身，務獲訊究任文等有無逼郁別情，核擬詳

奉等因，行據蕭山縣申稱，擬詳前來。查據該縣覆訊明確，實因

風急船顛，失足落水。等因。本司查方仲仁跌入水中，雖據訊明

實因風濤船危，失足落水，並無別故，船戶任文亦無逼抑，多裝

情弊但借船裝客殊有不合應將任文標之同不阻止之船戶
曹廷芳照不應重律杖八十折責三十板方仲仁所失布
疋仍著伊等名下追賠給領手收作至救生船水手戴亭等既
不能隨時救援又不能及時撈獲實屬虛冒名糧應請重責三
十板革役另募承充驛丞蔣鍾亨因曹廷等稱一人擠入水中
雖不加確查即據實通報從寬免議仍應嚴行申飭方仲仁屍
身仍飭該驛丞嚴督救生船戶限二日內打撈務獲驗報是否
允協擬合會詳察核實批任文等如詳折責發落所失布不著
全分賠給任戴亭責三十板革役另募補充驛丞蔣鍾亨不即
確查草率通報應行申飭方仲仁屍身速飭勒限撈獲驗明填
格通報仍候督部院批示繳本日奉督憲批不同
西興郵改所為報明事案奉前山和正堂牌開乾隆十弍年四

年江縣界　五十四

月初九日奉按察使司鄂 憲牌内開云云等因奉此西並查
詳閱又奉紹府牌内開六月十四日奉按察使司鄂 憲牌乾隆
十二年六月初一日奉撫浙部院批蕭山縣通詳云云等因奉
此甲戌遵蒙憲檄逐日親詣江干一切貨民船隻挨次查點毋
許多裝勒索耽誤行商違則詳究不貸稍懈並嚴令投生九船
遍撈方什仁處身務獲詳投外淡甲戌查得多江邵杏西興兩
埠船只分載行商一案奉憲飭查貨民渡船裝載客貨因何任
駐南北分界是否因船少稽查難周所致抑或另有情弊據實
覆奪等因當即伺查邵杏西興兩埠周因船多麋集陡毋爭渡
不免多裝擠載或將商客扣來擱西以致客貨兩分款延貽誤
然多不得更並隨屬混爭呼應不靈稽查易滋是以乾隆十年
間始從商民利便立邵杏埠首酌於水船裝載立西興埠北酌

於南船裝載至今商旅相安無匪誤之照船例率准免爭渡之
謠遍各邑謹查点易周年唐蕭山兩邑混擾呈分載之舉有碍
於商賈居民並無別項情弊應請仍飭兩岸分裝節照將婦水
手起釁移吏誤商滋弊仍請憲台俯賜飭詳永定章程并飭守
首之行勒石遵守庶水手知所遵循乾隆十三年七月　日
浙江按察使司詳報所事據蕭山縣知縣呈詳前事云云據此本司
道會查得蕭山縣民方仲仁控疑任文度船失水殞命一案先
經前司將任文等發杖生船水手載率分別枷以杖責詳奉批允
飭行遵照外並經前司以錢塘江係屬大海最為兇險西興錢塘
兩岸船隻往往互相攬載以致耽誤行商人多候擠每有客商
落水淹斃之案嚴飭西興驛查設禁止嗣據該驛丞設票到司
又經前司批飭從與商會同杭州府確議去後茲據該二府詳
錢江總呈　　　　　　　　　　　　　另十五

據本蕭二縣詳稱遵查本江渡船在本邑爲郎唐埠在蕭邑爲
西興埠界分南北自郎唐埠下船至西興埠上岸自西興埠下
船至郎唐埠上岸向來成規兩埠船戶往往爭奪攬載耽誤客
商自乾隆十年間民間自行定議凡行商過客在郎唐埠北岸
本埠之船挨次裝載至西興埠交卸即以空船放回在西興埠
北岸本埠之船挨次裝載至郎唐埠交卸即以空船放回間或
遇有風潮船戶獨力難支必許搭載二人幫駕歷來相安無異
至渡人便宜數向例每船額載二十五人每人船戶所得五文
貨物人數如遇雷風減半裝載每年仍照船半五文實屬公平
茲情具詳前奉司道查本江渡船往來客商周流不絕向來
章程船戶分爭攬載固多不便若係風潮關係尤大自乾隆十
年間民間定議以來本邑之郎唐埠與蕭邑之西興埠各照本

埠裝載，後此既無爭競，而寧商又得相安，似應俯順輿情，永將
本埠裝載，但未經定有行止，日久易滋弊竇，不無仍生爭越。應
請嗣後立郎在埠者，所本埠之船挨次裝載，無船之時，許照例限
渡二十五人，每人給船錢五文，貨物人數載至西興埠交卸，即
以空船放回，倘遇風潮，空船難駕，許帶渡之人幫駕回埠，不得
藉端多載。其西興埠船渡至江者，埠人便回船，俱由此。或若遇
霾風減半裝載，每人仍給船錢五文，不許混載多索，如違重
究。所有章程，實屬平允，應請俯賜勒石遵守，庶垂永遠。似此則
船戶不致爭奪，客商不致耽誤，或遇風潮，亦可免漂溺之害矣。
乾隆十四年十二月初五日申。蒙撫憲兼署浙江巡撫喀批：
如詳勒石永遵，取碑摹送查，仍候督部堂批示。繳。
西興郵政所第　爲遵憲勒碑以垂永久事，竊照本江向立埠

本江採畧

五十八

北兩岸翻因無埠船遂不循本分攬載強裝以致南北之船渡此雜渡往來客商多被遲誤既與行商不便復於查察難周設詳南船者仍南渡北船仍北裝以清詳蒙本縣正堂詳奉督憲司道憲核實加看詳蒙督撫二院憲批示另因到縣下驛本此合亟勒石永禁翻渡只在西興二埠官民船裝盪如憲示允往來客商無得本埠分渡不得恃強混攬如敢抗違奈越索載一經察出或被告發定即詳請究治船追入官務勿以身試法自貽罪譴須至碑者時乾隆十五年五月穀旦立

杭州府正堂李　於本府縣知悉嘉慶九年四月初五日奉按察使司文　札開本年三月十三日奉巡撫部院阮　批本司會詳孚鄭江渡船章程由奉批如詳轉飭遵照此為摺出發縣實力應可杜弊安商其優益稽察之西興驛丞高煌桂應即記之

逞有若差委稽以示懲儆嗣後並自將南岸等處西興驛遞趕
岸者委並管浙江驛城南務之使實力查察如有仍前玩忽致
干察核該道仍隨時嚴察以杜玩忽並移臬司知照嗣後本毋得
移行遵照外合行特飭仰即遵照來札指揮設本司程照示曉
諭一面遞飭本府照撥照會章程妥協辦理責令各船置備
跳板替渡行旅不得收取分文並飭該縣速備木板八十三塊
列明人數價值大書船戶姓名專送本司查驗點委員齎至江
干監釘船尾救生船並置備足數繩具以便救泊要隘無滿所臨
堂救援既設之西興驛遞為巡桂記遍選有差另行委辦以
示懲儆照遞之船頭五策勒學解司補排將母既從于從嚴目
事毋得並示曉諭外合行特抄札飭到縣云云計粘抄事
殷年者二月十九日蒙憲台批前山縣具本年二月十二日本江

本江探呈

五十七

五十八渡船要關蟻命一擧率扯傷提船頭究竟加平并將如
河設居申禁以交失事之處切實具奉憲批因事此伏查本
江系西塗關中流急湍爲衝要第一險道向來各夫勒索甚度
歷經前任各司道籌畫安設詳定章程不啻三令五申查
如值年去役抗違禁令勒詐如故以致二月十二日故有覆舟
蟻命之爲此皆監渡各員不善經理所致今本司道訪察情形
并酌舊章詳擬五條謹呈鈞覽如蒙允准移行遵照所有條款
開列於左
一江船多裝勒索之弊習亟宜嚴禁也查江船例許裝載三十
人每人只許給錢五文每貨一担給錢八文每轎一乘給錢十
文由來已久近來不拘人數擬以滿船爲率少則六七十人多
則百餘人以致有覆溺之虞更有潮來之際船戶希圖趕渡放

至江心被閘沖翻人船全沒實堪痛惻蒙前大憲計設於船尾
另釘木板大書船戶姓名使受害之人可以指名呈究法至善
也近來積久不無應請嗣後仍循其舊詳定民渡船八十三
隻所請查核生船粗息頂下購備木板八十三塊判明人數
價值大書船戶姓名由本司道委員賫至江干逐船裝釘船尾
務使人人共曉庶船戶支板不敢再多裝勒詐潮前趕渡有害
商旅
一斗車跳板亟宜禁止勒詐以恤商旅也查斗車之用請至水
沙水沙長而船不能傍岸故用斗車以濟之但每人每呈止許
收錢三文近來不計路之長短竟有詐至三四十文不等如遇
隆冬嚴寒老幼男婦受其可詐者即不許坐車苦難無可奈何
惟有涉水而渡因此而凍斃者不計其數跳板亦然本司道確

余江採冕　　五十八

訪實情實堪髮指嗣後應出示嚴禁凡車裝一人亦給米五文
不必限以里數使之無可藉詐每車止許裝載五人毋許多載
至渡船猶令各船戶置備跳板約長弍丈餘闊五尺許於攏岸
時為商民登岸之用不許收取分文如違嚴究
一救生船最要須備造足數以重民命也查錢江一帶設救生
船共有弍十一隻每隻發給工食銀四十八兩我作爲六月三
年一小修五年一大修十年拆造船身油以艌江分給換俱遲
有危險飛駛救護之法原極周到無如日久廢弛不將其救援
之人而且無救援之船此項船隻竟成虛設請飭麻黃工房辦
屬可惡應嚴飭杭府有二縣照數備足油飾聲江大書省救生船
四字並將向在某渡口之救生船查明詳移俱隨處要衝
遇患救援不得遷延致有如再觀望不前江內又有覆溺之患

嚴提重究不稍寬貸

一南北兩岸盤渡事應分別勤惰以記功過也查本江支役歎皆是業戶民田之詐據免充鼓將飭西與驛丞城南務大使責司其事稍之盤渡從一切江內載渡之事俱與該員等盤詰自應實心辦理以安商旅乃該員等竟視為具文毫不認真查辦並訪有假冒家丁書役勒索月規了弊殊屬玩惰除現在確訪查究外嗣後應嚴飭該驛丞等實心盤渡毋再視為具文不以人命為重復有多裝受賄之事所有盤渡收詳請參革決不寬貸倘能實力奉行江面安靜無到季底即將該員詳請記功以示鼓勵

一惠支盤踞把持應行禁革也查本江支役惟王戴高桑周趙蔡姓等姓人支最為不堪伊等积裝多人索詐多年尤為妄爲

本江據呈　　五十九

從前有水手高阿桂王十九溺戕要自豪憲台批飭提同伽
示此案王十八雜據肖山縣具呈業已同溺斃命但高阿桂王
十九是否同船搜戕應仍飭縣查究並嚴飭各船戶支役嗣後
須查出定數額本不許額外多索任意刁難倚船抗違不遵嚴
提枷號從重究處再查此翦岸向設有請江鐘如遇風狂浪湧
即行敲鐘禁止冒險開行今閱業已廢去應札飭永肖二縣仿
照揚子江之式於鐘亭之外另竪高杆大書風狂禁渡四字责
委一員立於設旗處所督率支役以查凡遇風狂浪險即行阻
旂止渡倘支役不遵仍有開船受溺立即嚴提重究委員詳請
記過如此立定章程庶可杜絕覆溺以安商旅以上六条是否
有當伏乞訓示遵行

杭州府正堂李　札城南務知悉案奉臬巡二憲牌奉撫憲札

查平江南北兩岸額設官民渡船滿渡商民兩宜每大船一只
祇許裝載三十人中船裝載二十人若此如有輿轎重貨即應
於人數內減載寧少毋多每人給錢五文每貨一担給錢八文
每轎一乘給錢十文不許多裝浮索及潮前天晚風大冒險開
行責成巡檢就近稽察并於兩岸設立請江鐘旨水遇風霧交
作潮汛將發之際該值月船頭鳴鐘百下停止開渡俟風靜潮
潮平照舊開行又分設救生船二十五只於各要隘巡防拯救
所需歲修工食賞項動款支給立法原為周備無如奉行不力
日久弊生本司現訪得該船戶等多裝冒渡挨號設跳勒索等
弊依然如故監渡各役偷安狗庇並不實力稽查罔究賄縱情
弊已可槩見札府查照本司設立章程曉諭並嚴督監渡委
員實力稽察毋許違例重載多索私設跳板勒補分文取進渡

平江總界

六十

救生船冊結詳送察核，并飭照前發板式照勘木板是否委員
賫行，毋因到省營任轉飭遵照取冊詳送之後延等未據詳覆，
殊屬遲延，合行飛札，嚴催札到該員立即遵照憲檄事理實力
稽查，協令隨渡船隻務照定例裝載，不許多裝擁擠，潮前搶渡
冒險開行，並將救生船隻現在共有若干隻，船身板具是否堅固，
舵工水手是否熟練，照造冊詳送，飭令在於要隘巡防拯救，如敢
偷安躲避，或乘機撈搶貨物，立即嚴拏詳究，一面密查渡船號
板是何匠根，立於該埠違例私設勒詐多文，速即嚴拏解審究
逐，仍著船戶帶驗，不許收取半文，先將遵辦緣由逐案登覆，取
造清冊同值月各船頭花名，即日備文詳送察轉，毋再玩延
干提議究，要。

錢江潮信

初一十六	午正子正	初二十七	午末子末
初三十八	未正丑正	初四十九	未正丑末
初五二十	申正寅初	初六廿一	申正寅初
初七廿二	卯正酉初	初八廿三	卯正酉初
初九廿四	戌初辰正	初十廿五	辰正戌正
十一廿六	巳初戌末	十二廿七	巳正亥初
十三廿八	巳末亥正	十四廿九	亥末午初
十五三十	午初子初		

潮信大槩歌 括以初一十六為主挨次每日順配一字

午午未未申寅卯卯辰辰巳巳巳午午春秋一般輪 其夏冬稍有参差

平江採見

字

西湖租息

西湖因葑草阻塞疏濬需銀四萬貳千七百有奇經鹽道王公捐俸節省外五千一百餘兩置買海寧境内田房年收米七百七十四石銀貳十九兩九錢零海寧州州判征解鹽道為歲濬西湖修飾景高之用年底由道取用移司詳請支銷

海關

海關駐劄甬東以收洋稅從前亦另有監督康熙六十年奉文
始併巡撫兼收是以委員管理其乍浦温州亦俱係委員另收
總入海關之數額其餘九口如頭圍附入大關而澉浦瑞安平
陽及海門等處為大口 滙海古竇湖頭渡小港京山白嶠江下
埠寧村狀元橋等處為小口 各處書役稽查收稅每年額兩三
萬五千九百八兩零內銅觔水腳兩三千七百五十兩 正稅
兩三萬三千三十兩六錢貳分九厘 澉浦長江兩一百二十
七兩六錢零外加增兩一萬兩 又生洋絲稅銀 以上俱入
正額 又各役工食 郵康書工兩 舟費兩 加增飯食水
腳等兩每兩原正二分五厘 又各口支銷等兩 又盈餘兩
海關正有盈餘解部其正稅等兩向來本省為兵餉或每餉

海關

六十三

三用政司税銀無水脚添貼飯食也

一浙海關司税銀三萬二千一百五十八兩貳錢三分銅斤水脚銀三千七百五十兩盈餘銀五萬三千四百九十九兩五錢六分七厘 雍正十三年定額

一浙海關税口大關左室小港湖頭渡象山瀝海頭圍乍浦家子口江埠白嶠海門臨安平陽征收税銀蟹浦邱洋王家路健跳寧村設役巡查

織造支款

解部緞疋需工價銀弍萬五千兩額年於新正立時移司解題
咨送又繕
上用紬緞需銀一萬三千兩例係詳咨支送均於司庫地丁內送
亦如有餘剩移解院款　又歲設桃紅畫匝（匠）年給工食銀四百八
十兩按季批給不還　又年額攢本紙價銀弍千九兩八錢三
厘俱動地丁聽織造題銷　又年額匠糧米一千二百七十七石
六斗零九升征解南糧項下按月撥給
一織造工料價值
上用經絲每兩准銷銀八分弍厘　緯絲每兩准銷銀七分七厘　粧
織絲每兩准銷銀七分五厘　官用經絲每兩准銷銀八分一厘
五毫　緯絲每兩准銷銀七分五厘　粧織絲每兩准銷銀七分四

織造支款　六十四

石賤時照定價買貴時加價

上用經絲每兩不得過貳分一厘緯絲絨絲每兩不得過一分六厘官用經絲每兩不得過一分貳厘緯絲絨絲每兩不得過七厘

一絲斤染價大紅絲每兩准銷銀一錢五分其餘元色絲每兩准銷銀自一分至一分五厘不等白色賤練絲每兩准銷銀六厘杭州元色染價如染紗經每兩減半

一機房工價

上用經絲每兩准銷銀貳分緯絲粧絨絲每兩准銷銀一分官用經絲每兩准銷銀一分八厘緯絲粧絨絲每兩准銷銀九厘

上用官用掉篗刷紗每兩准銷銀一分牽經接經每工准銷銀八分打綫邊每工准銷銀自四厘至一分不等綫挽匠每工准銷

下一錢五分

一金線價值

上用紅圓金每個長一十一丈貳尺准銷銀三分 三厘六毛 黃圓金每個長一十一丈貳尺准銷銀三分三厘六毛 陵圓金每個長一十一丈貳尺准銷銀三分四厘 紫赤圓金每個長一十一丈貳尺准銷銀三分六厘 扁金每個六百條准銷銀一錢二分 赭赤扁金每個六百條准銷銀一錢 肥赤扁金每個六百條准銷銀一錢貳分 官用紅圓金每個長一十一丈貳尺准銷銀貳分八厘 赤扁金紫扁金俱每個六百條准銷銀九分

一需用花素十年准其更換一次 按五年限報部更換線價核司庫銀內撥給杭州織造衙定銀四千四百二十八兩

一燒柴係織造衙門之柴薪每年共需七千五百六十擔每擔定

織造支款

六十五

價七分從前派入杭屬九邑指出康熙三十九年均派杭嘉湖三府屬無邑指出貳十三兩八分七毛徑解織造交收

南北二關

北新關係鈔關，百貨俱稅，從前專差監督。康熙五十五年以杭并歸巡撫委員管理，爲一關歸撫後遂并收又改由巡撫管理令分七務六小關。七務係城南、城北、城中、江漲、臨平、安溪、西溪是也。六小關係東新、觀音、打鐵、板橋、艮眼、艮馬是也。則例內開一北新關稅口城中城北江漲臨平西溪安溪東新打鐵觀音板橋艮眼艮馬橋司口六家橋征收稅務十城門並臨勝壩新河壩江口東山壩富陽上陌趙家壩知足天螺螄壩艮吉壩江口潮神廟千秋設稅巡查城南關口二處江西設船只巡查其姚石陡門松木吉萬南北中塘每年照市派役巡查此外又有二十六小口稽查。每年額銀一十弍萬三千五十三兩零則例內開北新關正稅銀一十萬七千六百九兩銅斤水腳銀一萬五千三百八十四兩六錢五分盈餘銀四萬三千六百一十兩弍內銅斤腳價銀四萬一千一百五十二兩係雍正十三年定額毫。茶引銀四千餘兩，長單季鈔銀約四千兩，外加增銀四萬兩。

一、豬羊稅並零星稅銀向係小票，不入正額，每年約三千餘兩。

南北二關　六十六

充榷關薪水之用

一大關定耗八分，小關定耗一分，內城南及六小關解八分，餘解七分

一應解正餘水脚銀一千六百卅兩五錢三分七厘　正餘飯食銀貳千四百四十兩八錢五厘　聽辦差費銀五十兩　東費銀卅兩　謄清填冊楮銀一百兩　家人飯食銀五百一十六兩　進書費丹墨費銀貳百五兩八錢　書役工食銀貳千三百四十兩二錢八分　又口船房租銀二百九十四兩二錢四分　差役巡查書役飯食銀九百兩

南關即杭州關，從前專差監督收稅，康熙五十五年奉文將併巡撫兼理　關務錢糧兼收　又改歸巡撫兼理　今向設十口委員分收，其羨改歸北新、觀音、板橋、良映收　左蕩七處五日一報，安溪、通濟、富新三處半月一報，至餘宣關乃大關稽查之所也，每年撥解銀三萬貳百四十七兩零

其關單口數係加二耗，通臨一五耗　解部淮安船料銀一萬四千四

百四十两　銅觔銀七千三百五十两　腳價銀三千六百七十五两　觔目
松板料銀四千七百八十弍两五分　六年起李文加增銀六千两外加
随平添足銀每两三分有零　水腳銀每两一分　幫應吉士銀三千
两每年隨解　飯食銀每两　册費另項銀
附漏税詳案　寧府同趙武信等買運鉄斤匿报漏税一案係趙
武信等相信等李芳宣海山祝禮信均籍隸諸暨内等相信在肖邑
臨浦鎮開張鉄店餘俱在原籍城鄉各開釘店打釘營生本年七
月二十一日等相信在杭城謇永和行内買鉄七百八十五斤計八包又等
李芳同在該行買鉄八百十五斤計七包以僱陸富順船運送臨
浦適趙武信与宣海山在陸健行内亦買鉄弍百斤並代祝禮信買
鉄弍百斤共六件僱宣順在船送至諸暨縣城交郭为来開行被
巡役查獲等蒙憲台批發究詳當即逐一研訊閱其供招等李批

南北二関　六十七

飭移查順確據實訊詳下縣並即移催諸暨二縣查覆查縣趙
武臣等委係開張鐵店隨提集一干人等覆加研鞫僉稱打鐵營
生因就近買運不及千斤故未請照並報驗納稅似奉匿飾查
則例內載客商漏稅照律治罪貨物一半入官若所漏之稅為數
無多分別議罰免其究治又例載現新關凡鄉民攜帶零星應
稅貨物稅銀不滿數分至一分有餘者應歷補納正稅或量罰一二
倍又例載叢鐵每百斤稅銀式分二釐今該趙武臣等買運舊鐵
均不及千斤與客商赴產鐵處所販買數百石者有間其未請照並
為無別項情弊應請免其置議惟匿報漏稅實屬不應仍分計
應納稅銀係在數分至一分有餘應令補納正稅之外再與罰二
倍免其究治是否允協據由據實詳覆仰祈憲台察核示遵奉
批如詳完結繳

琉球難番

一沿海省分遇有被風飄到番船該地方官加意撫卹動支存公銀兩賞給衣粮修理舟楫查明原載貨物造冊裝載報明該上司咨送回國

一浙江省琉球難民初到之日安插館舍之飯倉看粗給房屋（每番民二名合給屋一間三名亦折給屋一間每起通事夫役共給屋二間每間每月報銷租價銀貳分）隨犒酒席一次（每四名合給一桌五名仍給一桌六名以上合給二桌每桌報銷銀八分）安插後每月折犒二次（每次按名折給犒銀一分）中遇冬節加犒酒席（每桌報銷銀八分）尋常住館之日每名日給口粮米一升鹽菜銀三分通事（每起一名）日給飯銀七分水火夫（每起二名）每名日給飯銀五分護番壯役（每番民十名護役二名番民十名以外每多五名加派護役一名）每名日給飯銀三分番民缺衣履者春秋日裝給棉布衫一件（每件報銷布價銀三分二分四厘縫工銀一分）

琉球難番

六十八

棉布褲一条每条报銷布價艮一錢九分八尺線工艮三分弍厘夏日裳給苧布衫一件苧布袢一条共报銷工料艮九錢冬日給與毡帽一頂或給裹頭布方报銷艮八分裳給棉袄一件每件报銷布價艮六錢四分八尺棉花價艮一錢五分線工艮一錢綿褲一条每条报銷布價艮三錢九分六尺綿花價艮七分五厘線工艮三分二厘寒或加給綿背衣一件每件报銷布價艮一兩八分棉花價艮三錢線工艮一錢布襪一双报銷價艮一錢六分棉鞋一双每双报銷價艮二錢四分其无鋪陳者夏月給与草被一条每床报銷布價艮三錢弍分四尺工艮弍分草薦一条报銷價艮一錢棕薦一条报銷價艮弍錢蚊帳一頂报銷價艮一兩七分枕頭一个报銷價艮五分手巾浴巾各一条共报銷價艮七分蒲扇一把报銷價艮弍分冬月將棕薦改給料薦弍条共报銷添艮弍分給棉布被一床每床报銷布價艮七錢弍厘棉花價艮六錢工艮八分棉布褥一床每床报銷布花線工艮与棉被同蚊帳蒲扇毋庸給与餘物給同夏日此外需用什物隨宜備給或照時價报銷番民隨帶貨物多出價座

堆貯租價並往返例報銷出入搬運應給夫價並照採買例報銷水腳書民回程資着脩補原船脩補工料照工部核銷每名核給歸途四十日行糧日給米一升銀三分神福銀貳兩加賞銀貳兩肉五斤每斤銀五分報銷鵞一斤每斤銀五分報銷鷄半斤每斤銀貳分報銷酒三斤每斤銀貳分報銷米粽五十個每個銀貳厘報銷令乘原船將國如意原船便易附岸船將國書咨給船價銀一十貳兩差派員役護送前詣水口安頓原船起行自皈地至水口每書民八名咨給小艇一隻護送員役一例催給每隻船每日經由天河逐銷僱價銀二分經由河招銷僱價銀三分先護送候船頭內每員每日給飯食銀一錢腳力銀一錢隨役每名日給飯食銀三分以回任此日止書民在館患病皆給醫藥藥價以二三兩為率一面醫治一面具報病故者皆給棺木埋葬銀六兩書民回程前赴水口在途遇病者交經過地方

挂鄉雜書

俟東渡日另為撥護同行凡支給難民口糧鹽菜

恩賞月賞四項銀兩俱照實支銷恤項俱以紋銀九三色折給

附核銷成案

某方某叙

呈為事照事今將琉球國書船遭風飄流到境所有安頓接卹

衆衣被各項工料用過銀數分晰開呈送云云

今開

一番人渡嘉敷等十四名初到犒賞筵席一次計三席每席銀

八錢共銀弍兩四錢　一租設番人住房五間每間月給銀三錢

共銀十三兩五錢　一搬運番人貨物計鹽三十五包共重一

千四百八十斤茶葉九包共重一百零六斤煙葉弍包共重一

百十一斤海菜一包計重八十斤棉花一包計重六十弍斤粟

貳毛共重九十六斤 內木一方 股長七八九尺不等 茅篷貳捆
共重四十貳斤 大小板箱十六斤 藤匣三斤 篾匣三斤 篾籮三
隻 木匣八斤 空鋸八斤 鐵鍋貳口 鐵鑊一口 鐵斧一把 鐵鏟一把
砂鍋二十四斤 風爐十斤 又護寓人十四名 乘坐夫擡計二十
八名 擡共人夫貳百零六名 自水口至此所計六里 每里給銀
六厘 每名給銀六厘 共銀一兩貳錢三分六厘 一切護寓人床身
十四張 每張銀八分 共銀一兩一錢貳卞 床板七十件 每件銀
一分貳厘 共銀八錢四分 八仙桌三張 每張銀四錢 共銀一兩
貳錢 板櫈十四條 每條銀三分 共銀四錢貳分 擡共銀三兩五
錢八分 此例八成交抵外 實應領銀七錢一分六厘 一切寓
人草蓆十四條 每條銀五分 共銀七錢 又旱蓆十四床 每床銀
貳分 共銀貳錢八分 共計銀九錢八分 此係至起身日破損者

七十

程郎雅書

送安撫　一辦給水瓶三口每口銀三分共銀九分水桶一付
銀一錢貳分弔樑貳个每个銀四分共銀八分桶飯四个每个
三分共銀一錢貳分火鉗貳把銀七分貳厘泥灶三个銀一錢
貳分共計銀一兩四錢一分貳厘以上各物起身日俱帶船應
用畢送安撫　一給書人十四名每名日給口糧米一升自嘉
慶七年六月十八起至七月十九日止計三十二日共給米四
石四斗八升　一書人座間味仁屋於七月十九日病故開除
外渡嘉敷等十三名每名日給米一升自七年七月二十日起
至八年閏二月二十日止除小建外計二百三十九日共給米
三十石九斗四升　一給書人十四名每名日給鹽菜銀三厘
自嘉慶七年六月十九日起至七月十九日止計三十二日共
銀十三兩四錢四分　一書人座間味仁屋於七月十九日病

鼓關隊外渡嘉勇等十三名每名日給鹽菜銀三分自七年七月二十日起至八年閏二月二十日止 除小建外計貳百三十九日共給銀九十二兩八錢貳分 一番人唐同律仁屋於七月十五日患病至十九日病故 共醫藥餅計銀六錢五分 備辦衣兜埋葬計銀六兩 共銀六兩六錢五分 一中秋節暨冬至年終度歲三次 每次賞給渡嘉勇等酒席三桌計九桌每桌銀八錢 共銀七兩貳錢 一中秋節渡嘉勇等十三名每名給月餅四斤計五十貳斤每斤銀一分 共銀五錢貳分 冬至節每名給米餅四斤計五十貳斤每斤銀一分 共銀五錢貳分 又年終每名給年糕貳斤計貳十六斤每斤銀貳分 共銀五錢貳分 揔共銀一兩五錢六分 一元宵節賞給酒席三桌每桌銀八錢共銀貳兩四錢 一派撥巡防人役貳名每名日給飯銀三

撫卹雜費

七十一

分共銀六分自嘉慶七年六月十六日起至八年閏二月二十日止除小建外計貳百七十日共給銀十六兩貳錢　一每日賞給書人銀四分照經歷房減半聽其自便共銀一兩貳錢自七年六月十八日起至八年閏二月二十日止計九次共給銀十兩八錢　一衆給書人棉襖十三件每件用面裏布三丈六尺共布四十六丈八尺每丈價銀一錢八分計銀八兩四錢貳分四厘每件用棉花一斤共花十三斤每斤價銀一錢五分計銀一兩九錢五分每件線銀貳分共銀貳錢六分每件工銀八分計銀一兩四分揔共銀一十一兩六錢七分四厘　一衆給棉被十三床每床用面裏布五幅每幅長六尺五寸計布三丈九尺共用布五十丈七尺每丈價銀一錢八分計銀九兩一錢貳分六厘每床用棉花四斤共用花五十貳斤每斤銀一錢五

分計銀七兩八錢每床工錢銀八分計銀一兩四分搃共銀一
十七兩九錢六分六厘　一製給書人單布被十三條每條用
布一丈一尺共布十四丈三尺每丈價銀一錢八分計銀貳兩
五錢七分四厘每條工錢銀三分貳厘計銀四錢一分六厘搃
共銀貳兩九錢九分　一書人起程賞給隨廚三桌每桌銀八
錢共銀貳兩四錢　一書人十三名起程赴閩每名賞給豬肉
五斤計肉六十五斤每斤銀五分共銀三兩貳錢五分每名給
酒三斤計酒三十九斤每斤銀貳分共銀七錢八分每名給鴨
八兩計六斤八兩每斤銀四分計銀貳錢六分搃共銀四兩貳
錢九分　一書船開行神福銀三兩　一書人十三名自溫至
閩每名日給鹽菜銀三分酌給二十日每名計銀六錢共銀七
兩八錢　一書人十三名自溫至閩每名日給米一升酌給二

孫郵雅書

七十二

十日每名計給米弍斗共給米弍名六斗　一雇夫一百七十八名扛抬商人鹽茶烟葉海菜棉花木段等貨起行自出廠至城外計程六里每名給錢六厘共計錢一兩六分八厘　一委員護送每日給薪水錢一錢自閏二月二十日起程往回福計一月給薪水錢三兩脚夫錢一兩又隨役弍名每名日給錢三分計一月錢一兩八錢揔共錢五兩八錢　一雇募舵工一名給安家錢四兩路費飯食錢三兩共錢七兩　一雇募水手五名每名給辛工飯食錢三兩共錢一十五兩

以上共墊用過銀弍百五十兩三錢弍厘九三折實錢弍百三十弍兩七錢八分一厘　共米三十八石二升以二穀一米折算計共七十六石四升遵照定例在粮常平倉穀項下内動支作正開銷理合登明

今將修理琉球國番人渡嘉敷等船隻各項工料開具寛厚尺寸及實用價值逐一分晰造冊呈送察核施行　計開

一木桅二門正桅長貳丈四尺副桅長貳丈貳尺共銀九兩貳錢前件正桅寛八寸厚六寸副桅寛八寸厚六寸理合聲明

一木柁齒貳付計四斤每斤銀一錢九分計銀七錢六分又鐵鋲頭二付每對銀貳錢五分計銀九錢連桅毛竹四株每株銀八分計銀三錢貳分縂麻十四斤每斤銀貳分五厘計銀三錢五分共計銀一兩九錢三分前件柁齒長八寸五寸寛六寸厚四寸五分有縂麻每斤銀貳分五厘實係時值價銀并按照前各承亦難為習惟怀尋案内造招准銷有案合並註明　一大風篷一扇長六丈貳尺闊四丈四尺用毛竹一百五株每株銀三分五厘計銀三兩六錢七分五厘青篾八百斤每百斤銀貳錢

梓卿雅書

七十二

計艮一兩六分　水藤一百斤每斤艮弍分八厘計艮弍兩八錢
匠作八十四工每工艮五分計艮四兩弍錢篷楞竹八十株每
株艮一分弍厘計艮九錢六分共計艮一十三兩弍錢三分五
厘前件雖倣照水艍船式辦理但該嶌遠歷重洋必須加謹堅
厚實係按時價值查与前冬存亦難番習惟將各修船篷料一
體造報務邀准銷有案理合註明　一號篷一扇長三丈五尺濶
一丈九尺用毛竹四十株每株艮三分五厘計艮一兩四錢青篾弍
百五十斤每百斤艮弍錢計艮五錢　水藤三十斤每斤艮弍分
八厘計艮八錢四分匠作二十八工每工艮五分計艮一兩四
錢篷楞竹四十株每株艮四厘計艮一錢六分共計艮四兩三
錢　一篷筋二十八条每条長七丈五尺用棕一百十弍斤每
斤艮三分五厘計艮三兩九錢弍分匠作六工每工艮五分計

艮三錢共計艮四兩貳錢貳分前件查樣每斤下三分五厘實
係照時價值又棕匠纏匠鐵匠等每工艮五分而係按如前例
不無難易習慣皆案內照例一体從優理合聲明　一大小
頭交棕索貳條用棕六十斤每斤艮三分五厘計艮貳兩一錢
匠作五工每工艮五分計艮貳錢五分共計艮貳兩三錢五分
一繚風索貳十八條用棕六十斤每斤艮三分五厘計艮貳
兩一錢匠作五工每工艮五分計艮貳錢五分共計艮貳兩三
錢五分　一滴尾一條長十七丈圍圓五寸用棕一百十斤每
斤艮三分五厘共艮三兩八錢五分匠作八工艮四錢共計艮
四兩貳錢五分　一蔴檣繂貳條長十八丈圍圓七寸用蔴一
百五十斤每斤艮貳分五厘計艮三兩七錢五分匠作九工每
工艮五分計艮四錢五分共計艮四兩貳錢　一踏索貳條長

挂郵雜畨

七十四

十九丈圍圓四寸五分用麻一百八十斤每斤銀貳分五厘計銀四兩五錢匠作十貳工計銀六錢共計銀五兩一錢前件查麻繩頂下贈索尾吊棕繩頂下棚寸湯瓶甩等項皆船內向有此名色遠歷重洋可至必須從前修理舊船案內一律造報准銷本案理合聲明　一尾吊索一條長十五丈圍圓四寸用蔴七十斤每斤銀貳分五厘計銀一兩七錢五分匠作貳工銀一錢共銀一兩八錢五分已於前款聲明　一碇索一條用麻六十斤計銀一兩五錢匠作貳工銀一錢共銀一兩六錢　一棚寸一付三十套用麻八十斤每斤銀貳分五厘計銀貳兩匠作四工銀貳錢共銀貳兩貳錢已於前款聲明　一湯瓶甩貳十九條用棕三十斤每斤銀三分五厘計銀一兩五分匠作貳工銀一錢共銀一兩一錢五分已於前款聲明　一椗車礫一條

用麻五十斤每斤銀弍分五厘計銀一兩弍錢五分匠作弍工銀一錢共銀一兩三錢五分　一閑檣一條用麻四十斤每斤銀弍分五厘計銀一兩匠作弍工銀一錢共計銀一兩一錢

一繂中一條用麻三十斤廊尾一條用麻十四斤桅鵠一條用緣麻三十斤共用麻七十四斤每斤銀弍分五厘計銀一兩八錢五分匠作四工銀弍錢共銀弍兩五錢　一頭篷筋十五條用棕弍十斤每斤銀三分五厘計銀七錢繚風十五條用棕十五斤計銀五錢弍分五厘大小頭網弍條用棕九斤計銀弍錢一分五厘陽瓶尾十五條用棕四斤計銀一錢四分匠作四工銀弍錢共銀一兩八錢八分　一頭篷檣繂一條用麻二十四斤每斤銀弍分五厘計銀六錢匠作一工銀五分共銀六錢五分　一大篷上舵一株用杉木長四丈六尺中大一尺一寸銀

七十五

桂邨雅書

三兩弍錢蓬下脂一株長四丈六尺中大九寸銀弍兩一錢共
銀五兩三錢　一頭桅一根用杉木長四丈四尺中大一尺五
寸銀五兩九錢　一頭蓬脂二株用杉木長弍丈弍尺中大五
寸銀一兩　一桅頂旂弍面用布一丈弍尺每尺銀一分八厘
計銀弍錢一分六厘前件每面布一幅長六尺闊一尺理合開
報　一杉木招一株用杉木長五丈大八寸銀三兩弍錢六分
一桐木槽三枝每枝長四丈五尺寬八寸厚六寸銀一兩弍
錢共銀三兩六錢　一鐵槽插十弍斤共用鐵六十斤每斤銀
一分弍厘計銀七錢弍分炭火銀一錢八分匠工銀三錢共計
銀一兩弍錢前件寬一寸五分厚六分團圓一尺理合造報
一梗木桯担二根每根銀五分共銀一錢前件團圓九寸長一
丈一尺理合造報　一舵牙一根銀三錢前件團圓一尺長一

丈弍尺理合造報　一正副桅椗索弍條每條長三十弍丈圍
圍七尺五分用棕一千九百二十弍斤每斤銀三分五厘計銀
六十七兩弍錢五分匠作三十工計銀一兩五錢共銀六十八
兩七錢五分　一軟捲篷四扇長弍丈弍尺濶一丈每扇銀一
兩共銀四兩前件並查水艍船成例並無軟捲篷應用而哨船
遠歷重洋事在必需查前撫不准難駕惟加予前及難駕大樸
頭惟怕前艙處均有軟捲篷造報准銷在案理合聲明　一鋪
舵松木寸板一百九十片每片銀三分共銀五兩七錢　一艙
樑松木十八根每根長三丈大五寸銀一錢五分計銀弍兩七
錢匠作六工銀三錢共銀三兩　一桐油四百弍十斤每斤銀
四分六厘共銀十九兩三錢弍分前件並查桐油䌷灰鐵釘
杠丹等項實係照時價值捐辦理其報與前撫不准難駕咕
挂卯難畫

七十八

瓶子等又難當大城要惟恪遵案内一併造報准銷實在三毫
係買理會聲明　一捆布四百斤每斤銀七厘共銀貳兩八錢
已於前款聲明　一艌船工匠共貳百十六工每工連飯食銀
七分共銀十五兩一錢貳分　一鐵釘四百斤每斤銀三分六
厘共銀十四兩四錢已於前款聲明　一黑煤五分每斤銀三
分共銀一錢五分　一紅丹貳斤八兩每斤銀一錢八分共銀
四錢五分已於前款聲明　一燒洗船底異柴四十担每担銀
三分共銀一兩貳錢　一修造板杉艇船一隻共工料銀五兩
七錢七分前件板貳丈五尺每長一丈七尺厚一寸貳分每丈
價銀一兩一錢計銀貳兩七錢五分杉木三根每根長貳丈貳
尺中大五寸計銀一兩五錢釘十斤每斤銀三分五厘共計銀
三錢六分桐油十斤每斤銀四分六厘計銀四錢六分麻八斤

每斤銀貳分五厘計銀貳錢匠作十工每工銀五分計銀五錢
理合分晰造報　一杉木櫓一枝長貳丈四尺寬五寸厚四寸
五分計銀八錢　一勒肚一條用麻一百貳十斤杉木背三條
用麻七十斤櫓繫三條用麻三十四斤共用麻貳百貳十四斤
每斤銀貳分五厘計銀五兩六錢匠作四工計銀貳錢共銀五
兩八錢

以上共整用過銀貳百卅三兩一錢一厘九三折實銀貳百
十六兩七錢八分三厘

旨欽遵

上諭寧令將嘉慶八年四月初一日准京山臨海二邑護送寄船
三隻到溫暈因渡嘉專番船開行赴閩所有護郵卜来理合分
晰開冊呈送　五　五　令開

護郵雅書

七十七

一象山臨海二邑送到三船番人並塢泉崎表富盛里之子隨名減等式十六名每名日給米一升自加慶八年正月初一日起至閏二月二十日止除小建外計七十九日共給米二十石五斗四升　一象山臨海式邑送到三船番人並塢當二十六名初進溫州賞給花席一次計五席每席銀八分共計銀四錢　一象山臨海二邑送到三船番人並塢當式十六名每名日給鹽菜銀三分自加慶八年正月初一日起至閏二月二十日止除小建外計七十九日共給銀六十一兩六錢式分　一元宵節賞給番人二十六名花席五桌每席銀八分共銀四錢　一每月賞給番人並塢當二十六名銀四錢照花席減半折其自應共銀式兩自八年正月初一日起至閏二月二十日止計二次共銀八兩　一番人共式十六名起程赴閩每名賞給

豬肉五斤，計肉一百三十斤，每斤價銀五分，共銀六兩五錢。又每名給豬三斤，計豬七十八斤，每斤價銀貳分，共銀一兩五錢六分。每名給雞八兩，計十三斤，每斤計銀四分，共銀五錢貳分。總共銀八兩五錢八分。一番船開行起閩安船神犒銀三兩，共銀九兩。一番人共貳十六名，自溫起閩，每名日給鹽菜銀三分，兩給二十日，每名給銀六錢，共銀十五兩六錢。一番人貳十六名，自溫起閩，每名日給米一升，兩給貳十日，每名行給米貳斗，共給米五石貳斗。一雇募舵工三名，每名給安家銀四兩、鞋費及布匹銀三兩，共銀貳十一兩。一雇募水手十五名，每名給年工及布匹銀三兩，共銀四十五兩。

以上共墊用洋銀一百七十四兩八錢九厘，折實銀一百六十貳兩五錢六分四厘。又給過米貳十五石七斗四升，以米二

孫郎雅書

七十八

米於某計米五十一石四斗八升羨出定例存於常平倉照
貯米内動支作正開銷理合登明

旌表等款

一節孝貞烈無名題估　旌表坊價三十兩

某府知府循例彙報查請　旌表事　嘉慶七年五月十三日准本
府儒學牒開據生員王允成葉遇春童生余長魁守備陳世勳等
呈稱切生等均住郡城隸永邑東南十八堡與文庄有故民陳尚齊之
妻諸氏于歸九載蚤賦離鸞撫育孤雛安窮苦一十三年崇尚
孝敬親事姑者二十八載節操冰霜心持金石代夫教子訓迪文方
静一可風莫言不苟現年六十七歲守節四十二年二子成人行端
名立長孫有室三世一堂生等均属親隣供悉　皇恩有旌奬
節孝之典謹氏年例相符理合開明事實具結請　旌以勵貞節
等情又據庠生周省照生沈衍琳生員趙書瀛職員劉起鳳等
呈稱永邑東南六堡通道橋左有故民劉起元之妻趙氏結褵四

載來即云已撫幼子則以母兼師事舅姑則以婦代子嗣易將延世紡躬亦賴氏撫育成圓生平均見親知該氏現年六十歲守節卅八年子孫生子三並一堂伏念皇恩有旌獎之典該氏年例相符為此開明實具結詳　旌以維風化等情到等據此職學查看得故民陳亦介之妻諸氏夫早逝之後靡他撫育遺孤備嘗艱苦代夫奉祀孝養無虧又看得故民劉起元之妻趙氏結褵四載夫即物故殫紡績以靡寧代夫盡孝備冀衷於勿替矢志靡他該氏等青年守志教子成家足徵風化之隆允協閫揚之典現今年例相符理合據情加結備送詳請具題　旌以重風化等因據送冊結運都准此卑職查看得故民陳亦介之妻孫氏青年永誓心矜垂成才將九載抱痛難窩矢志靡他作歌黃鵠奉舅姑則躬親問膳撫幼子則訓惠義方青年守志白首完貞又看得故民劉

北元之妻趙氏四德克嫻三從獨淳結褵四載夫即云亡勤紡績以奉舅姑秉義方以訓幼子現在青衿最早節操松扣猶向隨勞之堪憫誠節孝之可風據准本府儒學取造事實冊結牒請詳報前來卑職復查無異並無虛捏冒報情弊擬合據具詳伏祈憲臺察轉詳申撫憲學憲暨道藩憲外爲此云云今申送事實冊五本結連印甘結五套

某府學儒學呈爲舉報節孝以重風化事今將節婦陸諸氏之實開造清冊呈送察核施行

今開

一節婦陸諸氏現年六十七歲係故民諸帝玉之女母方氏氏生於乾隆元年四月初八日於乾隆十九年八月二十日適故民陸六有爲妻年十九歲於乾隆二十八年四月二十六日夫亡氏年二十八歲守節四十年

雍表等款

八十

一氏夫歿時無嗣指腹遺男姑猶以暮老撫孤為重因懷遺男姑之命
將進佚書　一氏孝養翁十三年繼姑四載甘旨躬親晨昏無怠
翁姑無違其孝　一氏夫亡時長子三歲遺孤四月家道平常夙夜勤
勞仰事俯育靡不竭力其心　一氏自翁姑逝後殯葬盡禮祠子業儒通
曉文義長子現入庠均有克家之望　一氏紡績辛勤儉室不貲自夫
歿後至今四十年從未出外今二子俱成祖父遺業孫皆醇謹亦既娶
娘皇席成稱其孝所報不爽　又節婦劉趙氏事實首條與前同
一氏自劉門夫婦相敬如賓滋夫燕初勸勉無僅自夫歿段求未不又
口者三日遺姑諭以暮老撫孤始強忍就食　一氏孝養翁九年繼姑
七載生時甘旨躬親歿時殯葬盡禮將歿時幼孫亦生繼祧氏推以
成人　一氏性情恬淡紡績辛勤主持家道凡親戚往來之禮悉遵
遺姑之命　遺姑感稱其孝而賢　一氏家道極貧數月幼孫始交

多病氏素鞠成人備嘗艱苦不辭宵沐里隣共稱其賢 一氏猶能節
儉訓子義方守節卅八年從未出門家教謹嚴今其子亦有克家之望
其為姻今據與印結為舉報節孝以重風化等情准本府儒學詳稱據
據永嘉縣東南十八堡奧文莊里隣王文成葉邑聶親族余志魁陳
世勳等結稱伊本里節婦陳諸氏生於乾隆元年四月初八日於乾隆
十九年八月二十日適故民陳亦介為妻氏年十九歲於乾隆二十八年四月
二十六日夫故氏年廿八歲守節四十年現年六十七歲家 皇恩有
旌獎之典該氏一生苦志孝慈年例相符應請 旌表以維風化
具詳到學據此理合加具印結前來准此覆查無異擬合加具
印結具覆里隣甘結前列名名於以維風化之下用中間不致扶捏合具結狀是實字樣教官印結前列銜名於
以維風化之下用具結到學據此理合具加印結具實字樣餘
俱同縣結不備錄
右看 核看得永邑故民陳亦介之妻諸氏節比松筠心同金石
旌表等款 八十一

侍禱九載痛篤彭之忽予矢志一任賦柏舟而永誓勉留脩息思仰
奉上念垂白之双親鞠以撫事接遺孤之二子教以成人兼丑苦窮心甘
青年守節今則克稱壽近白首完貞洵夫巾幗之完人識補閫閣之令
範又看得故民劉起元之妻趙氏拉筍作節冰雪盟心當十九而守節有四
年而破鏡無死匪難嗟生之子弱姑以托撫生自為痛膝下之孤後老
依夏請之溫歸無子成和與畫荻母代師嚴矢堅貞於其妻實柏舟
推白首宜旌揚以維風化等擬該縣準學造具冊結詳送前
來畢為愛查無異理合備文特詳云等
蒙批查節孝請旌應由縣查明屬實結具印冊取結加結通詳三
院臣布司核辦再行由府加結詳報核轉今承縣申節婦許氏劉
趙氏請旌該縣並未通詳該府即行核轉又未將詳內節婦錯誤
仰即飭縣查明備具冊結該府圖結詳送照例分案通詳該府仍即分

案加结看详察旁毋違淑丹结弄妥　又司批駁详查节妇陈陆氏二十岁

夫亡至今年七十岁计守节卌九年今丹结内開四十年刘赵氏二十三岁

夫亡至今六十岁计守节卌七年今丹结内開三十八年均属错误且节孝

雅九一门双节据应另案出理仰温州府查照前批饬县更正丹结该县在

址屋图另案另详一面由府核明另案加结看详毋违仍应如实查照

四道批示淑丹结并发

府要详看尾并据该县准学换造丹结该图另案详送前来覆

覈查呈并理合加结转详仰祈宪台察核今申送府结四座附送结

四座图丹各四座

屋图

节妇陆氏屋

堂妹陈六解屋

堂财陈世信住

大门

左王娃屋

右叶胜屋

堂财陈世勳屋

雅志等稟

八十二

温州府為青年守志貞節請旌表事。嘉慶七年七月三十日奉撫憲
批：據樂清縣詳報已故節婦陳鄭氏青年守志歸結合例請題
旌表緣由奉批：仰温州府將該孫送到事實冊結核明詳送察
奪，仍候藩學部院批示繳。等因。奉此，卑府查此案先於本年六月十
五日據署樂清縣知縣葉某據詳稱：嘉慶七年四月二十六日准卑
縣儒學署教諭陳壹、訓導周文念縣稱，據生員陳兆鴻、陳炯、陳
兆鵬、陳秉謙呈稱：竊生等已故曾祖母鄭氏，係二都一圖監生鄭堯
生之女，生於康熙十六年三月初五日，於康熙三十二年正月十九日適生
等故曾祖父陳公勉為妻，時母年一十七歲。於康熙三十四年四月二十
日曾祖父身故，曾祖母年僅一十九歲，慎欲殉葬，緣遺孤而家道克
成。履潔懷芳，逾七旬而歸，泣全親至乾隆十六年十一月二十九日身故，計
守節五十七年，殁年七十六歲。乾隆二十五年間蒙前府憲李載入郡

稟稱久著已經請稟而幽魂未邀旌揚若節孝兼貞尤冀題旌爲此開
除事實結具應圖冊里鄰族親甘結伏乞詳請題　旌以憑文達等情
據此據學查看得節婦傅鄭氏幼著端莊長稱淑慎在室的事父母
湯著躬親于歸後祀翁姑蘋水薦潔兩年夙偕調琴瑟之和一旦驚
分飛柏舟之什操女紅而鍵戶固志慎以全貞節蘇而復撫孤尤見
莊往佐節洵屬閨閫之閫範允稱巾幗之完人素協鄉評爰經郡
議既符年例宜沐旌揚等據開具事實圖結前來職學覆查無異
理合加具印結備文牒送察轉等因准此該署學傳鄭氏親族葉等
據查看得節婦傅鄭氏賦性幽閑持躬淑慎兩年儕鳳侶琴調
靜好之音一旦失鸞儔鏡絕雙飛之影乃以遺孤在腹遂殘喘勉
延辛勤自喻經年惟對秋風樸持志勞閨戶不知紅日動搖與杞
篤慈孝永同日月爭光允協輿評宜邀　旌典早賜查核確實程
旌表等款

八十二

令將送到丹徒加具印結備文詳報寔屬苦情核與嘗查送到履圖並未鈐印印信批飭去後茲據申送前來卑為核看得桑邑已故節婦徐鄭氏秉性堅貞持躬淑慎佐儒未幾遽成破鏡之分勵節孤身抱守冰霜之志奉先人以誠後事死不啻如生勗孫子以義方慈母而兼嚴父茹荼苦者七十七載保全貞者七十六年年例既符宜邀旌典茲據該縣准學錄送事實冊結履歷圖前來核合加看具結詳送仰祈憲台察轉保題批具詳移憲外為此云云

已故節婦徐鄭氏事實冊

一節婦徐鄭氏係桑邑清獻式都一圖鄭考生之女母宋氏氏生於康熙十六年三月初五日於康熙三十二年正月十九日適同邑桑市之從已故儒士徐公勉為妻氏年一十七歲於康熙三十四年正月二十日夫故氏年一十九歲於乾隆十六年十一月二十九日氏故守節五十七年歿年七十三

由 一氏在母家謹守規矩不輕出房户遇親病必親奉湯藥晝夜不
寐而適許門不厭貧乏惟以不及事翁姑為歎每當翁姑生殁日暇
必竭力措備展祭設粢潛然淚下誠族咸稱其孝 一氏夫將殁時
去執其手流淚不以向后私言則相視而盡 臣氏含笑言曰我現懷孕
若產女與君同歸地下倘產男當為君守家雖貧寧餓死斷不他適
迨畢夫葬收淚釋手旋即目瞑 一氏夫既殁不哀棺木毫不營辦
將氏紡家中所有不將物者為典賣以為殯殮埋葬之費惟書籍衣
而藏之不肯出售 一氏自夫殁後哀毀痛哭不勝悲楚以受遺腹
故每日尚強飲薄粥越數月生男而殤襁之曰許氏一脈全在此
孩其撫育重矣其乳哺倍加辛苦 一氏所住僅茅屋一間而白晝
亦不出户當盛暑雖破布衣服必整理至昏夜不敢解溫情度太
若因問之答曰不過全歸人家侍奉耳 一氏夫故家貧籍紡績度日
雖未盡欸

八十四

庭闈之內屢借自為先誥手西夏則孝為收傷冬則孝清凍裂
一遺孤漸長亦衣食所資皆出氏力每日僅一粥一飯氏恒不自飽
必節省以食遺孤　一提蒙遺孤訓以義方日督之耕庭教以為人及其
子既立家業稍充氏勤儉如故陸至年逾七十子又生孫猶不忘訪
事曰此婦工也其力能任當勿釋臨歿尚以孝弟之言勗其子孫
勤儉之可囑其子孫歸云
具結某名報本三保里隣親族等今據與母結為青年守志貞節
節堪憐喝賜詳請題　旌以廣　皇恩可信須云云年例相符乾隆
二十五年蒙前府憲李載覆郡請前詳因未蒙確核府詳請題　旌在內
實有其人其可旌年係目係取情弊中間不致虛捏所具甘結是實

屋圖　東丁字巷

北浮廟屋屋

大門

南浮姊姑屋

西至陳趙世昌地

一男婦壽登百歲者每名給銀 旌表坊銀三十兩一百一十歲者
倍之一百二十歲者再倍之更有多得壽算者照其壽算加增
又壽民壽婦已得旌表者遇有 恩詔仍一體加賞
温州府屬石盈建 旌揚以彰人瑞而慶署瑞安縣知縣周鎬詳請加賞
八年二月十八日據監生杜文魁陳邦佐胡正邦生員林丹山吳邦文
李錦輝等呈稱切惟 一人有慶而族陸昌登耆壯於春臺渾忘
帝力清群黎以 仁壽匯而祥徵於有虞泉鄉十二都中州地方鄉耆
吳兆鼓者監生吳鼎之父也壽屆百齡身膺五福居家孝友素嫻
五常之人師敦行端嚴允為一鄉之善士身閱里以急公早完 國課
本詩書以教子俾有義方優游樂利覩五世之同堂歌詠太平前
四朝之厚澤喜臻耄耋之年並邀 寵賁於遐期頤之壽宜沐
殊榮身等誼聯梓里久倚杖於老成欣今事協 朝章應闡揚
旌表等款 八十五

守人陳蒼無命印詳請具　題并情並據報具詳批覆里陳親
族出具甘結以及事實清冊前來據此甲戚隨親詣其家查覈
三者得壽民黃必發期頤有壽視聽不衰世守耕耘躬行誠篤延
壽宇而頻沾　雨露敘天倫而快親孫並沐　四朝之孝澤身未列
年登五世之同堂家傳積善洵屬　昇平人瑞為　盛世嘉徵
應請　恩賜以昭　崇典並據里隣人等呈送事實冊結前來甲戚
覆查無異理合加具印結備文具詳仰祈察核轉請題旌實為
恩便除逕詳撫憲學憲藩臬兩憲外為此備由具申伏乞照詳施行等情
據此當查送到清冊各圖僅止一名不實甲送印結批飭補送去
後茲據該縣申送前來該卑府查看得瑞邑十二都耆民黃必發
稟躬謹厚家本恒豐勵性醇良譜稱善士循理自修至樂引年
疊享　孫息畢於期頤依　壽宇而瞻雲就日安其作息優康衢

而諸腹含哺休一 四朝愛情之仁勅五代孫曾之序洵屬祥瑞 盛世
識爲瑞應 冒昧詳接該縣詳送丹結并圖冊前來卑府覆查無
異理合據文核看轉詳伏祈憲台察核轉請 題旌以慰輿情云云
畢而物爲盛請 旌揚以彰人瑞乃令將壽民黃如孩年歲另
實開具清冊呈送以憑核施行

計開

壽民黃如孩係甲縣十二都中州莊人生於康熙四十三年正月二十二
日子時娶妻毛氏屆今嘉慶八年實年一百歲子一人孫六人曾孫十人
元孫一人乾隆五十年并五十五年加慶元年榮遇 覃恩 賞賚
三次 一該壽民家傳孝友教子饒有義方周濟鄉隣樂善不倦
一該壽民謹身守法足跡不履訟庭惟以早完 國課勸諭鄉里靡
不踴躍輸將積久而懈
旌表等款

八十六

今據呈印結為叩請　旌揚以彰人瑞事係旧本郡中州庄壽民吳必發生於康熙某年某月某日娶妻毛氏屆今加增八年現年一百歲實係本郡庄人子孫曾玄共一十九人五代同堂与例相符应請　旌獎中间不致捏飾合具印結是實

系圖

第一代　壽民吳必發現年百歲

第二代　子文之故　子聶年六十歲

第三代　孫景元歲〇〇　景熖歲〇〇　孫景周歲〇〇　景忠歲〇〇　景崗歲〇〇　景德歲〇〇

第四代　曾孫四人　士達　士奠　士麗　曾孫士道　凤池　軒豪

第五代　元孫瑞巡年三歲

一民人　丁產三男當給本家米五石布一十疋外省緞米布

附便打往

雅素芳致

八十七

二十九

二十九

浙中會計見聞録卷六

承追

一承追户属项下一切因公核减分赔摊赔代赔及军需核减等项下自接准文到日起限限满不完将承追督催官议处其接任承追督催各官仍照到任之日扣限其数在三百两以下限半年追完三千两一千两限一年追完不完议处一千两至五千两宽限四年五千两以上宽限五年统计所追总数作为十分按年摊追如每年届限时完过并完银承追官照例议处如能遇限陆续完交承追限后四年五年统限满时查明已未完数分别议处其历年九百应得处分限满若能全完全行开复至五万千两以上之案五年限满能完至七分亦准开复其余分数未完照数按年起限承追

一凡承追一切欠项除现任官即令在任所著追外其离任官系

傳員會該管督挂一面嚴追一面即行查該員歷過任
所有無隱寄折員由部行知該員原任省分其任所地方自
文到日限三个月查明取結申詳該督撫隨明原籍咨部辦理
違者照　欽部之件遲延例議處　例載處分則例限期门
一拖欠皆係手朴本員力不能完者查其承產之兄弟子侄分
肥之係皆工司經手之家奴吏役及寄頓財產之人確查屬
實均應著賠若分居析產之兄弟并屬並不知情之親友收
僕旁人於已常無侵漁私財又非寄頓該處用物皆係借
隸帮等項名色勒令賠補實屬拖累甚或藉称嚴查寄頓移
移寄情刑求嚇詐等弊准受累之人赴上司控告參究倘上
司不為准理照徇庇例議處
一現任貪員本身應完一切因公挂欠及分賠代賠等項不兩

爲數不多者准其出結應作無着數内出報完結其有著落應出
本任耗羨内自行留支者責令該管上司催追清結其有詳
請分限完交屬本者如完解遲延本員及該管上司分别議
處限滿不完統計已未完分數照例參處仍令完納該管上司
分别參處仍令賠償照天府四股同知賠償照知府例議處
一回旗回籍人員應追各項即毋該員一面接限完交如有部
減不符及任所派籍不出等項情由應呈本旗本籍呈明移
咨任所核辦如該管官保留爲聲請自行赴任清釐者無礙摘
例議處再任所督撫查核案情實係款項轇轕情節繁瑣不
便文移往返必須該員親自質對原委以期速結毋將
緣由聲明咨部移知本該旗籍飭令該員前往清釐結款
完該即行勒回旗籍如有藉端他往擾累地方情節該督撫
承追

二

核實查奏治罪 以上五條加慶七年准纂

一承追之案欠項承追官員自交代時將已未完諸緣由一體入冊結報毋至年底後特核查明案件完欠分晰部行造冊分咨所部覆核其八旂承追案件不在直省之例於年底彙報

一收支欠項前案未經繳完復本交又有應追之案查係尋常案件果係力難併繳者准於前案統限清完之後再將後案應追之項按限數多寡定限接續完交若係本格者嚴追之款不准援照此例

一軍需案內應追之項查無虛靡侵蝕款情弊經部照例核減者先於本員名下全數著追如本員於離任後力難獨完由部查明原追案內或有該管上司扶同妄不慎或失於詳查所致即令該管上司與本員各半分賠如本員於分賠一半下內

仍不能完青查係另來仍可補發人吏俟補發日於應俸內
扣數扣還如係羅賊人吏應令查照舊例逐款改查照原案
係承查如官需要物一時猝難應差物價不能悉符常例致干
部駁勒賠是該員无意與監督者有間即應奏明酌量
寬免無庸一槩着追

一同案分賠之犯人吏各人名下先盡應完已身應賠名下數追
即查原參該吏役已身應賠名下數完納則其責已畢或同犯
之人有家產盡絕者應即將其人應賠名下數照例豁除不得
復於同案名吏名下重複攤派並禁以其於通省各官藉名應
內攤扣與不得於承追官分著落賠補違者照違　制律議處

一應徵欠項人吏或其人並無貲財或只有所欠不足數列其細
房產業抵償而產業有兄弟未經分晰者應令接照抄產之
承追

三

例將產業按兄弟人數分股計算，如家產值銀十萬，兄弟五人，每股應得二萬，祇將該員名下一股呈出入官，其餘兄弟名下應得者，報令照業。其兄弟不能調財產未分任意隱匿，其該管官亦不得勒令將兄弟名下應得之產一併呈出，致滋波累。以上四條嘉慶七年修纂

一　官員一切應賠庫項開欠抵追，如所開之欠查明實係出於其借欠之人，當日具有借欠印約，照應照數追還。若將借欠之員分別設處查係平日私債，或係己貲幫助親友，以及因公私借，雖有文約並無印約者，無論遠年近年，有無確據，

一概不准追抵。

一　出師陣亡、傷亡、病故官兵凡有預借銀兩，欽奉乾隆五年諭旨，准予豁免，永遠遵行。

一省吏應追一切贓項如有因公情節輕重查係該上司知
情構隱及實有沉妄不慎之咎者照將該吏等本人家產全
完一照不准援例請豁即著落該管各上司名下攤賠如有屬
同不堪減以及分贓攤賠之項除將吏仍通查該吏原籍及歷
過任所果無隱寄任所資此其切實即係加結由原籍題豁
該吏亦無此由該縣係咨部辦理說於年底彙案具題請咨
該銷案經該不得竟不咨部率行具奏致與部案參差違甚
由部查參至欠項省或一人名下有兩款及三四款者內外承追
衙門俱咨查明原案情節輕重分別應賠應免辦理
其餘案咨結
一省吏應追欠項有初案已經查明題豁若續有別案追項准
一軍營陣亡傷亡人員如有本身應追採買核減及分贓代賠

承追

四

並該員摘舉行咨部議免毋庸逐案具題

一凡承追户屬項下一切應完員役如其人實在家產全無該
管地方官不為據實詳請督撫題豁致令子女妻孥離失
所將承追之州縣及督催之督撫兼交吏部議處該
管官不為據實具詳咨部者亦照此例若該撫業已咨部
而承辦司員任聽書役駮摘不為彙題豁免亦即將該司員
兼交吏部議處書役交刑部治罪　以上五條加賞七年纂修

一離任官應追欠項本籍本旗一面督屬嚴追一面通查該員歷
過任所果無財產隱寄由任所出具切實印結移送本旗本
籍由本旗本籍加結題請豁免倘題豁以後別經發覺財產侵欺
入官仍將原籍任所出結官員革職原豁員役並着追還

一現任文武官應繳欠項員役將伊員數不多該員呈請自行扣立

於半年一年俸薪内可以全行坐扣完結者酌其坐扣外餘俱勒限還繳其有限滿未完業經該旗籍查明詳報家產全無准於俸薪内逐年扣抵者酌定每年止扣一半其一半留與當差永遠著爲令行如本係有力完繳故借扣繳延宕不交者察出將本員及承追出結之員一律嚴參議處加賞七年條募

一凡完交追賠之項已經或有完交在先後經核明浮於實追之數者准將原交之數給還

一官員應完賠追之項如係對空賠補及核減分賠等項毋庸解款其於所在地方就近完交在京由部給出批交部庫外省由藩庫核收報撥詳由部知照原追省分銷案倘所追之項係儲撥之項本省無可開除將其全追還省分核報部入撥後行知原追省分酌動閒款分別歸補報部查核

承追

五

一原任官有扣減分賠代賠著賠等項不係侵貪重款數在十兩以下者原官或註物故或一時查無其人承追官即於該州縣內代完銷案不必輾轉行追若數在十兩以上及數雖無多而係侵貪重款仍由本員及該家屬名下報查追繳

一凡省存庫未經借工等項應具兩於報銷後勒限一年歸經清楚軍需工程等項具兩經本案准銷後該以承辦官奉文之日起勒限貳年歸經清楚如逾限不經完行提取原款報部撥用

一升遷事故離任官員如有未經借墊及應找工程具兩該上司查明詳現在應撥應賠之項即行撥收劃抵其無應欵應賠而逾限不經者即提取原款報撥如本員名下雖現無應追之項而尚有承辦工程等項未經核銷者即將該員應支

部款暫停估價俟予該撥銷後查明如有應追銀兩即移應
行官兩扣抵仍行知本處新任原籍其無產追賠款項下兩
兩數扣抵外尚有應找官兩無該督另案請俟勒限式年
行知飭催照升還他省無由該處本任行文移任省加請
任經過故田籍無呈明本籍地方或由其所請由段任省加請
請作備通詳不作無所行提明原款報部完備
一此次欠帑無完係戶屬請減項下如採買承辦等款者核實
題覆先後本處之罪如係經費項下之長支濫作漠變及多
賠之由原屬員侵款代辦者賠之失經詳查與夫核於常
例不准開銷等款為數不及一千兩無查明定段亦准免罪題覆
其數至一千兩以上均題覆時或將該本員所之私侵減其實情罪
之例減一等問擬或免其治罪之處程題覆並內聲敘情節請旨定奪

承追

六

一承追正雜等項錢糧未完議處并參如係自行催征全完者
仍照例分別題開復如別侵分賠雜賠及奉　旨恩免者照此
奉處追完于任所有原議處分仍照吏部議等議處完結
一承追限期俱奉以行追文到日起扣二參例即以初參限滿
日接扣限內如遇封印日期不准扣除
一凡承追虧空侵盜挪用等項銀兩數在三百兩以下者於文到日限
六個月追完限內不完將承追官降俸二級再限六個月追繳若
再不完罰俸一年另行起限三百兩以上至一千兩者於文到之日限
一年追完限內不完將承追官罰俸一年督催知府直隸州知州
各罰俸六個月司道督催各罰俸三個月俱戴罪再限一年督催
限內不完將承追官降一級留任督催知府直隸州知州各罰俸一
年司道督催各罰俸六個月再限一年督催全完開復若不完

將承追處照府降二級調用督催知府直隸州知州先降一級留任司
道督撫各罰俸一年

一凡追賠虧空侵盜贓罰等項已兩一千兩至五千兩者以十分為率勒
限四年每年每案追完二分五厘四年十分全完者免其處分仍予紀
錄一次逾年每案完不及二分五厘初參降俸二級二參罰俸壹年三
參降一級留任三參承追四參限滿全完開復如不完照府降三級
調用知府直隸州知州初參降俸一級二參罰俸六个月三參罰俸
一年俱令其照督催四參降一級留任仍令其照督催完日開復
督撫司道初參罰俸三个月二參罰俸六个月三參罰俸九个月四
參罰俸一年

一凡追賠虧空侵盜贓罰等項已兩五千兩以上至某以十分為率
勒限五年每年每案追完二分初限不完降俸二級二限不完罰

承追

七

俸一年三限不完降一級留任四限不完再降一級俱留任其累承追五年限滿能完至七分者將所降之級准其開復另無未完分數接年起限承追如完不及七分者照所降之級調用知府直隸州知州初參降俸一級二參罰俸六個月三參罰俸一年四參降一級留任俱令其累賠催五年限滿全完開復如不完再降一級留任其累賠催完日開復督撫司道初參罰俸三個月二參罰俸六個月三參罰俸九個月四參罰俸一年五年限滿未完者降一級留任仍另行接年起限督催全完開復

一凡追賠因公核減及分賠代賠等項各官數在三千兩以下者於文到日限六個月追完限內不完承追官降俸一級再限六個月催追若再不完罰俸六個月另行起限承追三千兩以上至一萬兩者限一年追完限內不完將承追官罰俸六個月督催知府直隸州知州

罰俸三箇月司道督催督撫免議俱照舊再限一年督催限內不完承追官罰俸一年知府直隸州知州罰俸六箇月司道督催俱罰俸三箇月再限一年督催如再不完承追官降一級留任完日開復知府直隸州知州俱罰俸一年司道督催俱罰俸六箇月

一凡追賠因公核減及分賠代賠等項已滿一千兩至五千兩者以十分為率勒限四年每年每案追完二分五厘四年十分全完免其處分仍予紀錄一次連年每案完不及二分五厘承追官初參降俸一級二參罰俸六箇月三參罰俸一年四參限滿不完降一級留任仍令於八限催追完日開復督催知府直隸州知州初參罰俸三箇月二參罰俸六箇月三參罰俸九箇月四參罰俸一年督催司道初參免議二參罰俸三箇月三參罰俸六箇月四參罰俸九箇月

一凡追賠因公核減及分賠代賠等項已滿五千兩以上之案以十分為率

承追

勒限五年承追官每年每案追完二分初參不完降俸一級二參不完罰俸六个月三參不完罰俸一年四參不完降一級留任俱各照承追五年限滿題完五七分者將所降之級准其開復另無未完下數按年起限如承追完不及七分者照所降之級調用督催知府直隸州知州初參罰俸三个月二參罰俸六个月三參罰俸九个月四參罰俸一年俱各照督催五年限滿不完降一級留任亦照督催完日開復督催司道每案初參免議二參罰俸三个月三參罰俸六个月四參罰俸九个月五年限滿不完罰俸一年

一接任承追督催各官俱以到任之日扣限追完不完照承追官例一律議處

一承追接追各官扣足一年限內一任追完三百兩以上之案者每一案准予紀錄一次督催知府直隸州知州每三案紀錄一次該管道員

每五案紀錄一次，督撫每十案紀錄一次。追完一千兩以上三案者，州縣准加一級，督催之該管道員知府直隸州知州紀錄二次，督撫布按紀錄一次。追完五千兩以上三案者，州縣准加二級，道員知府直隸州知州加一級，督撫布按紀錄二次。追完一萬兩以上三案者，州縣准加三級，道員知府直隸州知州加一級紀錄二次，督撫布按紀錄三次。追完一萬五千兩以上三案者，州縣准以應升之缺即用，道員知府直隸州知州加二級，督撫布按加一級。

一督催虧空糧米，責成糧道爲督催；督催虧空鹽課，責成鹽道爲督催。其兼管理糧鹽道員，毋庸開送。

一罷黜人員借用家口返回地方發催追，俱於刑部文到之日勒限六個月追完。離[illegible]逾限至六個月，罰俸六個月；逾限至九個月，罰俸一年；逾限一年，降一級罰俸一年，又勒限六個月催追，不完者將承追官革職留任，完日開復。

承追

九

一凡地方官員詳明啓請借用錢糧限內不完該督撫初次題參離任未完
錢糧限一年追完開復若年限內仍不能完照革職未完錢糧著落家產完繳
一現任官員本身應完戶屬項下錢糧因公核減及分賠代賠等項錢糧爲數
不多者准其在任應得養廉內坐扣完倘其有養廉盡在本年受耗羨內
自行捐完者責令該管上司催追儻其有詳請分限完交數在三百
兩以下并從文到日起限六个月完交逾限不完初參降俸一級展再
限六个月完交若再不完罰俸六个月仍令完納另行起限三百兩以
上至一千兩者限一年完交逾限不完罰俸六个月展限一年完納再
限不完罰俸一年仍展限一年完納再限不完本員降一級留任仍
令完納完日開復一千兩至五千兩以十分爲率勒限四年每年每[illegible]
完不及二分五厘者初參降俸一級二參罰俸六个月三參罰俸一年四年
限滿不完降一級留任仍令展限完納另行起限完日開復五千兩以

二三案亦以十分為率每年每案完不及二分初限不完降俸一級二參罰俸六個月三參罰俸一年四參降一級留任俱令於案完納其年限滿統完至七分者將前降之級准其開復另行按年起限如完不足七分者照前降之級調用仍勒限嚴追其督催不力之上司照承追上司處分至丁憂告病告假回籍官員逾限不完著原籍督撫將該員同承追并督催之官一併開參照例議處分承追另起初參本員仍按前限順天府四路同知督催照知府例議處

一凡初參承追案件該督撫一面飭屬嚴追一面即行查該員歷過任所并原籍省嚴查有無隱寄其任所地方自文到日起勒限六個月據實查明申詳該督撫咨明原籍辦理如有逾限照欽部事件遲延例　例載限期門

一官員追比侵虧等款贓私並犯人家產未查捏結已查將捏結官降四級調用不行確查轉詳之司道府州官降二級調用督撫降一級留

承追

十

任如係該管上司逼迫出結，將上司革職，屬官不行出首，所具出結亦照例議處。

一官員承追一切應完錢糧，如本人家產實在全無，不據實詳請豁免，致令父子夫妻分離者，罰俸一年，督撫罰俸六個月。至於欠承追官係武職，應聽兵部查議外，其該管業已題報戶部，需承辦官員任陞、書役沉擱，不為彙案題豁，官員並照無此例議處，兼管上司督撫照例議處。祇係遲延并無子得遲延例議處。

一督撫所屬官員有應追贓私錢糧，分毫無完，該督撫不查明家產有無，輒代請豁免者，降三級調用。

一承追官員不著落犯人妻及未分家之子，行追借端將親族濫行著落追繳者，將承追官革職。

一現任官員有應追未完錢糧，查明妻子產業不能依限完繳者，將俸工養廉按年分限坐扣一半，其一半留為辦公之需，不必全行扣繳。如本係有力完繳，屢借坐扣之名為延宕之計，一經察出，將本人革職嚴追。

之處亦徇情例降二級調用

一對空人員有所屬借支借貸及同官挪借出有即將其准其追還抵帑至其平日私債雖有文約書札證據並無印領其無論遠年近年有無催提一概不准開欠追抵地方官如有因循扶徇情聽從開欠妄舉無辜追比其無故勒平日律法累受屬以雖其計從以枉法從重論詳處知府直隸州知州降二級調用司道降一級調用其因規避憂分指行開欠其承追發革職該管知府直隸州知州降一級留任司道罰俸一年如任其朦朧開報即行追抵者承追官降二級調用該管知府直隸州知州罰俸一年司道罰俸六個月

一本身對空革職解任人員蒙　恩豁免只應免其治罪不准開復至因祖父已故未完解任追賠或題參革職追賠者查係那移分賠代賠及民欠開抵之項不能依限全完蒙　恩豁免其准其一併開復至伊承追

十一

祖父劉寧卩兩處侵欺李朴及貴楚縣卩著落追賠不能依限
全完雖蒙 恩寬免亦准免其治罪不准援例開復

承變

一凡入官應變田房該承變官於入官之日即將犯屬呈明契券那同確估出示召售所售其官給即照無內開明不許原主勒索找價寫樣取具買主並無假冒影射甘結備犯屬影射賤估照隱瞞入官財物房產律坐贓論罪承變官知情徇容照徇隱例治罪該管上司照徇庇例議處

一入官田房內如有活典及當存物件該承變官責成原主具限取贖逾限不贖照價出示召變

一官吏承變入官田房什物或將田房私租或將什物易換許本犯家屬及旁人首告查實追贓仍照侵盜錢糧例治罪

一地方官承變入官田房什物於估定價值後限半年內將田房什物照估變完逾限照例議處其逾限未變之什物降低照

承變　　十二

衣服什器變成名色外至金銀珠玉等物承受官即同犯屬者

因開造清冊並其無產易換即母名除解交崇文門變價

一承受入官田房產業價估一千兩以内者於半年限内變完

至於價小細物有一千兩以上之產或無有力之家及難售

大宗園邸與田房價值至數千兩以上一時不能即集者令

該督撫酌量寬限一年或分作二年完解逾限不完分別查

參議處

一凡隱買入官田房其寬限二年者如有售主先交一半即

令管業其餘銀兩於次限交清承受官給與印照該管官先將

分年完解之處詳明上司咨部存案至所收銀兩解交司庫

咨部查核

一入官抵欠項之房產什物如所變之價浮於原欠之數者

准將所餘之數給還本人

一凡入官田產令人居住耕種不納租息以及估價輕少或不照估價報部文即行變售者該州縣并該管上司分別查議

一官吏承查承估承交承追及承糶如係查估不實追交侵隱致虧帑項者將所虧之數著落按照賠償並勘估本官不實催追並無狥縱委因變抵不敷查無情弊其不敷之處仍在欠項本員名下勒追不得勒令承估承追承交官代賠其遲延不力仍照參例議處

一官吏凡入官房產隱匿不報者革職未經查出之知府降一級調用司道罰俸一年巡撫罰俸六個月其令人居住耕種不納租息者州縣官降一級調用該管官罰俸一年如估價輕少或不依估價報部文即賣者俱罰俸一年該管官罰俸六

承交

十三

十月

一凡追賠物請查發產之案委員会同該地方官令本犯家屬呈明時價當堂將田房什物分別抵算並同確估詳造冊記申報上司仍令本犯家屬即同售賣完項如有書吏侵漁侵盜分肥律治罪需索者照受枉法贓律治罪該管上司故為狥庇降三級調用未經查出者照隱匿不舉上司未經查出之例議處

一凡田房產業一經入官即令本犯家屬立將契券呈官出業該管官即同原主速為估定價值出示速售有願買者即給與印照並内開明不許原主勒索找價仍令買主出具並無價昇影射甘結存案如該管官假寫原主賤估影射者革職該管上司降三級調用

一地方官吏有將入官田房私自租人侵蝕租銀者照數追贓外仍照侵盜錢糧例治罪如該管吏佐任侵租該管官毫無覺察者交照徇縱婪贓例革職

一變價一應什物若有隱換情弊加倍追贓仍照侵盜錢糧例治罪

一應變之田房產業價估一千兩以內者務於半年限內變完限內不完者罰俸六个月二限以後不完每限罰俸一年至於偏僻小州縣有一千兩以上之產或無有力之家及雖係大邑通都而田產價值至數千兩以上一時不能即售者令該督撫酌量寬限一年或分作二年完解其寬限二年者如有售主先變價銀一半即令其產業具保限納於次年變清該管官先將當年完解之數詳明上司隨即存案如一年限內完解不

承變

十四

及該年分數將地方官罰俸六个月二年以後不完每年罰俸一年限內全完一千兩一案共准其紀錄一次以後遞加

一入官一應什物勒限六个月交價如逾限未交者罰俸六个月二限以後不完每限罰俸一年

一承交限期初參以佐僚定準之日起扣二參即以初參限滿日接扣限內遇封印日期不准扣除

開墾
額内原兼業置田地墾復者分晰原業陞科有三年起科六年
起科之不同至額外開墾則省有當年起科有水田六年起科
旱田十年起科均應勘丈民人願照何例起科不致勉强抑勒
分別詳題其天然沙壅無患塘以内者應照六年起科新築之
塘蓄後方報墾成者應照十年起科
一凡報荒田地西北沙地居多浙江近海之處天然沙壅居多
土脈如浙寧紹温多近於海水田亦變塗衝蕩易變山坍地
角居多西北報荒往民間呈報之日准其存案插標立界之
後一年如無人出而爭墾方准給照墾種届限陞科完糧浙
江荒田荒地於民間報案之日將着出無地保查明是否原主
主復荒抑係有主之業並有無干碍隣田水道廬舍墳墓及
開墾
十五

一地兩人重報，逐一查明，如果並無干礙，即准正保文冊，另口四至開造魚鱗圖冊，具結等復，即付給照准墾升科，其圖冊一樣三本，一本送司，一本存卷，一本發給墾戶收執。

一久荒田地，並無原業主開明坐落畝分土名，報官親赴查勘，取里甲地隣甘結，除古塚周圍留地四丈外，准給照管業升科。

四十一条係雍正十三年例

一乾隆十年正月二十二日戶部議覆浙江巡撫常　奏浙江上年保題遇偏災水沖難墾田地，已經題豁，其如有漲沙淤積，水歸舊道，仍可開墾，其先儘原業戶開墾，照例升科，他姓不得藉口已豁之田倚種爭執，如果原業戶無力，方許他人認墾，以息爭端。

一乾隆七年三月十四日大學士伯鄂　議覆浙江布政司陳　奏請開墾沿海天賜沙塗一摺，議令道會同印協各官勘丈明確詳立冊造每戶多則認墾百畝此外毋許再報定程百畝為一號先於丈冊內按次編列出示曉諭凡認墾者務照此冊內號數具呈若係民戶灶戶俱令到縣呈報按以首先呈報者為准該縣即發印於原丈冊內註明係民灶如係灶則移場註理民則仍聽該縣逐一按查放至墾戶既多難免強暴侵佔致起爭端應令各戶將原認畝號自立界石豎於地頭每十號為一甲認完十號即發親至其地點驗稽查十甲之中選擇老農一人責令專司教導六年之內果能化荒為膏腴將原立老農從優加獎給以花紅酬勞免其雜派差徭

一乾隆六年四月二十九日戶部議覆浙撫盧　奏稱浙省地窄民稠凡在平原沃野已鮮曠土惟山頭地角河畔崖邊間有畸零不成坵段之處磽瘠荒地在三畝以下永免升科聽民開墾耕種營業

開墾

十八

一久荒田地定限五个月之内並無爭墾即將執照先給原墾之人令
其承墾管業照例起科自給承墾之後他人不得憑藉告爭

一乾隆二十三年十月二十六日戶部議覆四川布政司條陳墾
荒成熟之田另編丘號文冊按年撥入照式開造分冊布政
使及各州縣衙門以爲征糧民業之憑據

一乾隆十八年浙江撫憲因同達建稱嗣後民間報墾荒地令
布政司刊刻報墾執照鈐蓋司印預行頒發各州縣填給墾
戶收執發底造冊彙報藩司查核其開墾成熟者於應行起
征之年照例催征錢糧墾了後或因消乏或因土瘠准令呈報
地方官勘明註銷如業戶不請司照即以私墾治罪

一浙江溫郡有試征之例墾荒田畝於將屆起科之初年將民間所
報墾田地另編實征冊及限年將應納各糧試征一年如果不致

旋墾旋荒無例永遠入冊究非荒地磽石難賠補仍行扣除因啓
試徵具呈數以報多為收荒詞之案其弊非仍存料庫遇有修
造工程皆須詳明開銷毋庸解兌院道並衙門之案可稽此外
州省通行之例也如乾隆二十五年稟請料價造西倉并動試徵
詳明司庫轉詳撫院批准開銷有案

一凡陂澤地塘但關水道之論皆地民業除禁報墾有礙已業
私墾者治罪該管官照該失察議處

一直省實在可墾荒地之論土著流寓俱准報墾一地互報從先報
者呈報墾必開具界址土名該管查勘取勘後將有主業戶示限
五个月認種限以外地付墾户取結給無限年升科爰照酌估中種
升科後常逐每據錢底册報將錢墾荒地及填用司頒印照無數
造冊申司詳司將地數彙核詳請督撫具題仍將升科時核實查銷備
聞墾

十七

墾戶將實業戶之地串通捏墾瞞官詭出及有插墾戶承墾之地冒爭祖業其指以隱占他人田宅律治罪墾戶不諳即出以私墾論官勘不實並予議處墾成或實未墾不成熟仍准報收勘明銷出匠業

凡墾荒值有古墳周圍四丈以內不得開墾

一凡內地及邊省零星地土聽民開墾永免升科其免科地數浙江以不及三畝為斷

一開墾荒地任從民便倘地方官稍涉抑勒以少報多或以多報少並以熟報墾及不分荒熟一例升科飛洒捏升米粮者從重治罪而有狡民首報隱田託民侵捏田粮意圖查丈致滋擾累者指予嚴究

一浙江沿海新漲沙塗孤懸海外其封禁附近內地者准為丈勘以百畝為一號十號為一甲按次編冊出示召墾承墾者出依示內號數具呈無論民灶以先報者為准詳冊給照灶則移場經理民則歸縣

倘無差令承墾户將所承号數自立界石承及十号即官親詣點驗於十甲內擇老農專司教導六年後著有成效從優加獎

一如查有荒地捐輸及冊報開墾該管搭按户易委隱屬賢員履畝丈勘所墾與所報之數果屬相符取結送部照例分别六年十年入冊起科倘丈勘不符將原報官役受如委勘之員一時聯混日後發覺將委查之員一併查議至將虛升科時該督撫按年委員覆加查勘如果有捐隱更改之處據實具題請豁其成熟田地仍分别升科如有應行改正而互相狥隱并無荒熟地畝不分晰明白例議處

一地有初墾時本屬低窪瘠薄年久土脈淤變膏腴該地方官隨時勘明造具冊結按照則題報升科

一成熟田畝或因水沖沙壓變為磽薄者准其隨時查明取結造冊題報減則日後或培植復熟亦即隨時確勘取具冊結題報仍按照原則征收

開墾

十八

一瀕臨江海州縣變所沙漲地畝如有阻遏水道為堤工之害其毋許任意開墾妄報升科如有民人冒請認種以致釀成水患亦將該民人家產查抄嚴行治罪並將代為詳題之地方官等一併從重治罪

一浙江象山縣之大小南田樊嶴鶴頭大佛頭大月嶴箬旦山等變地方最田應永遠封禁如有混請開墾其將具呈之人從重治罪

一丈量按部頒弓尺廣一步縱二百四十步為畝方廣十五步縱十六步有私自增減其稅變乾隆十五年奉准山東河南山西江蘇安徽福建浙江湖北西安長蘆鹽場等處送到田用弓尺大小不一聽仍更易至嗣後有新漲新墾凡有州縣冊籍原載坵段四至不清田畝仍遵部頒弓尺丈量

其丈缺限畢界有地無糧有糧無地其丈畝多不符賦則或係其丈量錯相間新民鹽灶以及近地民富相錯其丈據界相接暗域不分其丈量甚為堅寄糧分隸其丈水沖沙壓並作應抵應覈其丈如水衝陵塌地畝

不得藉名清查，無故派撥，丈量必於農隙時舉行，如藉端科斂濫派
派撥及豪強霸佔阻撓者，分別議處治罪。

一　凡沙洲坍塌，令業戶報官勘明，原業若干，實坍若干，註冊
立案。遇有漲洲，仍報官照撥補，先儘成洲有業之坍戶，有餘再及
沙灘水影無課之坍戶，仍先儘其報坍先後為序，再有餘剩，官民認
墾升課。其無戶承佃報坍之先及雖曾報坍而於新漲沙洲私行霸
佔者，准洲入官，並盜耕官田律治罪。地方官查丈不確，撥補不公者，並
官吏不用心從實檢踏，律議處。

一　隔屬坍漲，蘆洲如此屬新漲之地，實係彼屬舊坍之數，上下對岸顯
有形迹可據者，該上司委員會同兩邑地方官撥實勘驗，秉公撥
補，該新漲地方不得藉稱本邑之漲祇補本邑之坍，曲為偏袒。如
所漲與所坍形迹不符，舊坍地方亦不得妄爭。

開墾

十九

一無主荒地道府所屬一年内開墾一千頃以上紀錄一次三千頃以上加一級四千頃以上加一級紀錄一次六千頃以上加二級州縣官開墾一百頃以上紀錄一次三百頃以上加一級四百頃以上加一級紀錄一次六百頃以上加二級俟起科時該督撫取具甘結具題之日分別議叙

一墾地後有復荒者道府州縣官將開墾之加級紀錄削去督撫布政司罰俸一年道府降一級住俸州縣官降三級住俸俱勒限一年督令開墾如依限一年内墾完准其開復限内不墾完者督撫布政司降一級留任再罰俸一年道府降一級調用州縣官降三級調用如前官墾過熟地後任官復荒者督撫布政司道府州縣官亦照此例議處

一地方有荒地未經開墾捏報已開及將熟地詐為新墾者州縣官革職道府降四級調用督撫布政司降二級留任再罰俸一年加級紀錄卓異所升俱不准抵銷上司不知情仍准抵銷

一開墾荒地不照定例年分起科先期勒徵或通融不徵或私減地畝定額徵
糧者州縣官革職道府直隸州知州降三級調用督撫布政司各降一級留任
一勒民開墾或開墾地畝以多報少以少報多或先墾之地重報開墾或荒蕪
地畝不分明晰白混報或不照限定年分題請徵或應徵之民糧
不查出者州縣官俱各降一級調用該管上司俱各罰俸一年
一開墾地畝徵糧全完故意遲延報者遲誤不隨本銷冊糧一同具題
者照年糧遲延冊遲限遠限例議處　例載盤查門
一各直省督撫凡有開墾冊報所屬妄行屬員反覆畝丈勘如有
隱混所屬照原報墾數以多報少以少報多例降一級調用
一丈量地畝遲延或丈量了地不明白詳報或不照文冊核估又不申詳或委
令臨丈互相推諉者州縣俱各罰俸一年該管官俱各罰俸六個月
一無籍土棍借開墾名色將有業戶田產串通里甲地鄰朦朧出結照
開墾

二千

地方官不查明濫給并無不明白分晰開報例降一級調用

一山田先可耕種後因水沖僅存石骨難以播種併濱江濱河之田前經報墾後因水浸或經坍塌并應種水田六年旱地十年將屆升科之期令該督撫年委員要加查核據實具題詳覈如有應行改正帶互相徇隱并偽無荒蕪地畝不分晰明白例降一級調用升科以後山田水田或被沖此長彼漲此坍以新漲（長）并補沖以新漲并補坍實在沖坍并即予開除仍將每年開除抵補細數造冊報部如該地方官不實力奉行者降一級調用督撫不題參別經發覺并罰俸一年

一凡沿河沙灘（洲）地畝坍漲悉令報官勘驗如此屬淤漲之地實係被沖坍塌之數上下對岸顯有形迹可據者即遴委鄰員會同兩邑地方官據實勘驗秉公撥補如地方州縣官不查丈明確以致損少補多坍多補少奸猾不出并庇官吏不用心逐實檢踏照律分別議處 如通同作弊杖一百罪贓 如失於關防十畝以下免罪十畝以上至二十畝笞二十每二十畝加一等罪止杖八十

陞科

尺地莫非王土一民莫非王臣踐土食毛自當輸賦但有額外之升有展復之升額外并有從前荒棄之地於以當年起科而近年有旱地十年水田六年後升科之別展復并有從前荒棄土而復墾種地亦有三年六年起科之分有因丁口稍回報升并因原額之口未足也有不計丁只升田地并原額之丁已足也浙省舊屬鎮海縣今之鎮海即前之定海也舟山向隸定海因順治十二年叛擾遠棄於康熙二十四年恢復因其孤懸海島是以設立鎮兵置縣名曰定海民舊縣改名鎮海而田地之展復也請議核題奉案內係六年起科其餘俱係三年起科又康熙十年有欽奉

勅諭著爲二十六年有海氛既靖著爲俱係守台溫報升之案其他皆係從原荒催語報升者也多康熙四年有安插沿海著爲

陞科

廿一

五年有詳報起科等事俱撥給近民開墾係濱海荒棄案內報
升其八年酌定報誠開墾等事九年之上墾荒等事俱係撥給報
誠開墾十二年請　旨免其零分等事以及江浙等郡縣拋荒案內
報升並十三年之編審等事十五年之酌計墾荒等事十六年之籌餉
期按有濟等事十九年之借窮難周等事二十二年之加升田糧科
則等事又覆報升科事邊界外報升之限年之俱有註限亦不劃
一今每年有開報升科事通行飭查而近例有缺年
上諭勸民開墾其貧寒無力者酌動存公下款借給牛種口糧成熟
之後三年征還五六年後按則起科又議覆戶部左侍郎常綖
籌條奏設教工例將原荒勘報計十分一年內招墾三分交設未
墾之地限年作分接年計算復飭而以如廣東海寧等縣積鹹
未消河南陽武等縣浮沙泥漫及他省山居磽瘠低窪積水之

溪不及年限之內

朝廷版籍定宜拋荒或因救援或值山荒人民流散而田地荒蕪征之無征不得不題請蠲除

浙省順治十二年為每申奔山數擬等事定議有棄置之案十八年為遵旨會閱事寧紹溫三府有棄置之案康熙三年浙東郡縣拋荒等事衢府有荒積之案又續遷田部事溫府有續遷之案又遵古昨白徊嘉事變府有積荒之案又遵衙事濟苦等事寧台溫三府有識征帶征長田之案又德查充省等事永府有夬狀之案康熙九年為寬征荒逋等事加衢溫處四府有荒逋之案康熙十一年清查實荒等事金府有實荒之案十二年同事寧化有積荒之案十四年偏審事嚴安有拼缺之案二十年偏寫為經國之要務等事衢州有坍坍人丁之案三十八年寫與生念等事鄞縣有潮沖之案五十一年寧荒田禾被水等事寧紹有水沖沙壓之案雍正五年屢報偏災等事新城有水沖成溪之案

一查省報墾田地水田以六年起科旱田以十年起科歸屆起科該縣據委員覆勘有水沖沙壓及實在塗不成熟者取結題請開除荒冊科有沖坍及減則或山田此沖被長水田此坍被賦並以新抵舊者此例為題蠲其田墾熟田有前項情形一例辦理

墾科

廿七

一民間開墾田畝，往初查時不行報發，後任自查者，即以自首之年入冊升科。先窮之地方皆更改，隱匿不報治罪，見本門欺隱田糧条。

一民間旱地有情願改作水田者，悉從其便，本糧仍照原定旱地科則征收。甚不便改種其地方者，不得勉強抑勒。其水田減則者照原減之則征納

一凡有社稷山川學校、先聖先賢廟基、墓田並一切祠墓庵壇寺觀等地，悉免科賦。此口者七十六項五十四部者未免者，士民有捐置義塚廟宇田地，具原冊賦糧並准核實題豁。

收成分數

浙省各屬春花及早晚二禾收成分數向例於成熟之後通行飭

查隨時彙冊詳題

春花收成分數彙於五月內造冊詳題 冊結須於四月初旬開報

早禾收成分數彙於八九月內造冊詳題 冊結於七月初旬開報再

報中禾收成分數并照題奏晚禾冊 分屬有於八月初旬又開

報秋收分數於十月底詳報併案以備察考 一面夏收分數於九月底詳

晚禾收成分數彙於十一月內造冊詳題 冊結於十月初旬開報

一直省收成分數責成該督撫隨時確查仍彙冊通省分數分別

麥收秋收兩疏題報疏內先列細數收成細數後計通省收成按

數請交部科查察在題報麥收分數福建浙江限五月直隸安

徽河南山東陝西四川雲南貴州限六月奉天江蘇廣東廣西限

七月山西甘肅限八月具題報秋收分數福建河南限九月直隸奉

收成分數

廿三

天安徽山东陕西甘肃四川贵州限十月江苏浙江山西广东广西云
南限十一月江西每年三项题报五月八月十月湖北湖南二省题报
夏秋收成分数不必摘叙六八两月限程候题粮单揭據实题报
凡收成八分以上为丰六分以上为平五分以下为歉每岁元旦题
报齐至次年三月户部汇议清单具摺覆奏
一各直省夏收秋收该督抚于奏报约收分数时即便據实开报
或报後有旱潦虫伤收成不能丰照约收原数者应即據实奏
闻不得因约报在先稍存讳饰倘地方官有捏实冒昧情弊该
上司访查确实自应严参治罪倘不得预防冒捏遂径报实之
案有必提驳 嘉庆七年例纂

詞訟

凡民間控爭事件在本衙門具呈者為自理其控上憲、憲批發者為憲案
憲案除照例批詞由理有飭錄案詳報者止須將詞供判並摘錄原
被中証要供呈覆（亦有將案同呈附案報入者）申送此最易者不可任延擱有妨害
擬具詳者則須傳訊明確以擬發憲詞覆飭如狀中有案者並摘錄原詞
叙供加看迅速詳招或有本批提訊即赴案稟具者亦不接詳轉詳但須
與訊詳之案一例飭取實在遵行惟批飭訊結者則可不必詳報但須速
結為是至自理事件詳報者甚少其初呈時總要細心核閱遇有譯論要
為駁飭一二次後其情雖不能全白亦可窺見一班庶臨審時胸具成畦
不致棘手訊後必有堂斷吏胥之輩一時草草且恐高下其手致不妥協須
查核供詞防刪改差或主人偏見錯誤又須曲為圓融使堂斷在恕其
貽後患並據人呈柄即為妥當矣又詞訟在稟變例辦其常例以原狀被

些子號多此一定之法否則不知要呈收分別刑名大約從六房來爲之如吏禮兵刑四房多件照例刑名戶工二房多件則例爲重而刑房之因犯口供軍流到配隨給口供及兵房之驛站支解文移爲重惟因供應諸與否例須刑名核定其婚姻立繼考試及祀產之類從禮房所辦應歸刑名至於以戶婚田土之詞爭執推諉並戶房之虧欠行欠又應由刑名以欠租等項有應治罪者也至於故山一項雖係田土惟界址不清則例未出者盜墓盜砍亦關刑名矣此要大略也或兔變地方有大同小異者亦不必膠柱鼓瑟所是難批亦有一定其如刑名之命案報到則批府縣其地保事報則批准報及竊案之批准差緝盜案之批府移營會勘獲案解送究辦之類雖普天之下千萬人之筆亦不能易而錢穀之報契寄被水火盜賊則批府縣飭保勘確查詳要以憑核明詳由要索開列田地房屋部分及被開墾字號細數並又須抄查則批府飭保勘查一昧是否當業者無將聯二戶墨開具四至繪圖詳要

以憑勘明詳核。二款亦並似此，其不一而足。訪聞幕友例云不再批閱呈詞，因
須通曉世務，習能辨別真偽，然亦須熟習律例，方有把鼻。見刑名多件
竟不依律核擬，已不待言；而至若呈狀如田地找贖、祖典、房屋定限及被
火分認原價等項，此律例則竟罔然，故捏附數條，俾自難數旁通之
意。竟句以所當讀其書，在手此也。至批語須簡明活潑，切不可累重拖雜
猶移甚。詞句之工巧則在學問，而諧語笑罵，法成文章，要無力量
即不力勉強致弊，及深思以警為可嘆耳。
一、每自四月初一日至七月三十日，時正農忙，一切民詞除謀反叛逆、盜賊、人
命，及貪贓壞法等重情，并奸牙鋪戶騙刻客貨，查有確據，其俱
照常受理外，其一應戶婚、田土等細事，一槩不准受理。自八月初一日以
後，方許所斷。若農忙而受理細事，其誤時程稽，指名題參。
一、各省州縣及有刑名之所衙門，當假將每月自理事件作何審斷，與
詞訟 並

准理拘提完結月日通共件若干記按月造冊申送該府道司稽核查考如有隱漏粧飾按季甄別其輕重輕則記過重則題參。該地方官自理詞訟有任意拖延使民朝夕聽候以致廢時失業牽連無辜小事累及婦女甚至賣妻鬻子者該督撫即行題參若上司徇庇不參或被人首告或被科道糾參將該督撫交上司一併交與該部從重議處。生監詞訟另報學政并本省州縣學政通報分別歸結。州縣自理詞訟限二十日審結如有逾限照件遲延例議處。

一州縣自行審理一切戶婚田土等項照在京衙門按月註銷之例設立循環簿將一月內各件填註簿內開明已未結緣由其有應行展限及復審者亦即於冊內註明於每月底送該管知府直隸州知州查核循環輪流註銷其有遲延不結朦混遺漏者詳報督撫揭參亦照例分別議處遺漏者罰俸三個月朦混者降一級調用巡道徇隱者降三級調用府州徇庇巡道

揭參州縣應降一級調用其府州降一級留任州縣應革職其府州
降二級留任

一州縣自行審理及一切戶婚田土等件責成該管巡道巡歷所至即
提該州縣詞訟號簿逐一稽覈如有未完勒限催審一面開單移司
報院仍令該州縣將某人告某人等於某日審結造冊報銷如有
遲延即行揭參其有関係積賊刁棍牙蠹及胥役弊匿等情即令
巡道親提究治知府直隸州自理詞訟亦如之如巡道事件不力或任
意操縱照例　其州縣該轄推不即據實察參分別議處

一州縣詞訟凡遇隆冬盛暑俱隨時審理不得照農忙之例借詞展
限該管巡道嚴加察核違者照例揭參

一州縣審理詞訟遇有兩造俱屬農民関係丈量踏勘有妨工作者在
農忙限內准其詳明上司照例展限至八月再行審斷若查勘水
利界址等項現值爭訟清理稍遲必致有妨農務者即令該州縣
詞訟
共八

親赴該處審斷速結務不得累拘至城或致守候病農民餘一

経一切呈詞其有農業之事無帶訟理不准借此仍令該管巡道

嚴加督察查核申報如州縣將應行審結之事藉詞借端稽

延并無關據實揭參該管道府如不實力查報該撫一併嚴參

議處

一民間詞訟細事如田畝之界址溝洫親族之遠近親疎許令鄉保查明

呈報該州縣官務即親加剖斷不得批令鄉地處理完結如有不經

親審批發結案者該管上司即行查參照例議處

一巡道查核州縣詞訟號簿如有告到未完之案轉催未經造入即

係州縣匿不造入任意遲延不結並提書吏責處再將州縣揭報督

撫分別嚴參其有事雖審結而告斷理不公該道核其情節可

疑者立提案卷查核改正如審斷已屬公平刁民誣捏反告者亦即

量予究懲

一凡州縣官將小民應告之情不行詳報上司使民告可指題批單賊亦不敢用若已經詳報而上司不接准題達批單賊

一各省學臣發審事件每發提調官訊問一面咨明督撫稽查提調等官仍具文通報詳例應加責究該州提調官隨時發覺報明學臣將詳薦臬辦案外其加責以上罪名俱無例徵議報明學政詳解薦臬核轉由督撫分別批結證題如提調等官率到學臣批板不行通報即累生入示受部議處

一民間詞訟發審撫衙門控告發臬藩司審辦內有必須派員查案者雅取供後仍由該司復加親提研訊究辦要詳其控告吏之案一經批發即親身勘問定辦具詳不得復派佐員代勘其民間控司之案亦無此項理道有率到上司批發控詞之詞訟

廿七

詞各上司細加親身勘視自行提審具詳不得轉委所屬州縣及先行審擬其民間控道控府之案亦照此行如有故違即照告狀不受理律議處律內稱誣詐究狀發落向裏收問其依告狀不受理論罪又告狀不受理減犯人罪二等罪止杖八十

一外省會審各件倘擬不到者罰俸一年偏袒不公者降二級調用

一凡未經在州縣控告輒越赴院司道府控告者不得濫准如違例濫行准理者罰俸九個月

一內外衙門一應各件俱應按例發落不許罰取紙張筆墨等項銀兩如有官員等項違者計贓論罪若民間詞訟案件內犯人罪本輕酌量示罰以充地方橋道等工之用亦須詳報案明不許擅自批結其有罰取紙張等項者計贓數在五兩以內地方官不詳明上司擅罰者降一級調用如已報上司據行批准不行案明者亦降一級調用數在百兩以上地方官不詳明上司擅罰者降三級調用如上司濫行批

准不行查明亦降三級調用

一凡士民控告之案以控告之日起限該限四个月承審之員分限兩个月審解之上司分限二十日分别題咨如有遲延照例議處

一州縣自理户婚田土等項案件定限二十日完結仍設立號簿開明已未完結緣由該管府州按月提取號簿查稽核倘該道分巡所至將該州縣每月已結未結若干件摘叙簡明案由開單行知該州縣將未結之案飭令按限完結申報并將一單移知兩司申詳督撫查取如有違限不行審結并無多件遲延例分别議處隱漏内有將自理詞訟遺漏未經造入者罰俸三个月案由朦混填注者降一級調用係有心欺混遺不造入號簿或未結捏報已結者革職府州查出揭參者免其議處如不行查揭州縣應降調者府州降一級留任州縣應革職者府州降三級調用巡道查報不實罰俸六个月不隨

詞訟

廿八

附查原者降二級調用查出混捏報不申詳督稽者降三級調用至
上司批審事件即奏成批審之上司查有已逾之限催提不要者
即稽案移司詳報督稽查參易結不結草職例見審斷門承審三參限期未錄部事件遲延例見期限門
一切詞訟應審理事件不即受理准行者照告狀不受理律議處見訴訟門
即查究以致釀成人命者降二級調用正犯遲延者照遲延之本例議處
一凡地方官員遇有民間一應詞訟細事如田畝之界址溝洫及親屬之
遠近親疏許令鄉地等報地方官據實查明親加剖斷如不行親
審批令鄉地處理完結者罰俸一年至一應命盜案內緊要情節
及重大事件批鄉保查處者降三級調用
一佐雜等官凡詞訟不許准理如佐雜等官擅准詞訟降一級調用正印
官不行詳查罰俸一年
一佐雜等官擅受而未致斃人命及斃人命而實係例應詳解之犯

畏罪自戕者出倉猝其仍照前例議處如本府佐雜應懲之事同

拷案致斃人命將佐雜職革印官降一級留任如本官規避處分

隱不具報即照諱命例革職 不因推縣命之後以揭報為詞者該免議

一佐雜等官職分本應之事應即查勘其准印官批行如理如印官將地

方詞訟批發佐雜者將印官降三級調用該佐雜之事不行揭報降一

級留任借詞不行審斷罰俸一年或因濫批致斃人命其印官

革職該佐雜為何不查出揭報降三級調用不詳報縣之上司道將撥

詳降一級留任

一佐雜等駐地方遇有竊盜賭博等案許其先行拘拿隨即解送印

官審理延不解送者罰俸一年如有濫差需索等情者佐貳官

借捕擾民例分別議處 借捕擾民未經致死者降三級調用已經致死者革職並交案之上司覈分俱詳載盜賊門內

一凡州縣印官常印出生將詳委代行之員一併聲明具報一切地方

詞訟

卌九

事件接報到案即行拘提分別保押應即發回罷之日屢派倘不行

查究致成命案該督撫即將代行之員照相驗例參處其有並不

解送及需索若果情事照佐雜分駐之例參處

一佐雜等官查出窩賭窩娼窩賊等事實授准移送印官查審係

拘往究處倘並不指實憑空將某家賭娼等事以訪聞移送印官發

并革職究審有詐贓情事并該佐雜倘印官審出誣害亦代為含糊

擅作私自了結並將印官降三級調用

一內外各衙門承審案件除律例內應行提取歸案收禁無例提訊外

其餘小事牽連婦女并無例提子姪兄弟代審其退醮者查三年等案

除不許提審婦女倘有刻薄吏陽奉陰違傳審婦女無違者

律治罪倘該上司不行揭參將承該上司並不參者照例議處（例載牽動門）

一民間田宅（乾隆十八年定例以後）係出典者於契內註明年限回贖字樣係出賣

今於契內註明賣絕永不回贖字樣，賣而仍行找贖，亦於契內載明係以典契論。凡契載絕賣永不找贖之產，不許再行告找告贖。其從前置買契載不明之產，在三十年以內，契內未註絕賣或更載明聽贖字樣者，聽其找贖；若遠在三十年以外，契內雖無杜絕斷賣字樣，但未經註明回贖，并即以絕產論，概不許找贖。倘行爭告，並應加從罪照不應重例

一、凡典產年滿及典賣仍以典契論之田宅，原主取贖年力有許還中出，估令現業主找貼原主一次，價足將典契換立賣契。原係聽贖之產，契換立絕契。如典契而原主不願找賣，賣契而現業主不願找貼者，悉聽原主別售，歸還原典賣本價。至典契並原賣聽贖之產，現業主果有急需，而原主不能回贖，亦聽現業主轉典。倘有冒稱原主之原主，隔年告找告贖；或原主於轉典未滿年限以前強行告贖，及限滿而現業主勒贖，并將從前原典房屋時契載物件

詞訟

三十

至回贖時或有倒塌損壞照原價酌减凡民人典當田房契載年分統以三五年至十年為率限滿聽贖如原主力不能贖聽典主執業或行轉典悉從民便倘於典契內多載年分一經發覺追交稅下照例治罪

一已典賣與人田宅重複典賣者照本律治罪追價還後典買之主田宅從原典買主為業若重複典買之人及牙保知情者與犯人同罪追價入官不知情者不坐

一各省叢林古剎舊經報部入冊香田不許私相售賣違者治罪凡有僧置產業報明地方官申報上司載入清查冊其庵觀茶亭社廟淨室等處產業令該住持開具數目赴州縣呈明立案

一賣產主有絕賣文契并未注有找貼字樣者槩不准貼贖如契未載絕賣字樣或註定年限回贖者並聽回贖若賣主無力回贖許憑中公

估找貼一次，易立絕賣契，若買主不願找貼，聽其別售，歸還原價。
倘已經賣絕，契載確鑿，復行告找告贖，及執產動歸原先儘親鄰之
說，借端掯勒，希圖短價，並典限未滿而業主強贖者，俱照不應重律治罪。
一凡民間活契典當田房，一概免其納稅。其一切賣契，無論是否杜絕，俱
應納稅。其有先典後賣者，典契既不納稅，按照賣契銀兩實數納稅。如
有隱漏者，照律治罪。契尾自雍正六年停止，至乾隆元年經准復用，故自雍正十三年以前之白契，毋庸責令補稅。又典契十年以外補稅，乾隆三十五年例。又典買田宅，限一年內投稅，逾期不稅，查出照律治罪，乾隆二十九年例。
一凡租屋失火，例不賠償。僅凡典產延燒，其年限未滿，業主、典主各出
一半合起房屋，加典三年，年限滿足，業主仍將原價取贖。如年限未
滿，業主無力合起，典主自爲起造，加典三年，年限滿足，業主照依
原價加四取贖。如年限未滿而典主無力合起，其業主照依原價減
四取贖。如年限已滿，其業主照依原價減半取贖。如年限已滿，業主

詞訟　三十一

不能取贖典主向為起造加典三年年限滿足業主仍依原價加四取贖法賣房屋與典主原契一併剔出照遇火燬一例辦理其或被火延燒係業兩主均無力起造所有地基照同原價原主將地價償還業主三股之一起造典屋其高寬丈尺工料裝飾俱照原屋以免爭執至祖遺典有頂首銀兩如火係祖产自起則限界業主起造其頂首銀兩不應請還如延燒者業主起造復或另租他人所有頂首銀兩量償三股之一　乾隆十二年例

一凡當商收當貨物自行失火燒燬者以值十當五照原典價值計算作爲準數隣火延燒者酌減十分之二按月扣除利息照數賠償係豆麥米石棉花等粗重之物典當一年爲滿者統以貫三計算照原典價值給還十分之三隣火延燒者減去原典價值二分以減剩八分之數給還十分之三均不扣除利息倘奸商店夥人等於失火時

將當不及五年重罷物貨利隱匿及乘機盜賣情弊無所隱之物被雨濕數計賠准竊盜隨後累追出原物給主其未被焚燒及搬出之物仍听當主無號取贖

詞訟

三十二

捐監事宜

一俊秀子弟青衣生員捐米一百十八石八斗　外耗銀十一兩貳錢內留

貼建倉銀六兩貳錢

一廪生捐米五十九石四斗　外耗銀五兩六錢一厘內留貼建倉銀三兩

三錢一厘

一增生捐米七十九石貳斗　外耗銀七兩四錢六分八厘內留貼建倉銀四兩

六分八厘

一附生捐米九十九石　外耗銀九兩三錢三分五厘內留貼建倉銀五兩

三分五厘

戶部謹奏為酌定各省開捐監生章程以備采擇仰祈

聖鑒事竊臣部因各省封貯銀兩節經撥解理軍需多有提支撥用

奏請於各省開捐監生專收本色以備原額奏蒙　諭允臣等伏

捐監事宜　二十二

諭旨內事或應議。此捐舊例更為經理，寔力精查，毋任地方胥吏稍有勒索侵扣舞弊。至各省情形不一，是否俱可一律辦理之處，仍著查明核實覆奏。仰見 皇上睿慮周詳，權衡至當。臣等查前次歷次開捐章例，或有今昔情形不能劃一辦理之處，不得不量為變通。其今昔酌定諸款，謹另繕清單，恭呈 御覽，伏候 欽定。至臣部定例，俊秀捐納監生每名一百八兩，廩增附以此遞減，此次擬請均減收。臣等細加酌議，除廩生每名捐監六十兩，青衣每名捐監一百五十兩，仍照舊例辦理，擬俊秀每名交納一百兩，增生每名交納七十兩，附生每名交納八十兩，武生每名交納九十兩，作為監生。是否可行，出自 皇上天 恩。俟 命下之日，臣部將捐納兑收，并章程咨交各省，令其照捐告示曉諭士民，一律遵照辦理。其餘未盡事宜，仍俟各省覆奏到日，隨時核議。為此謹 奏請 旨

計開

一此次准捐監生原為籌備本省封貯米糧起見是以著收於本色今報捐之生俊多程赴藩庫交納查該生俊於本省報捐較為近便又可免其跋涉赴京之勞而藩庫日就充盈即可調撥他省兵餉之用亦可就近酌撥以節遠道運脚諸費請俟該省封貯足額再行停止

一報捐生俊徑赴藩庫交納請交該藩司隨到隨收按照部頒砝碼兌平上兌後給予實收毋許稽延時日以致淹留守候并取免役行文本籍隸本州縣查照本身是否身家清白出具印結直詳藩司不必由府道申轉以免層層需索之弊如生俊中有朦捐者查照報部例行無例辦理再行查各州縣再令藩司酌量地方之遠近定以限程申報或有用事者司難行查遲延不到者應嚴察參究庶報捐之人踴躍輸將可冀足額不前之虞

捐監事宜

三十四

一查五省報捐舊例只有正副實收以正實收交本身收執以副實收按
月造冊彙送臣部核給部照甚遲茲由該省按月造冊移送國子監按冊
加照對發應請照舊辦理至遇應考試之年本身赴部照准呈
照實收考試

一查舊例正副實收俱填明本生本身年貌三代籍貫於上月之副
實收於次月造冊彙送臣部核發執照臣部隨時對發交該管
司轉諮本生撤回正實收換本造冊繳部臣部將正副實收詳對
後注銷此次應仍照舊辦理其有願赴部自行核照者亦聽其便

一查舊例捐納貢生及捐請　封典職銜并捐復各項均照舊例不准在
外報捐應請照舊辦理

一京師為天下會聚之所凡京外官中之子弟親戚隨任及各省遊幕
貿易商賈人等有願赴部報捐者請仍准照向例赴部捐納俾發

附自効仍有進身之階亦不致有往返奔馳之苦

一查旧例甘省於三十九年報捐監糧至四十六年捏災冒賑破案其例遂停止前在甘肅報捐者至今年限仍令在本部加捐給予執照其逾限不出者准其頂戴榮身不准放試現在 功令森嚴於藩大員諒不至有辦理不善諸弊但恐生俊心懷疑畏或仍以此項報捐未必遂准放試觀望不前應請 勅下該撫藩出示曉諭俾生俊咸知在外報捐與在京報捐無異當必樂趨者衆矣

一此項報捐監生往赴藩庫交納以專責成應請示禁該藩司子弟親戚隨書吏包攬經紀之弊或有徇情請託預發實收及隨後將捐項[illegible]交納以致有挪移虧空等弊如該撫應即查照[illegible]如該撫未經參究別經發覺屬實并將該藩司嚴議外并將該撫一併議處

一每省交納銀數應按季彙報一次請交該藩司造具清冊詳[illegible][illegible]

捐監事宜

三十五

月捐監若干名某月收銀若干兩　臣部於收到清冊日核該省月報之實收詳加核對以免舛誤之虞至該省是否辦理妥善　臣部亦可藉以稽核

一各省報捐監生向有實收者未向無有報捐捐納皮戚并准其收實收赴部驗照捐納皮戚

奏請凡省收捐監準令外省流寓及貿易商賈人等在本地報捐原為便恤民情起見但各省報價不一往往避重就輕之弊未為盡善令既普收於本省自有定數應准外省流寓貿易商賈人等到報捐仍令該省收納後行查本身原籍再行諮發部無以昭慎重

一各省捐監向例每正項銀一百兩收冊費銀三四兩不等此係酌定各省捐監冊費飯食銀每名每月收銀二兩以一兩留為本省公費以一兩按季解部為戶禮二部書吏飯食紙張等項之用毋許額外濫收浙省現收

冊費三兩平餘四兩一錢四分
戶部照費三錢國子監照貳錢
再軍機處交出併摺片　奏來捐納監生一摺奉　硃批戶部議奏
欽此據奏稱籌餉事例減捐納下捐數目臣部現已議及於章程摺內出
同酌量數目恭候　欽定俟　命下之日交吏該撫黃應文奏稱外鄉
門隨任子弟准其就近出具印結一併報捐一款係為省外生徒返致
跋涉之勞亦是出於乘請無理至所稱部監二照預用空白編列字號
發給外省隨時填寫一款查前使各省開捐監部照監照送來預
用空白原恐致延擱緩請今臣部酌定按月給發亦不致令捐生有守
候之苦所有該撫奏請發部監二照應毋庸議

司庫收捐監生定限收下給照章程

一司庫定於三月初五日起捐收

一生俊願赴捐者預將關照籍貫年歲三代赴本司庫大使衙

捐監事宜　　三十八

門報遞每晚彙齊送本司候批准發房造冊發庫定於二五八日兌
收呈將當日所給發實收
一掛號收呈之時禮房經承即按名填寫正副實收並實收尾根遞
名磨對給發本生收執
一正副實收以百號為一束先行用印發填去後騎張畢查對
一按月將呈首蓋由部設將收呈並同副實收詳院報部換發執
照並將掛號尾根查造清冊按季彙報
一貼示收呈有臨期來到者准於下卯上兌
一生監上兌收呈給發實收之後即由司知照本生原籍地方官於
文到日依限查取身家清白里鄰互結由該州詳送核咨不得
遲延有干查究
一本到部監俟發執照到司另行牌諭指生賫同實收赴司核給執照

一至軍流徒杖枷號從嚴五百限一个月金寧台三百限個半月溫
處衢三百限兩个月如逾限即屬可雖無例參處

指鹽司道

三十七

捐免試俸

一向例正途出身捐免試俸　四品捐銀九百六十兩　五品捐銀八百兩
六品捐銀六百四十兩　七品捐銀四百八十兩　八品捐銀三百廿兩　九品以
下捐銀二百四十兩俱准免其試俸三年　至捐納人員捐免試俸應
交照品級加倍報捐應准免其試俸三年

捐免保舉

一由監生吏員正出身人員應令其先捐免保舉再行捐升京外
正印者曾經保舉而未經捐免人員亦准其即按本任內一律報捐
四品捐銀一千二百兩　五品捐銀一千兩　六品捐銀八百兩　七品捐銀
六百兩　八品以下捐銀四百兩　如係捐吏出身減去銀百五十兩　其有
已經捐免保舉後又捐升者仍令補照升銜應行捐免保舉
銀數以歸實際

捐納條例

三十八

捐免考試

一、浙籍漕軍應選者免捐免考試　四品捐銀一千兩　五品捐銀八百兩
六七品捐銀五百兩　八品以下捐銀貳百兩俱免考試准其補用

捐免實授

一、查乾隆四十年閏十月吏部會同戶部奏準嗣後外省人員均俟到
任後扣足二年之限查明本任並無違礙實授處分准其一體報
捐俟吏部知照到日即准其實授到任未准遵行本案咨冊
知縣歷俸五年准其升補如歷俸未滿五年准其升署者連前
任本任接算五年准其實授如本任歷俸半年或一年升署
者應以升任歷俸二年之後准其捐免實授　知府捐銀一千六百兩
直隸州知州捐銀一千四百兩　知州捐銀一千貳百兩　同知通判捐下
八百兩　知縣捐銀一千貳百兩俱准其實授

捐免坐補

一、係候坐補免缺人員捐免坐補原缺　道員　知府捐銀一千二百八十兩　運同　同知捐銀九百六十兩　通判捐銀七百二十兩　知縣捐銀六百四十兩　鹽課司提舉捐銀七百四十兩　鹽運司運副捐銀七百二十兩　鹽運司運判捐銀五百四十兩　直隸州州同州判　布政司經歷　理問　按察司經歷　京府經歷　布政司都事　鹽運司經歷捐銀五百四十兩　直隸州州判　州判捐銀二百七十兩　鹽課大使捐銀五百四十兩　布政司照磨　外府經歷　外縣縣丞　按察司知事捐銀二百四十兩　鹽運司知事捐銀二百四十兩　縣主簿　府知事　按察司照磨　州吏目　京外府照磨　宣課司大使　鑄印局大使　道庫大使　府稅課大使　按察司司獄　巡檢　府倉大使　府司獄　典史　閘大使　府檢校　長官司吏目　茶引批驗所大使　府庫大使　州庫大使

捐例條例

三十九

州税課大使　縣税課大使　税課司大使　驛丞　河泊所大使省
丞閘閘官　道倉大使　州倉大使　縣倉大使捐銀一百八十兩　教諭
訓導捐銀一百貳十兩准其捐升其有不能捐升照捐免坐補原缺
者應照革職離任捐復原官補用之數減半報捐照入應補班用
一律補用其告病丁憂人員應坐補原缺有情願報捐此二項

其一律報捐

一現任應坐補原缺人員　府州捐銀五百兩　佐雜捐銀四百兩　教
職捐銀三百兩　營衛守備捐銀貳百五十兩　所衛千總捐銀
貳百兩俱免其坐補原缺另行捐升別項如有不能捐升照捐免
坐補原缺并無革職離任捐復原官補用之數減半報捐亦免
其坐補原缺遇升補之日俱令赴部引　見
一離任應坐補原缺人員　府州捐銀三百兩　佐雜捐銀貳百五十兩

都司指銀貳千貳十五兩　營衛守備指銀貳千兩　所門衛千總指銀
貳千五十兩俱免其坐補原缺另行指升別項如有不願指升止指
免坐補原缺者照半數離任指以原缺補用之數減半捐指亦
免其坐補原缺取具原籍赴選文結赴部投供應補俱照人文
到部投供日期先後序班遴選都司明於雙月補用營衛守備衛
千總俱明於雙月五缺後選用守備所千總明入雙月三缺後選用

捐離任

一各項現任應升並已經捐升人員加捐離任　文員　四品捐銀一千兩
五品捐銀八百兩　六品捐銀五百兩　七品捐銀三百兩　八品捐銀貳
百兩　九品以下捐銀一百兩准其離任應升
一捐升離任人員任內有展參之案止於罰俸降級留任准其報捐
離任後降應得罰俸之案仍照離任處例以罰俸級註冊其展參

捐納條例

四十一

到部以格降級留任俟投任後奉文到部即將該員照以降一級

留任該管於新任無例開復　武職遊擊捐銀三百兩都司捐

銀貳百五十兩　營衛守備捐銀貳百兩　守禦所千總捐銀一百八十兩

營衛門千總捐銀一百五十兩　把總捐銀一百廿兩俱准其離任在外

取具現任官員文結赴部投供銓選其有原案之案以格罰俸者

仍無離任後以罰俸該員原案到部仍應降級留任其即將該員

以降級留任該管於新任無例開復如有原案之案例應

降調其案不准其捐外離任

降革捐復　仍由吏兵部查明請　旨辦理

一凡緣事降革情節較輕于屬因公者俱照常例已數准其捐復

原案

一文武降革人員奉　旨引　見後仍照部議降革其有原案情

罪本屬同為該員既犒難意出有心報効應准其一律報捐補用

一滿漢文武降調離任捐復降革等 將告加級紀錄不准抵銷之員及京察稱應科道候補以上外官屬吏揀兵以上各項文職京察大計武職軍政舉劾及降調改業候補各捐不准其捐復其餘應准照一律捐復原官補用

一升署尚未實授人員降調離任捐復者應照實授之款捐復原官補用

一降調離任候選人等 有實係試俸 須帶其准其照所降之級捐復原官補用

一將原革職復仍候選罪以降調者准照所降之級捐復原官補用

一京外從九品未入流把總等官遇有例以降調秩從至級而降革職革任者此等人員與例應革職者不同應准照所降之級捐復原官補用

京官郎中捐銀四百五十兩復還一級有有多者每級捐銀或七十兩

員外郎 內閣侍讀捐銀三百六十兩復還一級有有多者每級捐銀或十

捐納條例　　四十一

三千兩　主事　都經　都事　寺丞　京從六品要缺指銀貳千七十兩復還一級再有多者每級指銀一千八十兩（京正六品要缺郎中京七品以下要缺指銀貳／員外郎主事三級計算）千卅兩復還一級再有多者每級指銀一千四十兩酌准其復還原降之級以原缺補用

外缺道員指銀一千四百兩復還一級再有多者每級指銀七百兩　知府運同指銀一千貳百兩復還一級再有多者每級指銀六百兩　直隸州知州保正印缺傳錄與知府相仿向與同知一例報指似未允協今酌增貳百兩改為指銀一千兩復還一級再有多者每級指銀六百兩　運副通判　提舉　運判指銀七百兩復還一級再有多者每級指銀四百兩知州　知縣保正印缺向與運副等缺一例報指亦未允協今酌增銀貳百兩改為九百兩復還一級再有多者每級指銀一百兩改為五百兩司府首領教職佐雜等缺指銀貳百卅兩復還一級再有多者每級指

兩一百四十兩准其改還所降之級以原官補用
武職副將捐銀八百兩　參將捐銀六百五十兩　遊擊捐銀五百兩　都司
捐銀四百五十兩　營衛守備捐銀四百兩　守禦所千總捐銀三百五
十兩　營衛門千總捐銀三百兩俱准其改還一級再有多者俱照此
減半報捐准其以原官補用
一備譯文武官員有所離任捐復除在京翰詹科道以上在外藩臬以
上緣事降革與欽案　將有革職　京察大計六法等犯貪贓等
款有乘於以革職及先搬死罪已經贖免等貪官永不叙用者
俱不准其捐復及查等　將有加倍或加捌倍捐復外其餘革職
並至降罰以及隨時休致例不列　見任官俱照捐復之案一律准
其捐復　道員捐銀七千貳百兩　知府　運同捐銀五千零四百兩
郎中捐銀三千六百兩　員外郎　內閣侍讀捐銀二千一百六十兩

捐納條例　四十式

同知 直隸州知州指銀三千五百兩 知州 運副 提舉指銀三千貳百兩 主事及主事品級相同之都察院經歷 都事大理寺寺丞 京官六品光祿寺署正指銀貳千七百兩 在外通判運判知縣指銀三千兩 京七品及郎中寺司務 外府經歷 理問 直隸州州同 州判指銀一千八百兩 京八品及外按察司經歷 布政司都事 鹽運司經歷 直隸州州判 州判指銀一千三百五十兩 七品筆帖式指銀五百兩 八品筆帖式指銀四百四十兩 九品筆帖式指銀三百八十兩 其餘外官八品指銀一千八十兩 鹽庫大使指銀一千零五十兩 京九品及按察司知事 外府經歷 縣丞指銀七百廿兩 吏援指銀五百六十兩 吏攷指銀五百廿兩 京從九品 未入流 外從八品以下雜職等官指銀三百六十兩 俱准原官補用 再查筆帖式 堂卿人員例得降等援指 此項指例凡筆帖式未有職銜者亦應准照一律降指

如此等降捐人員內有由進士舉人並恩拔歲副廪貢生具准
貢生拔廪生就教一體降捐補用
一體營武職革職離任降捐改降並京在外各大員緣事降革與欽
奉 特旨革職軍政革職勒休並犯贓婪贓等款有 奉旨行以革職及
坐撤虧累後任賠免並貪贓永不敘用者俱不准其捐復及奉
特旨加倍或加兩倍捐復並偏湖人員補放綠營武職緣事革職離任並
應否逾迴原衙 諭旨亦不准其捐復外其降革職並未經虧累以及
隨時保薦例不引 見並從無六法議處人員俱無捐復之條一體
准其捐復 副將捐銀五千七百六十兩 參將捐銀四千三百廿兩
遊擊捐銀貳千八百八十兩 都司捐銀一千四百四十兩 守備捐銀一千
三百兩 守禦所千總捐銀一千兩 營門千總捐銀七百兩 衛千總
捐銀六百四十兩 把總捐銀四百兩俱准照以原官補用再查革

捐納條例

四十三

職　虛銜人員有情願降等報捐者，例得准其報捐。此項捐例凡

職未有職銜者，俱准照捐改。其有情願降捐者，亦應准照一律

降捐補用

凡降等捐復迺原降之處捐復原資照數報捐

一、廣勸力武舉及隨帶武舉革職捐復降把將准等款不准

捐復外，其保緣各被參處後並亦經設處以及因人連累並未行

以不謹及贓私入己者，俱准其捐復。其被參後實有贓罪者亦

照革職人員加等之例辦理

一、革職留員內有事　告虛銜職銜頂帶人員准照原資降一等報捐

補用。其有情願降二等報捐者，亦准照一律報捐（正印實准其報捐正印，佐貳並佐貳者准報，不准捐捐）

（正印者兼任正印者，初准其報捐正印）

一、革職實員五未經　虛銜職銜頂帶以前有罰業革職，詳革及數案

革職註冊並降調註冊其應令逐案報捐其降級註冊其無所降之
級無款報捐其革職註冊者無原捐之款減半報捐
一舉貢尚未實授人員革職離任後　奉旨賞給職銜頂帶者捐復
時應照實授原官降等報捐補用
一京外從九品未入流把總等官革職離任後　奉旨賞該職銜頂帶
者係無可降之員應准照報捐原官補用
一文武降革人員捐復時應將請參降革註冊各案分別報捐如其
呈時漏報請參降革處分核明該督撫參奏日期在該員未經離
任之先其應將漏報之案令該員加倍報捐如已在該員離任以後該部
查明核與捐復准其逐案報捐

賞銜人員捐復原官

一乾隆三十七年十一月二十八日户部　吏部　奏准酌定處分人員捐復賞給

捐納條例　　四十四

原銜指改原設銀數應照旧例辦理至降等給銜人員旧例内並無毫
一二等之分若照咨准減二等報捐未免漫無區別今擬將降一等
給銜者照原數酌減十分之二降二等給銜者照原數酌減十分之一
以昭平允其有情願匯降報捐者照此例辦理等因奉准遵行

滿漢在京文武職

郎中 單月班指改原設本數該銀三千六百兩

給原銜者減三該銀貳千五百廿兩

降一等給銜者減二該銀貳千八百八十兩

降二等給銜者減一該銀三千二百四十兩

員外郎 內閣侍讀 單月班指改原設本數該銀三千百五十兩

給原銜者減三該銀貳千貳百五兩

降一等給銜者減二該銀貳千五百廿兩

降二等除銜者減一該銀貳千八百五十兩

主事 及主事品級相同之都經都事 寺丞

京從六品 光祿寺署正 準成捐復原官本數該銀貳千七百兩

除原銜者減三該銀一千八百九十兩

降一等除銜者減二該銀貳千一百六十兩

降二等除銜者減一該銀二千四百卅兩

京七品實 部寺司務 準成捐復原官本數該銀一千八百兩

除原銜者減三該銀一千貳百六十兩

降一等除銜者減二該銀一千四百四十兩

降二等除銜者減一該銀一千六百廿兩

京八品實 準成捐復原官本數該銀一千三百五十兩

除原銜者減三該銀九百四十五兩

捐納案例

四十五

降一等佐雜書識二該銀一千八十兩
降二等佐雜書識一該銀一千弍百十兩
未九品役革職捐復原收布數該銀七百廿兩
佐雜書識三該銀五百四十兩
七品筆帖式革職捐復原役布數該銀五百兩
佐雜書識三該銀三百五十兩
降一等佐雜書識二該銀四百兩
降二等佐雜書識一該銀四百五十兩
八品筆帖式革職捐復原役布數該銀四百四十兩
佐雜書識三該銀三百八十兩
降一等佐雜書識二該銀三百五十弍兩
九品筆帖式革職捐復原役布數該銀三百八十兩

捐原銜者減三銀只貳百六十二兩

外正八品革職捐復原官本數銀只一千八十兩

（捐）減原銜者減三銀只七百五十六兩

降一等捐銜者減二銀只八百六十四兩

降二等捐銜者減一銀只九百七十二兩

京未入流革職捐復原官本數銀只三百二十兩

捐原銜者減三銀只貳百二十四兩

滿漢在外文職

道員革職捐復原官本數銀只七千貳百貳十兩

捐原銜者減三銀只五千五十四兩

降一等捐銜者減二銀只五千七百七十六兩

降二等捐銜者減一銀只六千四百九十八兩

捐納條例

四十八

知府　運同革職捐復原官本級該銀五千七百二十兩

給原銜者減三該銀四千卌二兩

降一等給銜者減二該銀四千六百八兩

降二等給銜者減一該銀五千百八十四兩

同知　直隸州知州革職捐復原官本級該銀三千五百兩

給原銜者減三該銀弍千四百五十兩

降一等給銜者減二該銀弍千八百兩

降二等給銜者減一該銀三千百五十兩

知州　運副　提舉　革職捐復原官本級該銀三千弍百兩

給原銜者減三該銀弍千五百四十兩

降一等給銜者減二該銀弍千五百六十兩

降二等給銜者減一該銀弍千八百八十兩

通判 運判 初叅革職捐復原官本缺該銀三千两

給原銜共減三該銀弍千一百两

降一等給銜共減二該銀弍千四百两

降二等給銜共減一該銀弍千七百两

布經 布理 直隸州州同 州同 革職捐復原官本缺該銀一千八百两

給原銜共減三該銀一千弍百六十两

降一等給銜共減二該銀一千四百四十两

降二等給銜共減一該銀一千六百廿两

按經 布都 塩經 直隸州判 州判 衛經 革職捐復原官本缺該銀一千三百五十两

給原銜共減三該銀九百四十五两

降一等給銜共減二該銀一千八十两

降二等給銜共減一該銀一千弍百十五两

捐納條例

四十七

鹽庫大使　單成指改原設本數該銀一千弍百兩

該原額共減三該銀八百四十兩

降一等該額共減二該銀玖百六十兩

降二等該額共減一該銀一千八十兩

推知府經歷　單成指改原設本數該銀七百廿兩

該原額共減三該銀五百四兩

降一等該額共減二該銀五百七十六兩

降二等該額共減一該銀六百四十八兩

教授　單成指改原設本數該銀五百二十兩

該原額共減三該銀三百六十四兩

降一等該額共減二該銀四百十六兩

降二等該額共減一該銀四百六十八兩

外區八品以下雜職等官革職捐復原官者較例銀三百六十两
偺原銜者減三成銀弍百五十弍两
以上捐復原官如有情願捐入應補班并捐免保舉以及革
職後降級註冊等項並照現行事例
滿漢京外武官
副將革職捐復原官者較例銀五千七百六十两
偺原銜者減三成銀四千卅二两
降一等偺銜者減二成銀四千六百八两
降二等偺銜者減一成銀五千一百八十四两
參將革職捐復原官者較例銀四千三百廿两
偺原銜者減三成銀三千廿四两
降一等偺銜者減二成銀三千四百五十六两

捐納條例　　四千八

降二等佐衛共減一級只三千八百八十兩

遊擊革職指改原官本數級只二千一百六十兩

佐原衛共減三級只一千零十二兩

降一等佐衛共減二級只一千七百二十兩

降二等佐衛共減一級只一千九百四十兩

都司革職指改原官本數級只一千零六十兩

佐原衛共減三級只一千九百二兩

降一等佐衛共減二級只一千二百四十兩

降二等佐衛共減一級只一千四百四兩

營衛守備革職指改原官本數級只一千三百兩

佐原衛共減三級只九百十兩

降一等共減二級只一千四十兩　降二等佐衛共減一級只一千一百七十兩

守禦所千揔　革職捐復原官本數該銀一千兩
從原銜升職三級該銀七百兩
降一等從銜升職二級該銀六百兩
降二等從銜升職一級該銀五百兩
營門千揔　革職捐復原官本數該銀七百兩
從原銜升職三級該銀四百九十兩
降一等從銜升職二級該銀四百二十兩
降二等從銜升職一級該銀三百五十兩
把揔　革職捐復原官本數該銀四百兩
從原銜升職三級該銀二百八十兩

捐入應補班

一降革捐復人員惟知州一項入於開復班內以該員捐納日期為別

捐納條例　四十九

候開復人員投考　書投文日期先後補用其餘人員俱照本　奏補
用人員各班可隨時入於單月雙月選俟別項人員用五缺之後選用
一人查主事郎中員外郎主事降筆人員已經指復者情願
再行加捐　郎中捐銀八百四十兩　員外郎捐銀七百廿兩主事捐銀六百
兩准其入於開復班內候投考先候開復人員　書投文日期先後
補用其餘京六品以下主事道府以下應隨　月選者員如有已經
指復並情願再行加捐　道府捐銀七百廿兩　鹽運司運同捐銀六百兩
同知直隸州知州捐銀七百廿兩　知州知縣　鹽課司提舉　鹽運司運
副捐銀六百兩　內閣侍讀捐銀七百廿兩　京六品及外通判　運判
捐銀六百兩　京七品及部寺司務　外府州同經歷　理問　按察司經
歷　州同捐銀三百六十兩　鹽庫大使捐銀四百兩　京八九品捐銀三百
兩　外州判　府經歷　縣丞　教授　教諭捐銀二百八十兩　京未入流

外主簿以下雜職等官指銀可否俱准其入於應補班內以指納日期挨季當按交日期先後補用其祇行指復未經再行加捐仍照五缺後選用至在京之內閣中書翰林院孔目國子監助教係應歸考選保舉之缺無單月應補班次應照舊例辦理毋庸加捐至京外外選亦係在外揀選之缺凡指復人員應照開復人員之例仍發該省委用

指復進士舉貢生監

一文進士舉貢生監開復贓革之外係犯枉贓詐欺不准指復外其餘因公違累無犯行止不端及贓私入己者俱准指復有餘累者亦照革職指復人員加等之例辦理　文進士指銀一千三百兩　文舉人指銀九百兩　貢生指銀六百兩　生監指銀貳百貳拾兩准其指復出身原資其試用學習未經實授因公革職者俱查照此革職指復正條

指捐條例

五年

報捐不准無出身原貲報捐

一揀選武進士舉人以及武生斥革捐復降犯折贖等類不准捐復外其餘因人連累並非部以不諳及贓私入己者俱准其捐復有餘罪者應照革職捐復人員加等之例辦理　武進士捐以守備　武舉人捐以營千總　武生捐以千總俱准歸開捐其未經揀選之武舉捐復咨選揀選舉人亦准歸一併揀選其揀選五等革退武舉捐以六品亦准其捐復武舉一併會試如遇揀選年分另行揀選至未經揀選之武進士捐以七品以上准歸捐復如情願報捐補用者仍照未揀選武進士之例報捐

革職者餘罪捐復

一應革職有餘罪人員仍照原案情節分別准駁其案內無者准歸捐復人員查視案原罪如係同擬笞杖已經贖免其照革職捐

復者照加十分之二未經贖免者照加十分之三擬遣已復者照加十分之五滿遣已復及軍臺已滿接回贖回者照加十分之六原擬軍流贖免者照加十分之八原擬新疆發遣已經放回贖回者加倍免其以捐復原銜並降捐職銜者仍照職銜本例報捐毋庸令其加者

捐復原銜

一滿漢文武革職離任者應有情願捐復原銜者准其報捐至京察大計六法免官例不准其捐復但查此項人員亦因不能匠民産予究與貽誤情由罪應准其捐復原銜加捐至原銜以上者不准序補用　道員捐銀三千六百十兩　知府　運同捐銀二千一百八十兩　郎中捐銀一千六百兩　員外郎　內閣侍讀捐銀一千五百八十兩　同知　直隸州知州捐銀一千七百五十兩　主事　都察院經歷　都事　大理寺寺丞　及主事品級相同者俱捐銀一千三百五十兩　直隸州通判運判　運副　提舉　知州

捐納條例　五十一

知州捐銀一千五百兩　原七品缺　外府經歷　理問　直隸州州判同　州
同捐銀九百兩　原八品缺　外縣經歷　直隸州州判　布都事　州判捐
銀六百八十兩　原九品缺　外府經歷　縣丞捐銀三百六十兩　鹽庫大
使等缺捐銀四百兩　外缺八品以下教職雜職等缺捐銀二百八十兩　其京
察大計革職人員亦准其資報捐

一滿漢武職軍政革劾各缺除不准捐復但查此等人員以同不能
剋詐操防究年奸贓情罪捐應准捐復原銜并加捐至原銜以
上請不准補用　副將捐銀二千百六十兩　參將捐銀二千百六十
兩　遊擊捐銀一千八百兩　都司捐銀七百八十兩　守備捐銀六百五十
兩　守禦所千總捐銀五百兩　門營千總捐銀三百五十兩　衛
千總捐銀四百兩　把總捐銀二百兩
捐復降級留任

一内外文員降級留任捐復　一二品捐銀三百七十兩　三四品捐銀三百廿兩　五六品捐銀貳百七十兩　七八品捐銀貳百四十兩　九品以下捐銀一百七十兩俱准其復還一級再有多降三級准其照數計算

一内外滿漢武員降級留任捐復　一品捐銀三百兩　二品捐銀二百八十兩　三品捐銀貳百六十兩　四品捐銀貳百四十兩　五品捐銀貳百廿兩　六品捐銀貳百兩　七品捐銀一百八十兩　八品捐銀一百六十兩　九品捐銀一百四十兩俱准其復還一級再有多降三級照此減等捐復

捐復革職留任

一革職留任人員内除翰詹科道以上外蔭生以上另立章程　吾無理外其餘内外各官　道員捐銀三千兩　知府捐銀貳千八百兩　郎中捐銀貳千兩　員外郎捐銀一千八百兩　主事捐銀一千五百兩　都任都司　守備捐銀一千三百兩　其原從六品至四品署正仍照原例捐銀七百兩　五千二

捐納條例

兩 同知捐銀一千兩 通判捐銀八百兩 知州並道員減半捐銀一千五
百兩 布政並臬司減半捐銀一千四百兩 在京七品已評事 博士 典簿
署丞 主簿 知事 監丞 寺經歷 及在外兩司首領經歷 理問
知事 州縣佐貳首領仍照原例捐銀貳百七十兩 在京八品以下之請
主事主簿典簿及司務首領捐銀貳百兩 府經歷 教職雜職所
照原例捐銀一百八十兩 俱准其復還原職 福建外轄
一武職革職留任降級兵以上為三等參請 首加理外 其餘副將捐
銀貳千八百八十兩 參將捐銀貳千一百六十兩 遊擊捐銀一千八百
兩 都司捐銀七百八十兩 營衛守備捐銀六百五十兩 守禦所千總捐銀五
百兩 營衛千總捐銀三百五十兩 把總捐銀貳百兩 俱准復還原職
頭等二等侍衛捐銀七百五十兩 三等侍衛捐銀六百兩 四等侍衛
及藍翎侍衛捐銀五百兩 亦准其復還原職

降革後讀任兼留等項亦應加五捐復

一內外降級革職留任人員除向例不准捐復之翰詹科道藩臬以上革職留任現已奉旨議者辦理外其餘人員降級革職留任例准原參者有情願捐復俱准臨時逐案報捐仍照向例辦理其降調降職後讀任兼留或革者照實留任該員年限開復之員及部議降調革職者仍以原官補用將降革之案帶於新任並部議實降實革者改為降級留任或改為革職留任者俱照部議降革留任銀數酌加十分之五准其一律捐復

降革留任加五銀數

道員捐銀四千五百兩　知府捐銀四千二百兩　郎中捐銀三千兩

員外郎捐銀貳千七百兩　主事捐銀貳千貳百五十兩　都事經歷逐捐銀

一千九百五十兩　直隸六品之署正捐銀一千八百兩　同知捐銀一千五百兩

捐例未列　五千三

通判捐銀一千五百兩　州同捐銀二千二百五十兩　知縣捐銀二千一百兩
在京七品之評事　博士　典簿　署丞　知事　監丞　寺丞及在外從七品
首領之經歷　鹽運同知事　州縣佐貳首領官捐銀四百兩　在京八品以下
之博士　主簿　典簿及司務學正捐銀三百兩　府經歷　教職視職捐
銀二千七百兩俱准其改還原職補缺升轉
副將捐銀四千三百兩　參將捐銀二千五百四十兩　遊擊捐銀一千
六百兩　都司捐銀一千一百七十兩　營衛守備捐銀六百七十兩　守
禦所千總捐銀七百五十兩　營衛千總捐銀二百二十兩　把總
捐銀一百三十兩　頭二等侍衛捐銀一千一百廿兩　三等侍衛捐銀六百兩
四等侍衛及藍翎侍衛捐銀七百兩俱准其改還原職補缺升轉
降級留任加五成數
文品　一二品捐銀五百六十三兩　三四品捐銀四百八十兩　五六品捐銀

四百十二两　七八品捐銀三百卅两　九品以下捐銀貳百六十二两俱准免改
選一級再有多降三級准照此數計算
武職　一品捐銀四百五十两　二品捐銀四百廿两　三品捐銀三百九十两　四品
捐銀三百六十两　五品捐銀三百卅两　六品捐銀三百两　七品捐銀貳
百七十两　八品捐銀貳百四十两　九品捐銀貳百十两俱准免改選一級
再有多降三級准照此數計算

京官職銜

一郎中　由貢監生捐銀貳千九百六十两　由員外郎捐銀六百两
由同知捐銀九百六十两
一員外郎　由貢監生捐銀貳千三百六十两　由主事　都察院經歷
都事　大理寺寺丞　光祿寺署正　捐銀七百两
一主事　都察院經歷　都事　大理寺寺丞　光祿寺署正由貢監生捐

捐納條例　二十四

銀一千六百六十兩 由中書科中書 詹事府主簿 光禄寺典簿 鑾

儀衛經歷 大理寺評事 太常寺博士 典簿 通政司經歷 知事

捐銀四百兩

一中書科中書 詹事府主簿 光禄寺典簿 鑾儀衛經歷 大理

寺評事 太常寺博士 典簿 通政司經歷 知事 部寺司務由

貢監生捐銀一千貳百六十兩 由國子監典簿捐銀一百六十兩

一國子監典簿由貢監生捐銀一千一百兩 由翰林院待詔 國子監

典籍捐銀一百一十兩

一國子監典籍 翰林院待詔 由貢監生捐銀九百九十兩 由翰林院

孔目捐銀五百六十兩

一翰林院孔目 由貢監生捐銀四百四十兩

外省職銜

一道員 由貢監生捐足三千零六十兩 由知府捐足七百六十兩 由郎
中捐足八百兩

一知府 由貢監生捐足三千兩 由運同捐足五百兩 由員外郎捐足
實四千兩

一運同 由貢監生捐足貳千壹百兩 由同知捐足壹百兩 由運判捐
足八百四十兩

一同知 由貢監生捐足貳千兩 由通判捐足四百兩

一通判 由貢監生捐足一千六百兩 由布政司經歷 理問 州同捐足
一千三百兩

一布政司經歷 理問 州同 由貢監生捐足三百兩 由恩拔副榜捐
足一百廿兩 由布政司都事 按察司經歷 鹽運司經歷 州判捐
足五十兩

捐納條例

五千五

一布政司都事　按察司經歷　鹽經歷　州判　由吏監生捐米貳百五十兩　由恩拔副貢捐米七十兩　由布照磨　按知事　鹽知事　府經歷　縣丞　鹽庫及大使捐米五十兩

一布照磨　按知事　鹽知事　府經歷　縣丞　鹽庫及大使　由吏監生捐米貳百兩　由按照磨　府知事　州吏目　縣主簿　茶馬大使捐米八十兩

一按照磨　府知事　州吏目　茶馬大使　縣主簿　由吏監生捐米一百兩　由從九品未入流捐米一百八十兩

一從九品未入流　由俊秀捐米八十兩　未滿吏捐米六十五兩　已滿吏捐米五十兩

一監生　由俊秀捐米一百八兩　附生捐米九十兩　增生捐米八十兩　廩生捐米六十兩

一吏生　由監生　附生捐銀一百四十兩　增生捐銀一百卅兩　廩生捐銀一百八兩　以上內外文衛俱從九品未入流二項職銜由俊秀報捐其餘俱由吏監生報捐武職只准從武生監生報捐吏生不准捐武職

武職職銜

一游擊　由監生武生捐銀一千三百兩　由都司捐銀四百兩

一都司　由監生武生捐銀九百兩　由營衛守備捐銀三百兩

一營衛守備　由監生武生捐銀六百兩　由守禦所千總捐銀貳百兩

一守禦所千總　由監生武生捐銀四百兩　由衛千總捐銀百五十兩

一衛千總　由監生武生捐銀二百五十兩　由營千總捐銀四十兩

一營千總　由監生武生捐銀二百十兩　由把總捐銀九十兩

一把總　由俊秀捐銀一百卅兩　由監生武生捐銀百廿兩

封典

捐納條例　五十八

一向例文武官員不論已仕未仕一二品官捐銀八百兩三品官捐銀六百兩
四五品官捐銀四百兩六七品官捐銀三百兩八品以下捐銀貳百兩捐給
身應得　封典未入流捐銀一百兩亦給與從九品　封典再文武官
不論已仕未仕有為伊生母第三繼妻捐納　封典俱照本身品
級一律照下給與應得　封典子孫為伊祖父母原職品級准請
封典者亦准一律捐納其為人後者本生父母並受恩撫養之叔伯
姊父母妻伯叔父母親伯叔祖父母外祖父母及受恩撫養之庶母
并受恩撫養之親兄嫂情願捐納應得　封典　封典准作
報捐京外文官俱准作加級請　封其由捐納職銜人員加級請
封者向與現任人員一律報捐未免意存區別應將文武五品武職三
品以下捐職人員俱照隨帶加級之數一例報捐其由文武職四品
職銜加級捐請　封典者照隨帶加級之數再加一倍捐捐定為文

職四品指銀叁百兩 五六品指銀貳百兩 七八品指銀一百八十兩 九品以下指銀一百四十兩 武職四品指銀弍百四十兩 五品指銀貳百兩 六品指銀貳百兩 七品指銀一百八十兩俱准其加一級再有情願多指加級者照此數报指准其照所加之級指請 封典（如文職衛五六品指請三品 封典者其加至四品之級仍照隨帶之級报指其由四品遞加至三品之級所照四品職銜人員指級銀數按照本職照隨帶之級报指無庸八品以下准指至六品七品准指至四品其加級銀數五百廿兩报指至顧加再行例請 封加指之級隨即註銷不准留帶）

嘉慶八年四月二十日 奉准查定例八品以下不得逾七品七品不得逾五品不得逾四品三四品不得逾二品今酌改嗣後如指職人員照尋常例捐一層报指者准其加一等請封八品以下准指至六品七品六七品准指至四品五品准指至三品而止仍不准指至二品至現任及候補候選之四品人員向例准其指至二品應仍照舊辦理其八品以下只封本身不封妻室嗣後如有八品以下願指本身及妻室者應准其加一層请指其弍職亦負不請一

指例條例 乃千也

律亦理宜爲文武三品四品現任人員及應補應選人員准其捐級
捐至二品 封典其 封典照數自四品至八品以下俱照舊例照數
報捐 由捐職文武四品人員准其捐至三品 封典而止其 封典照數
照舊例照數報捐再八品以下准捐至五六品 封典其 封典下
數應照舊例加倍捐照六百兩 七品准捐至四品封典亦應加倍捐
照八百兩 五六品准捐至三品 封典亦應加倍捐照一千貳百兩 再
八品以下只封本身不封妻室如照捐本身及妻室 封典亦應加
倍捐照四百兩 未入流應加倍捐照貳百兩亦請照從九品及妻室
封典如只封本身不封妻室仍照舊例照數報捐
一、戶部奏稱內外官員照報捐加級請 封其無級應照尋常捐
級之數酌增一倍至所捐之數原爲 封典移贈佳請 封贈即將
覃恩不准扣抵再內外應陞以及捐職人員照報捐 馳封曾祖父

母祖父母及親族人等准宜 普錫光榮以昭 曠典等因 查捐職人員捐納加級報捐 封典向例並隨帶加級之數報捐較尋常本稍優其由四品假加級捐者並向無隨帶加級之數再加一倍惟現任及候補候選人員加級報捐 封典者向無尋常加級之數報捐受任內或有降級處分仍准其註抵歷任並無參案是現任及候補候選人員與捐職人員加級捐封者原有區別又報捐貤封向例三品以下捐免素請准另貤封曾祖父母四品至七品准貤封祖父母五年身之伯叔祖父母伯叔父母兄嫂向准其報捐貤封指請照四品加陞惟外姻向止外貤封外祖父母今酌擬如凡屬從幼有受恩撫養之母舅舅母姑夫姑母姨夫姨母妻父妻母捐請貤封其應准其比照貤封外祖父母之例一律報捐其三品以上捐免素請准其貤封曾祖父母如欲報捐本身並

捐納條例

五十八

祖父母者不准具陳照貤封曾祖父母之例一併報捐以昭 慎重再捐
納官發交部院學習行走人員業經遇 覃恩例不得封贈後應
令其呈戶部照常例報捐 封典不准在吏部呈請具奏其
武職各員亦請一律辦理應定為由現任文武三品四品人員及應
補應選人員捐級請二品 封典者其捐級銀數文職照舊例四品
捐銀千兩 武職三品捐銀千兩 四品捐銀一千兩至文武五品以下
仍照舊例分別尋常加級銀數報捐 由文武四品職銜人員捐
級請三品 封典者其捐級銀數仍照舊例 三四品隨常加級銀
數加倍捐銀五百兩 文職五品以下武職四品以下亦按文武品
級捐照舊例隨常加級銀數報捐至八品以下雖捐本身妻室
封典者其捐級銀數亦照舊例亦按本職隨常加級銀數報捐足
二三品官員欲將本身妻室應得 封典貤封曾祖父母者向

係自行奏明請封本官者，至二三品官階請貤封曾祖父
母，不願自行奏請者，捐免奏銀一千二百兩，准其貤封，指請
封典。

捐加級

一內外滿漢文官，一二品捐銀一百五十兩准加一級，捐銀三百兩准隨帶一級；三四品捐銀一百卅兩准加一級，捐銀二百六十兩准隨帶一級；五六品捐銀一百十兩准加一級，捐銀二百廿兩准隨帶一級；七八品捐銀八十兩准加一級，捐銀一百六十兩准隨帶一級；九品以下捐銀七十兩准加一級，捐銀一百四十兩准隨帶一級。

一內外滿漢武職加級，一品捐銀一百五十兩准加一級，捐銀三百兩准隨帶一級；二品捐銀百四十兩准加一級，捐銀二百八十兩准隨帶一級；三品捐銀一百卅兩准加一級，捐銀二百六十兩准隨帶一級；四品捐銀一百廿兩准加

一級捐銀貳百四十兩准隨帶一級　五品捐銀一百十兩准加一級捐銀貳百兩准隨帶一級　六品捐銀一百兩准加一級捐銀貳百兩准隨帶一級　七品捐銀九十兩准加一級捐銀一百八十兩准隨帶一級　八品捐銀八十兩准加一級捐銀一百六十兩准隨帶一級　九品捐銀七十兩准加一級捐銀百四十兩准隨帶一級　應補應選人員與現任皆同

新例捐級俱照原數又加一倍

捐紀録

一內外滿漢人員紀録　一二品捐銀七十兩　三四品捐銀四十兩　五六品捐銀三十兩　七八品捐銀廿兩　九品以下捐銀十五兩各准紀録一次如再加捐准照此數計算

東淮常行事例酌留条款

户部等部謹奏爲請　旨事竊查工賑事例先経將等　請旨程

本年五月三十日停止頭卯并毋庸另開二卯戶部於九月初八日查將捐收卯下六百七十餘員捐及九月廿六日續收卯下八十九員餘捐完竣具奏在案臣等查豫工川運各例於停止之後俱酌留數条專捐具奏請旨並將蘇川閩楚工賑各例已竣臣等謹會同吏兵二部酌擬將捐復應照向例歸入常例數条開列清單恭呈御覽如蒙俞允臣等即列入例条得以該員自以及時圖報於我皇上遴拔人材之至意益全詳矣是否有當伏祈訓示遵行為此謹戶部主稿會同吏兵部謹奏請旨嘉慶七年十一月初二日奏奉

日奉旨依議欽此

計開

一考職貢監免班應補應選俱應准其遵指並指分發

一工賑例已經報捐人員如指至不論雙單月者必指分發如尚未指

指捐条例　一律

至不論双單月其應令凡遇指至不論双單月名指分發

一川運除工分舊例以及川楚各例已經報指人員俱毋庸遇班如

指至不論双單月其以指分發如尚未指明至不論双單月應令凡

遇指至不論双單月名指分發應准其歸入新班試用

一八旗漢軍應選發員應指免考試

一由監生指員及吏員出身人員准其指免保舉

一指升指改及正途出身人員准其指免試俸其非正途出身人

員准其仍捐加倍指指免試俸

一指升人員補指實授者雖無歷俸歲報指分發下如准其指免實

授至升署人員內有應照久任之例五年實授者仍照舊例於到

任二年後照准指免實授

一各項例應坐補原缺人員准指免坐補原缺

一丞倅現任捐升人員准捐離任

一闕缺考職吏員及籍隸順天之攀缺吏員程鄭儒學丞倉之書川楚例內俱無應補應選人員報捐不准其臨時改籍改歸俟大捐停止之日亦不准加捐分發等處倘該人員係的以自銓選與別項應選人員有同一律應准其無應選人員一律匯捐分發仍不准改更名改籍以杜假冒

以上十款報捐卯數應照本年例辦理

一文武各員捐改降級調用並捐改降革留任捐改原銜及捐改設捐入應補班內照舊例辦理

一內外降級革職留任人員降調應科道薦舉以上革職留任不准捐改外其餘人員降級革職留任例至屏府者情願捐改俱准隨時遞案報捐仍照向例辦理其降調革職讀往來

捐納條例

八十二

留戍等　旨從寬留任，俟與年限開復之員，及新設降調革職等　旨仍以原官補用，將降革之案帶於新任，並新設實降實革等　旨改爲降級留任，或改爲革職留任，並俱照新設降革留任之數，酌加十分之五，准其一併指改。

一內外降調革職官員，除貪婪科道薦舉坐贓以外，有情願指改者，係所歸有原案，亦有屬因公情節稍輕，俱准其指改。其有涉營私情節稍重者，亦俱不准指改。至革職之外若擬死罪，後經贖免問擬軍流新疆贖回放回者，仍不准指改。至問擬笞杖已經贖免者，酌加十分之二；未經贖免者，酌加十分之三。徒罪已贖者，酌加十分之五。滿徒已贖及軍台已滿換回贖回者，酌加十分之六。原擬軍流贖免者，酌加十之八。原擬發遣新疆已經放回贖回者，加倍。文亦革文武進士舉人貢監並文武生員由監

部行查吏禮兵部核明情罪並無折贓等款准其指改有礙
罪者亦准其加等報捐其指改之款循照常例辦理

一降革人員呈請指改原任內有代賠追賠核減等項只須未完其
緣由無關情弊係屬因公並查明所欠之項係例限已逾或未逾限
而數在三百兩以下者卽令照數全繳方准指改其一有欠款較多
分限完繳者尚在例限以內准其先行指改仍將未完之款着
落該員按照年限如數全完倘逾限不完已選者卽行解任未
選者停其銓選並將指改時未將欠項呈明之後經查覺將指改
之處註銷仍照隱匿例治罪嗣後指改人員如有一切欠項仍
照此例辦理

一考取職銜各班應補應選俱應准其遵捐並指分發[illegible]
前指捐常例所開指改人員准其加捐分發今此項常例所

指捐條例

六十二

有應頂應補應選衛所備弁如有情願不發者應照無文職之例准
其遞捐復再行加捐不發
一川運餘工照舊例以及川楚一子例已經報捐人員俱毋庸直班如捐
至不論雙單月者以捐不發如尚未捐至不論雙單月應令其遞
捐至不論雙單一月再捐不發川楚子例現任衛守備已捐單
月即用應補應選衛守備已捐雙月即用守禦所千總及衛
千總已捐不論雙單月即用者俱准其加捐不發至舊例人
員惟川運捐納准捐不發所有川運捐納人員其衛守備
捐至雙單月即用守禦所千總衛千總捐至不論雙單月即
用者亦准其加捐不發應照准其歸入新班按到標日挨先後
補用
一工賑捐例內新例不發漕標試用人員與川楚例不發人

吏選應題之缺相間補用無以選捐捐人吏如臣前已捐分發者歸入以雙班用按到標日於先後補用

捐納條例

卷三

雜記

一大江洪澤湖失風船艘者例豁免賠補江失風不在其例

一盧州屆五之年勘於十月水涸時清查造冊詳報兩委道員前即日督同履丈限四月完竣移司彙造於六月內詳題乾隆十六年例

一安徽盧州例不報災

一蘇松常司詳崑新二縣佃業田地造冊費用只准於存糧漕費內動支核給奉撫院批准通飭乾隆三年

一修築堤埔十五年例無修建工程之例量工程大小緩急酌定限期修估報案內聲明

一閘欵本年行首先完解不許動支

一寧海縣商船計式丈卅二尺向分三號標軽六七尺者為滿字號租税每六年標軽四五尺者為 字号租税每年不及四尺者為典字

雜記

六十四

号税　出洋捕魚者俱赴州縣汛口照納

一因公省藩乾隆十七年以後必須動用自理贓罰分別於藩庫

內指給不准動支耗羨存公

一民穀數於八月底截數造冊送司

一孤貧口米大月 銀一錢七釐七毫八絲五忽四微 米每三升八合五勺 小月 銀一錢四釐一毫九絲二忽 米每三升三合八勺八抄

一編審丁口每逢五年一造如編屆三年亦例於八月底截數造

具冊詳於十月內送司核轉前詳送部

一計綱銷鹽七百二十斤

一采硝解司附採植每百斤一兩

一硫磺部價每擔四兩八錢九分三釐八毫五絲

一水龍每架十兩五錢六分銅鐘每桿弍錢五分提水大藤斗每只一分

唧水每只八分燈籠每盞一分五釐每架派定或兵或役八名

一減二五例監生交穀司七十一石耗米五石一斗三升麦八十五石五斗

耗麦貳石五斗六升五合 監生捐交司廿六石廩生捐交司七十一石

一減二五公費銀一两五錢八分 內司一两一錢七分七厘二毛縣二錢五分六厘府五

分一厘三毛

一捐監公費銀一两七錢 內司一两三錢七分六厘府五分四厘 縣弍錢七分 另每石

收倉費銀四厘

一免價定例三分 十一年

一捐耗米每石三升 倉費銀四分 公費一分五厘 減三成捐案內核准亦減半

一收運兌石如有漂没運弁等狀能出力搶救不致全失地方官查明實

非防範不力亦准一律開銷題豁 乾隆二十三年例

一淮揚海三府州縣收交監糧並收 乾隆廿四年題定

一湖北布政司元 各属州縣赴司支領銀數五千两以上者照起解了

雜紀

八千五

例撥兵餉迄廿六年

浙省分別停征

富陽　昌化　嘉善　平湖　安吉　孝豐　寧波　紹興

台州　金華　衢州　嚴州　溫州　處州

以上二月開征六月停征八月接征

海寧　錢塘　仁和　餘杭　臨安　新城　於潛　加興

秀水　海鹽　石門　桐鄉　歸安　烏程　德清　長興

武康

以上俱二月開征清明後停征五六月補征七月停征八月接征其間只有早補仍於五月初旬催征中旬解司於遇閏之年如閏在春夏兩開征之期應早半月於七月望後開征尾閏在秋冬之者仍照旧征收

全書

大凡州縣皆有刊刻賦役全書將一邑田地山蕩及當差人丁原額陞增數目先列于前再將田地高下科則每畝應完本色折銀於後以查付之花戶細數開造全備

會計

會計者以報科田地應徵銀米數目并將每年一歲所需有閏月加增下役工食逐年行月支給減裁各款項驗算明白造冊申司核准頒發是為會計蓋所會甚核而共數了

起運

凡起解司道款項俱稱起運如州縣所徵之解司地丁匠班解道之僱項驛費皆地方兵協餉皆在地丁內所撥者每完足批解屬司造冊投院年季銷解道者所道造冊隔年季銷其自解之年應於起運

雜記

存留

存留者存於州縣動用之項如本色米肉酒款項則有運軍行月糧運
備協濟風漲腳用糧倉行月等項歸地丁則有南風米豆動撥兵
丁廩匠孤貧口糧等項如折色下內酒地丁則有吏役俸工食秋祭
祀師生廩膳等項歸漕項則有折色軍儲行月等項充此存留之款
另造細冊隨起運案籍

税糧

凡土地屬王土莫不貢之田之地但就所產而賦之如江浙則有麥
稅秋糧稅則有麥桑麻糧則漕白黃黑綠（菉）豆麥等項總以田地
荒熟則高下而科算之全書會計自無殊錯也

徭里

三代三役之征皆生民間至江南稱賦重役煩載於米麥布帛麻豆

並稱當項役者改布解部非是　向以漕兌軍丁年暑毛僅出米郵
閭葉牆之當役尚有支省所用如吏書門皂禁卒應支供役其均
給工食仍在田地人丁編給按之允役則其田科派曰均徭

編審人丁

有田納賦有丁納銀故按年將田地丁查人丁一項向來按府征輸無當
大造之年查照米之人丁現在何圖出銀以推收取老故除之少壯增
之循之編審造冊按照納糧者甚少故絕逃亡者多故仍有或有一軍
攤田者或有一軍仍攤丁之安吳江蘇地方年分定常攤征之宜直至雍
正六年奉攤入田部頒定永為定例其編人丁只是盛世滋生仍於十
五年一造限年編審又有黃快三冊寮丁清照季相沿亦因逃亡故絕
於雍正六年為此攤入田則矣

衛田

雜記

守之

江寧府城南所祖建邦戶錦衣馬騎等衛俱有田地撥與又有牧馬地方
令其墾熟名曰草場有蘆荻稱蘆田水田地稱少曆稱陞協稱秒陞
又地租皆歸名色不同易考征輸歸衛起解於康熙十二年將併坐
落地部之州縣名為并衛本折其衛地屯折正多亦有併入州縣承征輸者

四部本折

京師六部除吏刑二部無動用本折外其戶禮兵工四部皆須物料折
色起解如戶部需司本折在本則有南糧米豆麥石烏梅紅熟銅鐵錫
顏料布帛在折則本色內如漕征金花京邊米麥二折及顏料
等禮部則有牲口藥材祭祀會試經筵講筵年例歲貢祈禱藥價
等項兵部則有驛站走馬船隻器械等項工部則有生漆丹絲竹桿
料袄盔甲造船器械弓角等項統曰四部本折照季於各部案銷於
康熙二年題本折宜將劃一為定例彙解戶部奏銷

匠換墊滴

凡起解司庫本折全冊起運即如本省兵餉款項甚多不能盡述今匠閒起運地丁匠稻換平兌平查匠平即戶部之重兌等項滴無可傾銷元寶上之滴珠又查鹽庫本折有滴珠串珠名色換無起解本折裝在鞘內用交換者係以腳費故曰換墊無凡起解本色米豆麥物料布匹絲綿等項必於內庫鋪墊高擱使無霉爛故曰墊雜此四字內總其以康熙十三年後裁扣并入於並無別項名目因有本折宜將無一字多故不另具細款

換平解費

此亦起運之項也凡解司平有設換平解費以資動用故起解匠平必有隨征換平並交無年造冊詳部核銷或名水腳所司接該解官沿用造冊開銷細物後無解起運平可動支解費或另作摘冊

雜紀　六十八

車等於並地丁並征，統於揭存冊內造素，只就蘇松兩藩應有解費先解司庫並撥已一項考之。蘇松解司地丁每千兩撥已十兩，及查江寧安蘇則以前潮係兩藩，昔前蘇屬司駐劄南京，蘇松路遠，江安驛近，一並正改見之耗米，雖遠近假分，而數目尋其旧起協濟解費所司造銷附入，更改雍正三年前例，程定見考成冊。

兵餉

綠旗屬實在京口駐防漢軍，並係浙省兵餉米折草料等項，通閏歲需銀八十七萬貳千五十八兩七錢四分八厘零，本色米豆十萬五千十石八斗二升八合零。係餉米折草料則地丁內開銷，本色米豆則支於南米內開銷。江南省漕標、河標、提標、京口四營兵餉，或撥州縣某年地丁若干徑解，或取給漕河二標解淮安，京口營則解鎮江府，提標則解松江府。其撥則據解本司字樣徑手鄉門交代

該印一經解投知照牌催回該衙門並具印領同册報府送解司存

様之驛站送司核發收放路程由司申撥掛号程費册報備案

官役條例

徭役分派以司民力需役以供使令官則有俸薪以養廉役則有工食以資

生師生則有廩膳以典禮辦至春秋二祭慶賀表箋進學新匾坊杖

盤費八歷日煤炭頒諸政多雜派均擺或解或僱另案造報不入地丁度奏

通行隨起運奏銷

一條工內如船械一項起解藩司另案奏銷如有未完同條工支剩未完

俱由不作分數雜項年外例要分　文武科場及場屋加款由候衙

試之年解提調僱衙門交納乾隆十三年有按年起解司庫之

行至左臨狀酌於至戊辰新書會試旧舉人盤費應照本屆

提解藩司交納雍正六年奉　旨新書會試舊舉人盤費照前

雜紀

六十九

俱由藩司詳發副皮俱註年冊將給假所扣收申帑改司於奏銷冊
內報部乾隆十七年定例會試盤費係遇恩科正科与恩科付半
給發至各俸內扣另冊報項查有告往俸降成案件如有時應扣解
扣支者有停俸罰俸例應扣留起解隨支遞解空缺其計日扣解畢
即應試用其官例不支俸如員奉命試用之員並現任支俸亦須詳
准俟司報未有遇方可支放　教官空缺應扣俸為起解例司空缺
應扣俸為起解亦應扣不扣以致溢放例進明數起解如難追回經放
官照補俱解司統於俸內造冊隨奏咨部積銷再俸工部內例
應自七年三季放季雖扣自放給奏冊內亦照造註如應扣不扣及預
支要放不行起解致被題參其比照後俸工遲例支給例降一級調用
一起征完後年糧如至夏熟者五月十六日起限秋收九月初一日起限
一河工廉膳民壯孤貧人等祀未盤撥補已有均編例

一武貢坊价內出貢之年解交司庫爲坊价解司非坊价逐年全解

單存外支給

一天后祭祀節歸坊价　關帝祀俱支地丁不作冊報

一發生與缺俸馬庫非遇閏非帶征之年不必分征就已完丁兩先

行儘解乾隆五年蘇藩司設詳

辦料

凡有折辦者歸入地丁解司外其餘顏料錫蠟生銅黃白麻桐油光粉俱

係解料代爲採辦每有牙行解役通同勒索其用銀雖優解役仍狀送司

查收須解役係佐貳官隸委押解其錫蠟則作司存顏料則作爲本年

耗羨隨正解司則司亦其用餘羨不代本矣而本其用餘羨另須編部

價之外加耗三分解爲餘耗七分仍解司庫本則加一耗歸司庫而當

本年亦解司矣所用民兩俱在地丁項下支解造冊報銷統入地丁款內奏銷

雜祀

七年

办料内有水脚一項向以料價每兩而定查以雍正八年題准舊例詳定通融

庫美查題有七年顔料錫斤三萬六千七斤零再加二耗乾七千弍寸

一斤零通共正耗額編水脚銀一萬三千六百六兩按照部每石計水脚銀

弍錢三分六釐七毛零再以照每石酌加銀弍分連正加耗水脚每石弍分

弍錢三分六釐七毛零已足專用六千斤每准作一石五十斤每准作半石料

与水脚共有弍千七百四十一兩有零三分零於司庫耗羨內動給咨因

走緊盖緣顔料水價每料價銀一兩准給水脚三錢六分查銀一担

郵價四十兩無計水脚銀一兩弍錢作八分桐油一担郵價二兩美正水脚

八分四厘同是一種重而水脚懸殊舊司創議減處西嘗酌正增一百斤

耗增需要五斤並同價需銀四兩三錢五正增一百斤指水脚二兩八錢七分

并指協費銀五兩先經五省奏準在案內指增俸郵費捐三日並批准司

任四仟者照行

飯食

此項向無，係雍正元年奉　旨飭問五部書吏有勒索紙筆飯食之弊，
是以五部會議行令，按雍正二年為始，凡解部錢糧，以元寶每千兩解飯食
銀若干，每千兩十兩，在州縣隨正解司，司照隨正解部，道庫漕項亦然。
查部文行令江南照有若干兩之數，及查浙省每千兩解銀若干，雍正三
年因有司道存庫未解，故照按浙江海藩司徑吏圖改，照各州縣凡解部
錢糧每千兩應交飯食銀，俟存庫解完，仍循成例每千兩照數。今浙省已將隨正
加一耗羨解司，則地漕項之說，在州縣不必論矣。惟驛站奏銷有兵部
兵科飯食者，上江二千貳百兩，下江貳千貳百兩，在司庫耗羨內支解，下江同
驛站，去馬係市平，故該有合錢平每兩二，照可指解。雍正八年下江
詳定，院撥指解，大約上江二兩，雖物入官，其項定解內部，六有戶刑
二部飯食指例，各有飯食，並解京餉刑部飯食，每百兩七錢七分，部費

雜紀　　七十一

五百三十兩外州縣解地丁款內每年應解另存貳兩八錢

奉估乾隆五十八年奉派台州營戰船貳隻物料

桐油貳百四十三斤半加三耗連耗共三百十七斤例價每斤四分五厘買價每斤六十五文

黑藤四十斤連耗共五十貳斤例價每斤五分四厘買價每斤百八十五文

水藤百七十五斤連耗共二百廿八斤例價每斤一分五厘買價每斤百四十文

油翻十四斤每斤百卅五文

竹觔無部價

毛竹十五枝每枝加三耗連耗共一十九支例價每支三分四厘買價無考一作每枝貳百文

烏竹一百卅支連耗共百六十九支例價每支一分四厘買價無考一作每支八十文

南竹一千七百五十斤連耗共貳千貳百七十五斤例價每百斤五分買價無考一

作每百斤貳百文

破篾四十八斤貳分每工三分八厘共銀一兩八錢三分一厘

紮江神轎銀二兩折錢貳千四百文

過堵篾紙銀三兩折錢貳千五百文

婁員賠儀銀四兩折錢四千文

大差

馬料豆每石價銀貳兩（內扣平水五分）又奉文照依工部每石該銀一兩六分此項扣除平水五分外通應實給毋庸照工部八折　麩每石七錢四分草每千斤銀六錢

各物料解物料銀數

宮粉每斤兩　陀僧每斤九分　胭脂每斤三分六厘　桐油每斤一分四厘

架橋木每根連水脚兩九錢四分

年節油茶盤桐定元子等項

雜祀

七十二

茅茶每斤例價六分律貼貳分四分

定元子每斤例價五分律貼廿三分

桐油每斤例價三分律貼一分八厘五毫

貫熟銅每斤例價一分五厘律貼九分五厘

添加桐油非年額之數另有委員書辦每斤達班脚費解司貳分九厘

生監更補執照

一捐納官生監員執照有誤填履歷如年名三代音同字異偏旁點畫簽字義顛倒雙名脫一字誤填籍貫如字畫訛脫出錯爲民捐身室改互異生監後秀捐底誤填訛錯因事損失如火燒水漂盜竊蟲蛀遺失損傷旗照寔查與實其水火盜賊遺失並係隨時呈報地方官驗有案據者查案取具同領官印結並外取具地方官文結准其更改補結有因此種隔宗譜及執照並該兩地方官驗查宗支譜系取具印甘各結犯准更換覺捐籍名同遠祖遺年姓名民字寄籍及隔代親稱誤填衍

照此例准情節並可改移條失綴以為時呈報有案其增不准
更補修讀改三代全部稿費全部年額前後運遠者將原典查
銷仍行文地方發查也
一指初發生責監有名係操並及繫前代並美名臣大儒名姓或為
本朝大臣名姓全同誤觸更改

砝碼

於生入本朝法馬由部定式由工部鑄造計法馬重五百兩者体積七十三寸五百二十九分四百一十一厘七百六十五毫中徑五寸九分八厘八毫八絲六忽五微六纖面徑二寸二分八厘四毫二絲九忽三微一塵高二寸八分一厘八毫二絲八忽九微七塵　重四百兩者体積五十八寸八百廿三分五百二十九厘四百一十二毫中徑五寸五分五厘九毫五絲七忽三塵面徑四寸九分五毫五絲三微二塵高二寸六分一厘六毫二絲六忽八微四塵　重三百兩者体積四十四寸一百十七分六百四十七厘五十九毫中徑五寸五厘一毫二絲四微九塵面徑四寸四分五厘六毫九絲四忽五微五塵高二寸三分七厘七毫三忽七微六塵　重二百兩者体積廿九寸四百十一分七寸六十四厘七百六毫中徑四寸四分一厘二毫六絲三忽三微七塵面徑三寸八分九厘三毫五絲三塵高二寸七厘六毫五絲三忽三微五塵　重一百兩者体積十四寸七百五分八分八十二厘三寸五十三毫中徑三寸五分二毫三絲九微八塵面徑三寸七厘二絲七忽三微四塵高一寸六分四厘八毫五絲

雜記

七十三

四忽五微八纖　重五十兩者倍積七千三百五十二分九百四十一厘百七十七毛中徑二寸七分七厘九毛
七絲八忽五微二纖面徑二寸四分五厘二毛七絲五忽一微六纖高一寸三分八毛一絲三忽四微二纖
重四十兩者倍積四千四百十分七百六十四厘七百六十□毛中徑二寸三分四厘四毛二絲六忽一微
六纖面徑二寸六厘八毛七絲三忽八纖高一寸一分三毛三絲二忽三微一纖　重二十兩者倍積
二千四百四十一分百七十六厘四百七十一毛中徑二寸四厘八毛一絲六忽三微一纖面徑一寸八分七毛二絲
二微八纖高九分六厘三毛八絲四忽一微五纖　重一十兩者倍積一千四百七十分五百八厘
二百卅五毛中徑一寸六分二厘五毛六絲二忽八微二纖面徑一寸四分三厘四毛三絲七忽七微八纖
高七分六厘五毛一絲五纖　重五兩者倍積七百卅五分百九十四厘百十八毛中徑一寸二分
九厘二絲六忽二纖面徑一寸一分三厘八毛四絲六忽六微四纖高六分七毛一絲八忽二微二纖
重四兩者倍積五百八十八分百卅五厘百九十四毛中徑一寸一分九厘七毛七絲七忽三微一纖
面徑一寸五厘六毛八絲五忽八微六纖高五分六厘三毛六絲五忽七微九纖　重三兩者倍
積四百四十一分一百七十六厘四百七十一毛中徑一寸八厘八毛二絲四忽九微一纖面徑九分六厘二絲
一忽九微八纖高五分一厘二毛一絲一忽七微二纖　重二兩者倍積百九十四分百十七厘六百
四十七毛中徑九分五厘六絲七忽三微一纖面徑八分三厘八毛八絲三忽九微三纖高四分四
厘七毛三絲七忽五微六纖　重一兩者倍積百四十七分五十八厘八百廿四毛中徑七分五厘四
毛五絲四忽九微八纖面徑六分六厘五毛七絲七忽九微二纖高三分五厘五毛八忽二微
二纖　重九錢者倍積百卅二分三百五十二厘九百四十一毛中徑七分二厘八毛五絲九微八纖面徑
六分四厘二毛八絲二忽八纖高三分四厘二毛八絲二忽八微一纖　重八錢者倍積一百十七分六
百四十六厘五十九毛中徑七分四絲六忽二微二纖面徑六分一厘八毛五忽四微七纖高三分

二厘九毫六絲三忽九微二纖　重七分半體積寸二分九寸四十一厘寸七十六毫中徑六分六厘
九毫九絲六忽七微八纖面徑五分九厘一毫一絲四忽八微高三分一厘五毫二絲七忽九微
重六分半體積六十八分二寸四十五厘二寸九十四毫中徑六分三厘六毫四絲一忽一微九纖面徑五
分二厘一毫五絲三忽九微九纖高二分九厘九毫四絲八忽八微　重五分半體積七十三分五寸二
十九厘四百十二毫中徑五分九厘八毫八絲八忽六微五纖面徑五分二厘八毫四絲二忽九微三纖高
二分八厘一毫六絲二忽九微　重四分半體積五十八分八百廿三厘五寸廿九毫中徑五分五厘五毫九絲
五忽七纖面徑四分九厘五絲五忽三纖高二分六厘一毫六絲二忽六微八纖　重三分半體積
四十四分四十七厘六寸四十七毫中徑五分一毫一絲二忽五纖面徑四分四厘五毫六絲九忽四微
五纖高二分三厘七毫七絲三微八纖　重二分半體積廿九分四寸十一厘七寸六十五毫中徑四分
四厘毫二絲六忽三微面徑三分八厘九毫三絲五忽五微高二分七毫六絲五忽三微四纖　重一分半
體積十九分七百五厘八百八十二毫中徑三分五厘二絲三忽一微面徑三分九毫二忽七微三纖高一分
六厘四毫八絲一忽四微六纖　重九分半體積十三分二寸四十五厘二寸九十四毫中徑三分三厘
八毫一絲四忽四微三纖面徑二分九厘八毫三絲一六忽二微六纖高一分五厘九毫一絲二忽六微七
纖　重八分半體積十一分七百四厘七寸六毫中徑三分二厘五毫一絲二忽五微六纖面徑
二分八厘六毫八絲七忽五微六纖高一分五厘三毫三纖　重七分半體積十分寸九十四厘寸十八
毫中徑三分一厘九絲七忽一微五纖面徑二分七厘四毫三絲八忽六微六纖高一分四厘六毫三
絲三忽九微五纖　重六分半體積八分七寸廿三厘五寸廿九毫中徑二分九厘五毫三絲九忽六
微三纖面徑二分六厘六絲四忽三微八纖高一分三厘九毫一忽　重五分半體積七分三寸
五十式厘九寸四十一毫中徑式分七厘七毫九絲七忽八微五纖面徑二分四厘五毫二絲七忽五微

雜記　七十四

二塵高一分三厘八絲一忽三微四塵　重四分七釐體積五分、合八千弍百三十五十三毛中徑二分五厘八毛五絲二忽三微四塵面徑二分二厘七毛六絲九忽三微三塵高一分二厘一毛四絲三忽六微四塵　重三分七釐體積四分四百十一厘七百六十五毛中徑二分三厘四毛四絲五忽六微二塵面徑二分六毛八絲七忽三微一塵高一分一厘三絲三忽二微三塵　重二分七釐體積二分五百四十一厘七十六毛中徑二分四厘八絲一忽六微三塵面徑一分八厘七絲二忽三塵高九厘六毛三絲八忽四微二塵　重一分七釐體積一分四百七十厘五百八十八毛十徑一分六厘二毛五絲六忽二微八塵面徑一分四厘三毛四絲三忽七微八塵高七厘六毛五絲二塵

一查有本政司法馬由部頒發正副各一個同工部及諸修受三面校發其法馬自一分至九分一錢至九錢一兩至十兩廿兩卅兩五十兩各鎮刻印記該司於到之日以副法馬貯庫以正法馬行用如正法馬用久磨銳即以副法馬將收放將磨銳正法馬解部更校換鑄發給若年久不肯而遽捏請換將該本政司嚴加議處

一州縣應用法馬以司存部法校鑄正副各一呈送督撫驗準發給該州縣存貯副法馬行用正法馬如遇繳司年終將副法馬帶同鑄印隨年賫帶到日呈司驗校再行開兌

一、各營發餉既爲申飭核捏蝕，布政司今後嚴催飭發行用，以杜挪捏

年月

斛法

運漕斛較浙省倉斛每石申一斗九升〇四勺

浙江布政司爲查札詳核事，嘉靖七年九月二十一日奉　憲台札開：照

得本部院欽查漕盤，將倉米較斛量，倉米尺計七寸一分當三方

一斗之數。此法之美，乘除已爲繁難，況用斛丈尺數目，亦不盡一。初任收

受難應盤底盤量，但若加以丈量，終難一概，即參其數，況院司道

府過後理應抽盤，若用斛量語轉不畢。今應照天文家用一萬分

爲日之法，以積米一斗達之爲六面正方，又以六面正方之一面爲一尺，將此量

得倉之積數，橫數直數，而兩乘之，即得現存米數。此法止知九九，無不能

算之。原丈量步算簡捷易明，不致吏胥欺隱，合行札司，立即

雜記

七十五

後因該歷会同新置庫後將後斛細加比較量成一斗之數六面見方任所
一面為一尺加成十尺用堅木裁成一丈再爲試量省倉色果符準即照發
木丈一百枚照樣發交通省省倉衙門「監看過」爲易領而照卑府説帖
以便遵守切切等因奉此遵即飭委接办去後今接奉司諭歷陀子
誠理同王武祖申稱遵將後斛細加比較量準一斗之數用向方斗
將照遵之為六面見方任所一面為一尺逐細量準加至十尺製成丈
隨即親赴省倉用木丈試量倉內之樑數橋數直數各岸干一律
核算即知現存米數推原開見問照異（算）任説帖並將製成木丈
備文呈送憲核再此次試量省倉各石逐細數核對稍有不符緣
究在積壓不無上重下實少差分數且廒底木板亦未能一律平整
致有細數不符之數合併聲明等情到府據此隨將送到木丈并標開
卑府遂加核算相符擬合備文先行詳請伏乞　憲台察核批示

以後飭令該吏照樣製造，再備火烙刊刻號帳，通頒遵守。李

概行傳飭令該吏照樣製造，一面通飭各州縣並丞所同知備文書

差趕回，謹將該管倉將該項各物隨時具報，以憑察查，毋違。取樣

尺并發揭存。嘉慶七年十月十五日

簡明算法

今以積米一斗，建立六面正方，任取一面為一尺，加減十尺，裝為木丈，用以

丈量之倉米之假數、橫數、直數，兩兩乘之，即得現存米數。假如量得

倉内假數四丈，橫數二丈，直數一丈二尺五寸，該米若干。以倉曰一斗石法

將假數之四丈為實，以橫數二丈乘之，得八十石。再直數一丈二尺五寸乘之，即得

按右法以量得倉米長（即假也）闊（即橫也）二數相乘之後，再以深數（即直也）乘之得

雜記

七十八

積若干寸尺以二四為法除之即見斛米實數蓋以木箱內見方一尺深長貳尺四寸為米一石係用古尺較準者也今試以所頒之尺造一木斗內空見方一尺高一尺即為里邊之六面正方累寸數(實)見一斗則一尺一斗十尺一石照乘除數省却照除一層更為便捷矣茲併記之以備參攷

田法

頃百畝　畝積二百四十步　分積二十四步

里法

一里三百六十步左右腳各一成一步即一弓也轉共計一百八十丈

扣蓋觔兌算法

將觔兌下數為實以統目為法除之得每丹應去下數餘係實下如一日去一手餘九分為實也市以為法乘各項原額數即得各項實征之數矣

全書算閱法

將各府總冊合對司總為准以開冊為實除之差至末尾數方準仍
將每州縣開冊若干之數為法以府總為實相乘或有錯者先以府總
差之除數積對司總差後以錯數差之除數積對府總其數乃準
冊先以錯者數差之全減府總積對司總尾數宜無不符道相合之

科則流訣

以一部應征之數由二至九累併逐數審出以對部數如逢一部即退一下
加流數逢二即退二下加流數三四以後俱做此

舊司科名

吏 總 雜 起 課 織 禮 兵 刑 造 軍 人匠

經歷 丞磨 承發 值堂 糧為 知印 架閣 本房

秋審兩費

新案每起司費八分 守院費二十 舊案每起司費四十 院費式十 向未備

雜記 七元

出陳下支給酬備出不敷經回詳定由紅船脚按起捐解

糧船兌費

加賞五年兌漕每米一石費錢百六文　又風尖樣米錢九文　又每船漕費錢廿四千文（每石約錢二十八文）　計每石共錢百四十三文

加賞六年兌漕每米一石費錢百六十九文　又每船漕費錢廿四千文（每石約錢廿八文）　計每石共錢百九十七文

加賞七年兌漕每米一石費錢百貳文　又每石加錢十一文半　又每船漕費錢四十千文（每石約錢廿八文）　計每石共錢三百四十一文半

加賞八年九年十年十一年兌漕俱照七年之數給帮

加賞十二年兌漕又帮丁呈因江南省有截留加裝米石出運不敷籌開米色是以加湖省局每石加貼米一升至一升五六合二升不等　杭局仁錢二縣每石貼米二升二合　其費錢仍照七年之數給帮

温州詳定船價加增三年

一三板漁船永加至麦田每百里給船價錢二百文麦田至下河每百里給船價錢七百文下河至龍泉每百里給船價錢一千貳百文

一筱紅永加至麦田每百里給船價錢一百八十文麦田至下河每百里給船價錢四百文下河至龍泉每百里給船價錢七百文

一龍泉至雲和城下河下河至麦田麦田至永加悉係順水按程減半

一差使船戶每日每名給飯米一升鹽菜錢廿文

半塘上江埠各船亦值差務章程 乾隆四十七年詳定立碑

一凡勘合火牌 欽差 大使以及大憲出巡閱兵婚喪致試餉鞘秋審年例等差循照下河詳定章程照例應付一號如温院司道府九憲遣丁閱處出辦事給火牌者以及差役投文船隻亦仍應備一號

一督憲上閩往用之船歷係鹽道憲衙門專差給價惟 憲摺京回并

雜紀 七十八

書役换班委員護送憲駕仍歸新處一站

一本府升遷調任并因公赴省及丁艱雇船未足者所下河牙埠並票办船所坐船只役由經管價值發雇用其餘文武衙門一切私差發就所之役行時值年雇不得混以公價累埠備應口傳白據牽不應付

一自杭至衢由江所坐江山等船每站向本縣定價貳十加縴每名每站一半貳分接站請發往回加算中途守府坐艙之人計日量給飯食外至嚴港不在沿江之例每站船價四千加縴每名支價可正

一嚴港差役由至富陽每名加給支米一斗五升

一用江山船加縴定例一船三支隨應坐船自給船價其不足所自行雇縴外其餘牙埠應值一站差船無數赴支瀕支夫不得濫外多索勒扣擾累其嚴港攤為縴夫六七名不等

一鹽政本衙門差務　埠承辦糧米糧台埠承辦本衙門

差玉泉堰并將江埠承办救解軍流遞犯以及富新投文一切船隻

閘精埠承办小快船烏鴉埠承办横渡船只杏埠承办其重罪乘坐不許人犯須嚴緝埠承办附記備考

一閘義埠道旦前三碑式協办差務

雜記

七十九

兵差章程

一定例巴閩粤各兵人夫不論品級應支鹽菜每夫月支銀九分照役
十六名每名月支銀五錢此項銀兩 諭旨所巴閩粤弁名支隨後繞
便起閩剿捕所有鹽菜口糧應行照例應付惟至一站須發口糧未免
稍有耽延應請自王江涇四境起至杭州省城止令加興秀水二縣彙給
又自杭州省城起至江山縣止令仁和二縣彙給另發照例報銷
一定例官兵船隻不論船之大小按每夫每名每百里給銀三分軍裝
行李每百斤給銀一分逆水每五百名給縴夫二名軍裝行李一千
五百斤給縴夫一名每名給銀五分至九州縣雇船赴站及守候日
期總不得逾三日站及三日之外並按實在照戶部定名數每船以四名為
率多則照例少則按實數目每名每日酌給口糧米八合三勺皆給
今查前項差使由水路王江涇入浙江至加興至杭州應即乘坐江楹

兵差章程　八十一

原船無庸另雇更换只須倘所水腳如果江楚等至交界而止則
省只須撥舊應付加寬二兩兼給至杭州而止又自杭州江口起船所
需船隻查乾隆五十二年係由本府雇備承辦今已飭金衢嚴三府分
辦船若干隻當到日應飭發本府雇備以資所應兼生恐有不及仍
令本府再為寬備凡船水腳應令仁和二縣兼給至西安縣止以
免沿途陸船守候其雇船字之空料亦令仁和縣給發至凡船所需
僱夫及送雖應用人夫仍由經過各縣預為寬備隨到隨時應付以
利遄行事竣報銷

一定例也國胥需用騎駄馬匹副都統給馬十三匹騾三隻也都胥給馬
十二匹騾二只又兵丁給馬三匹每三名合給騾一只實兵三耶後每五名
合給騾馬二匹若騎駄馬匹難於辦理或該地方不產駄隻或年岸
山路陸仄馬不得身其駄載馬騾應照例每駄一只折馬貳匹每馬一匹

裁去二名，均請令飭李　調吉巴圖魯趕閩。查杭州下馬頭至江口係
屬旱路，所需馬匹草料，皆須查乾隆五十二年係由仁和錢塘兩縣應
付。仁和錢塘預備共馬匹，撥於杭滿營撥馬式十匹，撥標左右杭協城守
水師各營所馬式十匹。又自西安至浦城西關，亦係陸路，計程三千
二千五里，道路綿長，所需馬匹應就近州縣衡覈各驛之馬一千匹，
除可敷用，再馬匹棚廠麩豆草料，擂星錫灶、鍘刀一切什物柴薪，係押
馬官兵，仍令皆須查乾隆五十二年係由發出之錢發給，此項應於無存款
滋遂應支外，料無須另由經過之縣墊付，再行核銷。

一定例陸路運送軍裝軍火人夫，先儘所支，無不需用，照准雇用民夫，以
一百里為一站，五十斤用夫一名，每站給工價銀五分，口糧米一升，皆照令
前項巴圖魯船抵杭州北馬頭起岸，所需人夫，查乾隆五十二年係由
仁和錢塘兩縣應付，仁和錢塘寬為預備，其自西安起岸，經江山縣出境

兵差章程　八十一

應令西安江山二縣實力預備隨到隨付事後報銷

一定例尖宿公館及供應水菜等項查乾隆五十二年欽差赴閩行抵杭州進城住宿公館先飭粉飾糊裱僱夫打掃及一切鋪墊陳設并供應水菜等項係由仁和二縣分辦此次應即飭令該二縣分別趕早多為預備其自西安江山二縣前途經歷長途計三尖兩宿應備公館亦須早為借備糊裱停妥仍令各該縣預備公館並干要先行摺報查核其水程供應水菜柴薪等項應令經過縣分預備兩船於四境更迎船接送以免延誤

兵部侍郎白閣佳欽差大臣德侯等赴臺剿賊於三月初四日自

京馳驛起程至臺灣止

計開

欽差大臣德侯楞泰勘會因填跟役七名騎馬十匹急引馬二四匹庫倍

戶或米口粮七分每名扣月五分 水兵船一隻譯支十四名
龍清門侍衛提督薩木丕勒管內標頭領六名騎馬八匹包引馬四匹庫
倫戶或米口粮一分每名扣月三分 水路船一只譯支十二名
御前侍衛護軍統領札克塔爾護軍統領溫布勘管內一道內俱標頭
領七名騎馬十匹包引馬四匹庫倫戶一米八分口粮七分每名扣月五分 水兵
船一只譯支十名
其餘銀隨趙臺剿賊之侍衛披兵馬開卑 行戶稱動精侍來
護衛四 以上官兵水陸不無支 其餘兵員庫糧有無多寡及馬匹船支索差不錄

兵差章程

八十二

二十九